CONTRA A MORAL
E OS BONS
COSTUMES

CONTRA A MORAL E OS BONS COSTUMES

A DITADURA E A REPRESSÃO À COMUNIDADE LGBT

COLEÇÃO
ARQUIVOS
DA REPRESSÃO
NO BRASIL

RENAN QUINALHA

COORDENADORA DA COLEÇÃO
HELOISA M. STARLING

COMPANHIA DAS LETRAS

Copyright © 2021 by Renan Honório Quinalha

Grafia atualizada segundo o Acordo Ortográfico da Língua Portuguesa de 1990, que entrou em vigor no Brasil em 2009.

PROJETO GRÁFICO E CAPA
Kiko Farkas e Gabriela Gennari/ Máquina Estúdio

FOTO DE CAPA
Arquivo Público do Estado de São Paulo

PREPARAÇÃO
Officina de Criação

CHECAGEM
Érico Melo

ÍNDICE REMISSIVO
Luciano Marchiori

REVISÃO
Jane Pessoa
Huendel Viana

Dados Internacionais de Catalogação na Publicação (CIP)
(Câmara Brasileira do Livro, SP, Brasil)

Quinalha, Renan

      Contra a moral e os bons costumes : A ditadura e a repressão à comunidade LGBT / Renan Quinalha. — 1ª ed. — São Paulo : Companhia das Letras, 2021. -- (Coleção arquivos da repressão no Brasil / coordenação Heloisa M. Starling)

      Inclui bibliografia
      ISBN: 978-85-359-2871-6

      1. Ditadura – Brasil 2. Homossexualidade – Aspectos sociais 3. LGBT – Siglas 4. Militarismo – Brasil 5. Movimento de Libertação Gay – Brasil – História 6. Perseguição política 7. Repressão política – Brasil I. Starling, Heloisa M. II. Título. III. Série.

21-73014   CDD – 306.7660981

Índice para catálogo sistemático:
1. Brasil : Comunidade LGBT : Ditadura : História : Sociologia   306.7660981

Cibele Maria Dias – Bibliotecária – CRB-8/9427

1ª reimpressão

[2021]
Todos os direitos desta edição reservados à
EDITORA SCHWARCZ S.A.
Rua Bandeira Paulista, 702, cj. 32
04532-002 — São Paulo — SP
Telefone: (11) 3707-3500
www.companhiadasletras.com.br
www.blogdacompanhia.com.br
facebook.com/companhiadasletras
instagram.com/companhiadasletras
twitter.com/cialetras

A Márcio Costa,
pelo amor e pelo cuidado que nunca faltaram

Numa época de guerra revolucionária, em que o legislador tem a consciência da ameaça que o erotismo representa, tolerar as publicações contrárias à moral e aos bons costumes significa concorrer para o aviltamento da juventude e a dissolução da família. A legislação não poderia contentar-se com reprimir o mal; tem necessidade, a bem da segurança, de evitá-lo. E foi o que fez.

Alfredo Buzaid,
Em defesa da moral e dos bons costumes

INTRODUÇÃO 11

1. A VIOLÊNCIA NAS RUAS: CONTROLE MORAL E REPRESSÃO POLICIAL 41
2. "DESCOBRIMOS QUE NÃO ESTÁVAMOS SOZINHOS":
MOVIMENTO HOMOSSEXUAL NA DITADURA 98
3. *LAMPIÃO DA ESQUINA* 142
4. A CENSURA EM NOME DA MORAL E DOS BONS COSTUMES 177
CONSIDERAÇÕES FINAIS 275

AGRADECIMENTOS 284
NOTAS 287
REFERÊNCIAS BIBLIOGRÁFICAS 337
CRÉDITOS DAS IMAGENS 365
ÍNDICE REMISSIVO 367

INTRODUÇÃO

DIVERSOS FORAM OS ESFORÇOS DE ASSOCIAÇÃO ENTRE HOMOSSEXUAIS no Brasil do século XX, mesmo quando essa nomenclatura nem sequer era utilizada ou popularizada para se referir àqueles e àquelas que buscavam relação sexual e/ou afetiva com pessoas do mesmo sexo. Eventos sociais, apresentações de travestis, folias carnavalescas, concursos de miss, desfiles de fantasias, boletins e publicações mimeografadas são alguns exemplos das iniciativas criativas de homens e mulheres que, em diferentes períodos, desafiaram o binarismo das normas rígidas de gênero e sexualidade.

Contudo, essas articulações e movimentações, com inegável caráter político, eram circunscritas a alguns guetos territoriais e de classe, sobretudo nas maiores e mais urbanizadas capitais do país. Apesar de ousadas, tais iniciativas converteram-se lentamente em um padrão mais estável e público de ação coletiva. Somente na segunda metade da década de 1970, foram ensaiadas as primeiras tentativas exitosas e com continuidade de organização política de homossexuais de que se tem registro histórico, mas, em razão da ainda incipiente abertura política, havia uma série de dificuldades a enfrentar.[1]

Em meados de 1976, sob a ditadura civil-militar iniciada em 1964 no Brasil, começaram a circular panfletos apócrifos por toda a cidade do Rio de Janeiro, com uma convocatória incomum. Sem identificar os organizadores da iniciativa, que assinavam apenas UHB — União do Homossexual Brasileiro —, os convites não usavam de meias-palavras quanto ao objetivo do encontro, que ocorreria nos jardins do Museu de Arte Moderna (MAM): realizar o I Congresso do Homossexual Brasileiro e instituir o Dia do Homossexual, em que seria comemorada a libertação dessa comunidade. Constavam ainda, no mesmo convite, os propósitos ousados do encontro até então inédito e marcado para o dia 4 de julho:

> [...] além de nos confraternizarmos, teremos a oportunidade de conhecer o perfil da luta em que nos empenhamos pelos direitos do homossexual brasileiro a uma vida digna e respeitada. Vá e leve o seu caso. Vá e leve os seus trabalhos. Se for simpatizante, leve o seu sorriso e o seu abraço para o amigo desacompanhado. Viva! Viva a União do Homossexual Brasileiro. Por melhores oportunidades e igualdade de condições. Viva o 4 de julho! Alegria. Amor. Respeito.

No dia marcado, em meio à grande expectativa, aglomeraram-se jornalistas do Rio de Janeiro e de São Paulo para cobrir o evento. No entanto, em vez de gays, lésbicas e pessoas trans, o que mais havia no local eram policiais. "Polícia acaba com o Dia do Homossexual" foi o título da matéria do jornal *Última Hora*, que relatou a repressão contra a realização desse primeiro encontro dos homossexuais:

> Operação Salto-Alto da polícia impediu ontem à tarde reunião nos jardins do Museu de Arte Moderna, para comemoração do Dia do Homossexual. Com a chegada de 20 carros e 70 homens do Departamento Geral de Investigações Especiais, da 3ª DP da Delegacia de Vigilância-Centro, às 13h, poucos travestis se aproximaram do local, no Parque do Flamengo.[2]

Sintomático o nome da operação ser "Salto-Alto", um acessório de vestuário associado à ideia hegemônica da feminilidade. Ninguém sabia quem organizara a festa, que se propunha a tratar da União do Homossexual Brasileiro com "alegria, amor e respeito". Um dos poucos presentes, José Jurandir Garrido, escapou ao bloqueio policial, mas "estava irritado" e "lamentou a ausência de outros adeptos à reunião".

Garrido, como o denominava a reportagem, era na verdade uma travesti que se autodenominava Garrida e que declarou, com botas de salto alto, calça justa de veludo azul e blusão:

> [...] vim para a realização da concentração, mas nem os promotores apareceram. Acho que ficaram com medo. Mas, não há nada a temer. Não há

crime nenhum em ser homossexual. Temos que lutar por nossos direitos, mas desta forma não vamos conseguir nada. O pessoal não se une. Não há espírito de classe, nem de solidariedade. Como eu, muitos outros vieram, mas não houve a concentração.[3]

Garrida estava frustrada com a ausência de pessoas nas mesmas condições que ela. A declaração corajosa revela a dificuldade de mobilização das pessoas LGBT em um período tão adverso. O clima de medo generalizado em consequência da presença ostensiva das forças de segurança, junto com o conservadorismo moral alçado à política oficial, aumentava o custo social para que homossexuais pudessem assumir publicamente suas sexualidades dissidentes. O peso da repressão estatal e do próprio preconceito internalizado marcam desde o princípio as iniciativas de organização política dos homossexuais.

Tal condição acabava impondo uma dupla clandestinidade a esses segmentos: de um lado, era necessário fugir do contato direto com agentes do Estado que restringiam a vivência pública de condutas não heteronormativas; por outro, era preciso evitar a exposição da própria homossexualidade, nem sempre assumida e em geral estigmatizada socialmente por família, amigos e colegas de trabalho.

De qualquer modo, considerando todas essas adversidades, uma reportagem do *Bagaço*[4] sobre o ocorrido considerava o evento, ainda que frustrado, um acontecimento histórico:

> É de se registrar um fato quase inédito na América Latina e no Brasil em particular. Trata-se da vontade manifestada pelos homossexuais de se reunirem para debater seus problemas. O momento que nosso País atravessa é dos mais significativos em sua história recente. Dificilmente se ouve falar que alguém ou algum grupo se reuniu para discutir ou questionar qualquer problema mais sério do que [...] futebol, por exemplo. E, na pauta do Congresso, fartamente distribuída, lia-se a palavra "direitos". Não por mera coincidência.

De fato, reivindicar direitos naquele momento era uma atitude de dimensões históricas. Mas, se não era a primeira vez que a comunidade LGBT ensaiava se levantar por seu pleno reconhecimento à luz do dia, algo parecia estar mudando nas consciências individuais e nas condições objetivas. Não tardariam muito os primeiros passos do movimento homossexual brasileiro.

Passadas mais de quatro décadas, o hoje conhecido movimento LGBT não apenas ousou existir na cena pública, mas também conquistou o reconhecimento de alguns direitos fundamentais, como a união estável e o casamento civil homoafetivo, a mudança do nome e do sexo diretamente nos cartórios para pessoas trans e a criminalização da LGBTfobia. Além disso, a diversidade sexual e de gênero passou a ter enorme visibilidade na mídia, nas novelas, nos estudos acadêmicos e nas produções culturais. Anualmente, as Paradas do Orgulho LGBT reúnem milhões de pessoas por todo o território nacional, conformando aquelas que se tornaram as mais expressivas e massivas manifestações de rua no país desde as Diretas Já. Em especial, a cidade de São Paulo — onde ocorreram em 1978 as primeiras reuniões do Somos, grupo pioneiro do movimento homossexual brasileiro —, sede da maior Parada do Orgulho LGBT de todo o mundo.

Como foi possível a um movimento social tão jovem como o LGBT construir uma trajetória que, em algumas poucas décadas, foi do encontro de homossexuais frustrado pela polícia em 1976 para a mais grandiosa Parada LGBT do mundo? Nada simples. Essa é uma das questões centrais que procuro discutir neste livro e que demanda uma análise de diferentes dimensões da história recente do Brasil.

VERDADE E HOMOSSEXUALIDADES

No dia 29 de março de 2014, no final de semana que marcou o aniversário de cinquenta anos do golpe civil-militar que depôs o presidente João Goulart e instaurou um regime autoritário que se arrastaria por mais de vinte anos, realizou-se uma histórica audiência pública sobre um tema ainda pouco discutido no Brasil: os modos de existência das homossexualidades durante a ditadura.

Em um momento em que a sigla LGBT já estava consolidada no debate público e na esfera institucional como o reconhecimento da diversidade de orientações sexuais e identidades de gênero consideradas não normativas, o termo "homossexualidades", usado na oportunidade, rememorava a designação uniformizadora utilizada até o início dos anos 1990.

Também foi bastante simbólico desse novo momento vivido pela população LGBT que o antigo prédio do Deops (Departamento Estadual de Ordem Política e Social), onde funcionou um dos mais importantes órgãos repressivos da ditadura e que hoje sedia o Memorial da Resistência, tenha reservado a disputada data da efeméride do cinquentenário do golpe para pautar a discussão de um tema até então pouco prestigiado, tanto nas pesquisas acadêmicas como nas políticas públicas de verdade, memória e justiça em relação aos crimes estatais do passado recente.

Mais expressivo ainda é que tal prédio se localize em pleno território da Boca do Lixo, ou Quadrilátero do Pecado. Referência de "baixa prostituição" e do cinema marginal das décadas de 1960 e 1970 — Rogério Sganzerla filmou ali seu *O bandido da luz vermelha* —, essa área do centro paulistano também era muito frequentada por pessoas LGBT, sobretudo das classes populares. Não à toa, foi particularmente afetada pela violência das forças de segurança à época da ditadura.

No auditório totalmente cheio, com mais de duzentas pessoas, encontravam-se diversos militantes, de diferentes gerações, do movimento LGBT brasileiro, demonstrando um interesse até então pouco evidente no ativismo por sua própria memória e história.[5]

Tal iniciativa, que contava com representantes de duas das principais Comissões da Verdade do país, a nacional e a estadual paulista, além de secretários de Estado da Cultura e da Justiça, marcou simbolicamente um compromisso desses órgãos estatais perante a comunidade LGBT e a sociedade em geral. O objetivo do encontro era "contribuir para uma análise interdisciplinar das relações entre a ditadura brasileira (1964-1985) e a homossexualidade. Em especial, pretend-d[ia]-se discutir de que maneiras a ditadura dificultou tanto os modos de vida de gays, lésbicas, travestis e transexuais, quanto à afirmação do movimento LGBT no Brasil durante os anos 1960, 1970 e 1980".[6] Selou-se, ali, naquele momento histórico e diante de uma plateia expressiva como testemunha, uma espécie de acordo no sentido de que essa memória, até então oficialmente invisibilizada, viria à tona com o relatório final das comissões.

Tudo isso foi fundamental para que, após o prazo de funcionamento desses órgãos, tal ajuste viesse a ser cumprido. Com efeito, a Comissão Nacional da Verdade, criada pela lei nº 12528 de 2011 com o objetivo de apurar as graves violações de direitos humanos praticadas entre 1964 e 1985, incluiu em seu reporte um capítulo específico sobre o tema, localizado no volume de "Textos temáticos" do livro II. No mesmo sentido, as Comissões da Verdade paulista e fluminense também incluíram, em seus respectivos relatórios, seções dedicadas à questão LGBT.[7]

Diversos fatores comprometeram a qualidade da abordagem da temática nas Comissões da Verdade, apesar dos significativos avanços representados por ela.[8] Enquanto a reconstrução de memórias da ditadura sobre a maior parte dos temas tratados por essas comissões contava com razoável quantidade de material produzido na academia e pelos próprios ex-perseguidos, isso não ocorria com as homossexualidades.[9] Isso se deve ao fato de que, durante muito tempo, segundo uma visão hegemônica nos estudos desse campo, a homossexualidade não foi vista como um tema sério de pesquisas acadêmicas, tampouco como um recorte pertinente para a reflexão acerca da ditadura e de seu legado. O mesmo se passava no universo da militância pelos direitos humanos, que reproduzia a estigmatização social das sexualidades dissidentes ou mesmo a indiferença em relação ao tema. Inclusive porque os herdeiros mais credenciados na produção das memórias, os ex-presos políticos e os familiares de desaparecidos, não pautavam essa dimensão da repressão ditatorial, supondo uma disjunção entre política e moral que inviabilizava toda interseção. Só no contexto das Comissões da Verdade é que tais ativistas passaram a apoiar essas investigações e recortes.

Também dentro das Comissões, a relevância da discussão não era algo pacífico. As questões comportamentais e morais, como a sexualidade e o gênero, não eram identificadas como prioritárias ou mesmo tão importantes dentre um conjunto enorme de outras agendas e reivindicações, ficando relegadas a segundo plano. Basta mencionar que durante uma discussão acalorada na CNV um dos comissionados revelou sua homofobia ao questionar "por que esse tema de *viados*" [sic] deveria constar no relatório.[10] Em suma, de maneira difusa, o assunto não foi considerado prioritário por muitos dos principais atores políticos envolvidos no processo.

Outro fator que restringiu o alcance das investigações foi o prazo curto e a falta de infraestrutura que, em geral, caracterizaram as Comissões da Verdade. Considerando o atraso do Estado brasileiro para esclarecer os casos tidos como mais graves, como as mortes e desaparecimentos forçados de militantes da resistência ao regime, as Comissões da Verdade tiveram de concentrar seus escassos recursos e energias nas demandas históricas do movimento por memória, verdade e justiça. Para que se tenha uma ideia das dificuldades encontradas, mesmo com todo o encaminhamento feito e com o trabalho pronto, até as vésperas da entrega do material para o relatório final não se sabia se o tema das homossexualidades mereceria um capítulo específico ou acabaria restrito a algumas páginas de uma única seção junto com outros grupos minorizados, como mulheres, negros e indígenas. Essa questão só foi definida nos últimos dias, já na fase de preparação e edição do relatório final, que foi entregue à presidenta Dilma Rousseff no dia 10 de dezembro de 2014.

Também prejudicou a profundidade das contribuições das Comissões o fato de não terem sido constituídos grupos de trabalho específicos para a temática, procedimento adotado para outros assuntos considerados prioritários. Apenas na fase final de seus respectivos prazos de funcionamento as Comissões incumbiram colaboradores externos para levantar material, realizar as pesquisas e redigir os referidos textos de abrangência nacional e regionais (SP e RJ), com pouco suporte efetivo para levar a cabo tais tarefas. Nesse sentido, um certo voluntarismo militante foi determinante para abrir esta frente de trabalho em meio a outras tantas agendas e preocupações consideradas mais centrais na busca da verdade.

Além disso, o mandato legal desses órgãos era, basicamente, esclarecer as circunstâncias das "graves violações de direitos humanos", indicando, quando possível, a autoria delas. O tipo de estrutura e linguagem, o parâmetro de tamanho e o objetivo impostos por esse formato tão peculiar de relatório reduziam significativamente as potencialidades do texto como uma escrita da história mais livre e minuciosa das diversas formas de repressão dos corpos marcados por sexualidade ou identidade de gênero dissidentes.

De todo modo, é necessário reconhecer que esse primeiro esforço mais sistemático de visibilização e de reconhecimento foi fundamental e contou com a valiosa colaboração de grupos do movimento LGBT, tanto na audiência pública da CNV como por meio de ofícios pressionando pela inclusão de um capítulo dedicado exclusivamente ao assunto.[11] Dadas as adversidades apontadas, porém, o esforço serviu mais como ponto de partida para um novo campo de investigações: prevaleceram, nos relatórios oficiais, análises de casos pontuais e particulares, que já eram mais conhecidos ou sobre os quais havia algum material previamente levantado.

DITADURA HÉTERO-MILITAR?

No Brasil, o momento privilegiado do trabalho de memória das Comissões da Verdade parece ter catalisado e estimulado discussões sobre novas perspectivas em torno da repressão moral da ditadura. Mas, ao contrário da escassez de estudos específicos notada em nosso país, em outras nações que também viveram sob o fardo de regimes autoritários é possível encontrar uma série de trabalhos acadêmicos ou jornalísticos abordando questões comportamentais e sexuais.

É evidente que os mais distintos regimes políticos e formas de governo dispõem, em maior ou menor grau, de normas e instituições para regular dimensões da vida familiar de seus cidadãos. Essa invasão da esfera particular não é uma exclusividade das ditaduras. No entanto, quanto mais fechado e conservador é o regime político, maior a tendência de intensificar modos de controle nos espaços públicos e privados.[12] Um indicador fundamental do grau de liberdade, inclusão e democracia de determinado regime ou governo é a maneira como integra ou não uma agenda de diversidade sexual e de gênero nos discursos oficiais e nas políticas públicas.[13]

Distintos regimes de restrição a direitos civis e liberdades públicas investiram contra as sexualidades dissidentes. No nazismo, foi intensificada a punição aos homossexuais consagrada no artigo 175 do Código Penal, chegando-se até mesmo a organizar um escritório central sob supervisão do comandante das SS, Heinrich Himmler, para combater a homossexualidade e o aborto, em 1936. Em torno de 50 mil pessoas foram condenadas por serem homossexuais, sendo que entre 5 mil e 15 mil delas,[14] marcadas pelo triângulo rosa,[15] foram enviadas para campos de extermínio.

Na Itália fascista, em que não havia um crime tipificado no Código Penal e onde a repressão sexual assumiu um caráter peculiar de "revolução antropológica" para criar um novo tipo de homem devotado ao Estado, registros apontam que ao menos trezentas pessoas foram acusadas de pederastia e condenadas ao exílio forçado, enquanto 88 presos políticos foram considerados homossexuais.[16]

A ideia de "novo homem" também estava na base da repressão às sexualidades nos regimes de inspiração fascista da península Ibérica. Francisco Molina Artaloytia mostra como psiquiatras e outros especialistas do campo da medicina contribuíram para a construção de um saber sobre as sexualidades desviantes na Espanha de Francisco Franco (1939-77) e no Estado Novo português de António Salazar (1933-74).[17] Para compreender como a homossexualidade se tornou objeto da atenção científica e da repressão legal, ele investiga como o conceito de "novo homem" e os códigos jurídicos que criminalizam certos fenômenos "antissociais" serviram para estigmatizar os indivíduos que não se adaptavam a esses ideais. Também em relação à repressão em Portugal, sobretudo sob a vigência do salazarismo, há o trabalho jornalístico feito por São José Almeida, com um registro rico de episódios, personagens e "paneleiros".[18]

Outro estudo comparado relevante é o de Geoffroy Huard sobre as diferenças e semelhanças da repressão à homossexualidade nas cidades de Paris e Barcelona nos trinta anos que sucedem a Segunda Grande Guerra. Para ele, enquanto a capital francesa estava mais preocupada em "dessexualizar" os espaços públicos e tornar privadas as relações homossexuais, a cidade espanhola, sob o franquismo, censurava discursos públicos que poderiam "corromper a juventude" e punia os homossexuais, associando-os à delinquência com base em um recorte de classe.[19]

Há divergências quanto ao caráter sistemático da perseguição e da eliminação de homossexuais durante a ditadura Argentina, entre 1976 e 1983. É inegável, porém, a existência de uma repressão policial aos "maricas". Gozos encontravam lugar, clandestinamente, em banheiros públicos, nas estações ferroviárias, em festas particulares, no exílio e em outros refúgios diante da repressão e das patrulhas militares.[20] Pesquisas mais recentes, como a de Santiago Joaquín Insausti, com maior rigor metodológico e acesso a fontes documentais do período, por meio de uma genealogia da repressão policial aos "maricas" e de uma problematização da produção das memórias pelos militantes, vêm questionando a existência de um plano sistemático de perseguição, tortura e desaparecimento de homossexuais.[21]

Mas não são apenas regimes de extrema direita que trataram com violência as pessoas LGBT. Na União Soviética, depois de um período de importantes avanços sociais e culturais após a Revolução de 1917, com liberalização dos costumes e maior diversidade de gênero e de sexualidade, a ascensão de Stálin marcou um retrocesso conservador em diversos sentidos. Já na primeira metade da década de 1930, uma nova lei de sodomia desconstruiu o legado da "revolução sexual" desencadeada a partir de outubro de 1917,[22] criminalizando novamente a homossexualidade e culminando na condenação de mais de 50 mil homossexuais até os primeiros anos da década de 1980, muitos deles mandados a campos de trabalho forçado — os gulags — sob as mais difíceis condições de sobrevivência.

Cuba é outro exemplo de um regime socialista que não conseguiu assimilar a contento a diversidade sexual como um valor: apenas recentemente foi feito um balanço crítico, com pedidos oficiais de desculpas pelas perseguições. Poucos anos após a Revolução Cubana, Fidel Castro já revelava, em entrevista, sua concepção em relação à homossexualidade: "[...] não se deve permitir que os homossexuais ocupem cargos nos quais possam exercer influência sobre os jovens. Sob as condições em que vivemos, por conta dos problemas que o nosso país enfrenta, devemos inculcar nos jovens o espírito da disciplina, da luta e do trabalho".[23] Isso sem mencionar os milhares de homossexuais enviados às Unidades Militares de Ajuda à Produção (Umaps), em que o trabalho forçado e a "reeducação" eram impostos como uma maneira de criar o "novo homem".[24]

Feito esse breve panorama, fica mais fácil entender o caso brasileiro. De modo geral, temas comportamentais, discussões de gênero e questões sexuais, considerados assuntos de ordem moral, não receberam a devida atenção ou, quando muito, foram analisados como fenômenos sem estatuto próprio. Tanto as pesquisas acadêmicas como a literatura de testemunhos e as políticas públicas oficiais de reparação das violências se interessam sobretudo pela repressão contra o comunismo e por outras formas de subversão estritamente política. Hoje, abundam trabalhos dedicados ao estudo dos pilares básicos do "projeto repressivo global", quais sejam: espionagem, polícia política, censura da imprensa, censura de diversões públicas, propaganda política e julgamento sumário de supostos corruptos.[25]

São poucos os escritos que não reduzem o período de 1964 a 1985 à história apenas do embate político entre ditadura e oposições, seja em sua dimensão parlamentar, seja em sua dimensão armada.

A gravidade das práticas de violência estatal durante o período pode explicar parcialmente essa situação, mas o resultado é a consolidação de uma representação do Estado como instituição fortemente monolítica e centralizada. Também resultou na construção de uma narrativa da convivência de uma repressão política dura e um controle moral brando, que permitiu a emergência da contracultura ou do "desbunde", deixando a impressão de que a ditadura teria sido tolerante ou condescendente com a evolução dos costumes e com a chamada liberdade sexual.[26]

Esse tipo de argumentação não se sustenta mais. Diante das fontes mais recentes e, sobretudo, dos novos olhares marcados pela preocupação com esse recorte da sexualidade, tem-se aberto a possibilidade de descortinar, com maior profundidade, dimensões específicas da repressão outrora ignoradas ou negligenciadas, tais como aquelas que se abateram sobre mulheres e LGBTs em razão de gênero, orientação sexual ou identidade de gênero.

Ainda que o Estado não seja o único responsável por normatizar os discursos e as práticas sexuais, durante a ditadura, sem dúvida, ele se tornou um locus privilegiado de irradiação de regras proibitivas e licenças permissivas em relação às sexualidades, ajudando a definir as condutas classificadas como inaceitáveis por meio de tecnologias repressivas e de dispositivos disciplinares voltados aos setores considerados moralmente indesejáveis.

É evidente que padrões de moralidade pública não invadiram o espaço da política somente com o início da ditadura. Não foi esta que inaugurou o peso da discriminação sobre as populações vulneráveis que, havia tempos, já marcava a cultura brasileira. As tentativas de enquadramento e normatização das sexualidades dissidentes remontam a períodos muito anteriores à formação do moderno Estado brasileiro. Discursos religiosos, médicos, legais, criminológicos e de diversas outras ordens se intercalavam e se combinavam de modo a produzir uma regulação específica das sexualidades em cada momento histórico.

No entanto, constatar que sempre houve homofobia e transfobia entre nós é um truísmo que, em verdade, pouco explica, uma vez que não leva em conta as distintas formas históricas de manifestação de um poder regulador de "desvios" sexuais e suas determinações particulares em cada conjuntura histórica. É fundamental, portanto, compreender não apenas as estruturas de continuidade e de permanência que marcam a cultura do preconceito, mas também o que há de específico, as mudanças e os deslocamentos relativos à violência empreendida em cada contexto histórico.

No Brasil, desde o Código Criminal do Império, de 1830, a prática homossexual não se encontra expressamente criminalizada para civis.[27] Diversos outros dispositivos legais e contravencionais, tais como "ato obsceno em lugar público", "vadiagem" ou violação à "moral e aos bons costumes" foram intensamente mobilizados para perseguir as sexualidades desviantes.

Conforme apontou a Comissão Nacional da Verdade, durante a ditadura civil-militar, de forma mais intensa do que em outros períodos da nossa história, o autoritarismo de Estado também se valeu de uma ideologia da intolerância, materializada na perseguição e na tentativa de controle de grupos sociais tidos como ameaça ou perigo social. A criação da figura de um "inimigo interno" valeu-se de contornos não apenas políticos, de acordo com a Doutrina de Segurança Nacional, mas também morais, ao associar a homossexualidade a uma forma de degeneração e de corrupção da juventude.[28]

A retórica da moralidade pública e dos bons costumes foi central na construção da estrutura ideológica que deu sustentação à ditadura de 1964. A defesa das tradições, a proteção da família, o cultivo dos valores religiosos cristãos foram todos, a um só tempo, motes que animaram uma verdadeira cruzada repressiva contra setores classificados como indesejáveis e considerados ameaçadores à ordem moral e sexual então vigente.[29]

As diversas manifestações da Marcha da Família com Deus pela Liberdade, ocorridas entre março e junho de 1964, foram um prenúncio revelador do que estaria por vir.[30] Católicos conservadores, grupos femininos de direita, moralistas de ocasião, grandes proprietários rurais e outros ramos do empresariado, bem como camadas das classes médias insufladas pelo discurso do combate à "corrupção" e à "ameaça comunista", ocuparam as ruas de diversas cidades brasileiras contra o governo João Goulart, clamando por uma intervenção redentora das Forças Armadas e, a partir de abril, efetivamente em apoio ao golpe civil-militar. Nas palavras de Heloisa Buarque de Hollanda e Marcos Augusto Gonçalves:

> Nas ruas, não o movimento progressista, mas as "Marchas da Família com Deus pela Liberdade". Vivendo as agruras da crise econômica, insatisfeita com a corrupção e a incompetência administrativa que grassavam na vida pública e assolada pelo fantasma da "bolchevização" do país — espalhafatosamente cultivado e alardeado pelas forças conservadoras — a classe média "silenciosa" manifesta-se: a Casa saía à Rua [...]. Repentinamente, o "Brasil inteligente" aparecia tomado por um turbilhão de preciosidades do pensamento doméstico: o zelo cívico-religioso a ver por todos os cantos a ameaça de padres comunistas e professores ateus; a vigilância moral contra o indecoroso comportamento "moderno" que, certamente incentivado por comunistas, corrompia a família; o ufanismo

patriótico, lambuzado de céu anil e matas verdejantes — enfim, todo o repertório ideológico que a classe média, a caráter, prazerosamente é capaz de ostentar.[31]

De certo modo, a agenda de valores conservadores dos setores que realizavam algumas das maiores manifestações públicas de nossa história política mobilizava anseios antigos, mas também atualizava uma reação às mudanças atravessadas pela sociedade brasileira daquela época. Com efeito, para além das políticas progressistas e nacionalistas propostas pelo governo Goulart, tais como as Reformas de Base, desde a década de 1930 estavam em curso transformações culturais mais profundas, decorrentes do processo de modernização do Brasil, que desestabilizavam as relações tradicionais em diferentes planos. Os costumes e as sexualidades não passavam incólumes aos agitados anos 1960.

O acelerado processo de urbanização que marca a consolidação das grandes cidades brasileiras conviveu com uma forte onda de mudanças também no campo dos valores. Novos papéis de gênero, desafiando a ordem binária da dominação masculina, emergiram e se afirmaram nas bandeiras das lutas feministas. Práticas e identidades sexuais cada vez mais diversas desafiavam o padrão patriarcal e heteronormativo, produzindo — e sendo produzido por — uma contracultura pulsante de experimentações e subversões. A politização do corpo e da intimidade contestava a tradicional distinção entre público e privado, afirmando a autonomia, o desejo e o direito ao prazer como reivindicações centrais na esfera pública.

Internacionalmente, essas mudanças remontam ao pós-Segunda Guerra. Ainda nos anos 1950, a emergência da geração beat nos Estados Unidos vai alimentar, em parcela da juventude, um inconformismo crescente com o modo de vida antiquado atribuído às gerações anteriores. Esse espírito de revolta ganharia reforço com o movimento hippie e com a filosofia existencialista, desafiando o ideal burguês de família e as amarras da moral cristã. Novos grupos de guerrilhas vão se alastrar por todo o mundo, apostando na via de uma revolução contra o sistema. A pílula anticoncepcional não veio mexer apenas com os hormônios femininos, mas também operou uma dissociação entre reprodução e sexo, permitindo maior liberdade às mulheres e encorajando a utopia do amor livre. Assim, hippies, guerrilheiros, mulheres, gays, negros pareciam conformar uma verdadeira e ampla frente para mudar o mundo, as cabeças e os corações.

Tais fissuras na ordem social reverberavam fortemente nas formas de produzir e consumir cultura. A música, o teatro, o cinema e as artes visuais vão se consagrando como veículos das disputas de valores e da manifestação da rebeldia. No Brasil, os anos 1960 e 1970, mesmo com as tentativas violentas de contenção por parte da ditadura, serão fecundos para as diferentes linguagens artísticas. Não porque a da ditadura tenha sido tolerante, mas porque essas expressões de um novo Brasil, que havia tempos vinham sendo germinadas, encontravam, nas tensões e brechas da repressão do regime, suas formas de existência e de resistência. Exemplos são os grandes festivais televisionados, as canções de protesto e de amor de Chico Buarque, o experimentalismo d'Os Mutantes, a proposta ousada da Tropicália, grupos de teatro como o consagrado Arena e o vanguardista Oficina, os filmes provocadores do cinema novo de Glauber Rocha, enfim, todo um repertório cultural extremamente rico que ressoa até hoje.

Mais do que a mera exposição dessas figuras, é fato que a sociedade começava a assimilar muito dessa estética inovadora que guardava referência com uma subcultura LGBT emergente no período. Essas conexões ficam ainda mais evidentes nos anos 1970, com o surgimento da androginia dos Secos & Molhados e da existência provocadora dos Dzi Croquettes questionando as fronteiras rígidas do comportamento binário de gênero.

Natural que produções artísticas e mudanças dessa magnitude instaurassem tensões e conflitos profundos na gramática moral da sociedade brasileira, produzindo reações igualmente intensas. Assim, as elites militares que capitanearam o golpe, com o apoio decisivo de setores civis, não demoraram a catalisar esse sentimento reacionário difuso em um discurso coeso capaz de justificar ideologicamente o novo regime em perfeita sintonia com as demandas por mais segurança, solidez das tradições e respeito à ordem que se estava perdendo ao longo do tortuoso caminho do desenvolvimento. O discurso marcadamente anticomunista, em prol da segurança nacional, apresentou-se em perfeita congruência histórica com a ânsia conservadora pela preservação da família e dos valores cristãos.

Já durante a ditadura, os atos institucionais surgiram como instrumentos legais de enorme relevância na montagem da nova institucionalidade, materializando, desde o início, um atrelamento estrutural entre moral e política que foi constitutivo da ordem autoritária. O AI-1, de 9 de abril de 1964 — que veio à tona para "fixar o conceito do movimento civil e militar" que tomou o poder —, esclarecia, de partida, a tarefa de "reconstrução econômica, financeira, política e moral do Brasil". Já o AI-2, de 27 de outubro de 1965, reforçava o caráter "revolucionário" e originário do novo regime, destacando a aspiração de "erradicar uma situação e um Governo que afundavam o País na corrupção e na subversão". Esse dispositivo reforçava os propósitos já enunciados no AI-1, e acrescentava o desafio de "preservar a honra nacional". O AI-3, no seu preâmbulo, pontuava a necessidade de "preservar a tranquilidade e a harmonia política e social do País": um lema constante para os "revolucionários" de 1964.

Por sua vez, o mais duro dos atos, o AI-5, outorgado em 13 de dezembro de 1968, anunciava a necessidade da preservação de uma "autêntica ordem democrática, baseada na liberdade, no respeito à dignidade da pessoa humana, no combate à subversão e às ideologias contrárias às tradições de nosso povo, na luta contra a corrupção". Acrescentando, ainda, que o governo da ocasião, responsável "pela ordem e segurança internas, não só não pod[ia] permitir que pessoas ou grupos antirrevolucionários contra ele trabalh[assem], tram[assem], ou [agissem], sob pena de estar faltando a compromissos que assumiu com o povo brasileiro".

Mesmo com a nova Constituinte ensaiada com o AI-4, "atos nitidamente subversivos, oriundos dos mais distintos setores políticos e culturais, comprova[vam] que os instrumentos jurídicos, que a Revolução vitoriosa outorgou a Nação para sua defesa, desenvolvimento e bem-estar de seu povo, est[avam] servindo de meios para combatê-la e destruí-la". Concluindo, posteriormente, que "se torna[va] imperiosa a adoção de medidas que impe[dissem] [fossem] frustrados os ideais superiores da Revolução, preservando a ordem, a segurança, a tranquilidade, o desenvolvimento econômico e cultural e a harmonia política e social do País comprometidos por processos subversivos e de guerra revolucionária". Afinal, "fatos perturbadores da ordem [eram] contrários aos ideais e à consolidação do Movimento de março de 1964".

Essa breve exegese legal mostra, claramente, um discurso que consagra uma "ordem", inspirada pelos "ideais superiores da Revolução" e pela "honra nacional", que devia ser defendida contra toda ameaça de "subversão" e de "corrupção", fosse ela "política", "cultural" ou "moral". A "democracia" não era apenas ocidental e capitalista, mas também cristã, e precisaria estar permanentemente alerta contra os riscos criados e alimentados por conspiradores de fora e de dentro das fronteiras nacionais.

O uso recorrente de termos como "ordem" e seu oposto "subversão" no topo da pirâmide regulatória do novo regime é reflexo direto da Doutrina de Segurança Nacional, que traçava uma linha divisória entre os que estavam integrados ao regime e aqueles que seriam desajustados e que, portanto, deveriam ser neutralizados em sua diferença, ou mesmo eliminados. A imposição de uma ordem estabilizada, segura e unitária, coerentemente homogênea, que repeliria qualquer tipo de perturbação, dissenso ou presença incômoda, foi marca característica da ditadura.

UTOPIA AUTORITÁRIA

Cid Furtado, relator do projeto de emenda constitucional que legalizava o divórcio, argumentou, em seu parecer contrário à proposta na Câmara Federal, que "desenvolvimento e segurança nacional não se estruturam apenas com tratores, laboratórios ou canhões. Por detrás de tudo isso está a família, una, solidária, compacta, santuário onde pai, mãe e filhos plasmam o caráter da nacionalidade".[32] Essa frase do deputado arenista na discussão sobre o divórcio talvez seja uma das mais perfeitas sínteses a expressar as políticas sexuais da ditadura. Sua indignação com o divórcio, na verdade, remetia a preocupações muito mais profundas com a revolução dos costumes, com a liberação sexual, com a maior presença da mulher no mundo do trabalho e no espaço público, com a entrada em cena de homossexuais e travestis com cada vez menos pudores de assumir suas identidades sexuais ou de gênero.

A vida privada, a esfera íntima, o cotidiano e o que se fazia entre quatro paredes foram também objeto da ânsia reguladora e do controle autoritário da ditadura brasileira. Como se verá nas páginas que seguem, pessoas eram vigiadas e, em dossiês produzidos pelos órgãos de informações, registrava-se, como uma mácula, a eventual suspeita, ou mesmo a certeza categórica de se tratar de um "pederasta passivo", como se isso diminuísse ou desqualificasse a integridade e o caráter da pessoa perseguida. Acusada de "homossexual", ela era menos humana e, portanto, considerada menos respeitável em sua dignidade. Publicações com material erótico ou pornográfico eram monitoradas e, muitas vezes, apreendidas e incineradas por violar o código ético da discrição hipócrita que grassava em uma sociedade que consumia vorazmente esse tipo de conteúdo.

Músicas, filmes e peças de teatro foram vetados e impedidos de circular por violarem, em seu conteúdo, a moral e os bons costumes, sobretudo quando faziam "apologia ao homossexualismo". Na televisão, telenovelas e programas de auditório sofreram intervenção direta das tesouras da censura, que cortavam quadros e cenas com a presença de personagens "efeminados" ou "com trejeitos" excessivos e que, portanto, com sua simples existência, afrontavam o pudor e causavam vergonha perante os espectadores.

Travestis, prostitutas e homossexuais presentes nos cada vez mais inchados guetos urbanos eram também incômodos para os que cultivavam os valores tradicionais da família brasileira. A despeito de a perseguição estatal a essa população não ter se iniciado com a ditadura, fato é que houve uma intensificação dessas políticas com a concentração dos poderes nas mãos do Executivo. LGBTs eram presos arbitrariamente, extorquidos e torturados pelo fato de ostentarem, em seus corpos, os sinais de sexualidade ou de identidade de gênero dissidentes.

Editores e jornalistas que se dedicavam aos veículos da imprensa gay foram indiciados, processados e tiveram suas vidas devassadas, muitas vezes com o apoio do sistema de justiça, porque tematizavam e mostravam as homossexualidades fora dos padrões de estigmatização e ridicularização que predominavam até então.

Esses são alguns exemplos, que serão examinados mais a fundo neste livro, para demonstrar como as questões comportamentais tornaram-se objeto da razão do Estado. Todo regime político é marcado por uma preocupação com identidades e práticas sexuais que constituem os indivíduos e as populações. Mas, durante a ditadura, fica claro como a sexualidade passou a ser tema relacionado à segurança nacional para os militares. Os desejos e afetos entre pessoas do mesmo sexo também foram alvo do peso de um regime autoritário com pretensão de sanear moralmente a sociedade e criar uma nova subjetividade.

Não que a ditadura tivesse inventado ou inaugurado o preconceito e a mentalidade conservadora que embalaram uma parcela significativa da população brasileira. O fato é que o golpe de 1964, ao estruturar um aparato de violência complexo e funcional para seus objetivos, proveu aos síndicos da moralidade alheia os meios de que precisavam para levar a cabo um projeto de purificação, desde as agências estatais. Isso fez com que esses padrões morais, outrora particulares e restritos a determinados grupos, fossem alçados ao status de políticas públicas e acabassem, por extensão, dotados da mesma legitimidade com que conta o Estado.

Nesse sentido, pode-se afirmar, com amparo em evidências empíricas encontradas em documentações produzidas pelos próprios órgãos repressivos e que serão examinadas detidamente neste livro, mesmo diante da precariedade e fragilidade das fontes, que houve políticas sexuais oficializadas e institucionalizadas na ditadura para gerenciar e governar manifestações tidas como perversões ou desvios contra a moral conservadora da família patriarcal e heteronormativa, tais como o erotismo, a pornografia, as homossexualidades e as transgeneridades.

Um olhar mais detido demonstra que não havia uma, mas diversas políticas oficiais da ditadura em relação aos temas morais. Mais complexa ainda se torna essa questão ao se constatar que diversas agências, com competências distintas, implementavam medidas variadas de normatização no campo da sexualidade, com enfoques específicos baseados em suas órbitas de influência e esferas de atuação em um Estado heterogêneo, ainda que bastante centralizado.

Algumas vezes, motivações e discursos que justificavam a repressão levada a cabo por cada um desses órgãos eram muito parecidos e até coincidiam. Por exemplo, todos os órgãos examinados demonstravam preocupação com a corrupção das instituições familiares e da juventude, considerada frágil e facilmente influenciável para as tentações mundanas. Mas isso nem sempre acontecia e não era raro que os órgãos divergissem entre si em torno da gravidade das condutas e dos comportamentos tidos como inaceitáveis. Tal modo de compreensão fica claro quando se nota que alguns censores encaravam a homossexualidade como algo repugnante e reprovável, mas preferiam liberar uma peça de teatro porque o eventual veto poderia resultar em maior projeção e divulgação, tendo o efeito contrário ao que se pretendia. Se o conteúdo avaliado fosse mesmo considerado nocivo e deletério, não faria sentido opinar pela liberação por uma conveniência e acabar negociando com o descumprimento das próprias regras morais e legais impositivas.

Percebe-se, ainda, que era recorrente, em diversos documentos, sobretudo naqueles produzidos pela comunidade de informação, que a pornografia, o erotismo e as homossexualidades aparecessem como uma ameaça à segurança nacional e à ordem política, reduzidos a uma estratégia perversa e despudorada do movimento comunista internacional (MCI) para atacar as bases elementares da sociedade ocidental. Tal compreensão destituía os "desvios" sexuais de um estatuto próprio como modo de vida e território de organização dos desejos, tornando-os apenas um apêndice ou um acessório da luta política "maior", que buscava efetivar transformações mais amplas na sociedade ou no capitalismo. As "perversões" sexuais estariam, assim, meramente a serviço da política e da "guerra psicológica adversa" para minar as instituições.

Outras vezes, contudo, a livre expressão da sexualidade era compreendida em um marco mais estritamente moral, ou seja, como uma afronta, em si mesma, aos valores tradicionais cultivados pelas famílias católicas brasileiras, que, supostamente, representavam a média da consciência ética nacional que deveria ser resguardada pelo Estado. Os ataques contra a moral e os bons costumes até poderiam ser instrumentalizados e aproveitados, de forma oportunista, pelos opositores políticos que queriam derrubar o regime, mas isso não era o fundamental para compreender a dinâmica própria do universo das sexualidades dissidentes. Pecado, falta de vergonha, anormalidade, degeneração e até doença eram as chaves mais tradicionais da visão que prestigiava a situação específica do sexo em uma sociedade que passava por profundas mudanças nos costumes.[33]

Os meios variaram e passaram desde práticas aparentemente mais sutis de pedagogia das massas, com a censura e a veiculação de propagandas em defesa da família, até agressões físicas e outros tipos de violências diretamente praticados contra travestis e homossexuais nas ruas. Interditar certas práticas, expulsar do espaço público certos corpos, impedir o fluxo de afetos e desejos, modular discursos de estigmatização foram ações bem combinadas do aparelho repressivo, sobretudo nos campos da censura, das informações e das polícias. O fato de o circuito de controle das sexualidades dissidentes não ter seguido o mesmo padrão e a forma da repressão política em sentido estrito não significa que não houve uma política sexual específica e de caráter oficial.

Também se nota que o fluxo repressivo variou nos diferentes momentos da ditadura. De certa maneira, a repressão no campo moral refletiu tendências mais gerais do endurecimento do regime e da escalada de violências verificadas no final da década de 1960. No entanto, a relativa abertura do final da década de 1970, paradoxalmente, já não significou o abrandamento das violências e da censura contra esses segmentos. Ao contrário, com a derrota da luta armada, a liberalização do sistema político com a permissão de uma oposição organizada conviveu com frequentes espasmos autoritários de fechamento da regulação no campo dos costumes. Compensou-se moralmente o que se perdia, politicamente, em repressão. A popularização da televisão como meio de comunicação em massa, e sobretudo a revolução sexual que se arrastou durante toda a década de 1970 serviram de pretexto para alimentar um pânico moral em diversos setores da sociedade que não conseguiam assimilar a velocidade com que tais mudanças ocorriam.

Assim, de um lado, é possível afirmar que a repressão moral oscilou conforme as inclinações mais gerais das políticas de fechamento e de abertura do regime, refletindo as variáveis mais globais. Por outro, percebe-se que havia determinantes e fatores específicos influenciando o comportamento particular das políticas sexuais. Se é verdade que havia, como apontamos, um marco legal, ele era dotado de elevado grau de abstração e generalidade, e isso fazia com que a universalidade desses padrões fosse comprometida pela aplicação seletiva e arbitrária das regras aos casos concretos.

Em última instância, acumulavam-se, assim, uma razão de Estado conservadora, consagrada em atos normativos e administrativos, e as concepções pessoais e de foro íntimo dos agentes públicos responsáveis pela atividade censória ou de policiamento moral. Em diversos pareceres analisados, por exemplo, as opiniões particulares sobressaíam com tanta — ou até mais — importância do que a fundamentação legal da conclusão ali exposta.

É notória a dificuldade de encontrar documentação uniformemente distribuída durante todo o período que vai de 1964 a 1988, bem como outras fontes adequadas que permitam uma análise mais detalhada da movimentação do controle moral desse período. Em especial, são mais raros documentos relativos ao intervalo de 1970 a 1974, que permitiriam entender melhor como o endurecimento que se seguiu ao AI-5 teria se refletido nessas políticas sexuais.[34]

Além dessas lacunas da documentação, há outra advertência fundamental. Como se trata de pesquisa que tem por base o próprio sistema de classificação feito pela ditadura sobre uma questão moral tão delicada, os descritores utilizados refletem muito as concepções dos órgãos de repressão estudados. Para evitar o risco de reproduzir os critérios de exclusão e de preconceito que essas agências implantaram, diversificamos o máximo possível as categorias de busca para evitar uma cilada inscrita nos próprios rastros das fontes legadas pela própria ditadura.[35]

Mesmo com esse risco à vista, fiz tal escolha por priorizar as fontes documentais produzidas pela própria repressão porque me pareceu ser essa a perspectiva mais privilegiada para compreender os contornos morais da política sexual do regime, mesmo com as limitações já apontadas. A abordagem que busquei utilizar, mais do que apenas examinar a legislação e os discursos oficiais de autoridades ou mesmo revistas de escolas militares, é de uma compreensão do Estado "desde baixo", compreendendo o que os agentes públicos fazem e com que justificação o fazem. Focar em diversas instâncias e níveis de distintas agências permite um panorama mais fiel e representativo desse universo complexo. Além disso, o tipo de olhar dirigido aos órgãos estatais permite pensar o Estado não como um ente monolítico, mas como arenas sobrepostas de negociação e conflito em torno da estruturação mesma das regras morais de política sexual.[36]

No que se refere à perseguição nas ruas, há registros de ações repressivas logo após 1964, em 1968 e 1969 e, posteriormente, a partir de 1978, já na abertura. Isso indica que o golpe e o "golpe dentro do golpe", como alguns costumam chamar o AI-5, aumentaram a arbitrariedade e ampliaram a margem de ação dos agentes públicos, inclusive políticas civis estaduais, que combatiam a presença de homossexuais, prostitutas e travestis nos pontos de prostituição e de sociabilidade LGBT.

No contexto de abertura, as ofensivas se intensificaram provavelmente porque, desde meados da década de 1970, aumentou o número de pessoas com poder aquisitivo e condições econômicas para pagar por sexo, mas também aumentou a possibilidade de acesso e anonimato, com a urbanização acelerada e a explosão demográfica das metrópoles. Em paralelo, houve um crescimento expressivo no número de pessoas trans com as primeiras cirurgias e tratamentos de saúde disponíveis para esses segmentos. A visibilidade crescente desses segmentos a partir de meados da década de 1970 refletiu, por um lado, novos ares trazidos pela ainda incipiente abertura política, com promessas de maior tolerância moral e, por outro, os frutos da expansão econômica advinda do período de 1968 a 1973, conhecido como "milagre econômico".

Contudo, essa concentração nas regiões dos guetos parece ter provocado a reação indignada das camadas médias, que cresciam e assumiam uma importância política cada vez maior, passando a cobrar medidas mais enérgicas de limpeza moral das cidades. Esse foi o combustível necessário para dar sobrevida a um aparato repressivo que se reinventava e experimentava uma mudança em suas funções habituais. Com a derrota imposta aos grupos de luta armada, também em meados da década de 1970, os aparatos da ditadura foram ficando cada vez mais ociosos e passaram a se concentrar no cuidado dos setores moralmente indesejáveis, ajudando a concretizar o ideal de moralidade sexual propagado pelos segmentos mais conservadores e com cada vez mais eco dentro do Estado.

A noção de impunidade que imperava em relação aos graves crimes de Estado durante as décadas de 1960 e 1970 alimentou a violência, intensificada, a partir dos primeiros passos da transição política, sobre as pessoas LGBT e outras "minorias". A lei nº 6673, de 1979 — conhecida como Lei de Anistia — cumpriu também um papel importante para selar a garantia de impenitência desses setores opressores. Aprovada com uma redação ambígua, esse diploma legal ainda hoje vem sendo interpretado, pelo poder judiciário, de modo a beneficiar os violadores de direitos humanos, contribuindo desde aquela época para que agentes estatais pudessem praticar atos arbitrários de violência contra a população.

É sintomático que, ao menos em São Paulo, onde há mais fontes disponíveis, a ação do Estado tenha se abatido sobre uma região frequentada pelo público homossexual pertencente aos extratos mais carentes da população. As rondas comandadas pelo delegado José Wilson Richetti, por exemplo, funcionaram como um vetor de gentrificação e adotaram um flagrante recorte de classe, atingindo LGBTs pobres que ficaram de fora da ilusão de crescimento econômico no período do chamado "milagre". Assim, ao atender o reclamo de uma classe média decadente na região da rua do Arouche e da avenida Vieira de Carvalho, no centro da capital paulista, a polícia parecia tentar dar uma resposta moral para a crise econômica vivida por esses grupos que não queriam conviver, no mesmo espaço, com as "minorias" estigmatizadas.

Foram os homossexuais e as travestis pertencentes às classes populares que sentiram mais intensamente o peso da ação repressiva da ditadura em seus corpos e desejos. Enquanto alguns homossexuais e bissexuais com melhores condições econômicas e culturais, geralmente enrustidos e com vida dupla, integravam-se à cidadania pela via do mercado de consumo e pelo acesso a empregos formais no mercado de trabalho, LGBTs pobres que não tinham a mesma sorte eram enquadrados como vadios, mesmo que portassem carteira de trabalho, sem nenhum direito de defesa.

Apesar dessas constatações, verifica-se também, no final dos anos 1960 e início da década de 1970, uma ambiguidade fundamental. Boates, bares, espaços de pegação e sociabilidade entre homossexuais cresciam e conviviam proporcionalmente à repressão do Estado. Enquanto se mantivessem nas sombras do anonimato ou nos guetos em que se escondiam, os homossexuais podiam existir e fazer o que quisessem com seus corpos. O problema era quando vinham à luz e ocupavam o espaço público, reivindicando uma existência e um lugar político na sociedade.

Desse modo, o cerne das políticas sexuais empreendidas pela ditadura não era exterminar fisicamente esses grupos vulneráveis do mesmo modo como se fez com a subversão política e a luta armada. Antes, o objetivo era reforçar o estigma contra os homossexuais, dessexualizar o espaço público expulsando esses segmentos e impelir, para o âmbito privado, as relações entre pessoas do mesmo sexo. A função da ditadura era atirar, para a invisibilidade, corpos e coletivos que insistiam em reivindicar o reconhecimento de seus direitos e liberdades. Sem sombra de dúvida, a ditadura deixou um terreno fértil para que práticas de abusos e violências contra LGBTs seguissem sendo cometidas até hoje por agentes públicos, dada a falta de limites e até mesmo a presença de estímulos a tais atitudes.

Vale ressaltar que classificar como malfadada a estratégia repressiva tramada pela ditadura contra as sexualidades dissidentes não é o mesmo que dizer que ela não existiu. É evidente que a "utopia autoritária"[37] tinha pretensão totalizante, mas isso era impossível em se tratando de desejos e de afetos, que sempre se fazem valer em uma conjuntura de franca ascensão dos novos movimentos sociais no contexto de abertura política.

Analisar, assim, se a ditadura sustentou, de modo consistente, políticas oficializadas de perseguição às sexualidades dissidentes não é apenas aferir a quantidade de documentos nos arquivos que atestem a violência estatal como uma repressão negativa. Antes, é preciso compreender como a moralidade sexual da ditadura impôs, a partir das agências de controle social e das comunicações, bem como dos aparatos de divulgação, uma profusão de discursos que normatizaram a sexualidade dentro do campo da retórica da tradição, da moral e dos bons costumes. Assentou-se, naquele período de formação da identidade homossexual, uma representação negativa graças à ação repressora do Estado. Mais do que interditar e silenciar as homossexualidades, a ditadura modulou uma série de discursos positivamente normativos que decantavam socialmente determinadas representações dos homens que amavam outros homens e das mulheres que amavam outras mulheres.[38]

Nota-se, portanto, que o autoritarismo também se valeu de uma ideologia da intolerância materializada na perseguição e na tentativa de controle de grupos sociais tidos como desviantes, destacando-se as violências cometidas contra gays, lésbicas, bissexuais, travestis e transexuais por sua orientação sexual ou identidade de gênero diferentes dos padrões tidos como normais.

A criação da figura de um inimigo interno, operador ideológico fundamental do modus operandi da ditadura brasileira, que precisava ser combatido a qualquer custo para salvaguardar a segurança nacional, a família tradicional e os valores conservadores da sociedade brasileira, valeu-se de contornos não apenas políticos, mas também morais, por meio do apelo de que estes gozam em uma sociedade marcada pelo conservadorismo no campo dos costumes e da sexualidade. Em um país que sempre se caracterizou por um elevado grau de violência estrutural contra segmentos excluídos e marginalizados, como os homossexuais, a intensificação de estruturas de exclusão agravou significativamente a situação desses segmentos.

Muitos afirmam que a existência de homossexuais deixou de ser legalmente criminalizada no país em 1830, quando as Ordenações do Império português, que previam o tipo penal da sodomia, foram revogadas expressamente por uma nova legislação mais liberal e menos restritiva. O controle legal das homossexualidades, contudo, nunca deixou de ser feito pelas autoridades, conforme a conveniência e os valores morais de ocasião. Mobilizando tipos penais flexíveis, como aqueles que vedavam as práticas sexuais com menores de idade, as regras que puniam atentado ao pudor ou ao decoro público, as normas sobre a preservação da moral e dos bons costumes e a legislação específica contra a vadiagem sempre foram vigentes. Mas a escala e a intensidade saltam aos olhos durante a ditadura, ainda que seja difícil a comprovação empírica pela ausência de registros confiáveis de uma série histórica mais longa.

Tal procedimento de legitimação via legalidade autoritária e aparente foi uma constante durante o regime autoritário: enunciava-se uma regra geral de consagração de um direito e da garantia de uma liberdade fundamental; em seguida, ressalvava-se uma exceção bastante vaga e abstrata, que terminava por comprometer e minar a força normativa da regra. Com essa fórmula, mantinha-se a vigência formal de regras que eram desconfirmadas e violadas sistematicamente na prática. Nesse sentido, não é exagero afirmar, pelas dimensões alcançadas pelas violências, que a ditadura logrou uma criminalização indireta das homossexualidades em nosso país.

Um regime ditatorial, em verdade, não é apenas uma forma de organização de um governo orientado para a supressão de direitos e liberdades. Ele se abate sobre os corpos social, político e individual como um verdadeiro laboratório de subjetividades para forjar uma sociedade à sua própria imagem. Quaisquer obstáculos a serem trilhados, nesse sentido, para realizar a suposta vocação de grandeza do Brasil, deveriam ser removidos, eliminados.

Tratou-se de uma verdadeira "utopia autoritária", com pretensões de totalidade e de alcance absoluto de todas as dimensões da vida social. Contudo, para lograr êxito ao longo da empreitada pretensiosa, era necessário estruturar um aparato complexo e funcional, que não se limitava apenas à difundida ideia de "porões da ditadura" isolados e afastados dos centros de poder para levar a cabo o trabalho "sujo" da repressão. Atualmente se sabe que as violações de direitos humanos foram concebidas como políticas públicas oficializadas com envolvimento direto das altas autoridades em uma estrutura de comando institucionalizada. Por isso é importante que toda discussão sobre o controle moral executado pela ditadura brasileira tome como ponto de partida um exame de sua estrutura repressiva.

O controle da sociedade e, especialmente, dos elementos "subversivos" que se opunham à ditadura começa logo após o golpe de 1964, com a estruturação de um amplo e complexo aparato de repressão e perseguição a dissidentes. Mas, apesar do elevado grau de centralização de poder durante a ditadura, não houve um organismo único ou uma agência estatal responsável isoladamente pela política de "saneamento" da sociedade, de modo a expurgar os elementos tidos como indesejáveis. Ao contrário, a estrutura do aparato repressivo foi progressivamente construída a partir de diferentes vértices, conjugando organismos de controle preexistentes com outras agências criadas sob inspiração da Doutrina de Segurança Nacional do regime. Exemplo disso é o Serviço de Censura de Diversões Públicas criado no fim da era Vargas pelo decreto-lei nº 8462, de 26 de dezembro de 1945, e regulamentado pelo decreto nº 20493, de 24 de janeiro de 1946. Tal órgão será profundamente reestruturado após o golpe de 1964, como se verá mais adiante. Além disso, o complexo aparato foi se modificando conforme as necessidades conjunturais de cada momento e, assim, assumindo distintas formas institucionais durante os anos da ditadura, como o endurecimento da censura moral já no período da abertura política, em meados da década de 1970, com o intuito — examinado mais adiante, no capítulo sobre censura — de compensar moralmente o que se perdia em controle político. Essas flutuações e deslocamentos dependiam dos embates e negociações travados dentro do conjunto das elites civis e militares que capitanearam a edificação do regime autoritário.

Polícias políticas e judiciárias, comunidade de segurança, sistemas de espionagem e vigilância, órgãos de censura e de propaganda política, além do julgamento sumário dos supostos corruptos,[39] foram algumas das principais estruturas de que se valeu a burocracia estatal para conformar o já referido "projeto repressivo global". O fato de não haver um único órgão capaz de centralizar o controle dos dissensos acabou levando a uma multiplicidade de organismos e agências estatais dedicados a essas tarefas. Um grande desafio para a continuidade do regime passava necessariamente por articular esses órgãos repressivos de modo a diminuir as tensões entre eles e potencializar as ações conjuntas.

Na comunidade de informações e segurança não raro houve casos de disputas entre os órgãos pelos créditos e reconhecimento das ações repressivas exitosas, com alguns deles reivindicando a detenção de determinados prisioneiros para obtenção de informações sob tortura e até mesmo retendo as descobertas sem compartilhá-las com os demais organismos. No campo da censura, comumente emergiam posicionamentos distintos entre os censores, o que configurava um casuísmo cuja racionalidade é de difícil compreensão.

A relativa autonomia de tais órgãos muitas vezes desafiava a harmonia e a consistência que seriam esperadas na atuação de um Estado autoritário. Por mais centralizado que este tenha sido em determinados momentos da ditadura, especialmente após 1968, a multiplicidade de fontes de poder civil e militar minava a pretensão de uma instituição pública total e monolítica dotada de uma lógica repressiva inteiramente unitária e coerente. No caso da repressão às sexualidades dissidentes, essa característica central do aparato repressivo parece ter sido potencializada pela relação intrínseca entre moral e política.

Sendo assim, as diferentes camadas em que se desdobrava a repressão política e moral, em cada momento e contexto específico, assumiram contornos próprios em uma combinação sempre peculiar entre razões superiores de Estado, um sem-número de atos legais esparsos e convicções pessoais dos agentes que implementavam as políticas públicas. Reconhecer tal sobreposição de fatores e motivações de modo algum significa diluir responsabilidades ou ignorar as forças centrípetas quase irresistíveis que asseguraram uma linha política identificável e com eficácia mínima. Antes, trata-se de dar conta da complexidade e da profundidade das políticas que amalgamaram e mobilizaram diferentes dimensões do Estado para atingir os objetivos programados no âmbito da Doutrina de Segurança Nacional. Nessa linha, Gláucio Soares, ao analisar o aspecto específico da censura, afirma que

> o estudo das proibições permite reiterar que a ditadura não foi integrada nem harmônica [...]. Os dados mostram que as proibições, originárias, em sua maioria, nos órgãos militares de inteligência, visavam à proteção do Estado autoritário; outras, originadas em numerosos minicentros de poder, obedeciam a interesses menores, locais e, até mesmo, pessoais das autoridades coatoras.[40]

A despeito desses atritos recorrentes, que servirão de guia para a análise que se seguirá no presente livro, emerge nitidamente um traço marcante da verdadeira órbita repressiva que organizou a experiência da ditadura brasileira: um fio condutor que, se não unificou, foi capaz de articular, de forma coesa, as diversas iniciativas repressivas. Um exemplo claro é que muitas das violências institucionais eram planejadas e executadas em conjunto, demonstrando uma unidade de ação capaz de dotar de coerência aquela difusa rede repressiva.

Carlos Fico considera que a centralização e a coerência mínimas foram alcançadas graças à atuação da comunidade de informações como "porta-vozes especialistas" sob o influxo da comunidade de segurança. Segundo ele, a partir do final da década de 1960 a "utopia autoritária" que inspirava, de maneira diversa, os diferentes grupos militares, passou a ser interpretada segundo a chave dos setores mais extremados da "linha dura", penetrando os diversos escalões governamentais e sendo aceita por concordância ou medo.[41] Esse teria sido o "cimento ideológico" que deu sustentação ao regime.

Desde o golpe de 1964 foi se estruturando uma complexa teia de aparatos repressivos interconectados. Já em junho de 1964, foi criado o Serviço Nacional de Informações (SNI), como órgão de coleta de informações e de inteligência diretamente vinculado à presidência da República e que se converteria no ponto de centralização e comando de uma ampla rede de espionagem. Em 1966 teve início o Centro de Informações do Exterior (CIEx), e em maio de 1967 criou-se o Centro de Informações do Exército (CIE). Tais órgãos vão ganhar cada vez mais relevância diante da intensificação da escalada repressiva e, a partir de 1969, o sistema de análise de informações e de execução da repressão tornou-se mais sofisticado com a Operação Bandeirante (Oban) iniciada em São Paulo em 1969 e logo estendida por diversas partes do país sob o comando do Exército com o Destacamento de Operações de Informações — Centro de Operações de Defesa Interna (DOI-Codi).[42] Assim, essas chamadas comunidades de segurança e informações, instituídas nos primeiros anos da ditadura, foram encontrando uma centralização maior. A vitória da chamada linha dura, "representada pela decretação do AI-5, fez com que a espionagem passasse a atuar a serviço dos setores mais radicais, divulgando as avaliações que justificavam a escalada e a manutenção da repressão".[43] Isso é bastante visível no caso das informações produzidas sobre atentados à moral e aos bons costumes, sempre acompanhadas do clamor por mais censura e por atuação mais rigorosa dos órgãos de segurança, conforme se verá.

A ideologia e o aparato repressivos dão concretude, portanto, à preocupação marcada da ditadura brasileira com a pornografia, o erotismo, as homossexualidades e as transgeneridades, fenômenos classificados muitas vezes como temas e práticas ameaçadores não apenas contra a ordem sexual, a família tradicional e os valores éticos que, supostamente, integravam a sociedade brasileira, mas também contra a estabilidade política e a segurança nacional.

POLÍTICAS SEXUAIS PARA ALÉM DA REPRESSÃO

Este livro procura contribuir para o esforço de reconstrução histórica mais ampla ao lançar luz sobre as tensões entre a ditadura e as homossexualidades. Ele não teria sido possível sem as brechas abertas desde as Comissões da Verdade, e tem como objetivo compreender as articulações entre regimes políticos e formas de regulação das sexualidades, tomando como caso de estudo a ditadura brasileira de 1964 a 1985. Buscando superar as falhas e os limites já apontados para dar cabo a uma "versão oficial" deste capítulo de nossa história recente, seu objetivo principal é construir uma narrativa mais aberta a partir das distintas dimensões e facetas das políticas sexuais concebidas e implementadas pela ditadura por meio de suas agências de controle, e apontar os esforços de resistência e oposição ao controle autoritário.

Toda análise que pretenda explorar os contornos e as contradições internas das políticas sexuais implementadas pela ditadura brasileira passa, assim, pelo reconhecimento da centralidade da moralidade conservadora na ordenação do regime e pelo exame da complexa e multifacetada estrutura repressiva, bem como pelas resistências social e cultural que se articularam em oposição ao controle autoritário.[44]

A ideia é buscar compreender os padrões morais e os mecanismos de funcionamento que orientaram a atuação das principais agências encarregadas de vigilância, policiamento e censura durante o período que vai de 1964 até 1988 — afinal, foi só com o advento de uma ordem constitucional democrática que a estrutura censória responsável pelo controle moral legado da ditadura foi extinta.[45]

Baseado nas fontes documentais ligadas, sobretudo, ao aparato repressivo da ditadura, bem como numa revisão bibliográfica, discuto como o regime autoritário implementou um conjunto de políticas sexuais para o controle das manifestações de sexualidades e gênero dissidentes e para a repressão do movimento homossexual brasileiro e de seus veículos de expressão. Fica claro como as questões comportamentais e sexuais foram centrais para a "utopia autoritária", ressaltando uma dimensão ainda negligenciada tanto nas reflexões acadêmicas quanto no trabalho de memória. Também examino como as formas de resistência propriamente políticas e mesmo culturais dos segmentos homossexuais nesse período contribuíram para o processo de redemocratização vivido na década de 1980 no país.

Duas são as hipóteses que sustento no livro: existe um conjunto articulado e coerente de políticas sexuais da ditadura para estruturar um complexo de controle moral das práticas e identidades; e, no processo de liberalização, há um endurecimento desse controle moral, como se a abertura política precisasse ser compensada por uma devoção à tradição e aos valores conservadores.

Tendo em vista tais preocupações e perspectivas para organizar a análise e a exposição do extenso material coletado, optei por agrupar os documentos encontrados em quatro dimensões centrais, com efeitos tanto de interdição como de profusão de discursos positivos sobre as políticas sexuais: violência policial nas ruas, vigilância do nascente movimento homossexual, perseguição a seus veículos de expressão e comunicação, e censura e cerceamento da produção cultural. A meu ver, esses eixos são capazes de mostrar os mecanismos de regulação e normalização dos corpos marcados por orientação sexual e/ou identidade de gênero dissidentes.[46]

Assim, a estrutura do livro reflete essa divisão e se organiza em quatro capítulos: o primeiro apresenta um panorama das violências policiais praticadas contra homossexuais, travestis e prostitutas em diversas capitais brasileiras, com especial destaque para os casos de São Paulo e Rio de Janeiro;[47] o segundo analisa os desafios encontrados pelo então nascente movimento homossexual brasileiro para se organizar sob a conjuntura ambígua de uma liberalização política controlada e ainda marcada pela persistência das estruturas autoritárias; o terceiro capítulo é dedicado à análise da perseguição sofrida pelo *Lampião da Esquina*, jornal feito por homossexuais para homossexuais que circulou entre os anos 1978 e 1981; o quarto e último capítulo aborda o tema da censura em defesa da moral e dos bons costumes durante a ditadura, analisando a atuação de órgãos vinculados à comunidade de informações e do Serviço de Censura de Diversões Públicas (SCDP) transformado, em 1972, na DCDP (Divisão de Censura de Diversões Públicas), com atenção aos diferentes meios de expressão artística e de comunicação, quais sejam: televisão, teatro, cinema, jornais e revistas, imprensa gay e outros tipos de diversões públicas.

Por fim e talvez mais importante, nas considerações finais procuro discutir as inevitáveis aproximações e coincidências entre a recente ditadura — que é o objeto deste livro — e os tempos atuais. Apesar dos avanços, nas últimas décadas, no sentido de assegurar cidadania para as minorias sexuais, nosso país ainda ostenta índices alarmantes de violência contra a população LGBT. Por detrás da narrativa autocomplacente de um Brasil que carnavaliza os desejos e que se apresenta como um paraíso sexual[48] repousa o apagamento de hierarquias e exclusões que estruturam e atravessam nossas experiências sexuais, afetivas e identitárias.

Basta lembrar, para colocar em perspectiva essa ideologia idílica de gênero que tenta nos embalar, que, apenas em 2018, foram 420 pessoas LGBT assassinadas por crimes de ódio. Mesmo subestimada pela ausência de dados oficiais, essa cifra, que se mantém elevada ano após ano, nos tem colocado no topo dos rankings internacionais de países que mais matam e deixam matar LGBTs.

Desse modo, em um momento de recrudescimento da LGBTfobia oficializada nos discursos e nas práticas de altas autoridades, nas restrições a direitos sexuais e reprodutivos, nas perseguições às diversidades sexual e de gênero, nas censuras morais e na naturalização de violências em nome da defesa da moral, dos bons costumes e da família, este livro não trata apenas do passado, mas está profundamente implicado com o presente.

1. A VIOLÊNCIA NAS RUAS: CONTROLE MORAL E REPRESSÃO POLICIAL

A REPRESSÃO POLICIAL NAS RUAS FOI A FACE MAIS VISÍVEL DA VIOLÊNCIA que se abateu contra homossexuais, travestis e prostitutas nos grandes centros urbanos. No período da ditadura, pontos de sociabilidade e de diversão frequentados por homens que desejavam outros homens e mulheres que buscavam outras mulheres não sofreram apenas monitoramento intensificado. Essas pessoas eram constantemente assediadas por batidas policiais seguidas de prisões arbitrárias, pela prática das mais diversas formas de torturas física e psicológica, pela extorsão e por outros métodos de violação de direitos humanos de uma população já marginalizada. As polícias, que logo integraram o complexo de aparatos repressivos da ditadura militarizada contra os subversivos "políticos", passaram a regular também o direito à rua para os segmentos LGBT.

Tal imposição de isolamento e confinamento de homossexuais em guetos ostensivamente vigiados e rotineiramente abordados por forças de segurança pública não foi algo inaugurado pela ditadura. Contudo, a acentuada centralização do poder, típica dos regimes autoritários, foi conjugada com a estruturação de um mosaico repressivo em que o policiamento cumpria uma função essencial em espaços públicos como as ruas. Ao lado da espionagem, da censura e da propaganda, a polícia política se constituiu como um dos pilares da atuação estatal. Não havia órgão externo independente e fortalecido para controlar a atuação policial e tampouco a opinião pública poderia fazer seu trabalho, uma vez que — conforme será examinado no capítulo 4 — os principais meios de informação encontravam-se sufocados pela censura, sobretudo após a decretação do AI-5, em 1968. Além disso, as notícias ganharam atribuições cada vez mais abrangentes e de caráter militarizado na proteção da vaga ideia de segurança nacional contra os "inimigos internos", cujos contornos eram definidos convenientemente em termos políticos e morais.

Assim, a integração das polícias nesse complexo de segurança ordenado para a perseguição de dissidentes significou carta branca para que os abusos se intensificassem cada vez mais. A violência de Estado institucionalizou-se como uma autêntica política pública e passou a atingir também os setores que se levantaram contra a ditadura. Com isso, a prática generalizada de desaparecimentos forçados, execuções sumárias, ocultação de restos mortais, versões falsas para assassinatos, torturas sistemáticas, prisões arbitrárias e inúmeras outras violações de direitos constituiu um repertório extenso de abusos de um circuito traçado pelo "poder torturador"[1] contra os subversivos "políticos".

Os que tiveram mais sorte conseguiram sobreviver e, depois de um período que variava bastante nos órgãos de tortura, tinham sua prisão oficializada perante o poder judiciário. Às vezes, tinham até acesso a um advogado. Em geral, o processo jurídico era manipulado pelas autoridades judiciais e militares, sem nenhum respeito às garantias de defesa dos acusados, servindo para dar uma aura de legalidade à violência que já havia sido imposta pela força bruta. Dependendo das acusações e condenações com base em provas forjadas, permaneciam anos em penitenciárias, com outros presos políticos. Assim, os objetivos de todo esse aparato eram, basicamente, executar uma política de extermínio físico de opositores e produzir o medo para desmobilizar resistências.

É verdade que as repressões moral e sexual empreendidas pela ditadura nas ruas seguiram um outro padrão. É visível que homossexuais não receberam o mesmo tratamento dirigido a membros da resistência armada. Mas o fato de não terem sido submetidos ao mesmo modelo de violência não significa que não tenham sofrido de outros modos com ações, omissões e conivências estatais.

Reconhecer e analisar essas diferenças é fundamental para compreender as formas de atuação do poder repressivo sob a ditadura brasileira. Por um lado, trazendo à tona uma dimensão da violência estatal tradicionalmente invisibilizada e, por outro, rompendo com visões que postulam a existência de um Estado monolítico e homogêneo.

O circuito da perseguição contra homossexuais passava por outros trajetos, a despeito dos inevitáveis pontos de contato com a estrutura repressiva que atingiam a "subversão política". Nas ruas, de forma geral, homossexuais eram assediados por batidas policiais ostensivas, que mobilizavam um número expressivo de agentes. Tais investidas ocorriam nas regiões de maior concentração dessa população, especialmente nos guetos e em espaços consagrados de sociabilidade e expressão da sexualidade, que acabavam propiciando algum acolhimento e proteção aos homossexuais. Geralmente, eram detidos sem nenhuma acusação consistente e submetidos a constrangimentos públicos pela exposição de seus corpos ou de suas práticas sexuais, muitas vezes enrustidas e escondidas devido ao preconceito vivido nos universos escolar, familiar e profissional.

Apesar da ausência de legislação expressa criminalizando orientações sexuais não normativas, diversos outros tipos penais foram abundantemente mobilizados para enquadrar os homossexuais e coibir sua expressão pública. Vadiagem, atentado público ao pudor, corrupção de menores, violação da moral e dos bons costumes, furtos e roubos ou uso de drogas foram alguns dos dispositivos utilizados para instrumentalizar o direito e realizar o controle legal desses grupos, geralmente jogados em um submundo associado a diversos tipos de contravenções e crimes morais ou patrimoniais. A prática policial criminalizava, assim, as condutas que a legislação não definia como delitos penais.

Os homossexuais, depois de detidos, eram levados para os distritos policiais ou para prisões comuns, onde permaneciam por horas ou dias. Ali, eram submetidos a diversas humilhações e torturas relacionadas, muitas vezes, à orientação sexual ou à identidade de gênero. Como muitas eram abordadas em zonas de prostituição e se dedicavam a essa atividade profissional, as "bichas" e travestis eram também extorquidas para serem liberadas ou mesmo para terem um tratamento menos violento. Ficavam por dias incomunicáveis, em condições precárias, características típicas do sistema penitenciário brasileiro. Por parte dos familiares, havia muitas vezes a questão da rejeição moral às sexualidades desviantes, expressa geralmente por uma ruptura de vínculos. Em vez de detenções por longos períodos, era mais comum a ocorrência de frequentes prisões por curtos espaços de tempo. Homossexuais não eram, portanto, eliminados fisicamente, como acontecia com os subversivos "políticos". Antes, o objetivo dos órgãos repressivos era, primordialmente, um saneamento moral e uma higienização social que implicavam disciplinamento das sexualidades dissidentes, sua normatização com base nos valores conservadores irradiados pelo regime autoritário e a expulsão dos homossexuais e prostitutas dos espaços públicos, ainda que fossem os guetos ocupados por essa população.

Mais que uma política executada por diversos organismos estatais, a dispersão das pessoas LGBT dos lugares onde se concentravam em busca de amores furtivos ou de novas amizades era ainda reforçada por alguns agentes públicos, que imprimiam suas concepções conservadoras com total liberdade e com o respaldo de seus superiores.

Em Minas Gerais, na capital Belo Horizonte, a "tradicional família mineira" e as forças militares que contribuíram enormemente para o golpe de 1964 engajaram-se desde a primeira hora na tarefa de repressão aos costumes. Aliás, antes mesmo do início da ditadura, em agosto de 1963, as batidas policiais sob o comando de delegacias da polícia civil já tinham se iniciado, com o objetivo de sanear moralmente a cidade.

Em 1969, logo após o endurecimento político e moral do regime, a repressão se intensificou, sob o comando de Joaquim Ferreira Gonçalves, secretário da Segurança Pública que desencadeou tremenda campanha contra o trottoir na cidade, também conhecida como Operação Limpeza.

Conforme nota Luiz Morando, em escrito repleto de episódios bem narrados sobre a situação de Belo Horizonte na década de 1960,

> se ainda não ficava evidenciada uma relação direta entre a ideologia conservadora de vigilância e repressão aos costumes tal como era ventilado no discurso oficial, a Operação Limpeza desencadeada em janeiro de 1969 [deixa] bem transparente sua associação aos preceitos do AI-5.[2]

Diversos são os registros históricos de abusos cometidos pelo aparato de segurança contra a população homossexual, como as situações abordadas acima, mas a maior parte das fontes disponíveis data do final da década de 1970, quando estava em pleno curso o processo de abertura política. Apesar de ser contraintuitiva essa constatação, já que seria mais factível compreender o endurecimento moral nos marcos de um enrijecimento político do regime, tais fatores parecem indicar que as profundas mudanças desencadeadas pela agonia da ditadura despertaram reações sérias dos setores mais conservadores, na medida em que estes vislumbravam uma perda de controle dos limites impostos à transição tutelada pelos militares. Isto é, tal constatação pode indicar não exatamente um aumento da repressão, mas, antes, uma importante mudança na sua forma de expressão e de exercício da violência em um complexo jogo envolvendo política e moral.

A visibilidade crescente da alta concentração homossexual nas grandes cidades, com a maior presença das travestis a partir dos anos 1973 e 1974, especialmente em São Paulo, trabalhando como prostitutas, foi um fenômeno significativo para o tratamento desses corpos marcados por sexualidade e gênero dissidentes.

Outra hipótese factível para essa maior quantidade de referências à violência policial contra gays, lésbicas, travestis e prostitutas é o fato incontestável de que, com a abertura política e a expansão do mercado de consumo para tais setores, essas pessoas começaram a tomar mais as ruas e a se expor publicamente, reivindicando, se não a aceitação, ao menos alguma tolerância.[3] Havia uma inclinação mundial nesse sentido, acentuada sobretudo nos países democráticos desenvolvidos após a Revolta de Stonewall, ocorrida em Nova York em 1969.[4] A crescente visibilidade foi um fato importante que alimentou reações conservadoras. Isso é aventado por MacRae, quando afirma que, nesse período, assistiu-se à "proliferação de estabelecimentos orientados para uma clientela gay" e a uma grande "descontração com a qual homens e mulheres estavam começando a andar pelas ruas, abraçados com parceiros do mesmo sexo e, em alguns casos, até se beijando na boca". Ele também ressalta que "proliferavam os travestis que, segundo se dizia, estavam tomando todos os tradicionais pontos de prostituição".[5] No mesmo sentido, Green destaca que o crescimento do número de travestis nas ruas era "reflexo da crescente comercialização e mercantilização do sexo na sociedade brasileira" em um momento de relativa prosperidade econômica para as camadas médias, que podiam, então, pagar por sexo. Além disso, ele aponta a flexibilização dos códigos de gênero com a emergência de um estilo unissex e a maior liberdade de adotar trajes mais provocantes. Isso levou até a um fluxo de travestis brasileiras para a Espanha, a França e, depois, para a Itália.[6]

Ademais, como as forças de segurança não formalizaram um plano para combate dos homossexuais, a maior fonte de registros das ações policiais investidas contra essa população segue sendo os vestígios deixados nas notícias publicadas na imprensa. Contudo, uma das dificuldades encontradas é o fato de os principais jornais pouco publicarem sobre homossexualidade; as demais publicações de grande circulação eram de cunho sensacionalista, representando as sexualidades dissidentes como um misto de pecado, doença e desvio de caráter.

Assim, foi sobretudo na imprensa alternativa que se intensificou, no final da ditadura, os registros mais confiáveis, tanto das ofensivas da repressão como das resistências do movimento organizado.

Uma das mais importantes fontes foi o *Lampião da Esquina*, por se tratar do principal jornal em circulação naquele momento dedicado aos interesses dos homossexuais. Concebido por intelectuais e jornalistas já reconhecidos no meio cultural da época, o veículo se tornou a voz mais importante do movimento homossexual que se articulava. As edições mensais vendidas em bancas de jornais chegaram a ultrapassar a tiragem de 15 mil exemplares. Desde o início, a publicação, que será examinada mais detidamente no capítulo 3, já começava a denunciar e a documentar violações de direitos dos homossexuais decorrentes de operações policiais nas ruas, sobretudo no eixo Rio-São Paulo, onde se concentravam os editorialistas e colaboradores.

Mas Recife não ficou de fora do radar do *Lampião*. João Batista Acioly Sobrinho desencadeou uma onda repressiva contra o edifício Holiday, em Boa Viagem, no qual viviam mais de duzentos homossexuais.[7] Ele intensificou o policiamento arbitrário depois que um homossexual foi assassinado por um provável amante em 1980. Segundo a declaração homofóbica de José Edson Barbosa, delegado responsável por este caso na Delegacia de Homicídios, "entre homossexuais, os amantes são os primeiros suspeitos". Justificando suas operações repressivas, o delegado Acioly mostrou todo o seu zelo pela moral na região desse edifício: "[...] terão os responsáveis pelo edifício a obrigação de saber quais as pessoas que frequentam diariamente o imóvel, assim como controlar e evitar que atent[em] contra a moral".[8]

Esse tipo de denúncia contra a homofobia, por parte das forças de segurança em Pernambuco, já vinha sendo feito por um dos primeiros candidatos a assumir abertamente a defesa dos homossexuais. Baiardo de Andrade Lima concorreu a deputado nas eleições de 1978, ocasião em que declarou: "Existem delegados que dão batidas em bares e restaurantes, simplesmente para caçar os homossexuais, enquanto ladrões e assassinos atuam impunemente. A polícia pernambucana prende os homossexuais por puro sadismo, exibicionismo e falso moralismo".[9]

"NÃO SABE POR QUE A GENTE SE CORTA? É O ÚNICO JEITO DE NÃO IR PRESA"

Logo na primeira edição do *Lampião da Esquina* foi veiculada uma longa reportagem, de autoria de Antônio Chrysóstomo, sobre a vida noturna dos "caubóis" e de outras personagens cativas do "triângulo da badalação entendida [ou] da prostituição masculina" nas duas principais capitais brasileiras. Essa expressão fazia referência à Cinelândia, no centro do Rio de Janeiro, avenida São João, no centro de São Paulo e Galeria Alaska, em Copacabana, zona sul do Rio, regiões com expressiva concentração de homossexuais. A matéria já apontava o medo e a violência a que estavam sujeitos os frequentadores desses locais, sobretudo as travestis. De acordo com a gíria dos entendidos paulistas e cariocas que frequentavam esses lugares, os michês ali eram conhecidos como "midinaiti caubói". Nesses locais,

há desde os mais reles meninos de programa, michezinhos de 40 a 100 cruzeiros por pernoite, até os profissionais competentes, fisicamente atraentes, capazes de extrair, principalmente de turistas daqui e de fora, quantias de 500 a 1.000 cruzeiros em cada uma de suas saídas. Bem observados, travestis e viados finos, michês baratos e prostitutos de alto bordo, são todos meninos — não importa a idade — jogados entre a bondade e a perversidade sem limites, pois no, assim chamemos, triângulo da pegação, bem e mal têm fronteiras extremamente fluidas.[10]

Na cidade do Rio de Janeiro, um dos pontos de encontro mais badalados das pessoas LGBT era a Galeria Alaska, no bairro de Copacabana. Ligando as avenidas Atlântica e Nossa Senhora de Copacabana, na altura do Posto 6, próxima à praia e em um bairro no qual conviviam pessoas de diferentes origens sociais, a galeria não chegava a cem metros de extensão, mas a travessia estava repleta de bares e boates. O local era refúgio de adolescentes e jovens que buscavam, por meio da prostituição, arrumar um parceiro mais velho e endinheirado ou até mesmo um lar. Eram os chamados "midnight kids", "taxi boys" ou, ainda, "caubóis da madrugada". Geralmente menores de idade, eles ganhavam a vida se prostituindo na Galeria Alaska, sobretudo atendendo os desejos de homens gays mais velhos que visitavam o espaço em busca de sexo ocasional e fortuito.

O estrangeirismo era uma referência ao filme *Midnight Cowboy*, de 1969, traduzido no Brasil como *Perdidos na noite*, dirigido por John Schlesinger. O filme narra o drama do jovem texano Joe Buck, que abandona seu emprego de lavador de pratos e se aventura em Nova York, convencido de que poderia fazer fama e dinheiro se prostituindo com as mulheres solitárias. Em seus trajes de caubói, sem dinheiro nem conhecidos, termina perambulando pelas ruas e conhece Ratso, um marginal do Bronx com quem enfrentará esse mundo novo e hostil.

A qualquer hora do dia, o movimento na Alaska era intenso e, durante as noites, os homossexuais procuravam abertamente encontros com outros entendidos, conforme cantado sutilmente por Agnaldo Timóteo na música "A galeria do amor", que ele fez em homenagem precisamente à Alaska:

> *Na galeria do amor é assim*
> *Muita gente à procura de gente*
> *A galeria do amor é assim*
> *Um lugar de emoções diferentes*
> *Onde a gente que é gente se*
> *Entende*
> *Onde pode-se amar livremente*
> *Onde gente que é gente se*
> *Entende*
> *Onde pode-se amar livremente*[11]

Mas nem tudo continha erotismo e romantismo, pois era naturalizada a violência contra os frequentadores habituais do espaço. A mesma "A galeria do amor" foi objeto de um artigo escrito por Aristides Nunes Coelho Neto sobre as noites agitadas que eram ali vividas. Em relação ao tema da repressão constante contra os homossexuais, ele afirmou que existia um distrito policial logo na frente e que "a convivência entre o pessoal *do lado de lá* e os policiais nem sempre se [dava] em bom nível". Conforme pontuado no texto, era comum que pessoas na galeria fossem "convidadas" a "atravessar a rua e, na delegacia, tudo pod[ia] acontecer. Desde a simples intimidação verbal até a agressão física. Muitas vezes, pessoas que não [tinham] documentos passa[vam] a noite inteira numa cela escura e fria".[12]

No caso dos jovens caubóis brasileiros, oriundos do interior do país ou de bairros pobres das grandes cidades e acometidos pela mesma ilusão do dinheiro fácil por meio do sexo pago, o problema era que as constantes batidas policiais atrapalhavam os seus negócios por despertarem a atenção pública e romperem com o ar de anonimato que o gueto garantia a seus frequentadores noturnos.

"SÓ ANDO COM GILETE. É A MINHA DEFESA CONTRA A POLÍCIA"

Em se tratando das travestis, a ameaça à integridade física e ao exercício da prostituição ia da violência nas ações individuais às transformações urbanas do período. Em todos os casos, a divulgação desse tipo de informação era vista com preocupação pelos órgãos do regime.

Exemplo disso é o documento com a Informação nº 128/79/DSI/MJ, enviado pela Divisão de Segurança e Informações do Ministério da Justiça em 17 de maio de 1979 ao ministro da Justiça sobre o tabloide *Flagrante Livre*,[13] caracterizado como "órgão mensal da imprensa 'nanica', editado no Rio de Janeiro" e descrito como de "radical posição contestatória ao regime e ao Governo".[14] O incômodo com o jornal não foi apenas pelos temas políticos em sentido estrito, mas também pelas questões morais tocadas pela publicação. O relatório afirma que "sua edição de Nov 78, além da característica acima, destaca-se pela apresentação de duas reportagens, abordando de modo atentatório aos bons costumes os assuntos de prostituição e homossexualismo".[15]

Em especial, duas matérias da referida edição chamaram a atenção: a primeira delas, "Acaba o mangue, mas a zona continua", que retratava, sem preconceitos, como o processo de urbanização com as primeiras obras do metrô estava alterando a concentração de prostitutas na área do Mangue, foi criticada por abordar "o problema da prostituição [...] de maneira cínica e pornográfica, com publicação de palavras e fotografias obscenas"; já a segunda, intitulada "Travesti: Sedução e violência na batalha da noite", "aborda de forma semelhante [à primeira] o problema do homossexualismo, enfatizando supostas conivência e corrupção da polícia, além de apresentar a prática do homossexualismo como uma constante na vida noturna da cidade".

Os jornalistas, nessa segunda matéria, conversaram com diversas travestis que trabalhavam como prostitutas na região do largo da Lapa, retratando o modo de vida, a relação com os clientes, a história de vida pessoal de cada uma delas. A violência policial e as constantes extorsões também aparecem na reportagem.

Os riscos constantes que as travestis enfrentavam cotidianamente exigiam uma postura de atenção total ao meio em que se encontravam: "elas [as travestis] não param. Enquanto falam, olham sempre em volta, vigiam todos os lados e, qualquer sinal ou cheiro de polícia no ar, [ficam] atentas para entrar em algum lugar, mistura[ndo]-se aos passageiros no ponto de ônibus, desaparece[ndo] do local até que o camburão (ou similar) deixe a área. Durante a pegação, o travesti caça freguês e foge dos assalariados da PM".[16]

Mas não bastava fugir dos policiais. Era também preciso, na maior parte das vezes, pagar-lhes subornos e propinas. Na matéria, os jornalistas afirmavam que acompanharam a noite inteira das travestis naquela região: "[...] mais tarde [à noite], com o trânsito mais calmo, pouco público, os policiais começam a circular. Com exceção apenas do freguês, todos os demais estão 'a fim de um troco'".[17] Uma das travestis, chamada Tatiana, reclamou da reportagem, demonstrando a desconfiança que sentia quanto aos órgãos da imprensa que sempre faziam uma cobertura negativa das travestis:

> Olha, pelo amor de Deus não vai arrasar com os travestis não. Já chega o que a gente tem de aguentar... os garotões sacaninhas e enrustidos que passam de carro só pra mexer com a gente... a polícia. Tem vez que tem de dar até 300 cruzeiros pros canas deixarem a gente em paz, um horror! Geralmente a imprensa faz muito sensacionalismo e todo mundo acha que travesti é viado de viração.[18]

Monique, outra das travestis entrevistadas, foi questionada sobre os cortes em seu braço e se negou a falar, mas, com a insistência do jornalista, acabou contando a função da mutilação, confirmando os relatos de outras travestis: "Cortamos nossos braços, quando a polícia está a fim de grana, a gente não dá e eles levam em cana, arrochando cada vez mais. A gente se revolta e se corta. Então eles são obrigados a soltar, mandar pro Pronto Socorro. Mas não ponha isso no jornal, não, menino, tá louco?".[19] A colega Patrícia comentou em seguida: "Põe sim. Eu também já me cortei [...]. Na delegacia, o delegado veio forte, me escrachando. Eu fiquei maluca mais ainda, tirei a gilete e me cortei. As amigas falaram mal de mim na época...". Ambas carregavam uma gilete partida ao meio entre a arcada dentária e a bochecha. Monique tirou para mostrar ao jornalista e afirmou: "Eu não ando com navalha, faca, gargalo de garrafa na bolsa, revólver, nada disso. Só ando com gilete. É a minha defesa contra a polícia".[20]

A violência policial é confirmada também por uma travesti entrevistada pelo *Lampião*, designada como "Paulo, Paulete, Paulona, a Doida — me chama como quiser", conforme ela mesma se apresentava. Segundo Chrysóstomo, tratava-se de "um cara [sic] disposto a tudo, cansado de apanhar, de ir preso, de lavar latrina de distrito policial, sem saber que crime [...] cometeu". Ao perceber seus braços cheios de cortes e cicatrizes nos pulsos, até a altura do cotovelo, o jornalista questionou o que teria produzido aquelas escoriações, ao que Paulete respondeu: "Ocê não tá com nada, heim cara? Não sabe por que a gente se corta? É o único jeito de não ir presa, quando a polícia baixa na Lapa e na Cinelândia".

Pegas "em flagrante" no trottoir que faziam para ganhar a vida, travestis como Paulete andavam municiadas com giletes, que enfiavam nos seus próprios braços como um esforço antes de serem arrastadas para os camburões policiais que as levariam para a detenção. Desse modo, elas se viam obrigadas a mutilar seus corpos, mesmo que isso deixasse marcas, para tentar escapar da violência do Estado. Nessa mesma entrevista, Paulete afirmou que, ao se cortarem, não dava outra: "Os homens têm de levar [...] pro hospital, senão morre de sangrar. E no hospital a gente não apanha, até tratam bem".[21]

Em Salvador, o mesmo se passava nos pontos tradicionais de sociabilidade homossexual e prostituição. O Grupo Gay da Bahia (GGB) lançou uma campanha de assistência médica e social a pessoas LGBT, denominada Operação Pelourinho. O médico responsável pelos atendimentos, sobretudo de pessoas trans, fez o seguinte relato, à época:

> Encontramos foi muita gente maltratada, com cortes profundos nos braços. Eles cortam os braços para que a polícia não os prenda, e vocês podem não acreditar, mas muitos não quiseram tratar dos cortes. Somente por serem homossexuais, estão sendo presos de roldão nessas batidas da polícia.[22]

Na mesma linha, um dos líderes do GGB, Luiz Mott, relatava que o tratamento médico das travestis era dificultado pelo fato de elas serem frequentemente presas, perdendo as datas agendadas de consultas e exames. Além disso, segundo ele, a prisão indiscriminada e arbitrária vinha sendo "um dos principais problemas relatados pelos travestis" que "pediram-nos insistentemente que além do atendimento médico, providenciássemos assessoria jurídica, o que estamos tentando organizar".[23]

Como se pode constatar, o importante era sair do circuito repressivo o quanto antes, mesmo que, para isso, fosse necessário atentar contra a própria integridade física. Em uma realidade de total privação de direitos e de perseguição pelas autoridades policiais, a gilete parecia ser instrumento indispensável de trabalho e de sobrevivência para as travestis.

"DOCUMENTO DE BICHA POBRE É GRADE"

Entretanto, quando a estratégia bastante violenta da automutilação preventiva com a gilete não era capaz de assegurar a liberdade, as travestis acabavam sendo levadas coercitivamente para a carceragem das delegacias ou penitenciárias. Ainda em 1978, o *Lampião* publicou mais uma longa reportagem, também de Chrysóstomo, intitulada "Mônica Valéria, uma vida em segredo", que abordava a rotina de detenções de travestis. Na matéria, o jornalista relatava a vida de Mônica, também designada pelas siglas do nome masculino, L. C. T. da S. Ela havia se mudado de Carangola (MG) para o Rio de Janeiro com o objetivo de ganhar a vida como empregada doméstica durante o dia e, nos finais de semana, de noite, trabalhava nas ruas da Lapa como prostituta para juntar mais dinheiro.

Mônica narrou em detalhes como era constante o assédio policial na região onde trabalhava durante as noites, não importando se ela e suas colegas de pista estavam portando documentos para identificação pessoal ou não. Acusações eram forjadas e inventadas pela própria polícia, enquadrando as travestis na proibição da vadiagem, ainda que elas tivessem trabalho e comprovassem isso:

> [...] a polícia sempre deu em cima. Prendem a gente à toa. Documento de bicha pobre é grade. Eles põem a gente no camburão e falam pro comissário que a gente é vagabunda, mesmo com documento, carteira assinada na bolsa. Diz que a gente faz bagunça, diz que bicha só fala palavrão. Se não falou, inventam.[24]

Em seu depoimento, ela descreveu as extorsões que sofriam em conluio dos policiais com lanterninhas. Uma de suas estratégias era deixar de se maquiar antes de entrar nos cinemas para fazer os programas, para não "dar muita pinta":

> Alguns da PM prendem as bichas pra tomar o dinheiro delas. Outros do distrito entram no cinema Íris, pintam e bordam, não querem nem saber se tem documento, se tem Lei. A gente só se pinta depois que entra, dentro do cinema, pra não afrontar as famílias do lado de fora. Se não fosse a polícia e os marginais agindo junto com os lanterninhas, inventando flagrante e roubos para arrochar as bichas, era pro ambiente do Íris ser até bem civilizado.[25]

Por fim, ela destacou a atuação particularmente abusiva de um agente policial, o "comissário Black", que atuava na região da praça Tiradentes: "[ele] prende bicha, toma dinheiro, bate e manda embora. Se reclamar, somem com o viado. Tem uma, a Carminha, um travesti lindo, moreno, precisava de ver, que arranjou encrenca e sumiram com ela".[26]

Era comum que prostitutas, travestis e homossexuais resistissem ou "arrumassem encrenca", para usar a expressão de Mônica Valéria, quando detidas, ou mesmo na prisão. Uma matéria intitulada "Gays quebram pau com delega machão", do jornal *O Povo*, de 28 de outubro de 1982, retrata a reação àquilo que ficou conhecido como Operação Bicha, desencadeada sob o pretexto de que muitos furtos na região da Lapa e da Cruz Vermelha estariam sendo levados a cabo por travestis que ali trabalhavam como prostitutas.

Assim começava o relato: "Doravante, só vai poder rodar bolsinha na área da 5ª DP [...] quem tiver carteirinha e for devidamente catalogado naquela especialidade. Até os estagiários de bicha ou prostituta estão obrigados a isso".[27] O delegado determinou a retirada de "circulação" de mais de "50 'figurinhas' que esvoaçavam pela dita área", mas a matéria sensacionalista mencionava que, mais difícil do que retirar as bichas e prostitutas, foi "a trabalheira que elas deram na 5ª DP com seus gritos e shows de histeria madrugada adentro".[28] Algumas das travestis entrevistadas concluíram que "agora, 'todas' estão apavoradas com a nova ordem do delegado: prostituta e bicha de catálogo é uma novidade".[29] Nem era tão inédito um procedimento dessa natureza, pois o delegado Guido Fonseca, em São Paulo, já adotava medidas semelhantes, conforme será abordado mais adiante.

De todo modo, vale notar que esse tipo de violência homofóbica e transfóbica não era algo novo no Rio de Janeiro, que ressuscitou, na década de 1970, uma figura conhecida na Zona Sul e no Centro e que havia sido responsável, desde os anos 1950, por batidas policiais nas boates, bares e hotéis cariocas: o delegado Deraldo Padilha. Naquela época, ele ocupou a Divisão de Meretrício da Delegacia de Costumes e Diversões, perseguindo incansavelmente prostitutas, travestis e homossexuais. Sempre acompanhado pela imprensa, que propagandeava suas ações, ele voltaria à ativa no ano de 1968 depois de um longo afastamento, acumulando a titularidade dos 12º e 13º Distritos Policiais de Copacabana. A truculência com que invadia os estabelecimentos comerciais era tanta que a Associação Comercial e Industrial da Zona Sul começou a criticar e até a processar Padilha, a fim de interromper suas arbitrariedades. Ele acabou sendo aposentado compulsoriamente por ato do presidente Médici, em 19 de janeiro de 1973, sem que tenha sido claramente declinada a motivação.[30]

Outros delegados procediam da mesma maneira, alinhados à orientação da própria Secretaria de Segurança Pública do Rio de Janeiro, como José Gomes de Andrade, que, em certa ocasião, chegou a afirmar sobre a intenção de "limpar" a região:

> Desde que assumi a 5ª DP, há dois meses, vimos fazendo várias investidas na praça Tiradentes, apesar desta não ter um grande número de ocorrências, para ver se conseguimos afastar os marginais e os homossexuais da área. O novo secretário de Segurança Pública tem imprimido um maior rigor e, com a continuidade deste trabalho, a coisa tende a acabar. A partir do momento em que tivermos uma atuação sistemática na região, os homossexuais não vão se sentir bem ali e irão procurar outro lugar.[31]

Mais do que reabilitar do ostracismo tais figuras, que já tinham atuado de modo mais isolado e difuso em outros tempos, a ditadura deu pleno respaldo institucional às operações de "limpeza" moral.

As travestis eram, sem dúvida, o alvo privilegiado da repressão moralizante levada a cabo pelas forças de policiamento que circulavam pelas ruas. Primeiro, porque elas, diferentemente de alguns homossexuais que escondiam a orientação sexual no armário, não podiam ocultar sua identidade de gênero do mesmo modo como gays e lésbicas.[32] Segundo, porque geralmente elas estavam mais expostas em locais públicos por se dedicar, profissionalmente, à prostituição, diante da falta de outras oportunidades no mercado de trabalho. Terceiro, porque já sofriam duramente a repulsa da sociedade por conta do estigma criado em torno delas e das prostitutas que habitam esses territórios marginais. Por fim, é importante notar o expressivo crescimento do número de travestis na liberalização dos padrões de gênero em curso no final dos anos 1970 e início da década de 1980, momento marcado pela passagem do tempo das perucas para o tempo dos hormônios.[33]

João Silvério Trevisan, no texto "E o direito de ir e vir?", criticou as prisões injustificadas e arbitrárias, cada vez mais comuns, de travestis. Para ele, era um paradoxo que "no País do Carnaval, os machões [pudessem] se desrecalcar vestindo-se de mulher em fevereiro", enquanto o comportamento das travestis era considerado um "crime durante o resto do ano, quando os machões se vest[iam] de machões. Que o digam os travestis, continuamente presos e humilhados sob as mais diversas alegações".[34]

Trevisan abordava, então, o caso de "Kioko (aliás, Pedro Teruo)", uma travesti que estava passeando em São Paulo quando foi presa por uma semana "sem que ao menos pudesse ser acusado de vadiagem (ele é costureiro por profissão)". Diante desse abuso, Kioko procurou um advogado e entrou com um pedido de habeas corpus preventivo. O Tribunal de Justiça de São Paulo lhe reconheceu, por unanimidade, o direito de livre-trânsito, "considerando que o trotoar, seja masculino ou feminino, não merece punição desde que não perturbe a moral ou a ordem pública". Para Trevisan, "exibir um salvo-conduto nada mais [era] do que o amargo atestado de que nos falta[va] até mesmo o direito de andar. Afinal, quem defin[ia] leis e direitos no País do Carnaval?".[35]

Mesmo durante as festas de Carnaval, famosas pela suposta liberdade e a libertinagem sexuais, com as mencionadas trocas de papéis de gênero e inversões de todas as ordens, intensificava-se a repressão moral com a conivência das forças policiais. O jornal *Lampião* de março de 1980, logo após os festejos momescos, publicou a carta de um folião que relatava o aumento da violência em uma região tradicionalmente tolerante aos homossexuais no Rio de Janeiro, apesar das investidas repressivas já nas décadas de 1950 e 1960: a Cinelândia. Na carta, o leitor Osvaldo Farias do Nascimento, escreveu: "[...] é incrível certas atrocidades que ocorreram neste carnaval; principalmente no gueto de maior concentração guei, que é a Cinelândia. Onde bichas e travestis eram atacadas, surradas e rasgadas, como foi o caso de um elegante travesti". Além disso, ele denunciava o descaso e até a cumplicidade da polícia: "[...] nossa polícia, o que fez? Nada. Dez policiais da PM se mostraram impassíveis ante esta cena. [...] Fato que me revoltou a ponto de me fazer chorar". Ao que Aguinaldo Silva, em sua resposta, corroborou a triste constatação: "Neste primeiro carnaval da supostamente libertária década de [19]80, viu-se uma coisa que há muito tempo não acontecia na Cinelândia: bichas sendo linchadas".[36]

"QUEREMOS CONDIÇÕES PRA VENDER DIREITO NOSSO CORPO, SEM PERSEGUIÇÃO DA POLÍCIA": A VIOLÊNCIA CONTRA PROSTITUTAS

Ao lado das travestis, as prostitutas foram um dos segmentos da sociedade mais perseguidos e reprimidos pela ditadura em sua ânsia de proteção da "família" e dos valores cristãos. Em muitos casos, as travestis eram prostitutas, o que acentuava ainda mais a violência a que estavam sujeitas. Os michês, ainda que também sofressem regularmente com as perseguições, não eram assediados como as mulheres.[37]

O mesmo que se passava em relação à homossexualidade, do ponto de vista legal, ocorria com as prostitutas. Como o trabalho sexual nunca foi legalizado e protegido plenamente, apesar de também não ser expressamente proibido, sempre houve uma zona cinzenta de normatividade, permitindo uma arbitrariedade muito grande no tratamento que as forças policiais dispensavam a essa população, concentrada em algumas regiões centrais das grandes cidades. A situação se agravava com a estigmatização social e o preconceito cultural largamente difundidos, que acabavam conferindo legitimidade às violências que levavam a cabo os projetos de "higienização" tão em voga naquele momento.

Em São Paulo, a repressão contra prostitutas atingiu níveis tão extremos que culminou, em 1º de dezembro de 1979, em uma passeata de três horas, da qual participaram mais de cem prostitutas do quadrilátero conhecido como Boca do Lixo, região no centro paulistano famoso pela presença de prostitutas que atendiam clientes de menor poder aquisitivo. O ato foi encerrado na frente da Seccional de Polícia, com palavras de ordem pelo fim das extorsões constantes a que estavam submetidas e contra os maus-tratos que sofriam sob custódia policial.[38] Depois desse ato, a repressão, em vez de diminuir, foi intensificada como uma espécie de retaliação contra as prostitutas que ousaram se manifestar de maneira aberta e organizada, rompendo com as barreiras dos guetos.

Dias após o ocorrido, e diante da escalada crescente de agressões contra as prostitutas, tanto por policiais como por grupos por estes incentivados, realizou-se uma reunião no Teatro Ruth Escobar. Estavam lá homossexuais, feministas, deputados da oposição e estudantes para discutir formas de apoio às prostitutas, que se fizeram presentes no final da reunião. Uma delas, segundo a cobertura do encontro que Trevisan escreveu para o *Lampião*, deu um relato bastante detalhado das dificuldades enfrentadas e de suas reivindicações mais do que justas:

> Queremos condições pra vender direito nosso corpo, sem perseguição da polícia. Tem aqui uma que já foi presa quatro vezes nesta semana. A gente trata bem a freguesia, mas a polícia vem e estraga tudo. Depois que a gente se movimentou, a polícia não deixa nem encostar ali no nosso canto, com respeito. Ninguém dá valor pra prostituta. Home [sic] passa, mexe e xinga. Todo mundo mexe. Queremos ganhar nosso dinheiro sossegada, sem polícia espancando e deixando a gente nua na rua. Não deviam ter esse direito de enfiar a gente no xadrez, em sala forte. Eles marcam a gente e ficam prendendo sem parar. Levam pra inspeção mas acabam deixando presa dez dias. Já vi muitas abortando na cadeia. Lá a gente não recebe nem um café, só água fria no corpo. Queremos ganhar nosso dinheiro, porque temos filhos pra criar, diária no hotel e restaurante pra pagar. Mas eles não querem nem saber.[39]

Outra modalidade de violência bastante corriqueira, e uma das prediletas dos agentes públicos contra prostitutas, era a extorsão. Eles pediam dinheiro em troca da liberdade. Questionada se os policiais tiravam dinheiro delas, uma travesti que trabalhava como prostituta, identificada como Flávia, respondeu categoricamente: "Lógico que tiram!". E Tatiana, também colega de profissão, acrescentou: "Tem travesti que dá carro pra eles, que vende tudo pra se livrar deles; se entram num flagrante de maconha, de alguma droga, tem muito o que fazer, é lógico...". Mas nem sempre pagar livrava a cara das prostitutas; muitas vezes, policiais pegavam o dinheiro e ainda levavam as mulheres presas em flagrante por suborno.

Tatiana descreveu um episódio em que ela e uma colega chegaram a dar "50 cada uma" e, mesmo assim, as duas foram levadas para a Casa de Detenção: "Só aí eu fiquei sabendo que existia uma coisa chamada 'suborno à autoridade'; porque normalmente a gente dá dinheiro, mas eles acham pouco, então vira flagrante".[40]

No jornal *Reporter*, n.º 38, de fevereiro de 1981, foi publicada a carta do leitor Luiz da Silva, que se disse perplexo com o preconceito ao ler uma notícia de *O Globo* de 18 de janeiro de 1981 com o título "Prostituta diz que soldados lhe tomaram Cr$ 500,00". O leitor afirmou, indignado:

> Ela [a prostituta] é achacada por dois soldados da PM e um motorista de táxi marginal, agredida e roubada em Cr$ 500,00, grita, chama atenção de polícias que levam todo mundo pra delegacia e o "delegado" solta os caras dizendo que não pode dar crédito à palavra de uma prostituta. Onde estamos? Uma prostituta é animal? É um ser inferior? Não é gente? Será que uma moça dessas não pode dar queixa de agressão e furto do qual foi vítima? Que justiça é essa?[41]

Esse trecho reflete não apenas a discriminação institucionalizada nos órgãos de segurança, em conluios de corrupção, mas também a maneira como agentes públicos se apropriavam do preconceito como arma para naturalizar a extorsão dessas vítimas.

Em relação a essa acusação de extorsão das prostitutas e travestis para livrá-las da cadeia, Richetti respondeu ironicamente ao jornalista: "[...] estariam extorquindo dinheiro se deixassem as prostitutas agirem livremente. Se estão prendendo é porque não estão ganhando nada. Como as prostitutas podem ganhar dinheiro na cadeia para dar aos policiais?".[42]

"NÓS ESTAMOS FALANDO DE UMA VIOLÊNCIA INSTITUCIONALIZADA"

"Dois travestis, uma advogada: três depoimentos vivos sobre o sufoco" foi uma longa reportagem que traçou o mais completo panorama encontrado na imprensa da época sobre as violências sofridas pelas travestis, por ação policial, no centro de São Paulo. Para fazer a entrevista, Darcy Penteado aproximou seu carro de duas travestis na rua Rego Freitas e propôs a elas a realização da entrevista para que relatassem as situações de abusos que sofriam nas ruas da capital paulista.

Tatiana, com 28 anos, e Flávia, com 22, aceitaram colaborar, depois de alguma insistência, e entraram imediatamente no carro de Darcy, que as levou para sua casa. Ali, as estava esperando a dra. Alice Soares, advogada criminalista e orientadora do Departamento Jurídico XI de Agosto, vinculado ao Centro Acadêmico da Faculdade de Direito da USP, que desde 1919 oferecia assistência judiciária gratuita para a população de baixa renda em São Paulo. A dra. Alice Soares, que foi uma das mais atuantes defensoras de bichas, lésbicas, travestis e prostitutas naquele período, razão pela qual recebeu a alcunha de "santa dos travestis e homossexuais paulistas em geral",[43] também foi entrevistada. Completaram o time de entrevistadores João Silvério Trevisan, Jorge Schwartz e Glauco Mattoso.

Tatiana perguntou, logo de início, por que a dra. Alice estaria se dedicando "aos problemas dos travestis". Ela respondeu: "Somos uma espécie de ponta-de--lança contra as injustiças", explicando que "se vão para o Deic, nós vamos lá e fazemos tudo, entramos com habeas corpus, batemos um papo com o delegado ou o investigador, procurando um meio de libertar o prisioneiro o mais depressa possível".[44]

Flávia, por sua vez, reclamou da permanente vigilância de que eram vítimas e desabafou, dizendo: "Quando a gente sai de casa em pleno dia, eu pego uma sacola para dar uma disfarçada, senão eles [policiais] levam. Finjo que vou fazer compras".[45] Essa declaração desvela a dificuldade que as travestis enfrentavam para ocupar o espaço público, exercendo seu direito mais elementar de circular pela cidade, mesmo na luz do dia, para realizar tarefas rotineiras.

Questionada se já havia sido presa, Flávia logo respondeu: "Eu, já! Eles não querem nem saber: pegam a gente e mandam pro camburão. Jogam dentro do carro. São todos mal-educados, pegam em vez de levar a gente. Eu tenho documento, de ator; mesmo assim eles levam. Mesmo tendo carteira de trabalho; eu tenho".[46]

Nota-se, assim, que as travestis eram detidas, conforme já pontuado, mesmo quando portavam documentos de identificação. A prática corrente de prisão de quem não tivesse devidamente identificado adquiria contornos diferenciados quando essa pessoa era uma travesti, caso em que pouco importava a posse ou não de documentação. A regra era a prisão sumária pela simples existência. Flávia relatou esse tratamento mais intolerante: "[...] uma vez eu estava com INPS, tudo certinho, e mesmo assim fui [presa]". E Tatiana acrescentou: "Pois eu já conheci muito travesti que mesmo trabalhando, com carteira assinada e tudo, fica quinze, vinte dias de molho na prisão. Perde emprego e tudo".

Sobre o tempo de privação de liberdade, não havia um parâmetro rigorosamente fixado, pois o procedimento era bastante arbitrário e variava, em última instância, conforme a acusação atribuída, as provas existentes e mesmo a vontade particular das autoridades responsáveis pela prisão. Flávia afirmou que, geralmente, ficavam presas uns três dias. Mas, segundo a dra. Alice, esse prazo poderia chegar a "trinta dias preso. Já vi isso acontecer com vários travestis".[47] O mais corriqueiro era a prisão em flagrante por algum elemento forjado com provas implantadas. Então o esforço dos advogados de defesa ia no sentido de relaxar o flagrante e permitir que a travesti acusada respondesse em liberdade. No entanto, diversos juízes achavam que, se a pessoa fosse embora antes de assinar a condenação, posteriormente não se conseguiria localizá-la e fazer cumprir a pena, sobretudo em se tratando de sanções consideradas mais brandas, como pagamento de multa.

Apesar de nitidamente abusivo, o tratamento agressivo das forças de segurança contra esses segmentos vulnerabilizados socialmente encontrava respaldo e justificativa por meio da manipulação feita no ordenamento jurídico brasileiro. É fato que a prostituição e a homossexualidade, sejam masculinas, sejam femininas, não estavam tipificadas como crime no Código Penal. No entanto, para contornar a falta de previsão legal expressa para a perseguição, as autoridades se aproveitavam da contravenção penal de "vadiagem" para enquadrar toda pessoa considerada "sem ocupação".[48] Sobre esse aspecto da atuação policial, a dra. Alice esclareceu que

> geralmente eles prendem as pessoas e incluem em vadiagem, instauram a sindicância quando é a primeira vez. E depois, se a pessoa é presa novamente, cai no artigo 59 da lei das contravenções penais: vadiagem. De modo que fazem o flagrante, levam para a Casa de Detenção até o julgamento, que leva um mês.

Em relação à intensidade repressiva e sua variação durante as diferentes gestões do governo paulista, a dra. Alice afirmou que foi na época em que Erasmo Dias era o secretário de Segurança Pública, entre 1974 e 1978, que a repressão nas ruas atingiu seu auge. Em boa medida, isso se deveu ao já referido aumento da visibilidade da presença desses segmentos em determinadas zonas ocupadas pela classe média. Flávia corroborou a caracterização desse período de maior rigor ao relatar um caso em que o secretário mobilizou homens, mulheres e até cachorros para atacar travestis e prostitutas: "O pior tempo que teve para os travestis foi [o] do Erasmo", arrematou. Mal sabiam elas, contudo, que ainda estava por vir o famigerado delegado José Wilson Richetti, que faria campanhas ainda mais agressivas contra esses grupos, conforme se verá adiante.

No que se refere às agressões físicas e a outros tipos de torturas, além das detenções arbitrárias generalizadas, as travestis afirmaram que apenas as que adotavam uma postura de resistência diante dos desmandos da polícia sofriam tais sevícias. Tatiana, por exemplo, relatou que uma amiga "deu escândalo e jogaram uma bomba dentro da cela; arrebentou tudo, ela saiu até no jornal".[49]

Essas travestis que reagiam às violências, fosse "partindo pra cima" dos agentes públicos, fosse praticando a automutilação com giletes para serem levadas da prisão para um hospital, ficaram conhecidas como "do babado", uma gíria típica do universo LGBT. Os relatos apontam para a capacidade de agência e de resistência das travestis diante da estrutura repressiva estatal.

> As do babado ficaram revoltadas. As do babado são as que se cortam, dão escândalo, apanham, chegam na polícia e já viram a máquina do delegado [...] batem nele. Daí, o delegado leva eles pro xadrez. Naquele dia, tiraram toda a roupa e tocaram fogo. Foi aquele fumacê na cela, todo o mundo gritando. E aí falaram: vamos se cortar todos juntos. Uma dava a gilete para a outra... Já fazia quatro dias que estavam lá; então, se cortavam pra ver se levavam eles pro hospital, porque lá o pessoal tem medo do escândalo e solta elas.[50]

As prisões, assim, eram a rotina das travestis, especialmente daquelas que faziam a "viração", ou seja, tentavam ganhar a vida por meio da prostituição nas ruas do centro de São Paulo. Eram tão recorrentes as detenções que algumas das travestis nem sequer sabiam precisar quantas vezes haviam sido presas. Tatiana, por exemplo, afirmou aos jornalistas: "Eu também fui presa poucas vezes: umas dez". Questionada se achava isso pouco, ela respondeu a Trevisan: "Em vista das outras, que vão todo dia... Tem bicha que já foi presa mais de cem vezes". E Flávia, também achando que foi presa apenas umas poucas vezes, declarou ter perdido as contas: "Ih, eu conheço o 4º distrito, o 3º, o 27º, tantos...". Sobre quantas pessoas ficavam juntas em cada cela, ela disse: "Ah, eles põem bastante, até cem juntas. É uma cela pequena". Flávia também contou ao *Lampião* ter ficado detida com outras travestis e um garoto menor de idade em uma mesma cela do presídio do Hipódromo, que também era utilizado como centro de detenção feminina de presas políticas da ditadura.

Amelinha Teles, que ficou ali detida durante a primeira metade da década de 1970, afirmou, em entrevista para este livro, que já naquela época era impressionante o número de travestis existentes nas carceragens do Hipódromo. Ali, as travestis eram conhecidas pelas presas políticas como "corrós", em referência à situação em que se encontravam, de cumprimento de medidas correcionais por conta do enquadramento na contravenção penal de vadiagem.

Outros abusos: Violência sexual e trabalho forçado

Outra revelação feita durante a mesma entrevista para o *Lampião* estava relacionada aos abusos sexuais constantes a que eram submetidas travestis e prostitutas. Flávia afirmou que

> às vezes o policial exige que a gente faça sexo pra soltar a gente. Com a polícia, com o carcereiro, com o... O carcereiro é quem solta, então eu tive que fazer muito programa pra ele me soltar. Aliás, não foi programa, foi assim um meio-programa, um meio termo de sexo. Muitas vezes, levam a gente pras quebradas, e depois soltam. Não só eu: várias amigas vão juntas. E tem quatro policiais, geralmente. Eles escolhem quatro travestis, soltam as outras, fazem a festa e tchau.

Além das agressões físicas, extorsões, violências sexuais, muitas vezes as travestis eram obrigadas a realizar trabalhos forçados dentro das delegacias e penitenciárias, limpando banheiros, celas e fazendo outros serviços para os policiais, em flagrante abuso de autoridade. Curioso que são sempre serviços de cuidado e de limpeza, considerados, em uma sociedade patriarcal, como encargos do gênero feminino.

Um ponto que merece destaque de toda a conversa publicada no *Lampião* foi a reflexão trazida pela dra. Alice sobre o respaldo institucional da ditadura em relação a tais práticas violentas contra a população de travestis, atestando não se tratar de mero acaso ou simples incidente causado apenas por alguns agentes públicos motivados por suas próprias convicções morais de foro íntimo. Antes, tratava-se de uma coordenação repressiva que combinava diferentes esferas em um plano de ação deliberado e uma série de incentivos institucionais para que os agentes perseguissem esses setores já discriminados. Afirmou ela, na entrevista, que

> a Corregedoria de Polícia também é muito mole. Fica tudo em família, eles se sentem acobertados. E depois, essa arbitrariedade que nós tivemos aí de 15 anos, esses atos de violência, isso de certa maneira incentivou. Veja, quando havia um [Sérgio Paranhos] Fleury lá no Deic, do Esquadrão da Morte, prestigiado pelas forças armadas, os policiais iam fazer o quê? Se o subalterno percebe que o chefe é adepto da violência, ele também se torna violento: "se até o diretor do Deic pertence ao Esquadrão da Morte, por que eu também não posso"?

Em seguida, ela conclui sua colocação com uma síntese sobre o estado de coisas então vigente: "Nós estamos falando de uma violência institucionalizada".

"CORRE BICHARADA QUE A POLÍCIA CHEGOU"

Na segunda metade dos anos 1970, as ofensivas do Estado para coibir a expansão das zonas de sociabilidade homossexual e de prostituição se multiplicavam por todas as grandes cidades. Mas foi em São Paulo, onde se concentrava crescente contingente de bichas, lésbicas e travestis, que teve lugar a mais conhecida operação repressiva levada a cabo contra essas populações. Ali, com Erasmo Dias à frente da Secretaria de Segurança Pública estadual a partir de 1974, as ações policiais intensificaram-se sobremaneira.

Exemplo de uma medida da instalação de um verdadeiro sistema de controle e vigilância nas ruas, que preparava o terreno para as operações mais ostensivas, foi a Portaria 390, de 1976, editada pela Delegacia Seccional Centro, em São

Paulo. A norma era dedicada especificamente às travestis, que deviam assinar um Termo de Declarações com diversas informações pessoais (como gastos com hormônios e ganho mensal); os prontuários policiais deveriam "ser [ilustrados] com fotos dos pervertidos, para que os juízes [pudessem] avaliar seu grau de periculosidade".[51] Essa relevância atribuída à aparência dos "acusados" ou "suspeitos" para definir seu caráter ou propensão ao cometimento de delitos remonta a escolas conservadoras do campo da criminologia. Nesse sentido, o delegado Guido Fonseca, autor de pesquisas sobre o tema, comandou, entre 1976 e 1977, um arquivo especial, com essas informações, que visava facilitar a perseguição às travestis. Para que se tenha dimensão da escala da violência, "entre 14 de dezembro de 1976 e 21 de julho de 1977, 460 travestis foram sindicados para o estudo, sendo lavrados 62 flagrantes, contabilizando 13,5% do total. O resultado mostra que 398 travestis foram importunados com interrogatório, sem serem vadios, e obrigados a demonstrar comprovação de trabalho com mais exigências que o restante da população".[52]

"Uma praça chamada República" é um ensaio com pegada etnográfica de Eduardo Dantas sobre a praça da República e a vida homossexual nessa região de São Paulo, ainda em 1979. Um excerto evidencia a rotina da repressão policial nos lugares de concentração do público LGBT:

> "Corre bicharada que a polícia chegou." O alarme soa e de repente começa a correria para todos os lados. A repressão é diária na praça e aumenta no final de semana. E quando o pessoal está a fim de mostrar serviço, leva qualquer um, com ou sem carteira profissional assinada, preto ou branco, bem ou mal vestido. E ninguém quer dar uma vacilada desse tipo: passar a noite no xadrez, levar umas bordoadas possivelmente (vai depender de diversos fatores, até da lua e de quanto o cidadão carregar consigo em valores). Além disso, muitos ali já têm algum tipo de antecedente e simplesmente não podem dançar de novo. Nessas horas vale a lei do salve-se quem puder. Geralmente o rapa é feito por volta de meia-noite e pouco tempo depois os policiais se retiram. A praça volta a ser do povo, está pronta para receber novos visitantes. Afinal, a noite mal começou...[53]

Também ficam bastante claros os momentos de pico de violência e a total arbitrariedade das forças de segurança no modo de encaminhar essas detenções, que dependem do fator irônico da fase da lua, mas também da variável bem concreta de quanto dinheiro a pessoa porta consigo para subornar as autoridades. Mas o texto indica como eram marcantes a persistência e a resiliência dessas pessoas para driblar a repressão.

"ACONTECE — MAS É ILEGAL": A PRISÃO CAUTELAR

Nessa escalada de repressão moral durante a abertura política, no final de 1979, voltava à cena o cíclico clamor popular pelo endurecimento no combate aos criminosos, materializado sempre em legislações penais de ocasião que retiravam direitos e garantias processuais em nome de uma suposta eficácia. O fundamento era sempre a alegação de que os índices de criminalidade estariam crescendo sensivelmente, ainda que não houvesse dados confiáveis para respaldar essa afirmativa e, muito menos, para determinar as possíveis causas.

Foi assim que a proposta de liberação da prisão cautelar ganhou força, depois de apresentada ao ministro da Justiça em um encontro nacional dos secretários de Segurança Pública, em Brasília. O projeto de lei, de autoria do deputado paulista Erasmo Dias, pertencente ao partido do regime, Arena, e ex-secretário de Segurança de São Paulo, famoso por ter comandado diversas operações repressivas, foi aprovado na Comissão de Constituição e Justiça da Câmara no último dia antes do recesso de final de ano.

A regra geral era a de que o acusado só poderia ser preso em flagrante delito ou por ordem judicial. A prisão cautelar seria então uma exceção. Em havendo suspeita, poderia o delegado determinar a prisão e, de imediato, comunicar a um juiz especial, que poderia revogar ou manter a detenção por um prazo máximo de até dez dias. Esse projeto, assim, significava dar maior poder aos agentes policiais, especialmente os delegados. Isso reforçava a arbitrariedade e a dificuldade do controle judicial sobre a dinâmica do sistema carcerário.

Curiosamente, esse pedido ao ministro da Justiça ocorreu dias após o assassinato do cidadão Aézio da Silva Fonseca, em um distrito policial no Rio de Janeiro. Ele havia sido preso irregularmente, ou seja, por simples suspeita. Sua morte desencadeou uma onda de protestos contra as forças de segurança, à qual o governo respondeu aumentando o uso de prisões excepcionais e fora do controle de outras autoridades.

O *Lampião* deu grande destaque ao assunto, pontuando como essa medida teria consequências prejudiciais na vida das chamadas minorias, destacando, como já era rotina, a prisão arbitrária de tais segmentos, bem como o quanto aquela alteração poderia agravar ainda mais a situação. Segundo o jornal:

> a prisão por "suspeita" atinge diretamente aos homossexuais e outras minorias, como os negros, por exemplo. Por avaliação subjetiva, poderá ser preso não apenas qualquer viado, como qualquer negro, qualquer pobre ou qualquer indivíduo que não consiga provar vínculo empregatício. Ué, mas isso já não acontece? Acontece — mas é ilegal. E se for legalizado, perderemos então qualquer possibilidade de luta.[54]

Mais uma vez, o *Lampião* estava certo. E nem foi necessário alterar a legislação sobre a prisão cautelar para que a violência contra as "minorias" se alastrasse em ritmo cada vez mais rápido e sem nenhum tipo de restrição.

"O QUE A CIDADE, A POLÍCIA E A JUSTIÇA TÊM A DIZER SOBRE OS TRAVESTIS?": OPERAÇÃO LIMPEZA

Em 25 de março de 1980, *O Estado de S. Paulo* publicou um anúncio com grande destaque, que circulou por três dias, sobre uma reportagem que seria publicada em breve abordando o perigo representado pelas travestis nas ruas da cidade:

> Eles se vestem de mulher, tomam conta de vários pontos espalhados pela cidade, são violentos e chegam a matar. No começo, seu estranho comportamento não chegou a causar muitos problemas. Hoje, as notícias sobre assaltos, brigas, escândalos e assassinatos já deixam a cidade com medo. Há poucos dias, um antiquário foi jogado de baixo de um carro na República do Líbano e morreu, na frente da mulher e dos filhos. O que a cidade, a Polícia e a Justiça têm a dizer sobre os travestis? O ESTADO mostra o problema, em matéria especial, sexta e sábado.[55]

O crime em questão foi o assassinato do antiquário Agnaldo Guimarães, supostamente cometido por travestis em 15 de março, em uma zona residencial de São Paulo. A simples suspeita bastou para um dos jornais mais influentes do país, naquele momento, veicular duas reportagens, nos dias 28 e 29 de março de 1980, alertando a população sobre o "perigo dos travestis". Sob o pretexto de prestar um "serviço público", o periódico, que por seu caráter conservador até então evitava publicar matérias relativas aos LGBTs,[56] denunciava a "invasão" dessas pessoas em certas regiões centrais. O jornal já vinha, regularmente, desde 1979, alimentando uma oposição entre as "famílias decentes" e as "prostitutas" na região central, publicando diversas matérias sobre o Edifício Século XX, outrora de alto padrão, que estava sendo, cada vez mais, ocupado por trabalhadoras do sexo.[57]

A proposta de solução apresentada era confinar tais presenças indesejáveis em certas ruas da Boca do Lixo, reforçando a guetificação, a fim de proteger as famílias das ameaças de assaltos ou chantagens, "além de evitar aquela visão desagradável dos invertidos oferecendo o corpo pelas ruas decentes da cidade". O modelo ideal era o do famigerado delegado Sérgio Paranhos Fleury, que esteve à frente do Dops em um dos períodos mais violentos da ditadura contra seus opositores e foi acusado de comandar diversas ações do chamado Esquadrão da Morte, grupo paramilitar de execuções de "bandidos" nas periferias de São Paulo. Segundo o *Estadão*, quando Fleury era chefe do Deic, "os dois xadrezes destinados exclusivamente aos travestis estavam sempre cheios" e ele exigia "que o travesti arranjasse emprego; caso contrário, obrigava-o a deixar a cidade e, na reincidência da prisão, autuava-o em flagrante por vadiagem. Mesmo assim — a cada noite — eram presos, em média, 40 homossexuais".[58]

O cenário para a ofensiva já estava montado diante do clima de medo criado em torno de um grupo muito estigmatizado, com carta branca para a violência diante da reabilitação de uma figura que encarnava as práticas mais autoritárias do regime. Dois dias após a série de reportagens especiais, em 1º de abril de 1980, um artigo publicado no jornal anunciava, com destaque: "Polícia já tem plano conjunto contra travestis". Nota-se, assim, que a "cobrança" feita pelo *Estadão*, poucos dias antes, havia produzido resultados concretos. Diante de tão pequeno intervalo entre a enunciação do problema e a apresentação da resposta estatal, não seria demais suspeitar de que já houvesse algum tipo de negociação ajustada entre as autoridades e o órgão de imprensa. A este, caberia alertar a população para a "ameaça" e, àquelas, apresentar uma resposta dura e à altura dos reclames. E isso foi feito. No texto, constava que Paulo Boncristiano, delegado da seccional sul da polícia, e Sidney Gimenez Palácios, coronel da Polícia Militar, ficaram "impressionados com as reportagens publicadas" e, por isso, teriam se "reunido no fim de semana" com o objetivo de traçar "um esquema de prevenção que já est[ava] sendo aplicado em toda a Zona Sul e pretend[iam] que o secretário da Segurança [Pública] adot[asse] as sugestões".[59]

Curiosamente, os comandos das duas polícias, na Zona Sul, planejaram unir suas forças contra o que seria um inimigo comum. A rivalidade e os embates constantes entre as polícias militar e civil sempre foram a marca institucional da segurança pública paulista, mas a perseguição às pessoas LGBT conseguiu unificar ambas para uma rara atuação conjunta. Basicamente, assim poderiam ser resumidas as tais sugestões das polícias paulistas que salvariam a capital paulista do "perigo que representa[vam] os travestis nas ruas da cidade": "tirar os travestis das ruas de bairros estritamente residenciais; reforçar a Delegacia de Vadiagem do Deic para aplicar o artigo 59 da Lei das Contravenções Penais; destinar um prédio para recolher somente homossexuais; e abrir uma parte da cidade para fixá-los".[60]

A matéria registra que, naquele momento, havia mais de 8 mil travestis na cidade de São Paulo. O delegado Boncristiano afirmou, como principal causa do "problema", que "est[avam] dando excessiva liberdade a estes homossexuais que tomaram conta das ruas importantes da Capital e dos bairros estritamente residenciais". A culpa seria, sob essa perspectiva, dos novos ares do processo de liberalização, que coincidia com o aumento da concentração e da visibilidade das pessoas LGBT nas grandes cidades.

A primeira etapa do plano, elaborado rapidamente, seria, assim, "a retirada dos travestis das áreas estritamente residenciais com a utilização de todo o dispositivo possível de homens e viaturas dos distritos policiais e das seccionais". A ideia era deslocá-las dos bairros mais habitados para a região central, que funcionava como centro comercial e não tanto residencial. Os travestis seriam, então, "detidos para averiguações", e os que não apresentassem carteira de trabalho assinada seriam "enquadrados no crime de vadiagem". Ao mesmo tempo que a atuação nas ruas seria intensificada, a Delegacia de Vadiagem também deveria ser reforçada com equipes maiores de escrivães, investigadores e viaturas. Para que se tenha dimensão do crescimento do contingente e das estratégias que levariam a cabo, Boncristiano afirmou ao jornal que, segundo sua proposta, "os cartórios, com 10 escrivães, funcionar[iam] para aplicar a Lei das Contravenções Penais; nas ruas 10 viaturas e 30 investigadores, recolhendo os travestis, auxiliados pelos distritos", inclusive sugerindo que "a Secretaria da Segurança providenci[asse] um prédio próprio para recolher os travestis, enquanto os delegados os enquadr[ariam] 'nos dispositivos legais'". O presídio do Hipódromo, onde já se encontravam diversas travestis detidas em um prédio improvisado no bairro do Brás, seria o local utilizado para "abrigar os homossexuais".

Apesar de não usar expressamente o termo "confinamento", essa era a essência da proposta formulada pelo plano das duas polícias no sentido de reservar alguns quarteirões, depois de determinados horários, quando o comércio já se encontrasse fechado, para a livre circulação das travestis, com inferninhos e bares. O local sugerido, as "Bocas do Luxo e [do] Lixo", no centro paulistano, já contava com a presença ostensiva dessa população. Assim, nas palavras de Boncristiano, "os travestis e as prostitutas poder[iam] andar livremente, sem perseguição da polícia, deixando o resto da cidade para as famílias". O que se anunciava como medida de liberdade e de reconhecimento era, na realidade, um reforço da impossibilidade de inclusão dessas pessoas à sociedade.

Mais uma vez, a imprensa propagava a estigmatização do grupo LGBT com base na associação bastante recorrente entre a criminalidade e os "desvios" sexuais e de gênero. Nota-se também, na matéria da grande imprensa, não haver diferenciação entre travestis e homossexuais, ainda que a maior carga repulsiva das declarações recaísse sobre aquelas.

Aventava-se seriamente, naquele momento, até mesmo incluir de forma expressa o travestismo na tipificação criminal, pois os policiais civis reclamavam de certa conivência da Justiça diante da insuficiência da legislação para punir essas condutas. A dificuldade advinha do fato de que muitas travestis que se prostituíam durante a noite mantinham outros empregos durante o dia e assim, a rigor, não poderiam ser enquadradas na contravenção penal de vadiagem. Como eram consideradas "homens", a exibição de seus seios também não podia ser caracterizada como atentado violento ao pudor. Tampouco havia a criminalização formal da identidade ou da prática homossexuais.

Sempre atento para fazer o contraponto a esse tipo de abordagem na mídia, o *Lampião* publicava uma denúncia escrita por Darcy Penteado, na qual este apontava que o "plano de repressão, como se vê, configura[va]-se de muita gravidade porque, além de contrariar a nossa constituição, violenta[va] o direito humano de não segregação" pelo modo como propunha o isolamento dessas populações em uma área específica da cidade. Mas o sensacionalismo e a incitação à violência não parariam por aí. Para ele, "além de não proporem qualquer solução além da repressão policial aos travestis (perdão, aos homossexuais), as reportagens incita[vam] sutilmente a uma 'revanche' pelas violências praticadas por travestis-prostitutos".[61]

É curioso perceber que para confrontar esse discurso hegemônico da mídia, até mesmo um veículo como o *Lampião*, que será examinado em profundidade no capítulo 3, reproduzia certa visão negativa de uma categoria nomeada, no excerto acima, de "travestis-prostitutos" em contraste com o que seriam os homossexuais respeitáveis.

RICHETTI: "O COMANDANTE EM CHEFE DE UMA GUERRA SEM QUARTEL"

Após tais cobranças por parte da grande imprensa e o anúncio desse plano pioneiro, não demorou muito tempo para que uma política ainda mais agressiva contra as travestis, uma das populações mais vulneráveis, fosse posta em prática. Não era a primeira vez que as forças policiais se engajavam em uma campanha de moralização.[62] Mas agora era com outro nível de intensidade e organização.

A iminente presença do papa João Paulo II em São Paulo, prevista para acontecer no dia 3 de julho de 1980, era o pretexto perfeito para desencadear uma cruzada moral contra corpos incômodos, tidos como imorais, que ocupavam espaços centrais da cidade. O combate à prostituição e às pessoas LGBT, que sempre existiu, foi intensificado a pretexto da visita ilustre, embora tenha projetado seus efeitos muito além dela. E, para levar a cabo a hercúlea tarefa, ninguém melhor do que o delegado que se vangloriava por ter, no começo da década de 1970, como titular do 3º Distrito Policial, expulsado as prostitutas de São Paulo, de modo a criar a zona de meretrício de Santos.[63]

Conhecido por sua atuação perfeitamente coerente com os discursos oficiais de valorização da família e da moral, bem como pela experiência prévia na repressão a essa população cativa da região central, o delegado José Wilson Richetti, que estava dirigindo a Seccional de Polícia de Guarulhos, foi transferido, em 21 de maio de 1980, para a chefia da Delegacia Seccional de Polícia da

Zona Centro.[64] Mas ele, que era o chefe dessas operações, nunca atuou sozinho, sempre esteve respaldado por seu superior imediato, Rubens Liberatori, diretor do Departamento das Delegacias Regionais de Polícia da Grande São Paulo (Degran), pelo secretário de Segurança Pública Otávio Gonzaga Jr. e até mesmo pelo comandante do II Exército, general Milton Tavares, em um momento em que as instituições de segurança funcionavam por meio de coordenações repressivas.

Já em 23 de maio, dois dias após a transferência de Richetti para São Paulo, os jornais anunciaram a Operação Cidade, planejada e já posta em curso para funcionar dia e noite, em turnos ininterruptos de oito horas, com 120 policiais (vinte delegados e cem investigadores), além do reforço da Polícia Militar. O objetivo, declarado ao jornal Folha de S.Paulo, seria "prender assaltantes, traficantes de drogas e outros bandidos que frequentam ou agem no centro e bairros próximos". Além disso, consta na matéria que a referida operação tinha, como foco inicial, "atacar, primeiro, as chamadas 'Boca do Lixo' (3º DP) e 'Boca do Luxo' (4º DP), estendendo-se, depois, aos outros bairros".[65]

Em reportagem de 27 de maio, o jornalista Ricardo Kotscho menciona que a prisão massiva não parecia ser tão eficiente quanto prometia a estrondosa propaganda anunciada. Isso porque, entre os detidos, não houve "nenhum assaltante, traficante ou assassino", mas apenas "um gerente de banco, dois estudantes de engenharia, boêmios, jogadores de sinuca e desempregados em geral".[66]

A ação logo muda de nome e passa a se chamar Operação Limpeza. Logo em seguida, torna-se Operação Rondão.[67] As mudanças de nome têm relação com as duras críticas que as operações sofreram, logo de início, dentro da própria polícia. Segundo alguns agentes, ela mobilizava um aparato de homens e viaturas grande demais, das delegacias centrais, mas prendia mal, pois das mais de mil pessoas presas na primeira semana, só doze permaneceram detidas (oito por vadiagem e quatro por suspeita de assalto). Independentemente do nome, o alvo seguia sendo o mesmo e o modelo de repressão intensiva gerava, ao menos do ponto de vista dos prejuízos, resultados imediatos. Poucas horas depois de desencadeada a estreia da operação, "um hotel estava completamente destruído" e "172 pessoas haviam sido presas".

Um dos proprietários do Hotel do Carlinhos, Deraldo José Grats, foi ouvido pela reportagem e reclamou bastante da invasão policial, que deixou "banheiros totalmente destruídos, portas, camas e armários arrebentados, espelhos estilhaçados, janelas quebradas, paredes manchadas com espuma de extintor de incêndio", revelando a grande violência com que decorreu a ação. Outros hóspedes relataram como foram acordados pela polícia no meio da madrugada: com pontapés na porta, com tudo sendo quebrado, armas apontadas e todo mundo detido com muita agressividade.

Richetti negou a responsabilidade pelos danos, já sinalizando o grau de violência que resultaria das ações, alegando: "Qualquer operação que a polícia fizer, daqui pra frente, sempre vão aparecer vidros quebrados, mulheres rasgadas e vão dizer que foi a gente. Isso é coisa do sindicato do crime, dessa máfia que explora o lenocínio em São Paulo". Grats retrucou à acusação de que teria quebrado seu próprio hotel, afirmando:

> Isso é um absurdo. Eu levei dois anos reformando este hotel, é um patrimônio nosso, você acha que eu vou destruir o que é meu? Se eles estavam procurando algum marginal, não precisariam fazer isso. Prenderam todo mundo, até quem estava passando na rua e só soltaram às 4 da manhã. Foi uma coisa chocante.[68]

As declarações de Richetti ao jornal foram fortemente carregadas por sua visão conservadora em prol da moral e dos bons costumes. Ele declarara abertamente que "o lenocínio é um crime social, um crime contra os costumes" e que era preciso "tirar das ruas os pederastas, os maconheiros, as prostitutas".[69] Sua truculência, neste caso, contra o patrimônio particular em nome da ordem pública, rendeu um editorial duro da *Folha de S.Paulo*, asseverando que a prostituição e a homossexualidade não eram caso de polícia, ainda que com base em um discurso bem patologizante em torno da causa social desses fenômenos:

> Pretende o sr. Richetti, segundo afirma, expulsar as prostitutas, homossexuais e travestis do centro tradicional e diluí-los por toda a cidade ou, talvez, repetindo a discutível façanha que ele próprio se atribui, transferi-los para a cidade de Santos, cuja zona de meretrício estranhamente se orgulha de ter criado. Emprega, para isso, métodos que, além de violentos e ilegais, são perfeitamente inúteis. Pois nunca se teve notícia de que a polícia pusesse fim à prostituição ou ao homossexualismo, sobretudo quando suas causas sociais permanecem.[70]

No sábado, dia 24, mais de setecentas pessoas foram presas, entre as quais encontravam-se "homossexuais, travestis, prostitutas e um elemento com posse ilegal de arma".[71] Já se mostrava, assim, quem seria o alvo privilegiado da coordenação repressiva dos distritos policiais centrais, batizada de Operação Rondão. Segundo admitido pelo próprio delegado, as rondas levavam "de trezentas a quinhentas pessoas por dia para a cadeia", mas só uma pequena porcentagem, de 0,8% dos detidos, tinha passagem pela polícia.[72]

Apesar da eficácia questionável das medidas para a redução da criminalidade, pois, conforme as cifras acima apontadas, poucas pessoas reincidentes em atividades ilícitas eram presas, as rondas começaram a servir de inspiração para as demais seccionais de polícia, primeiro nas zonas Sul e Oeste[73] e depois nas zonas Norte e Leste. Até ao ABC as rondas chegaram. Segundo Rubens Liberatori, diretor do Degran que respaldava a iniciativa institucionalmente, "elas deram certo em um ponto: a cidade ficou limpa. Os assaltantes e traficantes de drogas fugiram das rondas e, por isso, não foram presos".[74]

No balanço feito após os primeiros dez dias de rondas, Richetti disse que o resultado era positivo, com as adaptações feitas nas ações:

> Começamos as rondas com 100 policiais, mas, agora, elas são feitas com apenas 30 homens, que se revezam em grupos de um delegado e nove investigadores. Houve muitas queixas e mal-entendidos, mas o objetivo, que era limpar a cidade, afastando dela os marginais, foi atingido.[75]

Além do respaldo da chefia imediata, as operações eram ordenadas diretamente pelo secretário de Segurança Pública, o desembargador Otávio Gonzaga Jr. Em nota à imprensa, ele classificou essas medidas como "uma autêntica 'guerra' contra à criminalidade", acrescentando que "a ordem vigorante [era] a limpeza geral". Demonstrando o apreço pelo trabalho de Richetti, a nota o qualificava como

> o comandante em chefe de uma guerra sem quartel em toda a área central da cidade, não esperando a queixa que o cidadão possa apresentar, mas indo nos locais suspeitos ou sabidamente condenáveis, para conduzir, a qualquer um dos oito Distritos Policiais que integram a Seccional Centro, o explorador de lenocínio, o rufião, o travesti, o traficante de tóxi-

cos, o assaltante, o "trombada" ou a prostituta que acintosamente realiza seu "comércio" nas vias públicas.[76]

Não era segredo para ninguém que os "excessos" haviam se tornado regra e que abusos, de diversas ordens, eram rotineiramente praticados pela polícia de Richetti contra os "marginais". Após pouco mais de uma semana de rondas, a grande imprensa já veiculava as denúncias de detenções ilegais, triagem aleatória, extorsões, chantagem, furto de objetos pessoais, desrespeito a habeas corpus, espancamentos e outras torturas físicas, ameaças de morte e até abortos nas carceragens, em condições precárias.

Uma modalidade de violência pouco visibilizada era, justamente, aquela empreendida especificamente contra a identidade de gênero das pessoas trans. Além das habituais agressões físicas e arbitrariedades decorrentes da prisão, havia relatos de travestis que foram desrespeitadas com o corte dos cabelos e o uso compulsório de hormônios masculinos para que "voltassem a ser homens". Nessa linha, a travesti Tatiana, com apenas dezessete anos, relatou as dificuldades encontradas em consequência das rondas desde que começou a trabalhar na região da Boca do Luxo:

> Eles querem reduzir as bichas a zero [...]. A merda é que, com o Richetti, os melhores bofes sumiram. Eu também passei um tempo sumida. Como sou de menor [...], me levaram para a UT-3, da Febem, onde cortaram meu cabelo e me deram hormônios masculinos para eu virar homem — imagina, eu hem?, nem morta![77]

"SE NÃO ASSINAR, VAI FICAR NO MOFO POR UNS QUINZE DIAS"

Os abusos estavam claros, e a Frente de Mulheres Feministas, sob a liderança da atriz Ruth Escobar, promoveu o encontro de algumas das mulheres vítimas da repressão com deputados estaduais paulistas da oposição para discutir a possibilidade de instaurar uma Comissão Parlamentar de Inquérito que investigasse as violências. Escobar, ao lado de Darcy Penteado, do *Lampião*, e da psicóloga Irede Cardoso, estiveram no sábado, dia 7 de junho de 1980, na praça Júlio Mesquita, coletando depoimentos das prostitutas. Uma delas, que não quis revelar seu nome temendo represálias, com 24 anos, fora detida no dia 30 de maio e chegou à delegacia já sendo torturada. Perdeu um dente por conta de uma pancada dada diretamente por Richetti e, em seguida, os policiais começaram a dar pontapés no abdômen e nas costas da moça, que estava grávida. Após uma hemorragia, ela abortou e foi parar na Santa Casa de Misericórdia.[78]

Outro caso relatado à reportagem por essa comissão foi o de Idália Cristina Ferreira, conhecida como Paraguaia, de apenas 22 anos. Ela encontrava-se internada, também na Santa Casa de Misericórdia, com "a bacia fraturada e com escoriações generalizadas". A causa declinada no boletim médico era "queda a esclarecer". Idália havia sido detida no dia 3 de junho, uma terça-feira, e solta 48 horas depois. Mas sua liberdade durou pouco. No mesmo dia em que voltou às ruas, foi novamente presa com outras quarenta prostitutas. Richetti chegou a admitir, sem nenhum constrangimento, que já prendera Idália mais de trinta vezes em menos de dois meses no cargo.[79] No 3º Distrito Policial, por ser ela uma reincidente, os policiais lhe disseram que ficaria quinze dias detida "para parar de dar voltinhas pelo centro da cidade".[80] Segundo o que alegou na delegacia, Idália, desesperada, resolveu, com duas outras colegas, pular do segundo andar para fugir, mas, na queda, acabou desmaiando. Entretanto, essa versão logo se revelou mentirosa.

O jornal *Folha de S.Paulo* apurou que as declarações das duas testemunhas que constavam do inquérito que registrou a "tentativa de suicídio" de Idália — fichada com o nome social de Natália Silva Gama — foram falsificadas. Telma Laudicélia Quintino, uma das colegas que teria visto Idália se atirar da janela, negou ter prestado algum depoimento aos policiais. Afirmou: "Eles [os policiais] me apresentaram uma folha dobrada e disseram; assina aqui e você sai. Se não assinar, vai ficar no mofo por uns quinze dias". E complementou, garantindo que não sabia bem o que estava assinando: "Pensei que fosse um papel para minha soltura, não um testemunho sobre o caso da Natália".[81] Assim, além das violências físicas, as mulheres eram presas mesmo quando tinham habeas corpus preventivo. Eram impedidas de manter contato com advogados, sendo até mesmo manipuladas com provas forjadas, como na situação descrita.

Esse caso, ao lado de outras denúncias, havia sido debatido em um encontro realizado no Teatro Ruth Escobar na tarde de 9 de junho, fazendo com que uma comissão de deputados da oposição, formada por Eduardo Suplicy, Irma Passoni, Fernando Morais e Audálio Dantas,[82] imediatamente se dirigisse ao 3º

Distrito Policial. Ali, esperavam encontrar cerca de quarenta mulheres detidas em situação precária. No entanto, foram proibidos de fazer a inspeção na carceragem, pois, na alegação de Richetti e de seu superior, a "visita provocaria alvoroço e manifestações dos presos". Testemunhas, contudo, viram que enquanto o delegado enrolava a comissão de deputados, mais de trinta mulheres, em fila, foram liberadas por outra saída.[83] Esse episódio ilustra bem a ousadia dos policiais, amparada pelo respaldo institucional com que contavam, a ponto de enfrentarem abertamente representantes do Poder Legislativo e até mesmo de enganá-los. Mas os deputados não deixariam barato e se articularam, em um pedido assinado por mais de trinta parlamentares, para que a Comissão de Direitos Humanos da Assembleia Legislativa de São Paulo (Alesp) convocasse o delegado Richetti para explicar "as violências que sua equipe estaria cometendo no centro da cidade",[84] como se verá a seguir.

É interessante notar como, em um contexto de abertura, a resistência às arbitrariedades passava a tramitar em canais institucionais a despeito dos flagrantes limites que estes ainda apresentavam. Os deputados acionaram, ao mesmo tempo, instâncias diversas, como o delegado Liberatori, o superior de Richetti, a Corregedoria da Polícia Civil, o Ministério Público, a Ordem dos Advogados do Brasil em São Paulo (OAB/SP) e o Conselho Parlamentar de Defesa dos Direitos da Pessoa Humana da Alesp. Ainda que não obtivessem uma solução favorável em nenhum desses órgãos isoladamente, por lhes faltar autonomia ou disposição política para solucionar o problema, o conjunto de denúncias conferia maior publicidade ao caso e produzia pressão para pôr fim à violência injustificada.

A indignação da opinião pública crescia em ritmo bastante lento, apesar da escala de violações de direitos humanos que marcava a atuação de Richetti. Apenas as feministas, os homossexuais e alguns deputados da oposição se sensibilizaram de início com as vítimas das operações. O verdadeiro ponto de inflexão que levou diversos intelectuais, políticos e veículos de comunicação a se posicionarem mais veementemente contra as rondas foi a prisão arbitrária, por três dias, de Vinícius Caldeira Brant, ex-preso político e sociólogo do Centro Brasileiro de Análise e Planejamento (Cebrap). Ele esperava um táxi na avenida Nove de Julho, na noite de 7 de junho, quando foi abordado por policiais. Por ser profissional liberal, não conseguiu comprovar seu vínculo com o Cebrap, pois não possuía carteira de trabalho assinada. Além disso, Brant tinha precedente por condenação com base na Lei de Segurança Nacional, com pena já cumprida. Isso foi suficiente para a detenção. Ele relatou as péssimas condições da carceragem e, sobretudo, das travestis e prostitutas: "Fui levado ao 4º Distrito e colocado numa cela de 3 × 4 metros, juntamente com 22 pessoas. O chão era de cimento e o cheiro, insuportável. As prostitutas e travestis, que estavam em duas celas próximas, foram tratados como se estivessem em um campo de concentração".[85]

Além de prendê-lo, a polícia não permitiu que ele se comunicasse com sua família, que chegou a declará-lo desaparecido. Vinícius só foi liberado porque a família conseguiu localizá-lo, junto com a Comissão de Justiça e Paz e o Comitê Brasileiro pela Anistia, depois de buscas em hospitais, necrotérios e distritos policiais.[86] Richetti tentou se esquivar da responsabilidade por esse equívoco, mas não conseguiu demonstrar que a tropa da Polícia Militar que executou a prisão não guardava relação com suas rondas.[87] O caso tornou ainda mais evidente a arbitrariedade das operações comandadas por Richetti. Como Vinícius Caldeira Brant era um homem branco, cisgênero, pesquisador universitário, com uma rede de contatos influente, sua prisão acabou tendo muito mais impacto na sociedade do que as denúncias feitas pelas travestis e prostitutas. No dia seguinte à libertação, por exemplo, o deputado Eduardo Suplicy já faria um pronunciamento da tribuna da Assembleia Legislativa tratando do caso.[88]

A pressão dos deputados resultou em uma audiência com Rubens Liberatori, responsável pelo policiamento em São Paulo, na qual também estiveram presentes cinco pessoas que sofreram abusos. Além dos depoimentos, foram exibidas diversas fotos das operações, como provas documentais, atestando a truculência da polícia. Liberatori, no entanto, não se mostrou muito sensível aos apelos da comissão, tendo se limitado a prometer "uma sindicância para apurar a veracidade dos fatos denunciados". E acrescentou, para não deixar dúvidas de que lado estava: "Mas o delegado Richetti vai permanecer onde está, pois não posso substituí-lo por um outro, que não tenha experiência de rua e fique todo bonitinho e com o cabelo bem arrumado enquanto a população vive sendo assaltada".[89] Essa postura foi contestada até mesmo por órgãos da imprensa que, a princípio, foram entusiastas da "limpeza" social e moral do centro da capital paulista, como o jornal *Folha de S.Paulo*, que afirmou em editorial:

> As denúncias são tão claras e a documentação fotográfica fornecida pela imprensa tão irrefutável, que a atitude daquele diretor, cobrindo com

sua autoridade os excessos atribuídos a seu subordinado, só pode ser entendida dentro da velha tese da violência necessária.[90]

No mesmo dia em que os políticos se reuniram com Liberatori para relatar os abusos, veio a público o caso de Maria Marciana da Silva, conhecida como Anona, de 33 anos, vítima fatal da violência da polícia. Ela trabalhava durante o dia como pajem na creche Menino Jesus de Praga, vinculada à igreja Nossa Senhora Achiropita, na Bela Vista, e, à noite, complementava sua renda como prostituta. Anona havia sido abordada e levada para o 3º Distrito na noite de 9 de junho por policiais que, segundo testemunhas, espancaram-na e golpearam-na na cabeça. Desde então, não havia sido mais vista. No dia seguinte, seu corpo foi encontrado "totalmente deformado" na estrada de Perus, extremo norte da cidade. A causa da morte foi traumatismo cranioencefálico. Não fossem seus colegas de trabalho na creche para identificar o corpo, ela teria sido enterrada como indigente. É evidente que a responsabilidade pelo homicídio não foi assumida pela polícia,[91] mas havia indícios do envolvimento da equipe de Richetti com os espancamentos e a tentativa de ocultar o cadáver a dezenas de quilômetros do centro da cidade.[92]

A repercussão crescente das denúncias despertou a reação de entidades representativas da sociedade civil que até então não haviam se envolvido com o problema. O Conselho da Ordem dos Advogados do Brasil em São Paulo, por exemplo, a pedido da advogada Zulaiê Cobra, aprovou, por maioria, a criação de uma comissão de criminalistas que foi incumbida de redigir um documento de repúdio às violências policiais comandadas por Richetti.

Mas a principal resistência às arbitrariedades veio mesmo dos próprios grupos vulnerabilizados. Na imprensa, a denúncia mais contundente das ostensivas rondas repressivas de Richetti foi escrita por Trevisan, em seu "São Paulo: A guerra santa do dr. Richetti". Ele abria o texto com a provocação contra a proposta de "limpeza":

> Como é que se limpa uma cidade de 10 milhões de habitantes, refúgio dos miseráveis de todo o Brasil, com taxa de desemprego atingindo 8% da população ativa? Fácil: dando serviço para a polícia que, nestes tempos de semianistia, é menos solicitada mas precisa mostrar serviço. E dá-lhe, desvairada Pauliceia![93]

Foi uma questão de tempo para que tais violências despertassem revolta e impulsionassem a organização de bichas, travestis, prostitutas e negros nas ruas. Matéria jornalística da época destacava a atuação de oito grupos, em São Paulo, que haviam surgido para lutar contra as violências e as discriminações: dois mistos, quatro de homens homossexuais e dois com mulheres homossexuais. Ressaltava, ainda: "Todos estão em formação, pois começaram mesmo nos primeiros meses de 1980, quando o delegado Richetti promoveu os famosos rondões que caçavam travestis. Para esses grupos organizados, as ações da polícia em novembro foram uma continuação daqueles rondões".[94] Com a exceção do Somos, que começou a se reunir em 1978 — e que será analisado no próximo capítulo —, os demais grupos se organizaram em 1979 e em 1980, a maioria deles com uma duração curta.

Nas palavras de MacRae, "a violência desencadeada por um organismo estatal serviu de forma clássica como unificador de movimentos sociais. Através dos contatos que o movimento homossexual havia conseguido com sua política de alianças, foi armada uma campanha contra o delegado Richetti".[95] Assim, certamente as operações de Richetti ajudaram na construção de pontes e intercruzamentos entre as agendas desses atores políticos.

Mas deve-se notar que, como o movimento homossexual era predominantemente masculino e cisgênero, foi necessária, para sensibilizar todos os segmentos, certa pressão de travestis e prostitutas, que viviam mais profundamente as consequências das ações da política repressiva de Richetti. Darcy Penteado, em trecho que vale ser citado, discorreu sobre a importância da participação e da fala das poucas travestis no I EBHO para chamar a atenção ao tema mais seriamente:

> Foi bastante importante a participação dos (poucos) travestis que tiveram a coragem de comparecer ao I Encontro Brasileiro de Homossexuais. Seus depoimentos pessoais sobre repressão, maus tratos e extorsões que sofrem, tiveram a força de um libelo, exigindo urgentes providências de nós, os homossexuais, contra a máquina da repressão do sistema que ainda não foi desativada, como se andou propalando. Tudo faz crer (tomara que não) que esteja em fase de descanso para reparos. Não podendo mais ser usada para fins políticos devido às modernas e anunciadas aberturas, usará sua força para impor a moral de conveniência do sistema aos indesejáveis mais óbvios: os homossexuais e particularmente os travestis — porque de qual-

quer forma, além do mais, é preciso manter o empreguismo, conservar em ponto neutro a desinformação ou, em última instância, satisfazer de alguma maneira o sadismo das massas. Mesmo sem pão, abrem-se as portas do circo — ou da arena. E o povão ingênuo, não percebendo a armadilha, aplaude e pede bis.[96]

Assim, no dia 6 de junho de 1980, uma manifestação pública foi programada para acontecer na praça Júlio Mesquita para protestar contra as prisões de Richetti. A proposta era de que, depois que uma prostituta e uma travesti discursassem, os manifestantes queimariam um boneco de três metros de altura vestido como o delegado. O ato acabou adiado por conta das dificuldades de organização e do receio de retaliação, mas demonstrava a incipiente organização contra a repressão. Assim que ficou sabendo do fato, Richetti afirmou, com seu habitual autoritarismo: "Vou lá e prendo todo mundo". No entanto, depois de uma reunião com seu superior, Rubens Liberatori, ele mudou seu discurso para outro, tolerante: "Vou fazer de conta que não é comigo. Bem vou ficar na cidade. Vou considerar isso brincadeira. Estou limpando a cidade com as prisões de prostitutas e travestis e vou continuar fazendo isso. Que protestem e me queimem em praça pública. Não vai adiantar nada".[97] O tom da declaração revela como o delegado se sentia amparado pelas autoridades da segurança pública para continuar com suas operações.

A ideia de fazer um ato público pela destituição do Richetti foi tomando mais força, e um grupo de treze entidades, sobretudo vinculadas aos movimentos homossexual e negro, marcou, então, a sexta-feira 13 de junho, como data para o protesto. A concentração foi programada para o final da tarde, nas escadarias do Theatro Municipal.

A carta de convocação para o ato, que funcionou como panfleto distribuído em diversos lugares dos guetos homossexuais, intitulada "Ato público contra a Violência policial", circulou na semana que antecedeu a manifestação. Ali, podia-se ler a avaliação compartilhada entre os grupos no sentido de que "uma nova onda de violência policial est[ava] se abatendo sobre São Paulo", comandada por Richetti, e "prendendo indiscriminadamente todas as pessoas que, por ventura [sic], estive[ssem] passando pelo local das 'batidas' (portando ou não documentos)". O documento registrava, ainda, que "o alvo preferido do delegado [eram] os homossexuais, os negros, travestis e prostitutas", logo conclamando: "precisamos dar um basta à [sic] essa onda de violência. Todos ao Ato Público!".[98]

Um pequeno bilhete que circulou com a convocatória do mesmo ato público evidenciava o tom de indignação: "Basta de humilhação, despotismo e escárnio [...]. Chega de ser saco-de-pancadas, desprezo, sarcasmo e desdém". E conclamava: "Vamos fazer da próxima sexta-feira 13 o 'Dia do Azar' da Repressão Policial, fechando e 'rodando a baiana' [...] SOMOS milhões".[99]

Na véspera do ato, o Dops enviou uma resposta oficial à imprensa cujo teor debochado e discriminatório contra os homossexuais revelava o respaldo institucional com que contavam as investidas violentas de Richetti. Lê-se, no documento, que o delegado, preocupado com o ato público, "iria até a Catedral da Sé" para fazer suas orações e "ter certeza de estar vivendo em São Paulo, não em Sodoma e Gomorra, de tão tristes lembranças". Além disso, acrescentava ele que estava preocupado com o fato de o ato, marcado para acontecer nas escadarias do Theatro Municipal, coincidir com uma apresentação do "Conjunto Nacional de Folclore da Hungria, num flagrante contraste entre a arte e a degradação humana (movimento de lésbicas, travestis, etc.)", dizendo ainda acreditar que "as famílias que representam a grande maioria, em comparação com as 'minorias oprimidas', deixar[iam] de comparecer àquele teatro preocupadas com certeza de um escândalo público".[100]

Escoltados por uma viatura do Deic e outra do Dops, sob garoa, cerca de quinhentos manifestantes, segundo a *Folha de S.Paulo*, e mil pessoas, segundo o *Lampião da Esquina*,[101] marcharam pela rua Conselheiro Crispiniano e caminharam pela avenida São João, passando perto do 3º DP, na rua Aurora, e pelo largo do Arouche. O ato teve o condão de colocar lado a lado os grupos que pouco tempo antes haviam cindido o movimento homossexual brasileiro, conforme se verá no capítulo 2. No entanto, nenhum deputado ou outras pessoas mais famosas apareceram, com exceção de Darcy Penteado, reforçando a tese de que a vinculação muito próxima com os homossexuais era algo considerado indesejável e mesmo prejudicial para a imagem de algumas personalidades públicas.

No trajeto, algumas prostitutas residentes na rua Aurora, que não desceram de seus apartamentos por medo de retaliações posteriores, apareceram nas janelas dos edifícios e gritaram junto com a passeata: "Nosso mal é a repressão policial" e "O gay unido jamais será vencido".[102] Outras palavras de ordem, mais ousadas e bem-humoradas, atacando Richetti, foram destacadas na cobertura do ato pelo *Lampião*, tais como: "Ada, ada, ada, Richetti é despeitada"; "A, b, x, libertem os travestis"; "Richetti enrustida deixa em paz a nossa vida"; "Abaixo o subemprego, mais trabalho para os negros"; "Amor, feijão, abaixo o camburão";

"Lutar, vencer, mais amor e mais prazer"; "Amor, tesão, abaixo a repressão". Mas o refrão que mais ecoou entre os manifestantes foi "Somos todas putas", entoado, inicialmente, pelas feministas presentes.[103] A dispersão do ato aconteceu próximo do cruzamento das ruas Major Sertório e Bento Freitas, no coração da Boca do Luxo.[104]

Foi distribuída aos transeuntes uma carta elaborada conjuntamente pelos movimentos, denunciando as arbitrariedades de que estavam sendo vítimas e pedindo a destituição de Richetti. Mencionava-se, ainda, que as rondas eram ineficazes do ponto de vista da redução da criminalidade, pois apenas 0,8% dos detidos eram, efetivamente, indiciados, o que demonstrava como as prisões se mostravam mais um modo de controle social e de eliminação, no espaço público, da presença incômoda de prostitutas, homossexuais e travestis do que um plano de combate a bandidos. Citava-se, também, um fato bastante grave que não estava sendo noticiado na imprensa da época: a ocorrência de dois homicídios cometidos em decorrência das rondas. O operário Olivaldo de Oliveira e a já mencionada pajem Maria Marciana da Silva teriam sido capturados pelos policiais e depois apareceram mortos.[105]

Essa histórica passeata realizada em 13 de junho de 1980, apesar de ter acontecido no momento crítico da fratura que marcou a primeira onda do movimento LGBT brasileiro, tornou-se uma referência fundamental de resistência para o conjunto do ativismo organizado. Tanto foi assim que, um ano depois, em 12 de junho de 1981, Somos, Grupo de Ação Lésbica Feminista e Facção Homossexual da Convergência Socialista, fariam um ato público na praça Ramos de Azevedo, em São Paulo, distribuindo uma carta-manifesto intitulada "Um grito de carnaval contra a repressão ao homossexual". Ali afirmavam que "nós queremos e fazemos o prazer. Lutar por ele é bom pro corpo, prá cabeça e prá barriga", pontuando que "é por esse direito que saímos às ruas em junho de 80 [sic] contra a violência pelo delegado Richetti".

O Informe nº 1417/116/ASP/1981 da ASP (Agência de São Paulo) para a AC (Agência Central) do SNI, datado de 19 de junho de 1981, fazia o acompanhamento do ato, resumindo o conteúdo dos panfletos distribuídos e contabilizando que estariam presentes ao protesto em torno de quarenta pessoas.[106]

"DERAM CERTO E VÃO CONTINUAR": O APOIO DE COMERCIANTES ÀS RONDAS

Mesmo com a oposição cada vez mais organizada às operações, Richetti declarou à imprensa, no mesmo dia do ato, que iria intensificar sua atuação e reiterou a transfobia que revelava sua visão sobre essa população: "Quanto aos travestis, que invadiram a cidade de uns cinco anos para cá e que não prestam nenhum benefício à sociedade, ao contrário, só sabem assaltar, esses sim não permanecerão nas ruas, pois só causam transtornos às famílias que gostam de passear pelo Centro".[107]

Alimentando uma polarização da sociedade entre, de um lado, marginais associados à criminalidade e, de outro, "pessoas de bem" que estariam sendo molestadas, Richetti lograva maior suporte público para suas investidas e conseguia isolar ainda mais as populações já estigmatizadas. Ao contrapor o universo dos trabalhadores e das famílias ao submundo das sexualidades dissidentes, ele chegou a afirmar: "Somente irei acabar com isso quando os comerciantes ou famílias vierem até aqui para pedir que eu termine com essa ação".[108] Isso, obviamente, não aconteceu, já que não eram essas as pessoas afetadas pela arbitrariedade policial cotidiana, ainda que o fossem pelo aumento da violência urbana.

A marginalização e a guetificação acabavam associando as práticas homossexuais, o trottoir das prostitutas e travestis, enfim, toda a vida noturna do submundo LGBT a uma série de ilegalidades que se acumulavam nesses pontos de encontros furtivos. Crimes ou contravenções como roubos e furtos, venda de drogas, agressões físicas, perturbação da ordem pública e atentado à moral e aos bons costumes eram as desculpas perfeitas para as forças de segurança agirem violentamente contra essas populações.

Não seria justo reduzir todo esse submundo a uma ficha corrida na delegacia policial, como fazia crer a imprensa sensacionalista e a polícia, mas essa foi a astúcia das operações deflagradas pela ditadura para conter, isolar e estigmatizar esses segmentos já vulnerabilizados. O discurso médico-científico, mesmo quando não patologizava em si mesmas as "perversões" ou "desvios" sexuais, destacava aspectos da vida desses grupos que os identificavam, mesmo antes da epidemia de HIV/aids, com doenças venéreas, por exemplo. Até mesmo o jornal *Reporter*, geralmente mais progressista, embarcou nessa patologização indireta em reportagem de Ulisses Tavares sobre o alto índice de doenças venéreas na região conhecida como Boca do Lixo, na zona central de São Paulo.

A matéria afirmava a ocorrência de mais de dez casos de gonorreia por dia, o que podia ser constatado "a olho nu", apesar da inexistência de estatísticas.[109] O jornalista apontava a precária situação da higiene pessoal das prostitutas e travestis, com a inexistência de água nos hotéis, e entrevistava farmacêuticos naquela região, todos destacando a grande quantidade de gonorreias tratadas diariamente. Na reportagem, as prostitutas mais velhas lembravam com saudade dos tempos do ex-governador Ademar de Barros: "A zona era mais organizada", afirmava uma delas. Segundo a matéria, "elas acham que a situação piorou de 1964 pra cá: — Daí pra frente quem aparece por aqui é só a polícia".[110] Isso porque as rondas não só reforçaram os estereótipos para angariar apoios para a repressão, mas também afastaram esses segmentos das políticas públicas de saúde durante um bom tempo, impedindo um mínimo de acesso à cidadania.

É bastante possível, e até provável, que os índices de infecção por doenças venéreas naquelas regiões desprotegidas e desprovidas de assistência adequada atingissem, mesmo, esses patamares impressionantes relatados na matéria. O problema é que o tom moralista e o ar sensacionalista da reportagem tinham por efeito um reforço à associação dessas populações à promiscuidade, às doenças e, em última instância, terminava por justificar as ações repressivas para conter as epidemias cultivadas nesse universo, visto não como caso de saúde pública, mas de controle policial.

A propaganda contrária à população LGBT e de prostitutas, por si só, não era suficiente para legitimar as ações. Por causa da resistência crescente e cada vez mais visível, Richetti passou também a mobilizar uma base de sustentação na região para suas investidas. No dia 11 de junho de 1980, ele recebeu uma moção de apoio do Clube dos Diretores Lojistas do Arouche, elogiando sua atuação. Nessa oportunidade, declarou que a Operação Rondão continuaria e que "quanto aos homossexuais, somente numa ronda meus homens detiveram 600 deles".[111]

Nas regiões centrais, o número crescente de homossexuais, prostitutas e travestis, em um clima de entusiasmo com as promessas trazidas pelas mudanças políticas e culturais em curso, provocava certa apreensão e mesmo queixas dos moradores dos prédios dos arredores dessas zonas. As reações sociais dos habitantes e comerciantes contra o "boom guei"[112] foram aproveitadas por Richetti e outros grupos para capitalizar prestígio dentro da corporação e até mesmo para a promoção profissional.

Assim, a despeito das acusações veiculadas com frequência nos jornais, nota-se que Richetti disputava a cobertura midiática sobre as rondas em reportagens aparentemente encomendadas para divulgar o suporte que vinha recebendo, sobretudo de comerciantes da região: "O apoio é manifestado, diariamente, por cartas, telegramas e abaixo-assinados e, uma ou duas vezes por semana, uma comissão de comerciantes ou moradores leva pessoalmente o seu apoio ao delegado". Desde que iniciadas as rondas, teriam sido recebidos mais de sessenta abaixo-assinados, totalizando cerca de 2 mil assinaturas de comerciantes e moradores. Por sua vez, a Secretaria da Segurança Pública continuava prestigiando Richetti, depois de vinte dias de rondas, com um saldo de mais de 5 mil pessoas detidas e mais de mil inquéritos instaurados por vadiagem: "Deram certo e vão continuar. O povo tem direito de morar e de andar pelo centro da cidade sem ser assaltado ou molestado. Esse direito lhe será assegurado custe o que custar".[113]

RICHETTI PERANTE A COMISSÃO DE DIREITOS HUMANOS DA ALESP

Somente quase um mês depois de rondas ininterruptas, realizadas praticamente 24 horas por dia, é que Richetti finalmente foi convocado pelos deputados estaduais para prestar esclarecimentos sobre sua Operação Rondão, ao lado do secretário de Segurança Pública Otávio Gonzaga Jr. A iniciativa da convocação foi encabeçada pelo deputado Eduardo Suplicy, que conseguiu mais de trinta assinaturas, entre seus pares, em uma carta de protesto que afirmava:

> Com a justificativa de terminar com os travestis, as prostitutas, os homossexuais e os traficantes de tóxicos, o delegado Richetti comanda[va] operações de quebra-quebra em hotéis e edifícios do centro de São Paulo, prendendo com o uso de violência indiscriminada pessoas que se encontram próximas daqueles locais.[114]

Um grupo de lojistas já se articulava, na véspera, para recepcionar ambas as autoridades às portas da Assembleia Legislativa, manifestando o seu apoio às rondas por meio de faixas que registravam os seguintes dizeres: "Rondão deve prosseguir"; "Fora os marginais do centro"; "Nosso repúdio aos advogados de causas perdidas". Um dos articuladores da iniciativa, o comerciante Caruso Martinez, declarou-se indignado com a convocação do delegado e do secretário "para dar conta do seu trabalho em prol da sociedade organizada, pelo simples fato de combater minorias de marginais, exploradores e conhecidos ativistas de esquerda que colocam em risco a segurança do cidadão comum e os bons costumes".[115]

No dia seguinte, tal como programado, Richetti apresentou-se perante o Conselho Parlamentar de Defesa dos Direitos da Pessoa Humana, com uma plateia bastante polarizada entre aqueles que apoiavam o delegado e os que criticavam sua truculência. Meio nervoso no início, ele foi se soltando ao defender sua ação que "torna[va] as ruas limpas" de modo que "o povo pod[ia] transitar tranquilamente". Richetti abordou quatro casos específicos, alegando que não havia excesso, mas apenas legítima defesa por parte dos policiais que reagiam contra as perigosas travestis, e insinuou que a maior parte das acusações de violência não passava de invenção, de um plano todo concebido pela atriz Ruth Escobar.[116]

Um dos mais entusiastas defensores do delegado Richetti e das rondas na Comissão era o deputado estadual Manoel Sala, que havia sido eleito pelo PMDB e logo migrou para o PDS, tendo uma boa relação com o governador Paulo Maluf em razão disso. Na audiência, ele fez questão de ressaltar o apoio de Maluf às rondas: "O governador do estado na manhã de hoje me dizia que o delegado Wilson Richetti vai contar com todo o seu apoio no sentido de se exterminar com a vadiagem no estado de São Paulo — com a vadiagem e seus defensores. E o delegado Wilson Richetti não está só nessa campanha".[117]

O artista plástico Darcy Penteado publicou artigo de opinião[118] como resposta à postura do deputado Manoel Sala. Conforme registra, após quatro horas de audiência pública, "as justificativas do delegado eram primárias e seus argumentos visivelmente distorcidos mas, apesar das provas coletadas pelo deputado estadual Eduardo Suplicy (do PT) estarem acima de qualquer suspeita, a acusação foi tímida e insegura". Penteado, que fez um relato bem-humorado e bastante ácido, rebatendo os argumentos moralistas do deputado Sala, afirmava: "Creio ser princípio básico para uma comissão que discuta Direitos Humanos combater irrestritamente a violência. Porém nesta Assembleia (espantem-se) existem deputados que as justificam ou as defendem". E acrescentava que Richetti estava sendo acusado de violências, com provas fotográficas e depoimentos, porém os deputados do governo aprovavam a violência, salientando que "ainda mais revoltante é que uma pessoa tão preconceituosa como o deputado Manoel Sala seja integrante dessa comissão, pregando descaradamente a extinção da prostituição, para salvaguardar a honra da 'nobre família paulista'".[119]

Opinião semelhante foi a da *Folha de S.Paulo*, que, em editorial, afirmou que "esquecem, talvez, os legisladores paulistas, que as denúncias não visavam à polícia, nem muito menos sua ação contra os criminosos, mas à violência e ao abuso de poder dos acusados", acrescentando que acabou predominando um "tom de farsa", com "sarcasmos e acusações mútuas" sem que tivesse sido votada alguma resolução.[120]

Contudo, apesar da importante repercussão pública que a audiência conferiu às denúncias, amplificando, na institucionalidade, o que já vinha sendo sistematicamente escancarado por prostitutas e travestis, nenhuma deliberação mais concreta e efetiva foi tomada pelo órgão. E Richetti saiu ileso, bem cotado, aliás, para a promoção à classe especial da Polícia Civil paulista naquela mesma semana.

No entanto, os casos levados à Corregedoria foram aumentando. Uma dessas situações ocorreu com Kátia Jacques Bueno Machado, que estava aguardando, no carro, o retorno de seu marido, Mauro Machado, que havia estacionado em frente a um bar para comprar cigarros. Nesse intervalo curto de tempo, o carro foi cercado por policiais que logo mandaram-na sair e, mesmo tendo ela apresentado todos os seus documentos, foi levada para um camburão, ao lado de prostitutas e travestis. O marido, quando saiu do estabelecimento, viu aquela cena insólita e tentou intervir, mas sem êxito. Sua esposa foi levada para o 4º Distrito Policial, onde ficou presa em uma cela com outras mulheres até o dia seguinte.[121]

Paulo Sérgio Pinheiro, cientista político e professor da Unicamp, publicou, naquele período, artigos regulares na *Folha de S.Paulo*. Em alguns de seus "escritos indignados" em defesa dos direitos humanos, ele criticou duramente Richetti e suas operações. Pinheiro sustentou, em artigo de junho de 1980, que nas mãos da Delegacia Seccional Centro, "prostitutas, prostitutos, travestis e populares [eram] aterrorizados, maltratados e espancados sob o testemunho da população e da imprensa, avisada previamente das 'rondas'".[122] Além disso, ele coroava seu raciocínio contra as "cruzadas morais" afirmando que "tão grave quanto a ineficácia dessas 'rondas' [era] a sua flagrante ilegalidade", pois "o que est[ava] sendo implantado como política policial [era] o puro terror: um prolongamento dos métodos com que a polícia lida[va] com as classes populares, os operários, os negros, os menores".[123]

Em outro artigo, de setembro do mesmo ano, intitulado "Labaredas antieróticas", Pinheiro criticava novamente o plano da polícia de "limpar" o centro da cidade nos dois meses anteriores, realizando uma "cruzada contra o pecado" com "milhares de prisões ilegais, aterrorizando prostitutas, homossexuais e travestis", ligando esta às cruzadas contra a subversão e contra o erotismo que, sob o mando de Juizados de Menores, agiam contra a circulação de revistas eróticas e pornográficas.[124]

Contudo, a despeito de casos mais escandalosos repercutirem negativamente na imprensa, as operações estavam lastreadas, politicamente, nos níveis mais elevados da estrutura hierárquica da gestão pública paulista. Além disso, os órgãos de controle da violência policial, fossem eles internos (Corregedoria) ou externos (Ministério Público), pouco incidiam sobre a dinâmica cotidiana das operações. Assim, Richetti teve ampla margem de atuação nas ruas.

Mesmo com a mobilização popular dos movimentos sociais, o engajamento dos parlamentares solidários, as críticas de entidades de classe como a OAB/SP, as reportagens negativas publicadas na imprensa e as diligências junto aos órgãos de controle da violência policial, como a Corregedoria e a Comissão de Direitos Humanos da Alesp, as rondas foram paralisadas apenas temporariamente, de modo que não houve uma mudança mais profunda em relação à atitude repressiva das forças policiais no contexto da redemocratização.

"TRIBUNAL AUTORIZA CAÇAS AOS TRAVESTIS"

Diante das dificuldades em emplacar vitórias com essas táticas, tentou-se buscar no Judiciário a proteção legal do direito de ir e vir para essas populações, impetrando-se habeas corpus preventivos e após prisões arbitrárias. Mas o sistema de justiça ainda reproduzia muitos dos valores machistas, homofóbicos e transfóbicos presentes na sociedade brasileira e nos órgãos de segurança pública. Muitas vezes, em vez de frear os abusos e excessos, os juízes incentivavam e elogiavam a ação repressiva contra os grupos vulnerabilizados, ainda que houvesse importantes exceções a tal postura.[125]

Uma decisão judicial de afirmação dos direitos, na contramão da tendência predominante do Judiciário, foi a do juiz Joaquim Otávio Cardoso, da 24ª Vara Criminal, que aplicou multas de mil cruzeiros a alguns delegados de São Paulo, incluindo Richetti, por terem sonegado informações em habeas corpus impetrado em favor de oito prostitutas detidas durante a Operação Rondão. O magistrado afirmou, em sua decisão condenatória, que "as prostitutas passa[vam] os maiores vexames por parte de investigadores e carcereiros" e que "esses fatos em geral [eram] públicos e notórios".[126]

"Em São Paulo, prostitutas e travestis vivem clima de terror." Com essa afirmação, tem início a matéria "Tribunal autoriza caça aos travestis", de Rivaldo Chinem, publicada no *Reporter*,[127] n. 45, de 3 a 16 de junho de 1981, com referência à decisão então recente do Supremo Tribunal Federal no RHC 59518/SP, que considerou o trottoir atentatório à moral e aos bons costumes "e fonte de constrangimento para transeuntes e residentes". A decisão foi tomada no julgamento do recurso movido contra o acórdão do desembargador Ítalo Galli, da 1ª Câmara Criminal do Tribunal de Justiça de São Paulo, no qual o juiz afirmou: "O *trottoir* é imoral. Se assim não fosse, a prostituta não se desnudaria na rua. E, se é imoral, a lei não pode proteger. Além disso, o *trottoir* é contravenção penal, é vadiagem. É um meio ilícito de sobrevivência".[128]

Por sua vez, a declaração do juiz corregedor dos presídios e da polícia, Renato Laércio Talli, foi em outro sentido, ao afirmar:

> As prostitutas não são contraventoras. São infelizes que necessitam de compreensão acima de qualquer coisa. Claro, o *trottoir* acintoso tem que ser reprimido. Por exemplo, quando a mulher está despida na rua ou com o busto de fora, tem que ser recolhida mesmo. Agora, dentro da normalidade da conduta, a polícia não tem o direito de combater as prostitutas. Se agir assim, está cometendo uma arbitrariedade.[129]

Mas a posição do juiz, ainda que com uma visão criminalizadora mais abrandada, era isolada no conjunto do sistema de justiça e acabou derrotada para dar lugar à posição mais duramente repressiva. Essa divisão, entre a compreensão do trottoir como direito de ir e vir ou como um atentado à ordem moral, se refletia no STF, que, no período de 1979 a 1982, julgou cinco casos de modos diversos, a depender dos juízes relatores e revisores designados.[130]

Segundo a reportagem do *Reporter*, um exército de mais de 100 mil pessoas vivia da prostituição naquela época na cidade de São Paulo. Uma das prostitutas ouvidas pelo jornalista, Kátia, trabalhava na avenida Rio Branco, na região central, e assim classificou a relação desse submundo com a polícia: "Os tiras fazem da gente gato e sapato. Já tentei ser empregada doméstica, mas não deu pé". Outra delas, a travesti Milla, com apenas 21 anos de idade e há três fazendo trottoir, também reclamava da polícia: "Para não ser preso eu dou dinheiro aos policiais. Mas não adianta, há uns sádicos que batem na gente mesmo quando pagamos".

Desde os corredores da Delegacia Seccional Centro, de onde partiam os rondões sob comando de José Wilson Richetti, outro delegado dava uma versão distinta ao jornalista: "No momento, a orientação é apenas para prender prostitutas e travestis que estejam utilizando o *trottoir* para o chamado 'abraço de tamanduá', isto é, envolver o transeunte com um abraço, mesmo que não seja um cliente, para lhe roubar a carteira". E ainda afirmou que a polícia não se preocupava tanto com travestis e prostitutas, pois sabia dos outros envolvidos no negócio, como os "gigolôs e os advogados de porta de xadrez, que dão *habeas corpus* preventivo, no valor de Cr$ 15 mil, para prostitutas e travestis". Não parecia, contudo, ser real a alegada tolerância das forças policiais à presença nas ruas das travestis e prostitutas.

O caso de Richetti, sobre o qual abundam registros, denúncias e notícias, é importante porque ele foi exemplar ao demonstrar o modus operandi do controle da ordem moral e sexual, por parte da ditadura, evidenciando a coordenação de diversos níveis de poder, atores estatais e instâncias de comando na cidade que já contava com o maior contingente de homossexuais do país. E atingiu diretamente também as mulheres.

"OPERAÇÃO SAPATÃO": LÉSBICAS COMO ALVO DA POLÍCIA

Importante ressaltar que não eram apenas os homossexuais masculinos, as travestis e as prostitutas que entravam no radar e no alvo do delegado Richetti. Ele também perseguiu as lésbicas com suas rondas. O *Reporter*, em edição de janeiro de 1981, publicou uma reportagem de página inteira intitulada "Operação Sapatão: Polícia ataca lésbicas", tratando da repressão das forças de segurança contra mulheres que flertavam com outras mulheres nos bares da região central de São Paulo.

A rua Martinho Prado era o epicentro do agito da vida noturna lésbica no período. Ali se localizava o Ferro's Bar, que foi o mais tradicional ponto de encontro homossexual entre mulheres desde a década de 1960. Era o bar predileto das ativistas dos coletivos de lésbicas,[131] e diversas moças, inclusive algumas que viviam fora de São Paulo, dirigiam-se até ali quando chegavam à cidade. No final da década de 1970 surgiram, na mesma região, outros bares do mesmo gênero, tais como o Cachação, o Canapé e o Último Tango, todos voltados à frequência de lésbicas com menor poder aquisitivo. Embora também na zona central, a Martinho Prado não estava inscrita no perímetro referido no caso dos gays, das travestis e das prostitutas, denotando uma separação das lésbicas e mulheres bissexuais em relação às outras identidades da sigla LGBT. A impressão, que valeria ser mais bem investigada, é que a territorialização e a ocupação do espaço urbano se organizavam mais do ponto de vista das clivagens de gênero do que da sexualidade, em um momento em que a identidade travesti estava em processo de ascensão e estabilização.

A matéria relata que, no dia 15 de novembro de 1980, todos esses lugares foram invadidos pela polícia e "quem fosse (ou tivesse cara de) lésbica, ia pro camburão. Não importava que tivesse documentos, carteira profissional assinada".[132] O *Lampião* também noticiou a ofensiva, afirmando que Richetti e seus homens haviam encontrado um meio de comemorar a proclamação da República: caçando os homossexuais. Mas "dessa vez, não eram as bichas os alvos procurados, mas sim, as mulheres: os policiais invadiram os bares Cachação, Ferro's e Bexiguinha" e todas as mulheres encontradas foram "detidas debaixo do seguinte argumento: 'é tudo sapatão'".[133]

Uma das vítimas foi uma lésbica de 22 anos, estudante da Universidade de São Paulo (USP), que estava no ponto de ônibus localizado na rua Martinho Prado naquele fatídico dia. Ela preferiu não se identificar e relatou a ação repressiva então comandada pelo famigerado delegado Richetti: "Me levaram pra dentro do Cachação e fui logo mostrando meus documentos. Mas o polícia disse: não interessa documento, você é sapatão".[134] Ela foi conduzida, de camburão, para o 4º Distrito Policial, em uma travessa da rua Augusta, junto com outras duzentas mulheres também detidas pelo simples fato de desejar outras mulheres ou de ser masculinizadas. Sobre a chegada à delegacia, a estudante pôde observar a separação sob um viés de classe, que contava para o tratamento diferenciado entre as lésbicas: "Primeiro me colocaram numa cela com mais cinquenta pessoas e mais tarde houve uma seleção. Quem tivesse boa aparência, estivesse bem vestido, era tirado pra outra cela. Junto ao policial que fazia essa escolha estava uma lésbica que conhecia a turma presa e ajudava na triagem".[135]

É curioso notar, nesse depoimento, que o tratamento diferenciado conferido às lésbicas no encarceramento se baseava em sinais exteriores: as forças policiais consideravam a aparência e os trajes para classificar status social e situação econômica das pessoas "suspeitas". Nesse momento, ainda que, em razão da escassez de pontos de interação e pegação, a orientação sexual falasse mais alto que a distinção de classe, já se esboçava uma estratificação social dos espaços de sociabilidade homossexual. No cárcere, ampliava-se essa distinção entre pessoas em razão da classe social. Além disso, a presença de uma lésbica — que conhecia as frequentadoras dos bares — colaborando direta e abertamente com a polícia sugere que as operações eram pensadas e planejadas com certa racionalidade, a partir de informações obtidas por informantes que frequentavam o próprio meio.

A certa altura da noite, a moça de 22 anos escutou outra das mulheres, uma assistente social que também havia sido detida, anunciar "eu pago 2 mil". Começou-se, então, a falar de dinheiro sem nenhum receio ou recato, demonstrando quanto era normalizada e difundida a prática da extorsão das vítimas e de suborno das autoridades quando o assunto eram "infrações" que transitavam entre o questionável "ilícito" e o suposto "imoral". Ali era preciso literalmente pagar o preço de ser homossexual.

De acordo com a reportagem, "no fim, todo mundo teve que pagar. Quanto tivesse. A moça não viu ninguém sendo fichado, mas a polícia ficou com os nomes e os números de todas".[136]

Mesmo com a aparente vitória de não terem sido fichadas, um mês depois das batidas que esvaziaram bares e boates, o cenário na rua Martinho Prado era desolador. Até nas ruas eram vistas poucas pessoas circulando à noite. Nem mesmo na escuridão dos guetos esquadrinhados e confinados, em algumas áreas restritas das grandes cidades, pessoas LGBT podiam encontrar a liberdade de desejar e amar em tranquilidade.

Na entrevista, a estudante da Universidade de São Paulo confessou ao jornalista: "Só nesses bares a gente encontra gente como nós, só lá somos aceitas, estamos em casa".[137] Assim, se era ruim no gueto, era pior fora dele. Ainda segundo a estudante, até na Universidade de São Paulo, onde as pessoas se consideram avançadas, os homossexuais não são aceitos. Principalmente as lésbicas. No trabalho, quando descobrem, somos mandadas embora. Lá em casa minha mãe não consegue entender por que eu sou assim, por mais que eu tente mostrar a ela que estou bem assim, não tenho nada de anormal.[138]

Apesar de todo esse cenário, Pelé, dona do Cachação, um dos bares mais frequentados pelas lésbicas na região, não demonstrou preocupação com Richetti e até mesmo elogiou sua atuação ao longo da reportagem: "Conversei com ele, fui muito bem tratada e concordei com ele que a Operação Sapatão foi um mal necessário. Havia maus elementos que frequentavam aqui e agora sumiram".[139]

A conivência e a colaboração dos donos de bares com a repressão era uma constante. O episódio mais simbólico de repressão às lésbicas durante a ditadura ocorreria no dia 23 de julho de 1983. Naquele sábado, enquanto algumas mulheres do Grupo de Ação Lésbica Feminista (Galf) vendiam o boletim *ChanacomChana* dentro do Ferro's, o proprietário e os funcionários do bar tentaram expulsá-las, inclusive usando a força física. A polícia, chamada, rapidamente foi embora e nada fez de concreto para assegurar os direitos das mulheres. Esse assédio já tinha começado havia algum tempo e o porteiro sempre tentava bloquear o acesso das lésbicas ao bar.

Depois do episódio, as lésbicas decidiram marcar um protesto para a retomada do Ferro's Bar. Sob a liderança de Rosely Roth, foi combinado um ato para o dia 19 de agosto, articulando a imprensa alternativa, ativistas LGBTs, feministas e parlamentares progressistas. Nesse dia, em torno das 21h30, começou a concentração, e aos poucos as pessoas adentraram anunciando o ato — quando boa parcela dos presentes já estava dentro do recinto. Ali, a vereadora petista Irede Cardoso fez um discurso sobre a luta pelas liberdades democráticas. E assim as lésbicas conseguiram o reconhecimento do direito de ocupar aquele espaço.

Esse acontecimento marcante, fruto da organização política autônoma das lésbicas, seria apelidado, mais tarde, como o "pequeno Stonewall brasileiro", em referência à conhecida revolta considerada um marco no movimento LGBT internacional iniciada no bar Stonewall Inn, na cidade de Nova York, em 28 de junho de 1969, como uma reação à violência policial contra homossexuais e travestis.

"ESQUADRÃO MATA-BICHA": OMISSÃO OU CUMPLICIDADE DO ESTADO?

Mas não era só por violência direta e por ação que a ditadura se fazia sentir nos corpos com gênero e sexualidade dissidentes por todo o país. Havia, como segue havendo, uma série de outras formas omissivas de cometer ou impedir a perseguição contra as populações vulnerabilizadas.

Ainda que não cometida exatamente por agentes públicos, a violência era admitida e até estimulada por forças do Estado. A omissão e a conivência baseadas nos discursos LGBTfóbicos que emanavam dos órgãos oficiais da repressão foram fundamentais para alimentar culturalmente visões e práticas discriminatórias na sociedade brasileira. Além disso, a impunidade dos agressores de homossexuais, travestis e prostitutas era incentivada, quando não promovida, pelos próprios organismos estatais, sobretudo desses grupos minorizados.

Assim como era feito em relação aos grupos de extrema direita que colocavam bombas em bancas de jornais, nota-se ter havido certa cumplicidade, das agências de segurança com agrupamentos que atacavam fisicamente as pessoas LGBT e as prostitutas. Um exemplo de violência privada, respaldada pelo poder público, foi o que alguns chamaram de "esquadrão mata-bicha", que mereceu até um destaque de capa em uma das edições do *Lampião*, em janeiro de 1980.

O texto abordava a prática cada vez mais frequente de linchamentos contra homossexuais em curso no Rio de Janeiro. Conforme relata Aguinaldo Silva, estava havendo, na cidade, o "comportamento de alguns rapazes de classe média [...] que, organizados em bandos, [vinham] invadindo com uma frequência cada vez maior os locais frequentados por homossexuais para 'castigá-los'".

Não era raro que esses grupos fossem formados pelos próprios policiais, como um caso ocorrido no dia 21 de janeiro de 1980, na Gueifieira Palace, quando "um bando de soldados da Polícia Militar, armados de cassetetes de madeira, invadiu o banheiro de homens e surrou indiscriminadamente todos os que lá estavam, retirando-se depois, sem ser molestado".[140]

Em São Paulo houve um fenômeno bem semelhante, tal como relata o jornal *O Povo*, de 31 de dezembro de 1982, na matéria intitulada "'Machistas' jogam pedras e ovos nas 'Genis' paulistas". De acordo com o jornal, um grupo de vinte "filhos de papai" estava "sentando o pau nos travestis e gays do bairro de Indianópolis".[141] E acrescentava, ainda, que eles jogavam "pedras e ovos nas menininhas peludas, que fica[vam] achando tudo um horror". Marcelo Rodrigues Lins, uma das vítimas, com apenas 22 anos, levou socos e pontapés. Na delegacia, em seu depoimento, ele afirmou que os "machistas" apareciam sempre em um Corcel, placa KK 2853, ou com uma caminhonete F-100 branca, cuja placa era um mistério. O jornal destacava que "os caretas garant[iam] que [iriam] fazer uma limpeza nas ruas de São Paulo" e completava que "[havia] muita preocupação, porque 'os machistas' promet[iam] chegar até o Centro da cidade".[142].

O caso estava sendo investigado pelo 36ª Distrito Policial. Mas, segundo as travestis ouvidas pelo jornalista, "a polícia nunca [iria] tomar uma providência mais enérgica" devido à conivência manifesta com esse tipo de violência. O jornal concluía que "todos têm a mesma opinião que as 'bichas frustradas', os machistas vão continuar a agir".[143]

Fora do eixo Rio-São Paulo há registros desse tipo de atuação homofóbica e transfóbica. Um exemplo de veiculação de denúncias dessa natureza pode ser encontrado no *Afinal*, um jornal "nanico" e abertamente de oposição à ditadura, fundado por diversos jornalistas prestigiados de Santa Catarina que vinham sendo perseguidos na imprensa tradicional, sobretudo em função da cobertura que fizeram da Novembrada, um grande protesto ocorrido em 1980, em Florianópolis, contra o general João Batista Figueiredo.

Logo em sua primeira edição, de maio de 1980, o *Afinal* já declarava sua posição ousada de guerra ao governo:

> *Afinal* surge como uma alternativa de se furar esse bloqueio. Nosso compromisso é com o leitor, somente com ele. Por isso, a partir de agora, os desmandos, a corrupção, as arbitrariedades, o sofrimento do povo voltam a ser denunciados em páginas de jornal. Nestas páginas.[144]

Não demorou para que o pequeno e corajoso periódico despertasse a preocupação e a indignação da repressão. Logo, ele passou a frequentar o monitoramento da imprensa feito pelos órgãos de informação.

Em especial, a edição nº 6, de outubro de 1980, foi objeto de um relatório afirmando que "o mensário 'AFINAL', a exemplo do contido em apreciações anteriores, volta[va] a veicular matéria eivada de PROPAGANDA ADVERSA".[145] A principal acusação, assim, era a de "atentar contra a moral e os bons costumes, estimular o ódio racial e indispor o Governo com o povo", concluindo que o jornal "volta[va] a infringir dispositivos que permit[iam] o seu enquadramento legal".[146]

Isso porque nessa edição, dentre outros assuntos, um dos destaques, com chamada de capa, era justamente a situação dos homossexuais submetidos à violência na cidade de Florianópolis. "Identificados os espancadores de homossexuais" era a chamada estampada, de modo bem ressaltado, na primeira página. A reportagem, por sua vez, escrita pelo jornalista Sérgio A. F. Rubim, intitulava-se "Recado das bichas à polícia e seus espancadores: 'Não é deste tipo de pau que a gente gosta'". Apesar do título um tanto apelativo, que pode soar à primeira vista como reprodução das recorrentes abordagens jornalísticas superficiais e sensacionalistas sobre o tema, a reportagem era bastante crítica ao modo como os homossexuais vinham sendo tratados pela polícia e retratados pela imprensa.

Logo de início, era abordado, em tom de programa policial, o episódio que deu marco à onda de violências contra homossexuais e prostitutas:

> Segunda-feira, 16 de setembro de 1979. Aproximadamente 22 horas. O cabeleireiro Sidney caminha calmamente pela rua Almirante Alvim, em frente à Faculdade de Economia: é abordado por dois homens, que descem de um fusca vermelho e lhe pedem documentos. Assim começou, em Florianópolis, uma verdadeira campanha de violência desencadeada contra prostitutas e homossexuais, envolvendo desde policiais até grupos organizados. Durante as sessões de espancamento os tarados manifestam sua ideologia de preservação da "família, da moral e das tradições".[147]

Diversos outros casos, como esse, aconteceram, evidenciando tratar-se de um grupo organizado, com a certeza de que não seria punido. Isso porque, "marginalizados e discriminados pela sociedade", os homossexuais não procuravam a polícia ou a imprensa para denunciar as agressões, por receio de "sofrer represálias".[148]

O compromisso efetivo e declarado das instituições do Estado com a violência LGBTfóbica e de cunho moral como um todo foi um dos mais perversos da ditadura, pois incentivava as agressões, naturalizava a discriminação, legitimava os perpetradores e garantia, enfim, a impunidade que reproduzia os mesmos crimes.

Além disso, esse tipo de postura sonegava o reconhecimento do sofrimento, fazendo com que as vítimas desistissem de recorrer às autoridades para buscar reparação, pois sabiam que nada aconteceria e ainda poderiam ser humilhadas nos próprios órgãos estatais. Assim, se a ditadura pode e deve ser analisada por suas ações diretas contra esses segmentos vulneráveis, ela também precisa ser avaliada por sua omissão e, sobretudo, pela conivência com agressores.

Um exemplo desse comportamento policial foi o caso citado, na mesma matéria, de uma prostituta de 24 anos agredida por "três PMS à paisana e um funcionário do Supermercado Central". Conseguindo se desvencilhar dos agressores, a mulher dirigiu-se ao posto policial e, chorando muito, fez a denúncia. O cabo de plantão lhe respondeu "pode ir pra casa que eu vou encaminhar a denúncia à Delegacia", mas sem anotar nada.

> Com a aproximação do repórter, empenhado em obter maiores dados sobre o caso, os quatro tarados e o cabo da PM tentaram dissuadi-lo de publicar o fato: "Deixa disso, rapaz. Estas putas e bichas têm mais é que apanharem pra aprenderem a ter vergonha na cara e não ficarem aí pelo centro da cidade".[149]

A análise de diversos episódios sobre o modo como se dava a violência estatal na interdição das sexualidades dissidentes, atuando, sobretudo, na profusão de discursos normativos restritivos no campo dos costumes, indica contornos bastantes claros de uma política específica de regulação dos desejos, dos corpos e dos afetos por parte da ditadura brasileira. Tal política não era como a de extermínio de outros setores incômodos e opositores ao regime, mas teve uma coerência e uma sistematicidade que impressionam quando vistas conjuntamente. Na linha de Perlongher, "a inexistência de um período prolongado de campanhas de erradicação não desmente a ocorrência de periódicos atropelos e blitz massivas, que parecem apontar mais a uma distribuição e controle das populações homossexuais das 'regiões morais', do que a uma erradicação efetiva".[150]

Sem sombra de dúvida, o apagamento dessas formas diversas de violência deu uma contribuição inestimável para naturalizar atos de discriminação e os altos índices de agressões físicas e de assassinatos de pessoas LGBT no Brasil de hoje.

2. "DESCOBRIMOS QUE NÃO ESTÁVAMOS SOZINHOS": MOVIMENTO HOMOSSEXUAL NA DITADURA

NOS ANOS 1970 E 1980, "MOVIMENTO HOMOSSEXUAL BRASILEIRO (MHB)" era a expressão mais utilizada para designar o conjunto de militantes formado por homossexuais, havendo uma notória exclusão de bissexuais e pessoas trans dos espaços de organização nessa primeira fase. Somente durante os anos 1990 é que o movimento passou a ser também referenciado como GLS (gays, lésbicas e simpatizantes), GLT (gays, lésbicas, travestis), GLBT (gays, lésbicas, bissexuais e travestis) e, mais recentemente, LGBT, para contemplar, expressamente, um arco mais amplo de identidades de gênero e de orientações sexuais.[1]

Um dos grandes paradoxos da reflexão em torno dos cruzamentos entre a ditadura brasileira e a organização de LGBTs é o fato de que os primeiros passos do movimento homossexual tenham sido dados justamente sob a vigência de um regime autoritário, que proibia a livre organização da sociedade civil e cultivava um preconceito institucionalizado contra as sexualidades e identidades de gênero dissidentes.

Ainda que a criação de uma subcultura homossexual — com um padrão de sociabilidade e territórios específicos, como lugares de pegação, saunas, casas noturnas e festas privadas, bem como formas de associativismos e ativismos esporádicas e por curto período de tempo — remeta a períodos anteriores, é somente no final da década de 1970 que um movimento social se organizará politicamente com uma agenda de reivindicações mais definida e um repertório de ação semelhante aos demais grupos organizados da sociedade civil no contexto da redemocratização.

Este capítulo busca, precisamente, refletir sobre os desafios enfrentados pelo movimento homossexual nesse período, sobretudo diante do fato de ter se organizado sob uma conjuntura política hostil e em meio a um ambiente moral refratário às minorias sexuais. Analisar a relação entre o Estado e o projeto coletivo de politização da homossexualidade nos parece fundamental para compreender marcas congênitas do movimento, que determinaram, de forma decisiva, algumas de suas potencialidades — e de seus limites.

Para além das violências diretas na interdição e no silenciamento das sexualidades dissidentes, o Estado, junto com a Igreja católica, conseguia irradiar e fazer circular, com elevado grau de legitimidade, normas retrógradas de comportamentos de gênero e sexual. Mas, mesmo sob o fardo da estigmatização imposta pelo regime, os homossexuais começaram a se organizar no sentido de articular um discurso e uma prática de liberação não apenas deles próprios, mas também dos demais grupos vulneráveis que ficavam às margens do projeto de abertura política iniciada em meados dos anos 1970.

Uma primeira e mais imediata explicação para esse paradoxo poderia se basear em uma máxima bastante popularizada e inspirada na teoria política foucaultiana, segundo a qual onde há poder há resistência.[2] Um exemplo de aproximação com esse tipo de leitura, que atribui à ditadura "boa parte das condições para o boom movimentalista que ocorreu no decorrer dos nos anos 1970", é a colocação de Regina Facchini, segundo a qual é importante "notar o quanto a ditadura estimulou a formação de resistências em diversos setores sociais e como ela pode ter sido, inclusive, responsável pelo perfil fortemente antiautoritário que marcou a 'primeira onda' do movimento homossexual brasileiro".[3]

Esse tipo de raciocínio postula que demandas represadas e abafadas irromperam na cena pública com mais força justamente pela falta de canais adequados de participação política, transbordando os limites estreitos da ordem autoritária. Entretanto, ainda que tal resposta não deixe de ser factível, ela é insuficiente, porque excessivamente intuitiva.

Ademais, parece não haver respaldo empírico adequado para converter uma coincidência de tempos históricos entre repressão e resistência em relação de causalidade direta, simplificando um fenômeno social tão complexo. O mais grave é que tal lógica pode carregar o risco de uma romantização da repressão, como se esta, por si só, estimulasse a criatividade organizativa, o despertar para a ação política, e fomentasse, em última instância, e necessariamente, a produção de resistências.

A relativa — e bastante relativa — liberdade dentro da qual se exerciam a sociabilidade e o prazer entre pessoas do mesmo sexo nos guetos existentes naquele período se explica mais "apesar da" do que "por causa da" ditadura, como os diversos episódios de vigilância, censura e violências abordados neste trabalho demonstram.

Mais do que as políticas sexuais repressivas, foram as transformações culturais e sociais nos papéis de gênero e de sexualidade por que passou a sociedade brasileira, desde a década de 1950, o elemento fundamental para lançar as bases que viabilizariam a organização política dos homossexuais. Um longo caminho foi trilhado no decorrer desses anos para que fossem tolerados, e abertamente vividos, determinados comportamentos não normativos de gênero e de sexualidade, para além das festividades do Carnaval.

A concentração de populações de gays, lésbicas e, mais tarde, travestis nos grandes centros urbanos em meados do século xx propiciou uma integração relativa desses grupos às cidades em expansão, ainda que inicialmente em guetos delimitados e isolados. Além dos tradicionais pontos de pegação, como parques, praças e banheiros públicos, onde era possível flertar e encontrar sexo casual entre homens homossexuais, outros circuitos menos clandestinos e marginais de sociabilidade, sobretudo com a exploração econômica de um mercado voltado a esse segmento, foram sendo progressivamente desbravados, tais como bares, boates e festas privadas. Para James Green, foi nesse tipo de ambiente que se criou não apenas um senso de conectividade, "senão um tipo de comunidade em formação, em que as pessoas se identificaram, compartilharam códigos, comportamentos e costumes, ainda dentro de uma semiclandestinidade imposta graças à marginalização social da homossexualidade".[4] Diferente era a situação das lésbicas, já que havia o peso do machismo que confinava as mulheres no espaço doméstico, além do controle mais duro das sexualidades femininas por uma moral conservadora que as reduzia à figura de mães.

Assim, do ponto de vista dos costumes e da liberação sexual, com o golpe de 1964 essas mudanças em curso foram postas em recesso e, a partir de 1968, definitivamente interrompidas, ou até mesmo parcialmente revertidas. Exemplo disso foram as ofensivas de repressão cada vez mais constantes tanto em espaços fechados voltados para o entretenimento e a diversão entre homossexuais, que funcionavam como uma espécie de refúgio longe do alcance das investidas policiais, quanto contra a concentração de gays e lésbicas em determinadas ruas e zonas abertas.

Se, nos Estados Unidos, o ambiente social propício para o surgimento do movimento homossexual veio da combinação da contracultura, das lutas pelos direitos civis e do pacifismo, no Brasil essa organização se deu também no contexto de uma contracultura emergente, mas sobretudo após a derrota da esquerda armada pela ditadura e na fase da liberalização do regime. Dificilmente teríamos um movimento homossexual se este não tivesse sido encorajado pelas organizações de mulheres, negros, estudantes e trabalhadores na luta contra a ditadura militar.[5]

Nesta linha, parece bastante factível a hipótese aventada por Green de que a ditadura inviabilizou e acabou mesmo por atrasar a emergência de uma mobilização política dos homossexuais no Brasil, que só encontrou terreno fértil para florescer tardiamente. A repressão do regime autoritário "fez do ato de se organizar politicamente uma empreitada de risco" e, assim, as organizações de gays e lésbicas "não tiveram espaço político para se desenvolver antes de 1977". Ainda na opinião dele, isso teria prejudicado um acúmulo de experiências e ativistas em um cenário internacional de avanço do movimento, o que fez com que "quando as condições políticas se tornaram propícias à organização, eles [homossexuais brasileiros] tentaram ir de zero a cem numa única volta".[6]

Para Rafael de Souza, além da conjuntura da abertura, foi decisiva a emergência de uma imprensa alternativa e de um circuito de arte "marginal", materializado sobretudo pela escrita de poetas e romancistas engajados na criação de uma estética homoerótica e transgressora, tais como Roberto Piva, Aguinaldo Silva, Cassandra Rios, Glauco Mattoso, dentre outros. Foram esses elementos que propiciaram aos grupos homossexuais sua própria interpretação da conjuntura nacional. Isso teria servido, ainda, de suporte para a crítica política dos costumes que marcaria a atuação do movimento homossexual desde sua mais remota origem, construindo, assim, uma retórica de "libertação sexual" que conferiu a singularidade desse ator político no processo de redemocratização.[7]

Ainda que a transição tivesse desencadeado um ciclo de protestos com pautas diversificadas — como participação política, reforma agrária, direitos trabalhistas, saúde, educação, creches, saneamento básico —, houve uma especificidade da mobilização em torno das demandas por liberdade comportamental e por uma política da sexualidade mais permissiva. Esse movimento conseguiu trabalhar com um estigma, considerado até então um tabu, convertendo-o em vetor de orgulho identitário e plataforma de ação coletiva. Mas esse não foi um processo fácil.

DO NÚCLEO DE AÇÃO PELOS DIREITOS DOS HOMOSSEXUAIS AO GRUPO SOMOS

Ainda no final de 1976, em São Paulo, um "grupo de entendidos"[8] começou a se reunir para discutir seus problemas comuns, por iniciativa de João Silvério Trevisan. Ele retornara de seu autoexílio em San Francisco (Estados Unidos) e no México havia pouco, trazendo inspiração e diversas ideias nascidas do seu contato com o movimento gay internacional.

As dificuldades, no entanto, eram diversas em uma sociedade ainda dominada por preconceitos, com muita repressão introjetada pelos homossexuais e com o agravante de um regime político autoritário, mesmo com o discurso de uma abertura "lenta, gradual e segura", nos termos formulados pelo projeto de autorreforma da ditadura orquestrado pelos generais Ernesto Geisel e Golbery do Couto e Silva. Basta lembrar que, nesse mesmo ano, o jornalista Celso Curi estava sendo processado por publicar, em sua Coluna do Meio, assuntos considerados atentatórios à moral e aos bons costumes.

Nessas condições adversas, era pouco provável que a empreitada rendesse frutos imediatos. Para que se tenha uma ideia sobre o perfil dos participantes dessa tentativa bem embrionária, "70% do grupo se julgava anormal, em função de sua homossexualidade. Como dizia um deles: 'Eu daria tudo para ser um senhor casado e com filhos'". Diante do cenário marcado por autoflagelação, desejos enrustidos e permanente ameaça de criminalização de toda ação política, "o resultado foi desastroso, com tanta culpa, autodesprezo e ausência de autoimagem. Não deu em nada, depois de poucos meses".[9]

Mas os anos 1977 e 1978 começariam a alterar essa realidade. Ainda que o projeto de distensão implementado progressivamente pelo governo seguisse bastante limitado e controlado, novos e antigos atores políticos entravam na cena pública disputando os rumos e o ritmo desse processo. A segunda metade da década de 1970 foi caracterizada por manifestações massivas capitaneadas sobretudo por estudantes e trabalhadores, reivindicando as demandas reprimidas por mais de uma década e reabrindo arenas de ação política para diversos movimentos sociais, inclusive os de caráter identitário. Nesse sentido, a reorganização de coletivos feministas e negros espraiou-se por diversas partes do país, reforçando as demandas pela redemocratização e pela ampliação da cidadania desses segmentos marginalizados.

Quase dois anos após essa primeira tentativa frustrada e um mês depois do lançamento da primeira edição do *Lampião da Esquina* ocorreu, em maio de 1978, por iniciativa de João Silvério Trevisan, a primeira reunião do Núcleo de Ação pelos Direitos dos Homossexuais, que já carregava em seu nome uma orientação para a ação e uma gramática de reivindicação de direitos. Além de debater a condição homossexual e os temas abordados no *Lampião*, o grupo também chegou a redigir uma carta aberta à imprensa em protesto à forma depreciativa como as homossexualidades eram retratadas na televisão.

Esse seria o embrião do Somos, o primeiro grupo organizado politicamente apenas com homossexuais, com uma duração expressiva, realizando reuniões periódicas e intervenções públicas, tornando-se, reconhecidamente, o pioneiro do movimento homossexual brasileiro.[10]

Em meio a uma intensa discussão, o grupo teve diversos nomes, "desde Clube da Bolachinha (nos reuníamos com chá e bolacha) até Núcleo de Ação pelos Direitos dos Homossexuais", sem contar apelidos como "grupo totó-fruta-conde". Mas o batismo definitivo foi escolhido em homenagem às "locas"[11] argentinas, que fundaram o primeiro grupo do gênero na América Latina, o Nuestro Mundo, em 1967. Junto de outros grupos, compuseram a Frente de Liberación Homosexual (FLH), criada em 1971, e editaram alguns números de uma publicação intitulada, precisamente, *Somos*. Esse boletim circulou de 1973 até 1976, ano em que um golpe militar instaurou uma ditadura na Argentina. Além da homenagem, o nome também foi escolhido porque era "expressivo, afirmativo, palindrômico (procure no dicionário), rico em semiótica e sem contraindicações".[12]

Sua primeira reunião ocorreu em maio de 1978, com o objetivo de constituir-se como um espaço de encontro dedicado aos homossexuais "fora dos costumeiros ambientes de badalação e pegação (boates, bares, saunas, cinemas e calçadas)", algo considerado, desde o início, como "inédito, urgente e fascinante" pelos participantes.[13] Em torno de quinze pessoas, nem sempre as mesmas, frequentavam o grupo, inicialmente.

Nessa fase, a construção de identidades pessoais e de grupo era a tarefa central, e a mais difícil, para dar o pontapé inicial na organização. A busca por pontos em comum, a partir de concepções e práticas de homossexualidades tão distintas e em um momento no qual não era possível falar abertamente sobre essas experiências, constituiu um desafio desde a primeira hora. Mas esse aprendizado da diversidade como um valor a ser cultivado foi fundamental:

"cedo percebemos que as experiências sexuais, as relações com o sexo oposto, o relacionamento familiar e profissional, a situação econômica e outros dados eram extremamente diversificados; não podíamos fazer generalizações a partir das vivências individuais".[14]

"A coisa não foi fácil. Tivemos uma existência quase clandestina e muito conturbada."[15] Talvez esse seja um desabafo capaz de resumir bem a situação do grupo nesse período. Tudo ainda era novo, não havia clareza quanto aos objetivos e à linha política que unificariam minimamente essa diversidade de expectativas e demandas, com o empecilho adicional de haver uma enorme rotatividade de pessoas que entravam e saíam porque não encontravam ali o que esperavam ou não conseguiam enfrentar seus medos e problemas de autoaceitação.

Além dessa dificuldade de recrutamento de indivíduos dispostos a assumir abertamente a homossexualidade e enfrentar os riscos de se juntar a um coletivo marginal aos olhos da sociedade e subversivo aos do regime, havia mais um empecilho: a precariedade de recursos econômicos e culturais entre os homossexuais. Ainda que algumas lideranças que figuravam à frente da iniciativa tivessem contado com mais oportunidades, inclusive uma decisiva experiência internacional de educação e de ativismo em contato com a efervescência da contracultura,[16] a base do movimento era formada essencialmente por trabalhadores com empregos precários ou mal remunerados que precisavam ganhar a vida e com pouco tempo disponível para dedicar ao grupo. Green destaca tais obstáculos para uma profissionalização da militância, uma vez que

> os membros não possuíam muitos recursos financeiros extras para a sua vida social particular, e muito menos para sustentar a organização com facilidade. Além disso, também não existia, naquele momento, nenhuma possibilidade de apoio do Estado ou de uma agência nacional ou internacional que pudesse ajudar a viabilidade financeira do grupo.[17]

Foi sob essas condições, e a partir dessas limitações, que o incipiente movimento homossexual brasileiro lançou suas bases. Mas não bastava apenas contornar esses obstáculos mais urgentes. Era preciso também inaugurar uma forma de fazer política que estivesse à altura da novidade da iniciativa.

Não se tratava apenas de reproduzir as fórmulas organizativas consagradas no campo das esquerdas, muitas vezes classificadas de "autoritárias e patriarcais".[18] Eles queriam encontrar "uma maneira especificamente nossa [dos homossexuais] de fazer política" e não apenas com um programa específico que contemplasse esse segmento. Isso demandava uma "revisão dos métodos políticos geralmente machistas" que frequentavam os ambientes do movimento estudantil, já conhecidos por vários deles. Assim, pretendiam, com a própria organização, contestar o poder por meio de uma práxis que se fundaria em uma mistura entre "o prazer e a ternura".[19]

Do ponto de vista da identidade homossexual, o grupo tentava embarcar na opção pelo chamado "modelo igualitário-moderno" das relações sexuais e afetivas, sem as hierarquias tradicionalmente associadas à masculinidade e à feminilidade.[20] Além disso, essa primeira onda do movimento homossexual foi marcada por uma perspectiva fortemente antiautoritária, até pelo contexto ditatorial. Assim, repelia-se toda associação mais próxima com o Estado ou agrupamentos políticos, reforçando um discurso autonomista e cético em relação a quaisquer alianças que pudessem comprometer o foco do movimento.

Para que se tenha uma ideia do grau de desconfiança em relação a toda narrativa que fosse imposta desde fora dos espaços do grupo, até mesmo um dos membros, Edward MacRae, na condição dupla de militante e pesquisador, teve dificuldades para realizar o trabalho de campo de sua etnografia de doutorado sobre o Somos. Depois de grandes discussões e exigências postas à pesquisa,[21] a tese pôde ser realizada e se tornou um livro que apresenta uma das mais detalhadas descrições do funcionamento interno e das questões enfrentadas pelo Somos.

Para dar concretude a esses princípios norteadores da filosofia libertária do grupo, logo nos primeiros meses de atividade, com a chegada de novos membros convidados pelos militantes fundadores, o Somos passou a se dividir, do ponto de vista prático, em seis ou mais subgrupos, com funções distintas, de acordo com o interesse das pessoas e conforme as circunstâncias que se apresentavam interna ou externamente.

Os principais e mais duradouros foram os seguintes subgrupos de trabalho: "identificação", orientado para o crescimento da consciência individual e o reforço da identidade a partir da troca de vivências; "estudos", proporcionando a formação teórica e cultural sobre sexualidade com base em discussão de livros, filmes e peças; "atuação externa", com o objetivo de se apresentar mais publicamente e na relação com outras pessoas e entidades, sendo o setor mais nitidamente "ativista" para fora do grupo; "serviços", voltado à execução de tarefas mais concretas; "atividades artísticas", dedicado a planejar intervenções culturais; e "expressão não verbal", como o subgrupo que poderia trabalhar com outras formas de expressão, como o próprio corpo. Mais tarde surgiu, em virtude da auto-organização das mulheres, no ano de 1979, o grupo de "atuação lésbico-feminista" e uma Comissão de Defesa do Jornal *Lampião* para manifestar a solidariedade contra a perseguição policial ao periódico.

No início, os grupos de identificação eram os mais numerosos e que mais congregavam pessoas, servindo como porta de entrada a novos interessados e, consequentemente, relegando os demais fóruns ao esvaziamento e a uma atuação apenas esporádica. Nesses subgrupos de identificação havia ampla liberdade de trocas de experiências individuais e relatos pessoais, com o objetivo central de estimular a autoaceitação e permitir o "trabalho de autoidentidade" dos homossexuais por meio da quebra dos preconceitos e estigmas já internalizados. Os novos membros eram recebidos por um "grupo de recepção" e depois encaminhados para o processo de "identificação".

Conforme ressalta Green, essa porta de entrada do grupo mostrava-se especialmente importante para os homossexuais que não provinham de meios intelectualizados ou que não fossem dotados de melhores condições econômicas, pois funcionava como um espaço de trocas fundamental para ampliação dos horizontes e novas amizades e afetos. Afirma ele que "para a grande maioria dos membros do Somos, a sociabilidade alternativa que o grupo oferecia era muito importante, especialmente para as pessoas que não tinham recursos para acompanhar a vida noturna de gays e lésbicas, que efervescia na época".[22]

Na mesma linha, MacRae apontou que a intensa convivência acabou se convertendo em um status de "casamento com o grupo", expressão usada com frequência e que "refletia um sentimento de amizade e união entre os integrantes" e "tinha também um sentimento mais literal [de modo que] algumas pessoas até passaram a restringir sua atividade sexual aos integrantes do Somos".[23]

Contudo, sobretudo a partir de 1979, com as apresentações públicas cada vez mais regulares e as crescentes demandas postas com a consolidação da identidade do Somos, os demais subgrupos foram sendo, gradativamente, ocupados por mais membros, tornando a atuação deles mais dinâmica e diversificada.

O formato institucional encontrado para evitar a tentação de engessamento e para acomodar o crescente número de pessoas interessadas foi fazer com que cada subgrupo se reunisse isoladamente com maior autonomia e desenvolvesse regras próprias, definidas por seus membros, marcando uma reunião mensal com todos os grupos em uma grande plenária para discutir as questões mais gerais e construir as deliberações do modo mais coletivo e horizontal possível. A regra geral era de tomada de decisões apenas por consenso para, supostamente, preservar a unidade do grupo, coibir a cristalização de lideranças e facções internas e fortalecer os princípios de autogestão. Na prática, contudo, era um tanto mais difícil fazer esses mecanismos funcionarem no dia a dia.

A preocupação em fundar o "novo" e não incorrer em burocratizações excessivas, atribuídas aos agrupamentos da esquerda tradicional que se opunha à ditadura, foi se tornando quase uma obsessão, materializada no discurso de defesa da autonomia um tanto abstrata e de um individualismo quase intocável pelas estruturas coletivas do grupo. As divisões internas decorrentes de disputas pelo poder ou cristalização das diferenças em lideranças e hierarquias dentro do grupo eram vistas com desconfiança.

A inquietude gerada em relação a outros modos de organização e filiação a outros grupos, sobretudo a partidos políticos, se tornaria uma constante não apenas no Somos paulista, mas também em diversos outros grupos, como o seu par carioca, conforme revelado em entrevista de um de seus ativistas: "Todos os membros do movimento nacional têm, obviamente, autonomia para uma militância política, sindical, etc., mas os grupos devem manter-se autônomos em relação aos partidos políticos".[24]

Certas decisões sobre a dinâmica do grupo, suas instâncias e o processo decisório foram escolhas políticas conscientes. Outras foram produto das condições objetivamente vividas e enfrentadas naquele contexto.

Os encontros dos grupos, por exemplo, eram feitos nas casas dos integrantes em sistema de rodízio, ainda que poucos tivessem apartamentos capazes de comportar grandes reuniões, sobretudo com os riscos representados pela presença ostensiva de homossexuais aos olhos dos vizinhos e mesmo da polícia. A falta de uma sede fixa era bastante sentida e sempre foi um desafio persistente, pois nunca havia condições econômicas suficientes para manter um aluguel, tampouco fiadores. Alguns, como Trevisan, alegam que um espaço próprio poderia ter burocratizado e centralizado demais a estrutura horizontalizada dos coletivos, além de exigir uma fonte de renda regular para custeio e manutenção.

Contudo, as reuniões itinerantes também expressavam uma estratégia necessária à época para evitar a perseguição das forças policiais, mantendo um regime de certa clandestinidade:

> As reuniões se revezavam nas casas dos diversos participantes, já que não havia local parecido com uma sede — nem se queria, para evitar centralismos, burocratizações e também manter um clima de semiclandestinidade, ainda necessária naquele período da vida brasileira, inclusive porque tínhamos indícios de que a polícia acompanhava nosso trabalho.[25]

Na entrevista mais longa com o grupo da qual se tem registro, publicada nas páginas do *Lampião* em setembro de 1979, um membro do Somos, identificado como "Daniel", destacou o medo como uma das principais causas da desmobilização dos homossexuais no país. Esse receio era, por um lado, de virar uma organização da esquerda tradicional e, por outro, de ser confundido com uma delas pela repressão. O medo era ainda mais acentuado considerando que poucas pessoas haviam tido alguma experiência prévia de militância com as esquerdas.

Diante dessa busca pela autonomia e pela renovação, em um momento em que toda ação política transformadora poderia ser considerada suspeita e perseguida, era compreensível o efeito paralisante que tal apreensão provocava:

> Existe o medo. Medo é fogo. Esse é o principal problema que tenho sentido: o medo de uma organização. Que seja confundida com outras organizações, sei lá — sindicais, Convergência Socialista, mil coisas assim. Medo de que a política possa entrar. Isso também influi muito.[26]

—

Somente nos últimos meses de 1978 e no começo de 1979 os participantes foram adquirindo um pouco mais de confiança uns nos outros e na abertura em curso, que parecia trazer uma tolerância maior à organização política das oposições na sociedade civil. Assim, foi possível projetar o grupo mais para fora do que para as atividades internas, que antes absorviam a maior parte da energia. Uma primeira reunião aberta, então, foi finalmente realizada no Teatro da Praça, para o qual eram esperadas mais de cinquenta pessoas, por ter sido bastante divulgada.

No entanto, apesar dos diversos convites mimeografados distribuídos com uma convocatória ampla, o encontro contou apenas com umas vinte pessoas, e discussões aparentemente já superadas foram recolocadas pelos homossexuais que se apresentavam para ingressar no grupo.[27] Esse problema vinha sendo percebido por cada vez mais gente, que reclamava de certa paralisia em razão das pessoas novas que chegavam a cada temporada e que não tinham acesso às discussões já feitas.

A ausência de mecanismos internos para preservar o acúmulo das reflexões e deliberações feitas coletivamente era, em grande medida, fruto da repulsa à institucionalização do grupo e de algumas regras elementares de seu funcionamento. Como a organização era tida, de partida, como sinônimo de burocratização e esta, por sua vez, parecia um vício incurável das esquerdas, já era possível antever uma difícil relação do grupo com outros setores oposicionistas da ditadura.

"ESTÃO QUERENDO CONVERGIR. PARA ONDE?":
A HOMOFOBIA NAS ESQUERDAS

O trauma em relação à homofobia e ao machismo dentro das esquerdas, assim como em relação à reprodução de métodos autoritários por alguns desses agrupamentos, tinha razão de ser.

A influência do estalinismo espraiou, mundo afora, sua linha moralista oficial, por meio dos partidos vinculados à Terceira Internacional, que hegemonizavam o campo progressista em boa parcela do Ocidente.[28] O mesmo ocorria em relação às variações materializadas nos regimes comunistas chinês e cubano, que ganhavam cada vez mais espaço nos trópicos.

Essa "contribuição" do movimento comunista internacional para propagar a homofobia aportou no Brasil na forma de uma heterodoxa combinação com a ideologia católica secular conservadora quanto aos costumes sexuais e com um paradigma bem acentuado do então já velho machismo latino-americano.

Todos esses fatores conjugados colaboraram para decantar, mesmo na maior parte dos setores de oposição à ditadura dos quais se poderia esperar um compromisso com a democracia e os direitos das minorias, uma representação das homossexualidades como "desvio pequeno-burguês", manifestação da "decadência burguesa", comportamento sexual contrário à "moral revolucionária" ou ainda degeneração típica do "desbunde".[29]

A tarefa da revolução social, assim, não passava pela revolução sexual. Forjar uma sociedade socialista, com o novo homem, demandava o combate à moral burguesa com seu hedonismo e individualismo característicos. Para isso, era preciso cultivar subjetividades capazes de controlar as paixões, devotas ao projeto político, aderentes a uma rigidez normativa e com os objetivos pessoais subsumidos aos propósitos da revolução. Reforçavam-se, portanto, um "éthos de masculinidade revolucionária",[30] a sexualidade heteronormativa e as uniões monogâmicas.

O Partido Comunista Brasileiro (PCB), que hegemonizou por décadas o campo das esquerdas, não fugiu à regra e contribuiu para alimentar essa visão homofóbica. Já no contexto da ditadura empresarial-militar de 1964, os grupos que apostaram na resistência armada reproduziam, em algum grau, os mesmos valores morais conservadores.[31]

Herbert Daniel, guerrilheiro da luta armada e homossexual, em um dos mais instigantes livros de memórias sobre a experiência da resistência à ditadura, formulou, de modo bastante ácido, uma crítica a seus companheiros de militância. "O sexo não era uma grande preocupação política, achávamos. Militantes, tínhamos outros assuntos a abordar", afirmou ele sobre a compreensão do tema na virada dos anos 1960 para os 1970. Com ainda mais ironia, escreveu sobre a ilusão que a esquerda criava com sua idealização da classe operária: "Onde vocês já ouviram falar de um operário bicha? Naquelas fantasias que inventamos, a Classe Operária não sofria 'desvios' sexuais. Porque não tinha sexualidade nenhuma. Era uma classe higiênica. Historicamente saudável". E arrematava assim, falando sobre sua vivência pessoal:

> Meus problemas *pequeno-burgueses* me preocupavam, como tantos empecilhos que eu tivesse para poder me tornar um bom revolucionário. Entre eles a sexualidade, mais explicitamente, a homossexualidade. Desde que comecei a militar, senti que tinha uma opção a fazer: ou eu levaria uma vida sexual regular — e transtornada, secreta e absurda, isto é, puramente "pequeno-burguesa", para não dizer "reacionária", ou então faria a revolução. Eu queria fazer a revolução. Conclusão: deveria "esquecer" minha sexualidade.[32]

Não deixa de ser irônico constatar que a paranoia anticomunista da ditadura desconsiderava totalmente as posições cristalinas do movimento comunista internacional no sentido de repelir e criticar as sexualidades dissidentes. Os órgãos de informação estavam tão sugestionados a analisar tudo na chave do anticomunismo, no contexto da Guerra Fria e sob influência da Doutrina de Segurança Nacional, que chegaram ao extremo de enquadrar a homossexualidade no cenário de uma subversão sexual supostamente planejada pelos comunistas para destruir a família e os valores morais da sociedade brasileira com esses elementos considerados alienígenas.[33]

Essas ideias foram absorvidas e reproduzidas por grupos influentes nas diferentes fases da resistência à ditadura, como o Partido Comunista Brasileiro (PCB), o Partido Comunista do Brasil (PCdoB) e os outros grupos guerrilheiros maoistas ou castristas. Nesse cenário, era bastante compreensível que os primeiros passos do movimento homossexual tenham se dado com uma fundada desconfiança, e até certa repulsa contra agrupamentos que reproduziam a homofobia, mesmo que fossem progressistas do ponto de vista de seu discurso de justiça social e igualdade material.

Destaca-se, contudo, dentro da pluralidade de correntes e tendências, o modo como setores do movimento trotskista colaboraram para novas leituras sobre a sexualidade dentro do marxismo. Cada vez mais distanciados do regime soviético por conta daquilo que caracterizavam como a "degeneração burocrática" operada pelo estalinismo e críticos das apostas guerrilheiras e foquistas que ganhavam força na década de 1960, os trotskistas se engajaram em uma tentativa de renovação do marxismo que abriu margem para encampar as lutas homossexuais.

Alguns segmentos da Quarta Internacional,[34] como o grupo liderado por Nahuel Moreno, começaram a incorporar em suas agendas, ainda que timidamente, as reivindicações por liberdade sexual. Certamente a emergência de um movimento homossexual mais robusto na virada dos anos 1960 para os 1970, nos Estados Unidos e em outros países da América Latina, como Argentina e México, foi fundamental para que trotskistas notassem a importância e a conveniência de abraçarem essas bandeiras.

Nessa linha, um exemplo de agrupamento brasileiro que se abriu para a temática da sexualidade foi a Convergência Socialista (CS). Tratava-se de uma organização trotskista bastante atuante no conjunto das esquerdas brasileiras durante o período final da ditadura; fundada em 1978 a partir de um chamado feito pela Liga Operária,[35] ela se engajou na construção do Partido dos Trabalhadores (PT), nele permanecendo até 1992, quando foram expulsos e vieram a se transformar no Partido Socialista dos Trabalhadores Unificado (PSTU).[36]

A CS foi a primeira entidade da esquerda socialista brasileira a abrir espaço para a auto-organização dos homossexuais como um embrião daquilo que mais recentemente tem sido compreendido como setoriais LGBTs dentro dos partidos políticos. Pouco depois de sua fundação, foi organizada, pela revista *Versus*,[37] a Semana do Movimento de Convergência Socialista, de 24 a 30 de abril de 1978, com uma sessão específica voltada para a discussão da imprensa alternativa. Alguns homossexuais estiveram nos últimos dias de debates, reclamando da ausência de um representante do *Lampião* na mesa, uma vez que o jornal acabara de ser lançado, e da dificuldade em tematizar abertamente as questões das homossexualidades.

Pouco tempo depois, Trevisan publicou um artigo bastante contundente no *Lampião*, intitulado "Estão querendo convergir. Para onde?", com uma crítica ao modo como foi pautada a discussão das "minorias" naquele encontro aberto, no qual ele esteve presente. Segundo o jornalista,

> a palavra homossexual foi pronunciada uma única vez: o presidente apenas sussurrou-a — quase engasgou, como se dissesse um palavrão. Acho que havia um espinho encravado em suas gargantas. Já nas reuniões preparatórias, a inclusão de um homossexual na mesa, ao lado de representantes das outras "minorias", provocou protestos; um determinado grupo, inclusive, ameaçou retirar-se caso isso se efetivasse. Resultado: os homossexuais acabaram não presentes à mesa.[38]

A moção bem curta e objetiva sobre o tema, apresentada por uma "bicha atrevida" que pediu a palavra, argumentava que no momento das discussões sobre as lutas democráticas do país não era possível esquecer as lutas das minorias discriminadas. E, ao final, conclamava a Convergência Socialista a acolher essa demanda:

> Os homossexuais, vítimas de um sistema discriminatório, reacionário e intolerante, esperam da Convergência Socialista a acolhida de sua luta. Confiamos em que o socialismo que pretendemos seja um sistema equi-

tativo, aberto e democrático que tenha o ser humano como peça fundamental independente de sua sexualidade, traga em seus fundamentos o necessário elemento democrático que permita a todos as mesmas possibilidades.[39]

Antes mesmo da fundação do primeiro grupo organizado, esse encontro começou a dar forma a diferenças que marcariam indelevelmente o movimento homossexual brasileiro, cindido entre um setor mais inclinado às alianças com os demais movimentos que atuavam contra a ditadura e um outro grupo de pessoas que postulavam uma concepção mais autonomista e anarquista da militância gay a fim de evitar que fossem instrumentalizados em nome de uma "luta maior".

"A TAL DA FELICIDADE TAMBÉM DEVE SER AMPLA E IRRESTRITA": A SEMANA DAS MINORIAS DA USP

Foi com o debate na Semana das Minorias da USP, ocorrido em 8 de fevereiro de 1979, que o Somos se tornou mais conhecido e passou a receber mais pretendentes. Novos grupos logo se formariam influenciados pelas discussões realizadas naquele encontro. Organizado pelo coletivo Vento Novo, vinculado ao Centro Acadêmico do curso de Ciências Sociais, com o objetivo de debater os "novos movimentos sociais", o ciclo sobre as "minorias" durou toda uma semana e envolveu diferentes segmentos "identitários" que se articulavam no momento. Era a primeira exposição pública dos ativistas homossexuais e, apesar do receio pela situação inusitada de discussão aberta da sexualidade, acabou significando um tremendo avanço para o movimento.

O encontro específico dedicado ao tema das homossexualidades durou mais de três horas e contou com uns trezentos participantes, que lotaram a sala reservada para a atividade. Na mesa, estavam integrantes do conselho do *Lampião* (Trevisan e Darcy Penteado), três representantes do grupo Somos (Alfredo, Emanoel e Glauco Mattoso), o poeta Roberto Piva e o pesquisador do Cebrap dedicado ao estudo das religiões Cândido Procópio. O tema da semana era "O caráter dos movimentos de emancipação", e, em cada uma das sessões, "os vários grupos discriminados apresentaram ali suas ansiedades, desejos, reivindicações, protestos".[40]

Já se tinha consciência, mesmo no calor dos acontecimentos, de que se tratava de um momento histórico: "Afinal, não se tem lembrança de um debate tão livre e polêmico sobre um assunto que as autoridades policiais e grande parte da sociedade brasileira ainda consideram tabu".[41] Trevisan, na cobertura jornalística que fez do encontro, concordou com essa avaliação, sustentando que "pela primeira vez no Brasil as lésbicas e as bichas tomaram seu espaço e vomitaram coisas há muito engasgadas", e complementou em um tom aparentemente conciliatório com as esquerdas:

> Acredito que nessa semana, e sobretudo em 8 de fevereiro, setores da esquerda tradicional podem ter sofrido um avanço considerável na compreensão da realidade brasileira. Ao mesmo tempo, os grupos discriminados avançaram politicamente: apossaram-se do seu espaço e provocaram uma rediscussão do fechado conceito de revolução, abrindo dúvidas sobre a condução desse processo.[42]

O centro do debate logo se deslocou da mesa expositora para a plateia, com intensa polarização entre os espectadores. O tema da homossexualidade revelou-se muito mais conhecido e difundido do que parecia à primeira vista, surpreendendo os ativistas homossexuais a participação intensa dos presentes. Um clima de tensão logo se instaurou entre os setores mais tradicionais da esquerda e os homossexuais quando falaram sobre a maneira mais adequada de conjugar a "luta maior" com as lutas por emancipação dos grupos específicos. Enquanto esse campo ainda hegemônico na esquerda acusava os hoje chamados movimentos identitários de "divisionismos" e "separatismo" diante da prioridade que seria o combate à ditadura, um rapaz tomou a palavra no plenário e polemizou em tom bastante duro:

> Vocês querem saber se o movimento guei é de esquerda, de direita ou de centro, não é? Pois fiquem sabendo que os homossexuais estão conscientes de que para a direita constituem um atentado à moral e à estabilidade da família, base da sociedade. Para os esquerdistas, somos um resultado da decadência burguesa. Na verdade, o objetivo do movimento guei é a busca da felicidade e por isso é claro que nós vamos lutar pelas liberdades

democráticas. Mas isso sem um engajamento específico, um alinhamento automático com grupos da chamada vanguarda.

O mesmo rapaz foi responsável, pouco tempo depois, por uma das afirmações que melhor definiriam o espírito provocador desse encontro: "O problema de qualquer revolução é saber quem vai lavar a louça depois".[43]

Segundo Trevisan, coerente com seu posicionamento crítico, "um dos maiores equívocos da plateia 'esquerdista' foi exatamente recusar o status de luta política tanto ao feminismo quanto aos demais grupos discriminados — falava-se em simples 'discussão existencial', num evidente tom de descaso",[44] antecipando as críticas que ele levaria cada vez mais a sério contra grupos tradicionais da esquerda, inclusive dentro do Somos.[45] Segundo Green, que relatou ter tentado argumentar que "não existia contradição entre a luta contra a homofobia e opressão e a luta contra a ditadura" em meio àquela intensa divisão, "naquela noite, a discussão ficou polarizada numa caricatura do que seria o debate que, posteriormente, racharia o movimento [homossexual]".[46] Essa dificuldade de diálogo, em suas palavras, parecia ser mesmo uma limitação de ordem quase cognitiva que impedia a comunicação de parte a parte, pois "nem os ativistas gays e lésbicas, nem os defensores das esquerdas no debate tinham uma linguagem ou uma perspectiva mais universal para conversar sobre o tema".[47]

Apesar desses duros embates, o grupo Somos conseguiu se destacar em sua estreia pública como uma alternativa para aquele número expressivo de homossexuais interessados em participar de alguma atividade entre seus pares. Foi uma primeira grande aparição, que rendeu bastante visibilidade ao grupo e, talvez até pelas calorosas polêmicas, convenceu uma série de pessoas a se engajar no ativismo homossexual.

Conforme registrado na matéria do *Lampião* sobre o encontro,

> apesar das contradições levantadas durante o debate — houve até gente dizendo que as bichas têm preconceito contra os esquerdistas, que também são uma maioria discriminada [sic] — a conclusão geral foi de que a marcha pela liberdade — social, racial, sexual — é uma só. Cada grupo minoritário deverá unir-se, organizar-se com seus integrantes, lutando por uma democracia de fato no Brasil. Só assim se conseguirá a tal felicidade, ampla e irrestrita, para todos.[48]

Aproveitando a onda crescente de interesse no tema, no dia 13 de fevereiro de 1979 foi realizado um encontro no teatro Tuquinha, da PUC/SP, no qual "um grande número de pessoas se ligou ao grupo".[49] Foi aí que também começou a haver um número maior de mulheres se juntando à organização. Em fevereiro de 1979, "as proporções chegaram a se equilibrar entre homens e mulheres homossexuais".[50] Marisa Fernandes aponta que a partir de março "algumas lésbicas, aproximadamente umas 15, entraram no grupo", sendo que, já em outubro do mesmo ano, essas mulheres "assumiram a luta feminista e se organizaram com um subgrupo específico, o LF [Coletivo Lésbico-Feminista]".[51]

Em setembro de 1979, o Somos já contava com "uns oito ou nove pequenos grupos de identificação, com oito a doze participantes em cada um. [...] Eles se reúnem com uma frequência de três vezes ao mês. Na quarta semana, há uma reunião geral de todo o grupo Somos, à qual vai todo o mundo".[52] Um texto escrito pelo grupo para o *Lampião* apontava que já se tinha alcançado mais ou menos cem pessoas. Mas a oscilação de membros era significativa, pois "desse total, 30% aproximadamente tem [sic] uma participação flutuante". Além disso, "a cada mês ingressam no grupo uma média de 20 a 30 pessoas".[53]

A maior parte dos participantes concentrava-se na faixa etária de vinte a trinta anos, vedando-se a participação de menores de dezoito anos.[54] No que se refere ao perfil socioeconômico, o grupo, durante toda sua existência, era majoritariamente branco e de classe média e baixa, com pessoas provenientes de uma ampla gama de profissões, tais como massagistas, funcionários públicos, médicos, jornalistas, professores, estudantes etc.

OS NOVOS GRUPOS HOMOSSEXUAIS

No entanto, não foi só o Somos que surgiu nessa conjuntura. Valendo-se do centro de irradiação de ideias e de articulação de iniciativas em que se transformou o *Lampião da Esquina*, o grupo precursor do movimento começou a incentivar a formação de novos coletivos por todo o país, alguns inclusive com o mesmo nome, como o Somos/RJ e o Somos de Sorocaba/SP. Na edição do jornal de março de 1980, uma seção intitulada "Escolha aqui sua turma" (que em poucos meses viraria "Escolha seu grupo") apresentava os diferentes grupos pelo país, conclamando os leitores a se engajar e a participar desse primeiro encontro dos homossexuais organizados coletivamente.

Aprofundando essa primeira onda do movimento, diversos outros grupos homossexuais foram organizados em distintas localidades na virada entre as décadas de 1970 e 1980. Na matéria "Eles estão ousando dizer seu nome", publicada no *Lampião* em setembro de 1979, abriu-se a discussão com o registro de que

> de repente começaram a surgir em São Paulo vários grupos de homossexuais discutindo seus problemas, encontrando-se para estudar ou se divertir e conquistando seu espaço. Só na aparência trata-se de algo inesperado; na verdade, essa eclosão indica que as condições estavam maduras para a manifestação de desejos, sentimentos e intenções antigos.[55]

Um coletivo que se manifestou nas páginas dessa mesma edição do *Lampião* foi o então recém-fundado Grupo de Atuação e Afirmação Gay (GAAG), organizado em Duque de Caxias, no estado do Rio de Janeiro. Segundo a carta, o grupo "nasceu com um objetivo básico: participar da luta para a conscientização guei",[56] razão pela qual oferecia sua solidariedade ao *Lampião* diante do inquérito então em curso contra o jornal, que será abordado no próximo capítulo.

Essa mesma edição, por exemplo, incluía um texto de apresentação do grupo Libertos, organizado na cidade de Guarulhos depois da participação no seminário sobre as minorias do Centro Acadêmico de Ciências Sociais da USP, em fevereiro de 1979. Segundo o grupo,

> naquela noite, descobrimos que não estávamos sozinhos, e que as (os) nossas (os) companheiras (os) [não] estavam somente preocupados com as coisas superficiais, mas queriam também ver seus direitos de cidadãos brasileiros, maiores, trabalhadores de todas as categorias, que votaram nas últimas eleições, que estudam, pagadores de impostos e etc., respeitados.[57]

Dois meses após esse encontro, houve a primeira reunião, com 23 pessoas discutindo por mais de três horas a criação do novo grupo.

No dia 15 de setembro do mesmo ano, ocorreu a primeira reunião do grupo Somos do Rio de Janeiro, com 48 pessoas, sendo oito delas mulheres. Independente do seu homônimo paulista, o Somos carioca começou contando com a presença de gente da Baixada Fluminense, da Cidade de Deus, de Copacabana, de Vila Isabel, entre outros lugares. Tal composição "garant[ia], de saída, a heterogeneidade do grupo (isso é ótimo), o que vai enriquecer as discussões internas, fortalecendo-o para a luta contra a repressão sexual".[58] Na sugestiva matéria intitulada "Somos, e daí?", os membros João Carneiro, Dolores, Antonio Carlos e Aristides relatavam as diversas ações do Somos/RJ em seu primeiro ano, formando frente com o grupo Auê, realizando o Dia da Liberação Homossexual em 28 de junho de 1980 e relatando: "Partimos para trabalhar também com o Movimento Negro Unificado, o Coletivo de Mulheres e o Grupo Negro André Rebouças".[59]

A virada da década de 1970 para 1980, assim, marca um crescimento vertiginoso no número de grupos homossexuais organizados por todo o país. Para que se tenha uma ideia da dimensão do crescimento da organização dos homossexuais nesse período de efervescência política do movimento, considerando o *Lampião da Esquina* na contagem, "surgiram 22 grupos de militância homossexual entre abril de 1978 e fevereiro de 1981".[60] Conforme registro da revista *Rádice* existiam, nessa época, 21 coletivos de pessoas LGBT organizados nos diversos estados do país. Rita Colaço contabilizou 24 grupos.[61]

Apesar dessa pequena diferença entre os números, fato é que a profusão de novos grupos homossexuais, capilarizando a mobilização em diversos segmentos e localidades, atrairia cada vez mais gente e culminaria na necessidade de organização conjunta ou, pelo menos, de diálogo entre as diversas iniciativas para potencializar a atuação.

I ENCONTRO DE GRUPOS HOMOSSEXUAIS ORGANIZADOS

Nesse sentido, a primeira iniciativa de um encontro nacional dos grupos homossexuais, sobretudo no centro-sul, surgidos nos últimos dois anos da década de 1970 aconteceu no dia 16 de dezembro de 1979 na sede da Associação Brasileira de Imprensa, no Rio de Janeiro. A proposta de realizar um encontro dessa natureza surgiu em uma reunião de pauta do *Lampião*, na qual os jornalistas e alguns membros do Somos/RJ "decidiram que tinha chegado a hora de se fazer uma tentativa de organizar e expor o conjunto de pontos de vista e de ideias que começa[va] a tomar corpo como resultado do nascimento de grupos de ativistas homossexuais por todo o Brasil".[62]

Concebida para ser secreta, a reunião contou com a presença de mais de sessenta ativistas homossexuais procedentes de cidades como São Paulo, Guarulhos, Sorocaba, Brasília, Belo Horizonte, Duque de Caxias e Rio de Janeiro.[63] Durante mais de sete horas, com pequeno intervalo para alimentação, o eixo central que orientou as preocupações dos presentes, conduzido pela presidência de Teka, do Somos/SP, foi a apresentação de um "programa bem definido de reivindicações e atividade política". Mais especificamente, conforme a proposta levada por escrito pelo Libertos de Guarulhos/SP, três pontos básicos guiaram os debates: realização de um congresso estadual em São Paulo, criação de um grupo de mobilização nacional permanente e trabalhos práticos imediatos com trocas de experiências.[64] Dos encaminhamentos concretos, o mais importante foi a decisão de realizar, de 4 a 6 de abril de 1980, um segundo encontro mais abrangente em São Paulo, lugar onde os grupos já existentes encontravam-se mais estabelecidos.

Leila Míccolis, responsável pela cobertura jornalística da dimensão mais descontraída e festiva desse encontro surpreendente, registrou bem a sensação de alegria e entusiasmo que tomou conta dos presentes: "Emoção, sim. Tinha pessoas emocionadíssimas, juro eu vi com esses olhos que a terra há de comer. Era tanta a alegria pela reunião, que até gente doente, com febre e tudo, estava presente para prestigiar. Ninguém pensava tão cedo assistir a uma confraternização dessas".[65]

No dia 3 de fevereiro de 1980 realizou-se a segunda reunião organizativa do I Encontro Brasileiro de Homossexuais, no Diretório Acadêmico da Fundação Getulio Vargas. Com exceção do Beijo Livre e do GAAG, todos os demais grupos estiveram presentes ou se fizeram representar, com um total de 79 participantes, demonstrando a vitalidade e a pluralidade da reunião. Dentre as diversas discussões e definições, as mais relevantes tinham a ver com a deliberação de repartir o encontro em duas partes, uma fechada e outra aberta. Na primeira, participariam apenas os grupos já organizados ou em constituição; já na segunda, poderiam estar jornalistas, representantes de outros grupos de minorias, tais como "presidiários, loucos, menores, prostitutas, velhos e defensores da ecologia", além dos "movimentos de negros, mulheres, índios".[66]

Finalmente, entre 4 e 6 de abril de 1980, realizou-se o I Encontro de Grupos Homossexuais Organizados (I EGHO) em São Paulo.[67] Também foi realizado o I Encontro Brasileiro de Homossexuais (EBHO), aberto para o público, nas dependências do Centro Acadêmico da Faculdade de Medicina da USP, o CAOC. Nesses dias, as discussões, realizadas ou no formato de plenária ou em subgrupos temáticos, abordaram temas como "A questão lésbica. O machismo entre homossexuais e papéis sexuais"; "Michês. O travesti e a repressão que recebe"; "Homossexualismo no presídio" etc.[68] A sessão sobre a questão lésbica foi o "debate que atraiu mais participantes, [...] setenta pessoas", sendo que as mulheres assumiram tarefas fundamentais para a realização do encontro, desde impressão dos documentos, organização dos grupos de trabalho e registro visual.[69]

Na conjuntura de uma abertura tímida e ainda ambígua diante das violências cotidianas perpetradas contra as pessoas LGBT, exercitar o direito de reunião e de livre organização naquele momento era uma iniciativa não apenas insólita, mas ousada. Conscientes disso, os participantes fizeram do encontro histórico um momento de celebração fraterna e não desperdiçaram a oportunidade ímpar de articulação viabilizada pelo primeiro contato pessoal travado entre muitos ali.

Vários conflitos emergiram dessa convivência intensa entre mais de duzentas pessoas nos dois primeiros dias e mais de mil presentes no terceiro dia, em que foi realizado um grande ato público de encerramento no Teatro Ruth Escobar.[70] Mas também houve avanços importantes do ponto de vista da articulação de propostas de atuação para o movimento no período seguinte. Dentre as deliberações tomadas, destacam-se as iniciativas de despatologização das homossexualidades em órgãos como a OMS e o então INPS,[71] a discussão sobre a conveniência ou não de formalizar juridicamente a existência dos grupos organizados, estabelecer uma comissão para incluir na legislação o direito à livre opção sexual, especialmente na Constituição, entre outras.

Mas um encontro com tal dimensão e representatividade não passaria em branco aos olhos atentos da vigilância política, por meio de policiais que lá estiveram observando tudo para depois relatar aos superiores. O documento elaborado pela Divisão da Ordem Política do Dops/SP e endereçado ao diretor dessa unidade, dr. Sílvio Pereira Machado, em 6 de abril de 1980, foi feito por um agente infiltrado e à paisana que esteve presente no último dia da reunião, no Teatro Ruth Escobar. Seu nome não é revelado no documento; ele é identificado apenas como um número no campo em que consta: "Relatório feito por 2563".

Isso comprova a intenção de preservar a identidade do espião, o que é corroborado pelo que consta no campo "assunto" do documento: "Observação velada. I Encontro Brasileiro de Homossexualismo".

Abre o documento o trecho "Cumprindo determinação de V. Sas., estive presente ao Teatro Ruth Escobar", o que mostra que a ordem de monitoramento partiu do comando do órgão repressivo. O relato informa ainda que o encontro contou com a "presença de aproximadamente quinhentas pessoas (travestis, lésbicas e homossexuais)", metade do que os organizadores do evento contabilizaram. Sobre a mesa do ato final, informa o observador que nela estavam oito "elementos de vários Estados", além do Movimento Negro Unificado, do Centro da Mulher Brasileira, do Grupo Lésbicas Brasileiras e da sra. Alice Soares, advogada do Centro Acadêmico XI de Agosto. Apesar dos equívocos no registro dos nomes dos grupos, o próprio relato da repressão atesta o caráter amplo do encontro e a proximidade entre os movimentos homossexual, feminista e negro.

Foi destacado nos discursos que a discriminação "atinge todos os aspectos da nossa vida: como trabalho, religião, política, escola e família", ressaltando-se que a "vida política brasileira" considera os homossexuais "como MINORIA, juntamente com as mulheres, negros, índios". No que se referia às finalidades do encontro, o relato ressalta que elas consistiam em "analisar nossas questões" e "formar uma plataforma para que nos uma [sic] de norte a sul", sendo que essa plataforma deveria formar o "nosso tríplice direito: o livre uso do nosso corpo, a livre expressão de nossa afetividade e o direito ao prazer".[72] Ao final, constava um alerta de que "estão sendo formados em várias cidades e estados vários grupos", sendo citados Auê/RJ, Beijo Livre/Brasília, Eros/SP, GAAG/RJ, Libertos/Guarulhos, Somos/Rio de Janeiro.

Além do mais, o relatório indica que havia, de fato, uma política deliberada de vigilância e monitoramento, mais ou menos clandestina, dos passos que estavam sendo dados pelo ainda incipiente movimento homossexual.[73]

PRIMEIRAS MOBILIZAÇÕES: O DIÁLOGO COM OUTROS MOVIMENTOS SOCIAIS

O já mencionado projeto de abertura "lenta, gradual e segura" articulado pelo governo Geisel, se não significou uma efetiva democratização da estrutura do Estado e do sistema político, certamente coincidiu com e favoreceu a organização autônoma de setores vulnerabilizados. Essa coincidência histórica de grupos que se organizavam ou se rearticulavam depois de uma longa quarentena dos direitos civis e políticos produziu trocas e articulações decisivas para a redemocratização.

O ano de 1975 foi de enorme relevância para essa reorganização. O assassinato do jornalista Vladimir Herzog por agentes da ditadura dentro da sede do DOI-Codi em São Paulo causou enorme comoção em diferentes setores da sociedade brasileira. Tal impacto se fez sentir já no culto ecumênico em sua homenagem, que reuniu uma multidão com mais de 8 mil pessoas na catedral da Sé. Esta tornou-se a maior manifestação de oposição à ditadura em anos, sinalizando uma disposição das oposições em ampliar o arco de alianças e uma coragem de voltar a ocupar a cena pública. A partir de então, sob o lema "Por liberdades democráticas", a luta pela volta do Estado de Direito vai se intensificar, incorporando uma diversidade de vozes da sociedade e prestigiando diferentes tipos de ativismos, incluindo o dos homossexuais.

Nesse contexto, a primeira campanha mais concreta de mobilização articulada pelo Somos foi em defesa do *Lampião da Esquina*, que vinha sendo alvo de um inquérito sob acusação de violar a Lei de Imprensa e a moral e os bons costumes.[74] A solidariedade foi bastante importante para manter a circulação do jornal em condições tão adversas.

Pode-se dizer, assim, que a ascensão do movimento homossexual, nesse período, foi caracterizada por um diálogo intenso com outros grupos. As manifestações convocadas pelo Movimento Negro Unificado trouxeram novas perspectivas para o combate ao racismo. Os encontros e debates realizados pelo movimento de mulheres feministas, em apoio a suas próprias publicações e organizações, foram um avanço fundamental na luta contra o machismo. E os homossexuais não poderiam se fechar para essa realidade.

Em certo sentido, tal condição existencial compartilhada por esses grupos, alvos privilegiados do preconceito social e da repressão estatal naquela altura da ditadura, acabou favorecendo mais cruzamentos e interseções entre os movimentos. Nessa linha, o Movimento Negro Unificado realizou um ato público no centro de São Paulo no dia 20 de novembro de 1979, na frente das escadarias do Theatro Municipal. A participação do Somos foi aprovada em assembleia e cerca de vinte membros do grupo estiveram presentes ao ato para demonstrar a solidariedade com a luta contra o racismo, distribuindo panfletos e destacando a interseção dessa agenda com os debates sobre sexualidade, ainda que houvesse poucos ativistas negros no grupo. A presença dos homossexuais foi marcada com uma faixa pintada na sede da CS com os seguintes dizeres: "Contra a discriminação racial, SOMOS: Grupo de Afirmação Homossexual". Nas palavras de Green sobre esse dia, tratou-se da "primeira vez que gays e lésbicas protestaram nas ruas do Brasil".[75]

Esse ato chegou a contar, no seu auge, com mais de mil pessoas, conforme destaque da Informação nº 369/A-2/IV Comar.[76] Tanto a faixa quanto a fala do representante do Somos foram referidas no relatório, que também chamou a atenção para o fato de o "movimento homossexual" e o "movimento negro" terem organizado o ato, sendo estes os únicos atores políticos especificamente citados.

No entanto, a despeito de esforços conjuntos para aproximar as lutas das "minorias", em muitos momentos as diferenças entre movimentos em busca de sua singularidade e agendas próprias acabavam falando mais alto.

Um episódio emblemático dessa dificuldade se passou no II Congresso da Mulher Paulista realizado na PUC/SP em março de 1980. Ali, as lésbicas foram hostilizadas, tendo seu painel destruído por mulheres heterossexuais que não aceitavam a homossexualidade dentro do feminismo. Isso para não falar na postura machista de mulheres pertencentes a grupos de esquerda que também atacaram as feministas. Para uma das lésbicas presentes, essa participação "não foi bem-aceita, já que pela primeira vez se colocava a questão da sexualidade e do prazer sexual da mulher como uma possibilidade e um direito".[77]

O ponto mais sensível dentre os homossexuais, contudo, foi mesmo a retomada das mobilizações operárias no ano de 1978, que, além de ter atingido em cheio a ditadura, também atravessou o movimento de forma irreversível. As greves massivas de trabalhadores, sobretudo aqueles vinculados ao setor automobilístico, despontaram como os acontecimentos mais impactantes da vida política brasileira, tornando-se fatores decisivos no desenlace do processo de abertura em curso.

A energia irradiada pelo movimento sindical, mesmo sob pressão e intervenção das autoridades públicas, era tão expressiva que, na abertura do I Encontro de Grupos Homossexuais Organizados, foi proposta, logo de partida, uma moção de solidariedade à greve dos metalúrgicos. Tal moção foi aprovada por unanimidade, "refletindo o sentimento generalizado de simpatia pelos trabalhadores" no meio homossexual, ao menos naquele momento.[78] Em virtude de sua origem social e da percepção de classe, muitos dos ativistas homossexuais conheciam de perto a realidade difícil dos trabalhadores brasileiros, sobretudo em um dos momentos de maior tensionamento dos sindicatos com o regime.

No entanto, já no segundo dia do encontro, a proposta mais ousada não declarava apenas o apoio, mas a efetiva participação dos homossexuais nas mobilizações que marcariam o feriado do 1º de maio daquele ano, convocadas pelas entidades sindicais da região do ABC, em São Paulo. Tal proposta foi derrotada em votação apertada por 54 a 53 votos.[79] O receio era o de que, já em um contexto de disputas internas, houvesse um risco de cooptação dos homossexuais nas lutas da classe trabalhadora. Em contrapartida, as lésbicas, em conjunto, defenderam a resolução do movimento feminista tirada durante o II Congresso de Mulheres Paulistas, no sentido de participar das ações de apoio ao movimento dos trabalhadores em luta contra a ditadura.[80]

Diante da derrota da proposta, o setor mais vinculado à esquerda organizada, que já representava a maioria dentro do Somos, decidiu formar a Comissão de Homossexuais Pró-1º de Maio para organizar uma passeata gay na concentração dos operários no estádio de Vila Euclides, em São Bernardo do Campo. Duas foram as faixas levadas por esses ativistas homossexuais para expressar solidariedade à situação de pressão em que se encontravam os trabalhadores metalúrgicos: "Contra a intervenção nos sindicatos" e "Contra a discriminação do/a trabalhador/a homossexual", ambas assinadas "SOMOS: Grupo de Afirmação Homossexual".

A atmosfera era de repressão nos entornos do estádio, com bloqueios policiais e helicópteros militares sobrevoando a região com o propósito de intimidar os manifestantes. De um lado, havia um grande receio de que a ditadura atentasse contra a vida e a integridade dos presentes, com todo o aparato armado mobilizado. Nas palavras de uma ativista que estava lá, "sentia-se muito medo, pois a qualquer momento a passeata poderia ser atacada pelas forças militares, de oito mil policiais armados com fuzis, em pé sobre as calçadas".[81] Por outro lado, havia uma fundada apreensão, por parte dos homossexuais, sobre como seriam recebidos no meio operário, bastante marcado, como todo o restante da sociedade, pelo machismo e pela homofobia. Mas o resultado foi positivo e surpreendente: "Quando os 50 homossexuais (homens e mulheres) entraram no estádio de Vila

Euclides, a reação dos 100 mil operários ali reunidos foi das mais inesperadas. Aplaudiram vivamente o grupo".[82]

A emoção desse momento transborda no depoimento em primeira pessoa escrito por Marisa Fernandes: "Era um mar de gente, uma multidão, milhares e milhares de pessoas de todas as cores, de diferentes classes sociais, de rostos iluminados cantando, gritando palavras de ordem, clamando por liberdade. Eram muitas faixas coloridas, cada qual com desejos nelas expressos".[83]

Esses aplausos, contudo, foram interpretados de outra maneira por Trevisan. Para ele, a recepção efusiva e calorosa representava, na prática, "o início da domesticação do nascente movimento homossexual brasileiro", do qual ele dificilmente se recuperaria.[84] Coerente com sua visão dessa contenda interna, Trevisan não apenas tinha se posicionado contra a "participação compulsória" no ato operário, mas se juntou às demais "bichas pejorativamente chamadas de anarquistas, surrealistas e reacionárias" para um ato de rebeldia com "autêntica desmunhecação": fazer um piquenique no parque do Carmo. Ali, segundo ele relata, encontraram "milhares de operários a usufruir de sua folga". E arrematou: "No Dia do Trabalho, operários e bichas comemorávamos nosso direito à preguiça e à desobediência".[85]

A essa altura, a fratura já parecia irreversível, pela polarização das opiniões e pela dureza das trocas de ofensas políticas e pessoais. A deterioração acelerada das relações não podia mais ser contida. Mas a crescente interação do Somos com os demais movimentos sociais acabou dando maior visibilidade ao grupo e era interpretada, pela repressão, como comprovação das conexões do ativismo homossexual com o movimento comunista internacional, como se as homossexualidades fossem um mero instrumento para a destruição dos valores familiares da civilização ocidental.

Essa visão peculiar da repressão transparece no relatório periódico de informações confidenciais do Serviço de Informações da Superintendência Regional do Departamento de Polícia Federal, em São Paulo, RPI nº 024/09-80-SI/DPF/SP, de 8 de outubro de 1980, que descreve e analisa uma série de eventos considerados subversivos e ameaçadores à segurança nacional. O documento, difundido para o CI/DPF, SNI, II Exército, IV Comar e para o serviço secreto da PM, dá notícias do monitoramento das atividades realizadas durante todo o mês de setembro de 1980, desde palestras, discussões acadêmicas, assembleias sindicais, atos de rua, discursos de políticos, entre outras. Diversas informações estão ali registradas:

participantes, organização, quantidade de pessoas presentes, conteúdo de falas e discursos, com destaque para os pontos considerados mais "subversivos", e encaminhamentos deliberados.[86]

Assim, o documento examinava a atuação das esquerdas, ressaltando as divisões e divergências quanto às "táticas para a implantação de um 'governo popular'". Destaque especial, contudo, foi conferido a pessoas e grupos integrantes dos recém-constituídos movimentos negro e homossexual, que já eram considerados vinculados à estratégia "subversiva".[87]

Tratava-se dos principais grupos organizados do emergente movimento homossexual brasileiro, concentrado sobretudo no eixo Rio-São Paulo, mas também já chegando a outras capitais, como Brasília, Porto Alegre, Recife e Salvador. A maior parte desses coletivos, que atuavam de modos diferentes em seus contextos específicos, nem sequer tinham uma linha política clara de combate à ditadura e, muito menos, estavam vinculados a organizações clandestinas de inspiração comunista.

Segundo o mesmo relatório, para sustentar a tese questionável de associação dos grupos de homossexuais com as organizações trotskistas e anarquistas, "a propensão dessas entidades seria para a linha trotskista da CS e para o ANARQUISMO, visto que este último defende a participação dos homossexuais em sua pretensa sociedade libertária".[88]

De acordo com essa perspectiva conspiratória, típica dos discursos de preservação da segurança nacional, dois grupos, a Convergência Socialista e a Organização Socialista Internacionalista (OSI), estariam "formando seus NÚCLEOS DE BASE nos meios homossexualistas e entre as prostitutas, orientando-os a organizarem-se em associações como instrumentos de pressão e propaganda".[89]

Além disso, o documento evidenciava como a vigilância acompanhava de perto as mobilizações dos movimentos de "minorias" e estava de olho na participação dos homossexuais nas outras mobilizações de negros e mulheres: "Várias dessas associações já constituídas participaram de reuniões e desfilaram em passeatas organizadas pelos trotskistas no mês passado. Embora sejam uma minoria insignificante no contexto social, representam, certamente, novas frentes de reforço às atividades de subversão".[90]

Outra participação importante para o reconhecimento do movimento homossexual, com especial destaque para a atuação da CS, ocorreu na 33ª Reunião Anual da Sociedade Brasileira para o Progresso da Ciência (SBPC), uma entidade de caráter científico e acadêmico cujos encontros se tornaram, desde 1974, um polo de reflexão e articulação de setores oposicionistas à ditadura. Os órgãos de vigilância estavam bastante atentos, acompanhando essas reuniões que cresciam a cada ano, classificando os encontros científicos de "grandes festivais das esquerdas".

De 8 a 15 de julho de 1981, em Salvador (BA), realizou-se a XXXIII Reunião Anual e, conforme consta da Informação nº 273/CH/CISA-BR/81, "houve significativo comparecimento de homossexuais, levados por orientação de grupos interessados na filiação dos 'gays' às organizações subversivas e a partidos de oposição". Mas a fissura instaurada no movimento homossexual já estava tão escancarada que o próprio relatório destacava as batalhas internas quanto ao relacionamento com a esquerda tradicional:

> Os fomentadores dessa ideia [de se filiar a partidos da oposição] não obtiveram o sucesso desejado uma vez que os "grupos gays" não conseguiram convencer-se das vantagens que lhes foram oferecidas, motivando, inclusive, uma reação contrária, tendo em vista exposição dos seus líderes, alertando-os da forma como são tratados nos regimes esquerdistas, onde sofrem humilhações, torturas e perseguições, finalmente [sendo] expulsos.

No entanto, houve uma discussão em torno desse tema, pois "um homossexual identificado como 'Jimmy', militante da CONVERGÊNCIA SOCIALISTA/SP, recomendou a leitura do livro 'HOMOSSEXUALISMO: DA OPRESSÃO À LIBERTAÇÃO', que desmistifica o raciocínio de que a esquerda persegue o homossexual".[91]

A CS foi a primeira organização da esquerda brasileira e muito provavelmente também latino-americana a constituir um setorial específico de homossexuais,[92] priorizando o diálogo entre o programa do partido e as demandas particulares dos homossexuais. Essa prática era inovadora no contexto da época e polêmica dentro de setores do próprio movimento homossexual, que denunciavam o risco de apropriação indevida e instrumentalização das pautas dos homossexuais pelos grupos da esquerda tradicional, que nunca haviam dado muita atenção para essas demandas particulares, consideradas secundárias ou menores diante dos desafios da transformação social.

No entanto, ao contrário da crença generalizada pelos organismos de informação com o intuito de convencer os órgãos de segurança a endurecer a repressão, salvo a Facção Homossexual da CS, não houve outros partidos, de direita ou de esquerda, que se comprometessem publicamente com essa agenda ou que dessem espaço significativo dentro de suas organizações para fortalecer as lutas do movimento homossexual, as quais se desenvolviam prioritariamente em grupos autônomos e independentes.

ENTRE A POLÍTICA "MAIOR" E A "MENOR": O RACHA DO GRUPO SOMOS/SP

A despeito de alguns avanços na conscientização e no acúmulo dessas questões, as disputas de poder para emplacar posições específicas em torno de questões polêmicas — tais como relação do movimento homossexual com a esquerda tradicional ou mesmo instituição de uma secretaria operativa ou coordenação nacional dos grupos homossexuais — foram a tônica do I Encontro de Grupos Homossexuais Organizados, realizado em abril de 1980.[93]

A presença de pessoas vinculadas a partidos, como PT, PCdoB e Convergência Socialista, conferiu ao encontro uma perspectiva mais universal e intersecional do conjunto das lutas democráticas, mas, ao mesmo tempo, despertou em determinados setores a apreensão com a possibilidade de o incipiente movimento homossexual ser instrumentalizado por outros atores políticos. A preocupação com a autonomia que tomava o grupo de São Paulo também afetava o seu par do Rio de Janeiro, conforme entrevista concedida por um de seus membros: "Chegamos à conclusão, no I Encontro Nacional de Homossexuais, que todos os membros do movimento nacional têm, obviamente, autonomia para uma militância política, sindical etc., mas que os grupos devem manter-se autônomos em relação aos partidos políticos".[94]

Como já foi apontado, tal tensão vinha sendo amadurecida dentro do Somos paulista e de outros grupos fazia algum tempo. Na verdade, ela remontava aos primórdios do projeto de mobilização política dos homossexuais, quando a proposta de organização coletiva era mera virtualidade. Antes mesmo de o Somos existir, uma entrevista com Winston Leyland, editor do mais importante jornal literário do movimento homossexual dos Estados Unidos, o *Gay Sunshine*, publicada no número 2 do *Lampião*, expressava as posições divergentes que já frequentavam o movimento gay fora do Brasil e que aqui aportavam junto com as novas ideias. Os entrevistadores foram João Silvério Trevisan e James Lavender, pseudônimo utilizado por James N. Green para preservar certo anonimato no clima de medo, sobretudo para um estrangeiro, durante a ditadura. Curiosamente, ambos, mais tarde, seriam os líderes das alas opostas que ocasionariam o cisma no Somos/SP.

Na entrevista, Leyland formulava uma crítica dura às organizações da "velha esquerda", como o trotskista Socialist Workers Party, e mesmo à Nova Esquerda, expressão usada para indicar os movimentos populares e de luta pelos direitos civis surgidos na década de 1960, que demonstrariam uma visão mais "paternalista", "condescendente" e "oportunista" em relação aos homossexuais. Green manifestava sua discordância, demarcando sua visão, que associava a luta dos homossexuais a um projeto socialista de transformação da sociedade, afirmando que "ainda exist[iam] muitos homossexuais esquerdistas que continua[vam] atuando dentro de grupos heterossexuais socialistas, na medida que esses grupos reconhec[iam] a existência de uma opressão específica contra os homossexuais", pois haveria uma "conexão entre a opressão ao homossexual e outros tipos de opressão social". Leyland rebateu essa colocação dizendo que "[seria] contraproducente e uma perda de tempo os homossexuais trabalharem politicamente dentro de grupos heterossexuais, enquanto indivíduos homossexuais", sustentando a prioridade da auto-organização em apartado dos homossexuais. Trevisan, que verbalizaria mais tarde a posição mais "autonomista" no Somos, já aderia à crítica às esquerdas, pontuando concordar "que a atuação política de-ve[ria] acompanhar-se de um desenvolvimento individual"; afinal, havia "muita gente que se afunda na militância política porque isso os ajuda a se distanciarem de si mesmos. Trata[ndo]-se de uma alienação".[95]

O encontro, contudo, refletiu o estado de confusão generalizada do movimento e funcionou como o estopim que colocou às claras as diferenças que cindiam o grupo. A partir de então, tornava-se mais difícil conciliar a polarização, já tornada pública, em prol da mínima unidade necessária para evitar um racha.

Nesse sentido, o encontro constituiu-se em um marco histórico e uma experiência coletiva incontornável para a trajetória do ativismo LGBT. Do ponto de vista externo, a surpreendente reunião de mais de duzentos militantes de diversas partes do Brasil, coroada por um ato público com mil pessoas em plena ditadura, conferiu ao movimento homossexual uma notoriedade inquestionável.

Essa projeção para a sociedade expôs algo que não se poderia mais esconder: a existência de homossexuais reivindicando seus lugares no mundo, inclusive politicamente. Já internamente, os desacordos intensos reconfigurariam o movimento, com divisões que já não podiam mais ser conciliadas.

Diversas questões, de ordem política e pessoal, compuseram o quadro dessa rivalidade dentro do agrupamento Somos, que, por ser o mais antigo e estruturado, sintomatizou, de modo mais dramático, essas diferenças irreconciliáveis que atravessavam, em algum grau, todos os demais grupos. O pivô central da crise foi uma suposta e crescente influência no movimento homossexual da Facção Homossexual da Convergência Socialista.

Organizada no final de 1979 no interior de uma das mais atuantes correntes da luta pela redemocratização do país, a Facção chegou a contar apenas com dois militantes que também participaram do Somos, mas superou, em 1981, a marca de mais de duas dezenas de bancários, professores, artistas, estudantes universitários e secundaristas para discutir a opressão aos homossexuais sob uma perspectiva marxista. Como primeiro coletivo homossexual de um partido da esquerda, chegou a promover debates internos, grupos de estudos e até publicações, destacando-se o pequeno documento *Teses para a libertação homossexual II*, finalizado em outubro de 1979 e publicado, posteriormente, em livro, contendo as principais avaliações e estratégias do grupo.[96]

O cruzamento entre comunismo e homossexualidade despertava preocupação especial nos órgãos de vigilância, que geravam informações imprecisas, apreciações exageradas e até mesmo constatações equivocadas. Um relatório de monitoramento que tinha por assunto "Convergência Socialista em BH e o homossexualismo", classificado como Informe nº 1083/300/ABH/80, de 21 de julho de 1980, emitido por órgão identificado como B2 para o chefe da ABH, resumia, detalhadamente, um artigo que James N. Green havia publicado no *Lampião* daquele mesmo mês.

No texto, Green, liderança da Facção, rebatia as críticas que vinha sofrendo por conta das polêmicas havidas no I Encontro de Grupos Homossexuais Organizados e reafirmava que o movimento era autônomo e independente, mas que não era justo vetar a participação de socialistas nos grupos homossexuais. Ainda que o resumo correspondesse ao conteúdo essencial do artigo, a repressão cometeu uma confusão entre o autor "Jim" Green e o intelectual e ex-preso político Fernando Gabeira, que havia pouco tinha voltado do exílio e causava furor nas praias cariocas com sua tanga de crochê e as suas declarações a favor do movimento feminista e do movimento homossexual. Logo de início, dizia-se, no informe: "JIM GREEN, certamente pseudônimo do conhecido intelectual paulista Gabeira", o que demonstrava a falta de conhecimento do órgão de espionagem sobre o tema tratado. O documento ainda qualificava Green como "dirigente da Convergência Socialista do estado do Rio, sendo um dos organizadores da força--homossexualista do País", sendo que ele militava em São Paulo e era membro da Facção Homossexual, não da "força-homossexualista". Essa apresentação de Green era, na verdade, para evidenciar o risco da conduta do sr. Paulo Haddad, do Instituto Estadual do Patrimônio Histórico e Artístico de Minas Gerais (IEPHA), que teria indicado dois elementos homossexuais da Convergência Socialista local para o órgão, onde "o número de homossexuais [...] cresc[ia] dia a dia". A organização subversiva que ali estaria se formando seria "composta de 10 homófilos acasalados", levando a uma crise com a imprensa, por exercitarem "o sistema homossexualista para fins esquerdistas".[97]

A despeito dos flagrantes erros do informe, resta claro como a subversão política parecia ficar mais temerária, aos olhos da repressão, quando combinada com a homossexualidade e, sobretudo, por também envolver funcionários da máquina pública.

A atuação disciplinada de militantes trotskistas experientes, formados sob uma lógica bolchevique,[98] acabou fazendo com que o grupo conquistasse cada vez mais espaço dentro do Somos.[99] Era, no entanto, bastante clara a dificuldade de convencer pessoas a se integrar, de forma orgânica, a um padrão de militância que exigia duros sacrifícios pessoais e profissionais em uma organização revolucionária, o que podia ser atestado pelo pequeno número de apenas três militantes da CS dentro do Somos. Mesmo com tal limitação para a construção da corrente no movimento homossexual, a influência política da CS era crescente, ao mesmo tempo que gerava a desconfiança e o afastamento de outros participantes menos identificados com os setores da esquerda mais tradicional.

Era, assim, uma questão de tempo para que a separação se consumasse. A prevalência de uma posição autonomista radical dentro do grupo, que repelia toda "disputa de poder" e a "centralização de tarefas em lideranças", métodos que estariam associados à esquerda tradicional, acabou dificultando o encaminhamento das questões e as decisões sobre temas mais polêmicos em um grupo que contava já com mais de cem membros. Nas palavras de Green, tentar realizar uma discussão com cem pessoas em reuniões gerais sem um procedimento claro, uma cultura política de debate democrático ou pessoas responsáveis para coordenar as questões a serem consideradas sobre os rumos do grupo acabou provocando uma certa paralisia no processo de tomada de decisões. Quando surgiram perspectivas diferentes sobre o encaminhamento do grupo, a falta de fóruns de discussão e de experiência democrática da maioria dos novos membros criou muitas tensões dentro do Somos.[100]

Green relata ter debatido longamente com Trevisan a respeito do relacionamento entre a cs e o movimento homossexual. Mais tarde, ao fazer um balanço de sua atuação nesse período, Green lançou um questionamento incômodo à posição de Trevisan. Afinal, por que "gastar tempo criticando a única organização de esquerda que tinha uma posição positiva em relação à homossexualidade, em vez de focar suas críticas nos grupos que não tinham posição ou que eram homofóbicos?".[101]

Mas esse argumento parecia não ter apelo diante da repulsa criada em relação às esquerdas. O grupo já estava, assim, irremediavelmente fraturado entre a posição mais libertária e autonomista, de um lado, e a concepção de que o movimento deveria aliar-se a outros movimentos sociais sem repudiar os setores da oposição organizada sensíveis às demandas dos homossexuais. Ainda que não assumisse um lado específico nesse conflito, uma terceira articulação que agravava o quadro de divisões internas era a das lésbicas. Elas cresciam numericamente no grupo e estavam em contato cada vez mais intenso com o movimento feminista, tendendo a uma auto-organização de maneira apartada.

Enfim, em 17 de maio de 1980, na 6ª Reunião Geral do grupo daquele ano, realizada nas dependências da boate Mistura Fina, localizada na rua Major Sertório, foi lida uma carta assinada por nove ativistas do Somos que declarava a ruptura imediata, com a intenção de fundar um "novo grupo que se prop[unha] a afirmar a definição de grupo homossexual autônomo e interessado prioritariamente na questão homossexual".[102] A reunião, que contava com a significativa presença de 37 homens e 28 mulheres, foi bastante tensa após a retirada do grupo divergente. Ato contínuo, as mulheres aproveitaram para anunciar sua saída por outros motivos.[103] Pouco tempo depois, com algumas reuniões realizadas, essas pessoas batizariam o novo agrupamento de Outra Coisa — Ação Homossexualista,[104] para diferenciar do Somos/sp, que manteve seu nome. Junto com o Eros e o Libertos, o Outra Coisa ensaiaria a formação de uma frente denominada Movimento Homossexual Autônomo (MHA).

Trevisan foi uma das figuras mais conhecidas da ala autonomista do grupo. Em junho de 1980, ele publicou um manifesto claramente endereçado a seus colegas de militância contra a reprodução de práticas políticas partidárias, proclamando o movimento homossexual como um ator de relevo para contestar e não tomar o poder. Para concretizar essa "utopia", seria preciso contar

> com a afirmação de nossa "anormalidade", ambiguidade, criatividade. Com nosso rechaço aos CENTROS decisórios onde se concentra o poder. É que nossa significação se encontra mesmo na margem. Por isso, nada é maior e prioritário para nós. Preferimos o menor, o individual, o infinitamente *específico*: só atingiremos o todo se partirmos da partícula menor, a mais individualizada [...]. Isso eu chamo de POLÍTICA MENOR.[105]

Os que permaneceram no grupo rechaçaram as acusações de terem desviado o foco de atuação do Somos para além da questão homossexual, "a não ser que se considere desvio a discussão fomentada pelos renunciantes quanto a possível influência externa. Ou sobre o trabalhador homossexual do ABC. Ou sobre o negro homossexual".[106]

Os remanescentes também acusaram os que saíram de "radicalidade" porque "não discutiram a denúncia e nem a sua renúncia, dando como definitiva a retirada do grupo". No entanto, aqueles não fizeram concessões quanto à concepção do grupo que tinham, que era inevitavelmente política e em diálogo intenso com outros movimentos sociais: "Impossível, portanto, estabelecer, na realidade brasileira, hoje, um grupo discriminado por todas as políticas e que se defina como apolítico. Por isso a reiterada afirmação de que o grupo Somos-SP não é um grupo de filiação partidária, mas é um grupo político".[107]

Militante do Somos e da Convergência Socialista, James N. Green escreveu um texto em resposta a todas as acusações contra seu agrupamento, que vinham sendo veiculadas recorrentemente pelo *Lampião*, cujo conselho editorial, ainda que não declaradamente, simpatizava com a posição mais autonomista e anarquista.[108]

No artigo "Autonomia ou não, eis a questão", Green defendia que o movimento homossexual deveria se organizar em uma frente única com "todos os grupos, organizações e indivíduos que estão lutando a favor da questão específica do homossexual".[109] Segundo ele, explicando sua concepção de autonomia, a Facção concordava com a posição tirada no I Encontro de que o "MH como um todo não deve[ria] se afiliar a este ou aquele partido ou tendência política. Neste sentido, [era] 'autônomo', mas isto não pod[ia], nem dev[ia] excluir qualquer tendência ou organização política que [quisesse] participar do movimento". Ele acrescentava, ainda, que era preciso compreender as relações existentes entre a opressão do homossexual, a repressão policial, a exploração no trabalho, a discriminação racial e o machismo "que a maioria da população brasileira sofre", com uma perspectiva marcadamente intersecional com os demais grupos vulneráveis. Por fim, o artigo saiu da postura defensiva e contra-atacou, afirmando haver uma escolha no horizonte do movimento homossexual brasileiro: "Ele pode crescer, incluir milhares de homossexuais e se aliar com outros setores explorados e oprimidos da sociedade ou ele pode ficar isolado. A opção é nossa para escolher".[110]

Além disso, em relação às acusações de que estaria manipulando o movimento homossexual para submetê-lo a seus interesses exclusivamente partidários, Green afirmou, em artigo mais recente, com um balanço reflexivo sobre sua experiência à época, que

> embora seja uma homenagem às capacidades carismáticas e políticas de alguém dizer que as duas pessoas da CS que participaram do grupo foram capazes de manipular de 50 a 75 pessoas, as preocupações dos críticos que temiam a influência desses dois militantes eram mal direcionadas e um insulto aos membros do Somos que teriam sido supostamente manipulados.[111]

Green e Trevisan, de certa forma protagonistas desse cisma, conheceram-se nos Estados Unidos e tiveram um envolvimento pessoal durante o início da militância conjunta. É curioso que ambos entrevistaram Winston Leyland quando ele visitou Brasil em 1978, e os dois chegaram a escrever, a quatro mãos, o artigo "A revolta de San Francisco", publicado no *Lampião* em meados de 1979. No texto, que tratava da revolta da comunidade gay de San Francisco diante da inexpressiva pena de condenação de Dan White, assassino de Harvey Milk, os ativistas, que logo polarizariam o Somos, apresentavam uma visão bastante afinada com as posições defendidas por Green dentro do grupo.

Na ocasião eles, então elogiosos ao ato dos homossexuais estadunidenses, escreveram:

> É uma evidência de como faz sentido a aliança entre os vários grupos socialmente discriminados, inclusive a classe operária. Compreendida como parte de um contexto, a luta dos homossexuais torna-se comum aos vários grupos contestadores da desordem social. Assim também aumenta a participação de organizações homossexuais na luta das feministas, dos chicanos, dos movimentos antinucleares e ecológicos, dos boicotes contra governos ditatoriais etc. Cresce a consciência de que a opressão que atinge a todos, em níveis diferentes, tem origem nas mesmas fontes. Felizmente, as esquerdas americanas vêm compreendendo cada vez mais essa necessidade. Daí a presença de heterossexuais brigando lado a lado numa revolta que só aparentemente se restringia aos homossexuais.[112]

Mas se, naquele momento, a aliança com os operários e demais grupos "socialmente discriminados" era uma questão pacífica entre ambos, não demorou muito para que essa oposição entre, de um lado, "antiautoritários" e "comunitaristas" e, de outro, "socialistas" e "trotskistas", acabasse se convertendo no mote que justificou a divisão do grupo pioneiro do movimento homossexual brasileiro.[113]

Essa cisão seguiu presente em outros grupos e até mesmo se acentuou com a diferenciação interna das identidades na comunidade LGBT. O dilema entre olhar para os problemas internos da comunidade e ampliar o horizonte para outras alianças marca a constituição e o desenvolvimento do movimento LGBT em diversas partes do mundo ocidental. A questão fundamental da interseção da luta pela libertação sexual com um projeto mais amplo de emancipação humana esteve bastante presente nessa primeira geração de ativistas.

Outra ruptura que eclodiu logo após o encontro foi a capitaneada pelas mulheres auto-organizadas no Grupo de Ação Lésbica Feminista (Galf), "tudo no feminino" (antes era Coletivo Lésbico-Feminista). Apesar de a divisão só ter ocorrido em abril de 1980, a entrada de diversas mulheres em um grupo até então quase que exclusivamente masculino, no início de 1979, já vinha expondo os problemas de machismo e sexismo dentre os homens gays do Somos. Assim, as lésbicas, cada vez mais próximas do movimento feminista que se rearticulava nesse mesmo momento, foram adotando uma auto-organização dentro do coletivo mais amplo. Após esse outro racha, apenas algumas poucas lésbicas permaneceram no Somos, por acreditar que o coletivo misto era um espaço mais adequado de militância para mulheres. Segundo o grupo que saiu, "dada a especificidade da discriminação que sofremos, enquanto mulheres e homossexuais, consideramos o processo de afirmação somente possível em reuniões separadas das dos homens", acrescentando que "a participação de lésbicas em grupos mistos tem impedido o desenvolvimento de uma consciência feminista, essencial, a nosso ver, para o próprio M.H. [Movimento Homossexual]".[114]

No entanto, ao contrário do racha mencionado anteriormente, o das mulheres feministas não significava uma ruptura total. Na carta que elas publicaram no *Lampião*, deixaram em aberto a possibilidade de futuras alianças e trocas com os grupos mistos de homossexuais: "A nossa atuação externa, participações em congressos e manifestações, vem demonstrar não haver qualquer empecilho no sentido de uma ação conjunta, desde que sejam preservados nossos objetivos e autonomia".[115]

Aliás, em texto de esclarecimento posteriormente publicado no *Lampião*, elas fizeram questão de ressaltar que "a autonomia do Galf em relação ao Somos/SP era anterior à divisão do grupo", tendo sido "mera 'coincidência histórica' ela ter acontecido no mesmo dia em que algumas pessoas saíram para fundar outro grupo".

Com o espírito mais conciliatório, elas afirmaram a firme intenção de não se "chocar com nenhum dos lados", pois consideravam "salutar a coexistência e simultaneidade de várias correntes dentro de um só grupo".[116] Alguns meses depois, elas passariam a editar a publicação independente *ChanacomChana*, como um jornal de circulação pública e não apenas interna. Para elas, "a palavra Chana não pode ser definida como órgão sexual feminino. É algo tão mais amplo quanto os contrapontos de existir".[117]

O FRACASSO DO II EGHO: FIM DO MOVIMENTO HOMOSSEXUAL?

Foi nesse contexto turbulento e de animosidades acirradas, com maior diversidade interna no movimento, que se tentaram realizar as reuniões preparatórias para o II Encontro de Grupos Homossexuais Organizados. O encontro fora programado, nessa nova edição, para acontecer no Rio de Janeiro, motivo pelo qual a comissão organizadora era formada, principalmente, por membros dos grupos cariocas, que, aliás, não se encontravam em clima de convivência muito pacífica, tal como seus colegas paulistas. Conflitos com o *Lampião*[118] e entre os próprios grupos fizeram com que a reunião prévia realizada no dia 6 de dezembro de 1980 tivesse duros embates e votações apertadas.[119]

Depois de horas de discussão sobre a possibilidade de os representantes do *Lampião* participarem ou não da reunião organizativa, o que foi aprovado por 23 votos a onze, as seguintes diretrizes foram deliberadas para o II EGHO: ele não teria caráter deliberativo (por vinte a dezessete votos), o tema de uma Coordenação Nacional não seria mais discutido (por dezessete a doze votos) e o formato seria igual ao do primeiro Encontro. Além disso, o temário aprovado foi "estrutura e funcionamento dos Grupos, autonomia do movimento homossexual, sexualidade, movimento homossexual e repressão, a mulher homossexual, o negro homossexual e os conceitos de homossexualismo", revelando as principais preocupações que orientavam a militância homossexual naquele momento histórico e evidenciando a ausência das pessoas trans nesses espaços.

Mas o Somos/RJ e o Auê decidiram abandonar a comissão organizadora do encontro por diferenças com o *Lampião*. Diante do risco de o encontro não acontecer, o jornal se dispôs a assumir a organização dele. Mas em São Paulo, os grupos Somos, Ação Lésbica Feminista, Facção Homossexual da Convergência Socialista, Terra Maria e Alegria Alegria formaram uma Comissão Pró-II EGHO, discordando que o *Lampião* assumisse a dianteira desse processo por já ter sido o pivô das discórdias com os grupos cariocas e propuseram, como alternativa, levar o encontro para São Paulo, que já detinha o know-how da versão anterior. Essa solução, contudo, foi logo contestada pelo Movimento Homossexual Autônomo.[120]

Para piorar a situação, em meados de 1981, o *Lampião* se apagou, conforme será visto no próximo capítulo, deixando todos órfãos de uma publicação que cumpriu um papel essencial na mobilização do período anterior.[121] Assim, sem um meio de comunicação para promover a visibilidade pública dos grupos, expressar suas bandeiras consensuais e mesmo debater as divergências internas mais amplamente, pouco parecia ser compartilhado entre os membros do movimento a fim de justificar uma atuação conjunta, ainda que em grupos separados. As carências comuns pareciam pulsar mais baixo do que as diferenças ideológicas, e a falta de contato com os pares afetava a dinâmica de um movimento que se constituía essencialmente na base da pulverização e tensionamento mútuo entre os grupos.

O rebuliço que inviabilizou o segundo encontro era a prova concreta de como o movimento mergulhava em uma crise cada vez mais profunda, sobretudo após a ressaca da efusiva primeira edição do Encontro. Aquela que seria a segunda reunião nacional acabou não acontecendo, ainda que tenha havido, nos dias 14 e 15 de abril de 1981, o I Encontro Paulista de Grupos Homossexuais Organizados, uma semana depois do I Encontro dos Grupos Homossexuais Organizados do Nordeste, em Recife.

Tudo isso dava sinais de um esgotamento definitivo da primeira onda do movimento homossexual brasileiro, ao menos no formato que caracterizou os seus primeiros anos. O grau de acirramento interno e a incapacidade de organizar um evento conjunto, contemplando a diversidade de posições, selaram o desfecho da crise dos grupos ativistas.[122] Os persistentes problemas de financiamento e infraestrutura que afetavam sobretudo os grupos que tinham poucos membros, bem como a desmobilização de algumas importantes lideranças, a ilusão de que a democracia traria a igualdade naturalmente e sem esforços, a cobertura mais positiva das homossexualidades nas mídias e a integração acentuada pelo consumo alteraram a percepção sobre a necessidade e o formato da organização política desses setores.[123]

O fato de terem emergido durante uma ditadura, que em seu processo de distensão e perecimento foi dando espaço a uma oposição bastante atuante, fez com que os grupos dos movimentos sociais agissem de modo mais acuado, marcados pela preocupação permanente de manter-se equidistantes tanto da ingerência do Estado quanto das esquerdas. Isso deixou traços constitutivos no movimento, muitas vezes fragmentado, projetado mais para fora a fim de combater a ditadura e rechaçar as esquerdas do que para dentro, de forma a lidar de maneira salutar com seus próprios problemas e divergências.

O Somos chegou a estabelecer, finalmente, uma sede em 1982, mas o contexto da redemocratização e da expansão de um mercado voltado aos homossexuais foi isolando cada vez mais o grupo. Chegaram a organizar cineclubes, debates, atividades, estudos e um jornal chamado *O Corpo*, com meia dúzia de edições. Alguns foram para um grupo de vivência chamado Coletivo Alegria Alegria, de curta duração. Mas, em 1983, o Somos se dispersou de vez. O Outra Coisa, oriundo da fração mais autonomista que rompeu com o grupo, chegou ainda a pautar temas de sexualidade nas eleições de 1982 e começou a ser uma das primeiras organizações a divulgar informações sobre a aids. Mas não tardou muito para encerrar as suas atividades, em 1984. O terceiro fragmento do Somos, o Galf, ainda atuou no movimento feminista e lésbico, mas passou também por diversas crises e rachas, embora tenha conseguido chegar aos anos 1990 como a organização não governamental Rede de Informação Um Outro Olhar.[124]

Assim, sem reproduzir aqui as condenações um tanto fatalistas — em torno do "fim", da "acomodação" ou mesmo da "despolitização" do movimento homossexual —, fato é que a crise e o fim das organizações causaram um impacto inegável, especialmente por terem ocorrido logo antes da eclosão da epidemia da aids, alterando, de vez, as formas de ação política nesse novo período.

A chamada "peste gay", logo associada aos homens que faziam sexo com homens, marcou de modo indelével não apenas o movimento, mas as próprias homossexualidades, os corpos e as subjetividades. Perlongher, já citado antropólogo e ativista argentino da FLH que chegou ao Brasil em 1982, realizando um trabalho etnográfico importante junto aos michês da zona central de São Paulo,[125] contraiu o vírus HIV e dedicou-se, em seus últimos textos, a uma crítica contundente de como a aids comprometeria não apenas o movimento organizado, mas decretaria o fim mesmo da "festa da orgia homossexual" e da maior "revolução sexual que sacudiu o Ocidente": "um declínio tão manso que se a gente não olha bem não percebe: esse é o processo da homossexualidade contemporânea. Ela abandona a cena fazendo uma cena poética e desgarrada: a da sua morte".[126] Essa visão apocalíptica revelou-se exagerada, pois, conforme destacou Gustavo Santos, a aids não apenas estigmatizou as homossexualidades e desmobilizou a militância, mas também possibilitou "maior visibilidade da homossexualidade no cenário nacional", abrindo espaço para o "contato entre militantes homossexuais e órgãos estatais", em um primeiro momento, e um fluxo de recursos do Ministério da Saúde para prevenção e tratamento que possibilitou a "reestruturação do movimento homossexual em todo o país".[127]

No sentido de compreender mais os deslocamentos do que simplesmente decretar o fim do movimento, MacRae, ao final de seu importante trabalho de 1985, ressaltava um dos mais notáveis legados, já visível naquele momento:

Embora o movimento homossexual brasileiro tenha entrado em declínio, restando pouquíssimos grupos em atividade, subsistiram redes de amizade e comunicação criados a partir deles. Poucos antigos militantes manifestaram disposição para qualquer volta à atuação nos moldes anteriores. Porém, em certos momentos críticos, os membros de diversos grupos extintos têm se reunido para discutir e tentar efetuar algum tipo de mobilização da população que se identifica como homossexual.[128]

Mas, além da herança das redes e dos laços criados ao longo dos quatro anos de intensa experiência coletiva, outras conquistas alcançadas nos anos 1980 foram tributárias, em boa medida, daquele movimento pioneiro. Rodrigo Cruz, por exemplo, argumenta que não houve um descenso do movimento após o ciclo de protestos contra a ditadura, pois a mobilização dos homossexuais teria prosseguido na arena partidária, especialmente nas eleições de 1982, com uma série de candidaturas com forte acento contracultural como a de Zezinho (RS), João Batista Breda (SP), Herbert Daniel (RJ), Caterina Koltai (SP) e Liszt Vieira (RJ).[129] Todos esses candidatos veiculavam propostas mais arejadas, incluindo temas de comportamento, corpo, sexualidade e ecologia.

Ademais, a criação jurídica e o reconhecimento oficial do Grupo Gay da Bahia, em fevereiro de 1980, e do Triângulo Rosa,[130] em 1985, no Rio de Janeiro, como organizações declaradamente voltadas à defesa dos homossexuais, foram um marco importante. Inaugurando formas de atuação diferentes daquelas adotadas pela geração precedente, os novos grupos se voltaram mais à cobrança de reconhecimento legal e políticas públicas do que à oposição direta aos órgãos estatais.

O Grupo Gay da Bahia, por exemplo, encampou com afinco a luta pela despatologização das homossexualidades, uma reivindicação antiga do movimento, pedindo a revogação do parágrafo 302.0 do Código de Saúde do Instituto Nacional de Assistência Médica e Previdência Social (Inamps). Tal vitória, uma das mais expressivas do movimento homossexual até então, veio a se concretizar, depois de anos de campanhas, em 9 de fevereiro de 1985.[131]

Já o Triângulo Rosa esteve à frente de uma importante mobilização durante o processo constituinte de 1987 e 1988. Naquele momento, abriu-se uma oportunidade única para os movimentos sociais inscreverem, na ordem jurídica, o reconhecimento e a proteção de suas reivindicações históricas como direitos.

Nesse sentido, a tentativa era incluir, no rol de discriminações proibidas pelo futuro art. 3º da Carta Maior, aquela motivada por "orientação sexual".[132] Apesar de não ter logrado êxito, esse debate mobilizou diversos setores da sociedade e contou com o apoio de 47 constituintes, representando um avanço no debate público do tema no país e influenciando diretamente constituições estaduais e leis orgânicas de municípios que incorporaram essa formulação. Mais de trinta anos depois, em 2019, o Supremo Tribunal Federal iria equiparar a LGBTfobia ao crime de racismo, levando adiante essa bandeira das origens do movimento homossexual brasileiro.

Esses casos são apenas exemplos do quanto foi possível avançar na luta dos homossexuais no processo de redemocratização — em boa medida, graças ao acúmulo de conhecimento, contatos, redes de apoio, formulação teórica e experiência militante herdados do movimento que surgiu ainda sob a ditadura para lutar não apenas pela liberdade, mas também pelo reconhecimento das identidades e, sobretudo, pela igualdade. Foram os ecos dessa primeira geração que seguiram se projetando para movimentar os homossexuais nos anos 1980 e 1990.

3. LAMPIÃO DA ESQUINA

EM 30 DE AGOSTO DE 1977, o jornal *Folha de S.Paulo*, em uma seção de seu colunismo social, publicou uma nota chamando a atenção para a iminente chegada de Winston Leyland ao Brasil. Intitulada "O rei do gay power vem aí", a pequena matéria iniciava conclamando os homossexuais brasileiros com a seguinte mensagem:

> Atenção poetas-namorados, correi, voai, saltitai: é chegada a hora de dar bandeira em San Francisco, o paraíso. Escrevam, escrevam muitos poemas, porque vem aí o diretor da revista *Gay Sunshine*, Winston Leyland, à procura de material bem fresquinho para uma antologia de textos latino-americanos.

De fato, em setembro de 1977, conforme anunciado, Leyland, editor do mais importante jornal literário do movimento homossexual dos Estados Unidos, o *Gay Sunshine*, fundado em San Francisco e contando então com mais de 30 mil leitores, visitou o Brasil por mais de um mês, percorrendo capitais como Rio de Janeiro, Belém, Natal, Salvador e São Paulo.

Nascido na Inglaterra em 1940, o editor mudou-se para os Estados Unidos quando tinha apenas doze anos e chegou a ser ordenado padre em 1966, mas deixou a Igreja dois anos depois por causa da atitude desta em relação ao Vietnã e pela rigidez eclesiástica. Desde 1971, ele já dirigia esse jornal trimestral, que contava com a colaboração de escritores gays célebres, como Tennessee Williams, Gore Vidal, Allen Ginsberg e Jean Genet.

Hospedado inicialmente no Rio, pelo advogado João Antônio Mascarenhas, o "papa da homossexualidade", como alguns o chamavam, veio ao país para aprofundar sua pesquisa sobre literatura e arte na América Latina, com enfoque na sexualidade. Segundo declaração do editor à *Folha de S.Paulo*,

> vim ao Brasil com o objetivo de coligir material para uma antologia gay de poetas e prosadores latino-americanos, que deverá ser publicada em 1978. A editora Gay Sunshine Press, da qual sou diretor, recebeu uma subvenção da National Endowment for the Arts, um órgão financiado pelo Congresso dos Estados Unidos.

Sobre o Brasil, que Leyland ainda estava conhecendo, sua impressão era no sentido de que

> não existe aqui o que se possa definir como movimento gay. Mas, por outro lado, está havendo uma mudança de comportamento em relação ao machismo, graças ao material que circula. Já existe uma publicação dedicada ao "gay people", chamada *Entender* e que circula em boates. Existe a "Coluna do Meio", de Celso Curi, além de peças de teatro e livros. Tudo isso me parece uma abertura.[1]

Mal sabia Leyland que sua visita ao Brasil teria o efeito de catalisar a vontade ainda incipiente e bastante dispersa de diversos intelectuais e ativistas no sentido de organizar uma publicação voltada especificamente para o público homossexual.

O grupo de jornalistas gays assumidos, que se articulou inicialmente em torno de João Antônio Mascarenhas, com o objetivo primeiro de entrevistar Leyland para uma matéria no *Pasquim*, acabou dando o pontapé inicial no projeto de uma publicação feita por homens gays e voltada para os grupos minoritários.

À frente da iniciativa estavam figuras importantes das cenas culturais carioca e paulista, além de intelectuais de prestígio, ainda que jovens, na universidade, no jornalismo e nas letras: os jornalistas Adão Acosta, Aguinaldo Silva, Antônio Chrysóstomo, Clóvis Marques, Francisco Bittencourt, Gasparino Damata e João Antônio Mascarenhas; o artista plástico Darcy Penteado; o crítico de cinema Jean-Claude Bernardet; o escritor João Silvério Trevisan e o antropólogo Peter Fry. Alguns deles, como Aguinaldo, Bernardet e Trevisan, já haviam tido uma experiência de militância política nos grupos de oposição à ditadura.

Esse grupo foi ampliado com a entrada de outros interessados e, para financiar o jornal, nove dos onze idealizadores cotizaram-se para criar uma editora. Além disso, fizeram uma campanha de arrecadação, mandando cartas para 12 mil amigos e amigos dos amigos homossexuais de todo o Brasil. Conforme relata MacRae, a recepção foi muito boa e o montante arrecadado financiou os dois primeiros números do jornal, que tinha formato tabloide, com vinte páginas e uma tiragem mensal que oscilava entre 10 mil e 15 mil impressos,[2] um número ousado para uma publicação alternativa sobre um tema tabu. A entrevista com Leyland seria publicada justamente neste novo jornal, mas apenas em seu número 2, de julho de 1978, depois de recusas sucessivas por parte de outras publicações.

Os entrevistadores João Silvério Trevisan e James Lavender, que na verdade era James N. Green adotando um pseudônimo, conforme visto no capítulo anterior, ofereceram a entrevista ao jornal *Movimento*,[3] que a recusou por "ser muito longa". Já a revista *Versus*[4] rejeitou porque a entrevista poderia "criar problemas com o cardeal-arcebispo de São Paulo, com o qual estamos colaborando politicamente; além do mais, somos moralmente contra a matéria em questão". Por fim, o jornal *Beijo*,[5] que havia manifestado interesse, devolveu a matéria, após três meses, afirmando que ela "não era considerada prioritária para o jornal".[6]

Aguinaldo Silva, colaborador regular do jornal *Opinião* e membro do conselho do *Movimento* que se tornou um importante teledramaturgo brasileiro, seria o futuro editor do novo jornal e anunciara, na revista *IstoÉ* de 28 de dezembro de 1977, na matéria "Plataforma para o **gay**", mais detalhes sobre aquele periódico ainda em gestação. Segundo ele,

> quanto ao jornal que estamos fazendo, queria dar algumas informações a respeito: ele vai ser nacional — tablóide, 32 páginas, 10 mil exemplares — e provavelmente vai comprar, no primeiro número, a briga do Celso Curi (Coluna do Meio), a briga da Leda Flora (aquela que denunciou ao Congresso a discriminação sexual) e a briga dos negros brasileiros que as multinacionais do *disco-dance* querem transformar em *blackie brothers*.[7]

Com uma crítica à estigmatização recorrente dos homossexuais na grande imprensa, que se referia a eles como seres que viveriam apenas nas sombras, experimentando sua sexualidade como maldição e como desgraça, Aguinaldo pontuava que havia uma maioria "tentando viver exatamente como as outras pessoas — quer dizer, 'batalhando' pura e simplesmente pelo dia a dia". E acrescentava: "é esse lugar que a tal conscientização homossexual pretende ocupar — é esse território que a nossa tropa de choque pretende tomar do machismo".[8] Frisando ainda a inspiração que o feminismo despertava nesse grupo pioneiro, "não se trata mais dessa coisa de assumir, de ter que 'ser aceito' — nada disso. O que a gente quer é acabar com essa história de que a nossa vida deve ter limites (e aqui a coisa se aproxima muito do movimento feminista)".[9] Contudo, as mulheres estavam ausentes nessa fase da empreitada.

Essa entrevista, de 1977, evidenciava como, naquela altura, já estavam amadurecidos e bem delineados os contornos que caracterizariam o novo jornal. Aguinaldo, resumindo de maneira bastante objetiva os propósitos da iniciativa, afirmou que não se trataria de

> um jornal que fal[aria] apenas sobre homossexualismo — menos ainda sobre travestis, que essa é outra repartição — e sim um jornal em que essas pessoas apresentem a sua visão do mundo em que vivem, e através do qual mostrem a sua intenção de ocupar um lugar certo — inclusive politicamente — dentro dele.[10]

Pretendia-se, assim, expor o modo de vida de homossexuais de forma a romper com a estigmatização e, ao mesmo tempo, conquistar o reconhecimento de um lugar no mundo, inclusive politicamente.

Se a concepção mais geral já parecia definida, era ainda preciso escolher um nome à altura da ousadia da empreitada. Aguinaldo, na mesma entrevista citada, já sondava batizar o jornal com a denominação que seria a definitiva:

> há uma lista imensa, mas o que me agrada é *Lampião*: primeiro, porque subverte, de saída, a coisa machista (um jornal de bicha com nome de cangaceiro?); segundo, pela ideia de luz, caminho etc.; e terceiro, pelo fato de ter sido Lampião um personagem até hoje não suficientemente explicado (olha aí outro que não saiu das sombras).[11]

Assim, "Lampião" combinava a referência ao cangaceiro nordestino macho e valente, que era famoso e temido por sua virilidade, com o sentido de uma fonte de luz capaz de guiar os leitores em meio à escuridão de um regime castrador ou para fora do armário, onde muitos homossexuais ainda se escondiam.

Em abril de 1978, a edição experimental número zero foi lançada ao público, inaugurando uma circulação mensal e ininterrupta até junho de 1981, num total de 38 edições, sem contar as três publicações extras que circularam com as matérias que causaram maior repercussão, em pouco mais de três anos de existência. No entanto, por haver um jornal gaúcho homônimo, editado desde 1976 por um grupo trotskista vinculado à corrente estudantil Perspectiva, o jornal passaria a se chamar *Lampião da Esquina* a partir de seu primeiro número. Além de se referir ao nome da empresa editorial responsável por sua produção — Esquina Editora de Livros, Jornais e Revistas Ltda.[12] —, a sugestiva imagem da "esquina" que foi incorporada ao nome remetia a um território urbano tradicionalmente associado à vida noturna marginal das cidades e ocupado por muitos dos gays, lésbicas, travestis e outras minorias às quais se dirigia a publicação.

O número zero do jornal estreou com um editorial convidativo e, ao mesmo tempo, provocador, revelando de partida uma proposta sofisticada. Com o título "Saindo do gueto", o texto começava com um diagnóstico de conjuntura elaborado, avaliando as potencialidades e os limites da "abertura" então em curso no país. "Brasil, março de 1978. Ventos favoráveis sopram no rumo de uma certa liberalização do quadro nacional [...]. Mas um jornal homossexual, para quê?",[13] assim começava o texto de abertura do jornal.

Essa pergunta central seria uma presença constante na trajetória do *Lampião*. O que era "ser homossexual" naquele momento? Qual o sentido de uma publicação voltada particularmente para um público marcado por essa identidade em construção? Estas eram questões que tinham a ver com a própria razão de ser de um jornal fundado por homens gays que compartilhavam uma atuação prévia no mundo da cultura e das artes.[14] As próprias histórias de vida dos conselheiros, no que se refere à homossexualidade, cruzaram com os propósitos idealizados e realizados do jornal.[15]

A resposta dada coletivamente no ato fundador, contudo, era bastante clara e contundente. Contra a "resposta mais fácil" de "assumir" a cartilha já definida por uma "Grande Consciência Homossexual", era antes preciso "dizer não ao gueto e, em consequência, sair dele", uma vez que "o que [lhes] interessa[va] [era] destruir a imagem padrão que se faz[ia] do homossexual, segundo a qual ele [era] um ser que viv[ia] nas sombras, que prefer[ia] a noite, que encara[va] a sua preferência sexual como uma espécie de maldição".[16] Questionava-se, assim, a existência de uma única identidade homossexual confinada nos guetos e estigmatizada pela associação recorrente com o submundo da criminalidade, da corrupção moral e das drogas.

Caracterizando os homossexuais como uma "minoria oprimida" que "precisa de voz", a proposta do jornal politizava essa condição e inovava ao postular:

> *Lampião* reivindica em nome dessa minoria não apenas *se assumir* e *ser aceito* — o que nós queremos é resgatar essa condição que todas as sociedades construídas em bases machistas lhes negou: o fato de que os homossexuais são seres humanos e que, portanto, têm todo o direito de lutar por sua plena realização, enquanto tal.[17]

Afastando-se da tentação de abordar o tema da sexualidade de modo negativo, como se os homossexuais fossem apenas vítimas e não sujeitos da sua própria condição, o jornal se propunha a tratar não somente "da discriminação, do medo, dos interditos ou do silêncio", como algumas das diversas facetas da violência homofóbica, mas também "soltar a fala da sexualidade no que ela tem de positivo e criador".[18] A própria utilização da linguagem ferina e popular do meio homossexual, com o abuso de palavras outrora consideradas pejorativas, como "bichas-loucas" e "bonecas", seria uma constante nos textos publicados.

Isso significava uma enorme ruptura com os modos já estabelecidos de tratamento das sexualidades dissidentes pelos veículos de comunicação tradicionais. Na imprensa, por exemplo, a representação do homossexual era sempre feita de modo a estigmatizar e discriminar as sexualidades dissidentes. Esse público tinha lugar cativo e garantido nas seções policiais, sempre associado à criminalidade, ou nas abordagens satíricas, por meio de charges e ilustrações. Glauco Mattoso, em "Não me espreme que eu sangro!", criticou o sensacionalismo de jornais desse período, como *Noticias Populares* e *O Dia*, que utilizavam a imagem de homossexuais para propagar o discurso de que "bicha quando não é apenas doente é delinquente". Os homossexuais só eram retirados do gueto e visibilizados para a desqualificação de seu caráter ou integridade. Para Glauco, essa estratégia da imprensa fazia com que "os homossexuais acaba[ssem] visados em qualquer caso. Se [eram] eles as vítimas, [era] bem feito. Se [eram] eles os acusados, tanto pior", consagrando-se, assim, uma ideologia que "enfatiza[va] a homossexualidade da vítima quando vítima e do acusado quando acusado", que "associa[va] homossexualidade com crimes" e "conclu[ía] que homossexual [era] sinônimo de criminoso".[19]

Mesmo nos jornais menos sensacionalistas e mais sérios, quando as homossexualidades não eram retratadas de forma pejorativa, elas acabavam silenciadas ou interditadas. Quanto à *Folha de S.Paulo*, por exemplo, Trevisan relatou que a palavra "lésbica" fora riscada de um artigo.[20] Daí também a revolta de Darcy Penteado quando escutou em um jantar, certa vez, uma amiga sua enunciar que os jornalistas do *Lampião* já ocupavam espaço em outros veículos da imprensa tradicional e, assim, teriam voz para expressar suas demandas. Ao que ele respondeu nas páginas do próprio jornal:

> Você acha, por exemplo, que tudo isto que temos dito e continuaremos dizendo nas páginas de *Lampião* teria vez na imprensa hétero? A palavra "homossexualismo" e suas decorrentes chegam a ser proibidas ainda em alguns jornais. [...] Portanto, *darling*, aqui estão algumas das muitas razões de *Lampião* ter sido aceso, no momento exato e necessário.[21]

Nesse cenário, ser abertamente homossexual era preciso, mas não suficiente. Como proposta de emancipação, não se reivindicava, portanto, mera "[adesão] ao sistema" por parte dos homossexuais, mas, ambiciosamente, pretendia-se "ir mais longe, dando voz a todos os grupos injustamente discriminados — dos negros, índios, mulheres, às minorias étnicas do Curdistão: abaixo os guetos e o sistema (disfarçado) de párias".[22] Mais do que libertar apenas os homossexuais, o programa anunciado consistia em uma declaração de compromisso com os demais setores oprimidos da sociedade.

O contexto político no qual se deu o surgimento do jornal era bastante ambíguo. De um lado, o autoritarismo exausto da ditadura, depois de mais de uma década de contenção de resistências, tentava aproveitar o capital político que ainda lhe restava para impor uma agenda de liberalização política e de abertura "lenta, gradual e segura".[23] Além disso, as denúncias das violações de direitos humanos e a rearticulação das oposições disputavam o ritmo e a intensidade da transição em curso. De outro lado, contudo, nada ainda indicava que a liberalização iria tão longe a ponto de logo alcançar o campo dos costumes, e tampouco parecia que os homossexuais seriam beneficiados diretamente por quaisquer mudanças. Isso porque a censura moral, que será analisada adiante, e as perseguições institucionalizadas às sexualidades não normativas, tratadas no primeiro capítulo, seguiam firmes, a despeito das promessas de novos ares trazidos pelo incipiente processo de redemocratização.

Por isso, o movimento de articulação dos homossexuais que encontrou no *Lampião* um eco privilegiado propunha, em lugar da abertura "lenta, gradual e segura", o direito ao prazer e ao orgasmo "amplo, geral e irrestrito", parafraseando a principal bandeira da luta pela anistia que se desenrolou durante a década de 1970. Nas palavras provocadoras de Gabeira, que se tornaram uma espécie de lema emblemático desse movimento depois de uma entrevista concedida ao *Lampião*: "Não se pode esperar 70 anos para ter um orgasmo quando a esquerda fizer a revolução".[24]

Tal postura significava, de imediato, uma afronta direta à ditadura, ao regime cujos esteios estavam fixados em uma moral conservadora que repelia o prazer, o desejo e sobretudo os homossexuais. No entanto, como já examinado, reivindicar a liberdade de orientação sexual e de identidade de gênero também representava um desafio bastante incômodo para os partidos e os grupos vinculados aos setores mais tradicionais da esquerda, inclusive na imprensa, que não detinham ainda acúmulo e, muitas vezes, nem sequer abertura para essa agenda específica.

Nesse sentido, *Lampião* produziu certo estranhamento até mesmo no campo dos "nanicos" (tabloides de pequena tiragem) e da chamada "imprensa alternativa". Tal alcunha era utilizada para designar a renovação em curso da imprensa escrita, com a proliferação de mais de 150 periódicos criados em franca oposição à ditadura, embalados por jornalistas com perfil ativista e que destoavam da linha editorial dos grandes jornais do país.

Bernardo Kucinski chegou a caracterizar esse movimento como um "surto alternativo".[25] Duas foram as classes de jornais que circularam no período: os "predominantemente políticos", que tinham "raízes nos ideais de valorização do nacional e do popular dos anos de 1950 e no marxismo vulgarizado dos meios estudantis dos anos 1960", destacando-se *O Pasquim, Opinião, Movimento, Versus* e *Em Tempo*; e aqueles mais voltados à crítica dos costumes e à ruptura cultural com o moralismo, inclusive das esquerdas da época, com "raízes justamente nos movimentos de contracultura norte-americanos e, através deles, no orientalismo, no anarquismo e no existencialismo", tais como *Flor do Mal* (editado por *O Pasquim*), *Biscoitos Finos* e o *Almanaque Biotônico Vitalidade*.[26]

Lampião constituiu-se como um dos mais notáveis representantes desse segundo tipo de publicações, emergindo do cruzamento da emergência de uma comunidade homossexual com o fortalecimento da imprensa alternativa. Mas, mesmo dentro desse processo mais amplo de renovação da mídia, *Lampião* se destacava por tematizar a sexualidade e os costumes de um modo muito mais ousado do que seus pares "nanicos", que ainda, em sua maioria, permaneciam um tanto vinculados a organizações mais tradicionais da oposição à ditadura — com exceção dos jornais feministas, que, sem depositar ilusões à direita, já rompiam com as amarras que determinados setores da esquerda representavam para o avanço das lutas das mulheres. O mesmo se passava com jornais da chamada "imprensa negra", tais como *Tição, Sinba* e *Koisa de Crioulo*,[27] pautando a agenda do movimento negro, que também se reorganizava naquele momento.

IMPRENSA "ROSA-CHOQUE"

Ainda que pudesse ser lido como um capítulo específico da "imprensa alternativa", com muitas proximidades e afinidades com alguns jornais desse grupo, *Lampião* também se vinculava a uma outra tradição mais longa de boletins e panfletos editados pelos homossexuais e voltados para eles.

Diversas publicações surgiram no decorrer dos anos 1960 para o público LGBT. O mais duradouro e influente, sem dúvida, foi o periódico caseiro *O Snob*, editado a partir de 1963, no Rio de Janeiro, por iniciativa de Agildo Guimarães, com quase cem números publicados. Entre 1964 e 1969, mais de trinta jornais do gênero, inspirados por *O Snob*, passaram a circular em diversas partes do país.[28]

Ao reconhecer que os primórdios da luta homossexual no Brasil se confundem com os esforços de fazer valer uma "imprensa guei", Leila Míccolis publicou um artigo no *Lampião* que funcionava como uma espécie de inventário, ainda que parcial, das publicações especializadas ou das colunas voltadas exclusivamente à comunidade homossexual. Segundo ela, ainda na década de 1960 foi criada a Associação Brasileira de Imprensa Gay (Abig), presidida por Anuar Farah e a travesti Thula Morgani, com reuniões na redação de *O*

Estábulo, em Niterói, e com representantes da imprensa "entendida" ou "rosa-choque", como gostavam de se rotular *O Snob* (de Agildo Guimarães, Rio), *La Femme, Subúrbio à Noite, Le Vic, Le Sophistique* (de Campos), *O Felino, Mito, Darling* e os jornais de Salvador *La Saison, Gay Society, Fotos e Fofocas* — o primeiro jornal a cores, segundo seu editor Waldeiton Di Paula —, *Baby, Zéfiro, Little Darling* (posteriormente *Tiraninho*) e *Ello*, todos mimeografados e distribuídos de mão em mão nos pontos de encontros homossexuais.[29]

Havia, também, seções dedicadas ao público homossexual em jornais mais convencionais, que veiculavam notas sociais e amenidades, tais como o "Tudo Entendido" (de Fernando Moreno, na *Gazeta de Notícias*, Rio), "Guei" (de Glorinha Pereira, no *Correio de Copacabana*, Rio) e "Coluna do Meio" (de Celso Curi, na *Última Hora*, São Paulo). Entre as publicações pequenas e mais caseiras destacavam-se: *Gente Gay* e *Gay Press* (Rio, ambos xerocados, cem exemplares), *Aliança dos Ativistas Homossexuais* (Rio). Por fim, o já mais expressivo *Entender*, o primeiro jornal impresso gay, com tiragem inicial de 10 mil exemplares (distribuído de mão em mão) e *Jornal do Gay* (depois *Gay News*) — estes últimos vendidos em bancas de jornais (SP).[30]

Assim, ainda que não tenha sido o primeiro jornal voltado exclusivamente ao público gay e fosse tributário dessa tradição da imprensa "rosa-choque", *Lampião* foi inovador sob diversos aspectos e por diferentes razões. Em primeiro lugar, deve-se destacar que se tratou do pioneiro, entre os jornais gays, com circulação nacional, pois as publicações do gênero que circularam nos anos 1960 eram "distribuídas de maneira clandestina e quase sempre gratuitamente".[31] Além disso, o fato de ter sido concebido e posto em funcionamento durante a ditadura, mais especificamente durante a liberalização do regime, estimulou uma politização maior do próprio conteúdo.

O contexto peculiar da abertura fez com que a chama do *Lampião* se acendesse, coincidindo, historicamente, com os primeiros passos ensaiados pelo movimento homossexual brasileiro, o que fez do jornal uma espécie de porta-voz desse sujeito coletivo e ainda amorfo que se organizava politicamente. Tornou-se, assim, um instrumento fundamental de conscientização e amplificação das ações do movimento e de suas disputas. As relações do jornal com os grupos militantes eram intensas e próximas; *Lampião* sempre oferecia um espaço aberto para a divulgação das atividades dos coletivos do movimento e reverberava as reivindicações mais urgentes em cada momento.

Tanto foi assim que membros do Somos, em uma entrevista publicada na edição de setembro de 1979, destacaram sua admiração pelo jornal e o modo como a existência deste revertia a favor do grupo. Nas palavras da militante identificada como Teka,

> até O LAMPIÃO aparecer, não existia nada, mas nada *mesmo*, comparável nas bancas, nos jornais, no cinema, na tevê. Não existia nada que pudesse nos dar esperança, criar a possibilidade de um trabalho coletivo. A sobrevivência do Somos depende do LAMPIÃO como canal, e da própria atuação do grupo. Só o trabalho intenso do grupo, o trabalho de organização, é que está fazendo as pessoas pintarem no Somos.[32]

Essa característica fez com que *Lampião* cumprisse um papel fundamental para decantar a memória das lutas homossexuais dentro e fora do país, consagrando determinadas efemérides e bandeiras do movimento e fornecendo elementos para as construções identitárias de homossexuais — gays-machos, bichas-loucas, bonecas, veados, travestis e transexuais — que marcaram toda uma geração no Brasil.

Outra singularidade desse mensário em relação a seus antepassados foi que, pelo perfil intelectualizado e pela experiência profissional dos jornalistas que integravam o conselho editorial, *Lampião* foi marcado por uma notável qualidade literária e política no tratamento de temas polêmicos e atuais para aquela época, extrapolando, ainda que não negando totalmente, as fofocas, as amenidades e o colunismo social.

Do ponto de vista do projeto gráfico, Jorge Caê Rodrigues pontua que "de formato tabloide, o jornal não trouxe nenhuma novidade",[33] afastando-se conscientemente — e com um discurso crítico que apareceu em algumas edições — das revistas gays norte-americanas da época, que se caracterizavam por diagramações sofisticadas. Ainda que contasse com um artista plástico bastante conhecido dentre seus quadros editoriais, *Lampião* era marcado por "manchas gráficas pesadas, pouco claras, uma diagramação dura e de pouca inventividade", o que dava a entender que sua "preocupação maior" era mesmo com o "discurso verbal". Rompendo com a recorrente associação da homossexualidade ao feminino e, portanto, ao refinamento estético e à delicadeza, a linguagem gráfica se valia de composições visuais padronizadas, com blocos horizontais ou verticais de texto, o que provocava no leitor uma tendência à monotonia e ao cansaço visual. Sintetizando essa crítica, o mesmo autor afirma: "É como se a severidade da forma respaldasse a seriedade do conteúdo".[34]

No entanto, a despeito da centralidade inegável da homossexualidade em toda a vida do jornal, diferentemente das publicações anteriores, dedicadas exclusivamente ao gueto gay, o periódico se propôs, logo de início, a não se restringir a esse público. Antes, *Lampião* efetivamente se comprometeu com a agenda de reivindicações dos diversos grupos oprimidos, propondo um programa intersecional que pautava um formato de ação política radicalmente democrático e plural. A repressão às homossexualidades, assim, passava a ser discutida de maneira mais séria, pois eram vistas como uma das muitas "minorias" oprimidas que deveriam se organizar para sua própria libertação.[35]

Exemplo disso é que, mesmo com o perfil exclusivamente masculino do conselho, o que foi criticado por ativistas mulheres, o jornal foi aos poucos sendo ocupado por elas. Diante das primeiras cobranças, Aguinaldo conclamou todas a aportarem suas contribuições:

> Que se reúna um grupo de mulheres e faça uma matéria sobre homossexualismo feminino para o *Lampião*. Que elas pautem a matéria, façam as entrevistas, escrevam, bolem tudo, e depois nos mandem. Nós publicaremos sem reescrever, sem cortar coisas, sem policiar. Tomem vergonha na cara e assumam esse compromisso, meninas; ponham o medo de lado e aceitem o fato de que o jornal é nosso, ou seja: também é de vocês.[36]

E não tardou para que isso acontecesse, pois dois meses depois saiu uma edição destacando na capa o tema "Amor entre mulheres (elas dizem onde, quando, como e por quê)".[37] Isso sem falar nos diversos textos que abordavam a violência contra mulheres, o machismo, as mobilizações do movimento feminista e assuntos afins, conforme indicado mais adiante.

No que se refere à questão racial, Adão Acosta era o único negro dentre os onze membros do conselho do jornal. Mas essa representação diminuta, ainda que bastante sintomática dos obstáculos estruturais de negros ocuparem posições de destaque em diferentes meios, não impediu que o racismo fosse abordado com frequência e duramente combatido nas páginas do *Lampião*. Houve desde denúncias de casos de discriminação em estabelecimentos comerciais a textos criticando pensadores como Gilberto Freyre, sobretudo por sua tese da "democracia racial", passando por longas entrevistas com militantes, intelectuais e artistas negros como Clóvis Moura, Abdias do Nascimento, Zezé Motta e Leci Brandão. Havia também artigos que cobriam os atos do movimento negro e os elaborados ensaios do estudioso das questões afro-brasileiras Rubem Confete, sobre arte e cultura negras.[38]

Um diferencial marcante do *Lampião* foi o fato de ele contar com a participação constante dos leitores, com publicação de suas longas mensagens na seção "Cartas na Mesa", que chegou a ocupar até três páginas inteiras do jornal,[39] bem como na seção "Ensaios Populares", composta apenas de artigos de leitores ou, ainda, a coluna "Escolha seu Roteiro", em que gays davam dicas de atrações turísticas de suas cidades para eventuais visitantes "entendidos". Sem falar na coluna "Troca-Troca", em que homens e mulheres homossexuais mandavam mensagens contendo anúncios de si mesmos com o objetivo de encontrar possíveis pretendentes para encontros casuais, amizades ou mesmo relacionamentos amorosos mais sérios.

No entanto, os mesmos atributos que se afiguravam como qualidades, até certo ponto inéditas no conjunto do que se poderia designar como uma imprensa gay, também apresentavam alguns efeitos colaterais inconvenientes. Por exemplo, a íntima associação com o nascente movimento homossexual logo traria, para dentro do jornal, os cismas e embates entre os diferentes grupos em suas disputas cada vez mais intensas. Ou, ainda, o tom de erudição excessiva que marcava os textos mais longos, algumas vezes, e que descambou para um tipo de academicismo que mais afastava do que aproximava homossexuais e pessoas trans com menor nível de escolaridade formal, em uma sociedade ainda carente de acesso à educação, ainda mais para populações historicamente marginalizadas.

Esses problemas pontuais, no entanto, não comprometeram o impacto do *Lampião* na chamada "imprensa nanica" que desafiou a ditadura, bem como sua influência em um momento fundacional do movimento homossexual. Diversas das questões que até hoje frequentam os encontros de militância de pessoas LGBT por todo o país foram abordadas e discutidas com argumentação consistente nas páginas do jornal, como a autonomia dos homossexuais diante de outras lutas políticas e suas relações com os demais movimentos sociais; os limites da integração dos gays apenas pela via do mercado de consumo; o machismo e a misoginia entre os homens homossexuais; a condição do gay negro; a diferenciação entre orientação sexual e identidade de gênero despertada pelas lutas das travestis e transexuais; as polêmicas em torno da prostituição; os modos de combater a violência policial, entre outros.

A impressionante abrangência e a complexidade dos temas trabalhados, muitos dos quais ainda atuais, revelam a visão que esse grupo pioneiro teve, em uma conjuntura desfavorável de tanta vigilância e controle, para organizar uma publicação antenada com o que de mais recente e inspirador era produzido no movimento gay internacional. Por meio do constante diálogo com veículos e conectado a grupos estrangeiros, o jornal mostrou-se permeável e aliado a diferentes movimentos sociais brasileiros, constituindo uma rica rede de colaboradores entre feministas, negros, ambientalistas e grupos pró-indígenas.

"PELO ORGASMO AMPLO, GERAL E IRRESTRITO"

Como já foi mencionado, o jornal era editado no formato tabloide, com vinte páginas em média, dividido em diversas seções, compostas cada uma de um ou mais textos, geralmente assinados por um dos jornalistas do conselho ou por colaboradores.

Ainda que tenha havido mudanças ao longo do tempo, as seções mais presentes nos jornais eram: "Opinião", com a linha editorial do jornal; "Reportagem", sobre variados temas; "Entrevistas", com figuras públicas, artistas e ativistas ligados ao universo homossexual; "Esquina", com textos de diferentes formatos, desde os mais ensaísticos até traduções dos mais teóricos sobre o comportamento homossexual; "Ensaio", com contribuições livres em torno de temas mais abertos; "Tendências", que funcionava como uma coluna de dicas culturais, críticas e resenhas; "Literatura"; "Ensaios Populares", que publicava artigos de leitores; "Cartas na Mesa", com a numerosa correspondência enviada, e com respostas bem-humoradas; "Badalo", composta sobretudo de notícias estrangeiras traduzidas sobre temas LGBT; "Ativismo", que trazia informações sobre a atuação dos grupos do movimento homossexual e estimulava adesões; "Festim", sobre badalação e atrações noturnas; "Bixórdia", produto da fusão das palavras "bicha" e "mixórdia", sob o comando da personagem fictícia Rafaela Mambaba, uma "ignorante, beberrona e falaz" que comentava sempre ironicamente os últimos acontecimentos e fofocas; Dodô Darling, outra personagem misteriosa que editava a coluna "Pensamento do Mês", com pérolas de humor como "Não cuspa no prato que comeu"; "Bate/Boca", que continha textos com posições opostas sobre temas considerados polêmicos à época, como o bissexualismo; "Bofarada" ou "Os Meninos do Lampião", com ensaios sensuais com fotos de homens nus, entre outras colunas mais eventuais.

Ainda que a publicidade no jornal nunca tenha sido muito expressiva, sempre havia alguns anúncios de galerias de arte, de profissionais como médicos e advogados, saunas, boates e depilação. Mas as maiores propagandas, que ocupavam quase páginas inteiras, eram de filmes e atrações teatrais ou mesmo de livros publicados por escritores gays. Na seção "Biblioteca Universal Guei", assídua em quase todos os números e com um catálogo cada vez maior, eram divulgados e vendidos, por um serviço de remessa postal, inúmeros títulos de literatura de temática homossexual feita por homossexuais, que abrangiam tanto autores já consagrados quanto os ainda jovens. Muitas das obras, de prosa ou de poesia, eram de autoria dos próprios jornalistas do *Lampião*.

Dentre as entrevistas com personalidades e artistas, geralmente longas, em clima bem informal e feitas por diversos jornalistas do *Lampião* junto com o convidado, merecem destaque as que foram realizadas com Lennie Dale (do Dzi Croquettes), com Winston Leyland, do *Gay Sunshine*,[40] com a atriz Norma Bengell,[41] com o ativista negro Clóvis Moura, com o estilista Clodovil Hernandez,[42] com a cantora Leci Brandão,[43] com a travesti Mônica Valéria, que ganhava a vida nas ruas da Lapa,[44] com o cantor Ney Matogrosso,[45] com o diretor de pornochanchadas Antônio Calmon,[46] com o então líder sindical Luiz Inácio Lula da Silva,[47] com o intelectual negro Abdias do Nascimento,[48] com a sexóloga Marta Suplicy,[49] com o ex-guerrilheiro Fernando Gabeira,[50] com a atriz negra Zezé Motta e com Flávia e Tatiana, duas travestis das ruas de São Paulo,[51] com Rodrigo, um jovem michê carioca,[52] com a lésbica Ninuccia Bianchi, acusada injustamente do assassinato de sua companheira,[53] com a escritora lésbica Cassandra Rios,[54] entre outras. Essa lista demonstra que tanto pessoas famosas como anônimas encontraram nas páginas do jornal um espaço para expressão de suas visões e demandas com total liberdade e respeito à diversidade de opiniões.

O *Lampião* abordou alguns temas considerados tabus na época, como, entre outros, o uso da maconha,[55] a masturbação,[56] a educação sexual,[57] a transexualidade e as travestis,[58] as religiões afro-brasileiras,[59] as doenças venéreas,[60] a sexualidade de pessoas com deficiência,[61] a prostituição masculina e a feminina,[62] a violência psiquiátrica,[63] as mulheres e o feminismo,[64] o racismo,[65] a ecologia,[66] os sex shops,[67] a pedofilia e a exploração de menores.[68]

Além disso, a repressão e as agressões contra homossexuais eram um destaque permanente nas páginas do *Lampião*, que se tornou um instrumento importante de registro e de denúncia das violências sofridas por esses segmentos minoritários. A perseguição nas ruas pelas forças policiais, a censura em publicações e na televisão, a conivência do sistema de justiça com posturas preconceituosas e casos de discriminação de empregados no trabalho também foram algumas das situações que contaram com a cobertura crítica do jornal.

Dentre os textos estrangeiros traduzidos, sempre relativos à situação dos homossexuais em cada um dos países e de suas ações políticas, destacavam-se aqueles abordando o socialismo de Cuba, com uma imagem provocadora de Fidel travestido de Carmen Miranda na capa da edição,[69] a ditadura militar argentina, analisada em mais de uma ocasião,[70] o extermínio dos homossexuais nos campos de concentração da Alemanha nazista, além de discussões sobre coletivos e protestos de LGBTs então em curso no México,[71] nos Estados Unidos[72] e na França.[73]

As seções de diversão, entretenimento, turismo e aquelas com certo apelo erótico, como as fotografias de jovens exibindo seus corpos nus, pareciam ocupar, gradativamente, cada vez mais espaço. Essa proposta, que curiosamente se fez mais presente no momento em que a crise do jornal já se aprofundava, destoava um tanto do propósito original, que era romper com as publicações que privilegiavam o colunismo social misturado com a divulgação de atrações e com o apelo sexual.[74] De todo modo, nota-se que as fotografias tinham uma boa recepção, conforme indicavam as cartas elogiosas de leitores. Além disso, até certo ponto essa onda também refletia o processo de relativa liberalização da censura à pornografia, apesar das constantes investidas contra esse tipo de publicação nesse período, conforme discutido no capítulo 4.

Lampião conseguiu manter-se, apesar das naturais oscilações, por mais de três anos, mesmo estando sujeito aos diversos tipos de pressão, às disputas sobre os seus rumos e a um equilíbrio interessante entre assuntos sérios e abordagens divertidas — o que lhe permitiu alcançar um público bastante diversificado em todo o território nacional, em um momento-chave para a constituição das identidades homossexuais.[75]

LAMPIÃO SOB VIGILÂNCIA: "A PROPAGANDA DO HOMOSSEXUALISMO"

O jornal que marcou toda uma geração de gays — que começava a viver fora do armário, com todas as adversidades que isso implicava em um momento de conservadorismo acentuado — não passaria despercebido aos olhos atentos da ditadura. Foram diversas as modalidades de violência e repressão que atingiram *Lampião* e seus editores. A espionagem oficial esteve atenta para o risco que ele representava sobretudo à moral e aos costumes, desde a primeira hora de seu funcionamento.

O documento da Divisão de Segurança Institucional do Ministério da Justiça, Informação nº 895/78, difundido para o gabinete e de caráter sigiloso, indicava uma preocupação bastante marcada com a possibilidade de os temas da "liberdade do homossexualismo" e da "legalização do aborto" serem pautados nas eleições legislativas que seriam realizadas naquele mesmo ano.[76]

Nota-se que, a despeito das poucas chances de vitória eleitoral de uma agenda progressista de costumes, o sistema de informação do regime preocupou-se em levar o assunto até o gabinete do ministro da Justiça, pois *Lampião* havia destacado a quase ausência de candidatos claramente defensores dos direitos dos homossexuais, assim afirmando:

> O periódico "LAMPIÃO DE ESQUINA", publicado pela "Esquina Editora de Livros, Jornais e Revistas Ltda", do RIO DE JANEIRO/RJ, órgão da imprensa "nanica" que se dedica à promoção do homossexualismo, em sua edição n. 6, de Nov 78, publicou, na página 4, os artigos intitulados "E NO DIA 15, A BONECA MORRE AFOGADA?", de DARCY PENTEADO, e "UM CANDIDATO FALA MAIS ALTO", de AGUINALDO SILVA.[77]

Este último texto era, na verdade, de Baiardo de Andrade Lima, candidato a deputado federal pelo MDB de Pernambuco e único político que incluía expressamente a "liberdade do homossexualismo" entre suas promessas de campanha nas eleições de 1978. Baiardo, formado em direito pela Faculdade de Recife, foi o primeiro candidato de que se tem registro histórico a defender abertamente em seu material de campanha a "liberdade gay" e a "legalização do aborto", conforme consta em panfletos por ele distribuídos para aquelas eleições.[78]

Outros órgãos de informação expressaram a mesma preocupação em relação à postura do jornal. A Apreciação Especial nº 001/19/AC/79, enviada da AC/SNI ao ministro da Justiça, trazia anexo um relatório com o assunto "atuação dos órgãos de comunicação social — retrospecto do 2º semestre de 1978 — perspectivas para 1979". Um dos itens destacados nesse balanço pontuava, especificamente, a "propaganda sobre o homossexualismo", que estaria sendo "divulgada, particularmente, através do periódico *Lampião da Esquina*".[79]

O jornal tocava em temas delicados, merecendo uma preocupação constante por parte dos órgãos de informação que faziam o monitoramento da imprensa. Isso porque, como já mencionado, além de criticar politicamente o regime, *Lampião* trazia a proposta nova de integrar-se às lutas democráticas com uma agenda de minorias marginalizadas, até então, dentro do próprio campo oposicionista. O documento do Ministério da Aeronáutica, Informação nº 0854/Cisa-RJ, difundido para os demais órgãos de informação, destacava a entrevista do intelectual e militante negro Abdias do Nascimento, na qual ele afirmava que "mulheres, negros, índios, homossexuais, dev[iam] lutar juntos contra a repressão",[80] o que logo despertou a atenção da ditadura.

Outras formas de monitoramento e de sanção também eram planejadas pelas instâncias repressivas, como a recomendação dos órgãos de informação para o governo federal boicotar toda publicidade governamental no periódico, considerado parte da "imprensa contestatória". A Informação nº 051/19/AC/80, proveniente da AC/SNI, por exemplo,

> não recomenda a difusão de anúncios de propaganda por entidades da Administração Pública Federal, em face da prevalência nesses veículos da divulgação de temas hostis ao Governo Federal, como também, em alguns casos, da abordagem de assuntos atentatórios à moral e aos bons costumes.

Logo em seguida, nesse mesmo documento, *Lampião da Esquina* era descrito como "periódico da imprensa 'nanica'" que "defende o homossexualismo e aborda assuntos atentatórios à moral e aos bons costumes.[81]

Em 1981, a diretriz foi reafirmada pela Informação nº 202/04/DSI/RJ/346778, de 26 de junho de 1981, na qual a Agência Central selecionou "os principais órgãos da imprensa (jornais e revistas) em que, considerando sua linha de atuação, não se recomenda[va] a difusão de publicidade, anúncios e atos oficiais", tendo sido o *Lampião* descrito como "mensário que defende o liberalismo [sic] sexual e faz propaganda do homossexualismo".[82]

Mas o pior não foi esse boicote econômico por parte das entidades da administração pública, que pouco afetaria um jornal que já nascera independente, apesar das suas dificuldades econômicas permanentes. Diante da ineficácia das medidas de boicote e da insistência dos órgãos de informação em chamar a atenção para *Lampião*, a repressão passou a ocorrer de maneiras menos sutis.

No artigo publicado com o título "Uma capa com muitas estrelas", que não foi assinado individualmente por nenhum dos membros do conselho do jornal, muito provavelmente para evitar ainda mais exposição, os lampiônicos denunciaram a perseguição mais sistemática que começaram a sofrer no início de 1979, por iniciativa dos órgãos de segurança.

No ano anterior, Aguinaldo Silva já havia sido convocado a prestar depoimento quando o jornal tinha recém-completado seis meses de vida. Conforme registra seu termo de declarações perante o Dops/SR/DPF/RJ, datado de 24 de novembro de 1978, ele já tentava se esquivar da censura, destacando sua trajetória e outras experiências profissionais, afirmando ser jornalista há mais de dezessete anos, contando com trabalho fixo na Rede Globo e mais de dez livros publicados de sua autoria. Aguinaldo asseverou que todos os textos eram aprovados pelos conselheiros, em suas reuniões mensais, e "que todo o Conselho Editorial do jornal *Lampião da Esquina* é composto dessa minoria da sociedade, de homossexuais".[83] O grifo no original do documento indicava como a orientação sexual dos editores era uma informação considerada relevante para os investigadores.

O jornalista mostrou-se, ainda, bastante didático ao, aparentemente, tentar aliviar a repressão e despistar uma associação exclusiva do jornal com a homossexualidade, sustentando que "o objetivo fundamental da criação do *Lampião da*

Esquina [era] dar divulgação a matérias de modo geral, e também divulgar notícias sobre uma minoria, que é considerada marginalizada perante a sociedade, ou seja os homossexuais" e que "muito embora inicialmente est[ivesse] predominando sobre matérias referentes ao homossexualismo, dever[ia] modificar sua forma, para dar voz a uma outra minoria". Ademais, "os artigos escritos pelo declarante não [vinham a] ferir a moral e os bons costumes".[84]

Mas, apesar de não adotar uma postura de afronta, Aguinaldo não escondia que o jornal pretendia desvincular a homossexualidade da estigmatização que lhe era geralmente imputada pela imprensa, até porque isso já tinha ficado bastante claro nas seis primeiras edições:

> Até a fundação do jornal *Lampião da Esquina*, sempre houve dificuldade para uma publicação limpa sobre o homossexualismo, vez que outros jornais quando fazem referências ao homossexualismo, o fazem de maneira preconceituosa, ligando o homossexualismo a [sic] criminalidade.[85]

Não há registro de que esse depoimento tenha tido maiores desdobramentos naquele momento, mas isso não tardaria a acontecer, como se nota em outros documentos disponíveis.

O parecer nº 3348, por exemplo, datado de 22 de dezembro de 1978 e assinado pela técnica de censura Marina de A. Brum Duarte, no âmbito do mesmo inquérito policial 25/78-Dops, sentenciava que os artigos constantes dos dois primeiros números do jornal *Lampião*

> enquadra[vam]-se na medicina psicológica e part[iam], sem dúvida, de personalidades com problemas comportamentais de natureza sexual, que se configura[vam] nas fronteiras psicológica e judicial e fer[iam] os preconceitos da moral e bons costumes de nossa sociedade heterossexual — (Lei censória e seus artigos) 20.493/46 em seu regulamento.[86]

A censora ainda acrescentava que "essas atitudes públicas [vinham] crescendo precisamente pela liberalidade licensiosa [sic] reinante (heterossexual) de revistas, bailes (enxutos), programas (novelas) etc. que coloca[vam] concomitantemente o homossexualismo na pretensão de se afirmar e concorrer de igual para igual", isto é, "tudo isso ocorr[ia] pela amoralidade crescente da sociedade contraditória e violenta, cujos problemas se avoluma[vam] cada dia que passa".[87] Assim, opinava pelo veto do periódico e de sua circulação, sendo que essa opinião consultiva bastante contundente de uma técnica "especializada" do aparato da censura foi determinante para a continuidade do inquérito.

Diante da convocação para a identificação datiloscópica, Agnaldo Ferreira da Silva, Francisco Badaró Bittencourt Filho, Adão José Acosta, Clóvis Marques e Roosevelt Antônio Chrysóstomo de Oliveira, todos jornalistas do *Lampião*, impetraram o habeas corpus nº 4992 contra o delegado-chefe da Dops/SR/DPF/RJ, alegando coação indevida por parte dessa autoridade. O juiz federal Ariosto de Resende Rocha, do Rio de Janeiro, em 25 de janeiro de 1979, oficiou referida autoridade para prestar esclarecimentos.

Em sua resposta, o delegado da Polícia Federal William Barth alegou que os impetrantes haviam ferido a Lei de Imprensa por ofensa à moral e aos bons costumes, levando à instalação do Inquérito Policial nº 25/78. Depois de receber o parecer censório acima referido, argumentou a autoridade que era impositivo o indiciamento dos impetrantes. Apesar de terem comparecido no dia 23 à delegacia para ratificar os depoimentos, os impetrantes "todavia, na hora da identificação datiloscópica, se furtaram a cumprir a formalidade legal, através da ingerência de seus advogados".[88] Alegou, por fim, que esse tipo de identificação é uma formalidade-padrão indispensável ao inquérito, não constituindo coação ilegal.

No dia 2 de abril de 1979 a investigação teve prosseguimento e cinco dos editores cariocas tiveram de comparecer à sede do Departamento de Polícia Federal, na praça Mauá, no Rio de Janeiro, para serem submetidos a procedimento de identificação criminal. Isso porque, dias antes, já haviam sido identificados os jornalistas Antônio Chrysóstomo, Francisco Bittencourt, Aguinaldo Silva, Clóvis Marques e Adão Acosta. Todos os cinco, membros do conselho editorial do *Lampião* e colaboradores regulares nas páginas do jornal, "foram fotografados de frente e de perfil (e não de costas, como se esperava) e tiveram suas impressões digitais tiradas dezenas de vezes",[89] conforme registra ironicamente o periódico, que estampou em sua capa a referida fotografia de todos eles trajando a camiseta listrada de presidiário e com uma placa pendurada no peito com a inscrição "1077" e a data de 2 de abril de 1979.

O número "1077" era uma referência ao decreto editado em 1970 para atualizar as regras da censura, no qual estavam todos sendo enquadrados pela acusação de "ofensa à moral e ao pudor público" segundo matéria do *Lampião*, além da aplicação da Lei de Imprensa destacada nos documentos da repressão. Apesar de apreensivos, os jornalistas mostravam-se ainda altivos e bem-humorados no artigo de denúncia, reivindicando a imagem do pequeno Davi contra o Golias, gigante que representaria a ditadura. Além disso, eles estavam confiantes e até otimistas, como transparecia na nota, pois as "absolvições recentes de Celso Curi[90] em São Paulo, e do poeta Nicolas Behr[91] em Brasília, ambos enquadrados no mesmo item do decreto 1077, mostra qual é a posição da Justiça, a essa altura dos acontecimentos — e da vida nacional — quanto a esse tipo de acusação".[92]

O artigo até poderia estar correto em apostar, baseado nos casos de Curi e de Behr, que o processo deveria ser arquivado. Mas ainda era cedo demais para que tal afirmação se verificasse na prática, pois o inquérito já havia sido instaurado e se arrastaria por longos doze meses, como um modo de intimidação e pressão sobre o jornal.

Dias após os depoimentos no Rio de Janeiro, chegou a vez de os membros do conselho editorial residentes em São Paulo — Darcy Penteado, João Silvério Trevisan, Jean-Claude Bernardet e Peter Fry, que se livrou por estar em Fortaleza — prestarem depoimentos. Trevisan relatou a dificuldade que a polícia demonstrou, durante a oitiva, de compreender a existência de um jornal gay feito por "viados" que foram prestar depoimentos engravatados e não travestidos de mulheres ou "desmunhecados":

> Eu me lembro que, quando chegamos na delegacia, em Higienópolis, o delegado fez o interrogatório errado. Ele confundiu o processo, achando que se tratava de um caso de subversão. Ele nos perguntava: "Mas quando é que vocês foram para Cuba? O que vocês foram fazer lá?", e foi o escrivão que percebeu o equívoco... ele [o delegado] não estava entendendo nada.[93]

Apesar dos equívocos e aparentes atropelos, o inquérito seguiu seu curso normal e foi definitivamente instaurado. Estranhamente, arrastou-se durante mais de oito meses sem nenhum ato oficial, dando respaldo a essa pouco habitual extensão de prazo. Mesmo à época, o inquérito já tinha sua duração delimitada para não submeter o investigado ad aeternum ao ônus que advém da investigação criminal.

O relatório do delegado Miguel de Lacerda Mendes, da Polícia Federal e chefe da Dops/SR/DPF/RJ, datado de 9 de agosto de 1978 e dirigido ao coordenador regional policial Edyr Carvalho, apontou que o jornal

> apresenta[va] matéria ofensiva à moral e aos bons costumes em suas notas e reportagens, vez que em suas mensagens [havia] um incentivo muito forte à prática do homossexualismo, sempre lastreado em nome de pessoas que conseguiram celebridade, fama e destaque junto à sociedade, devido suas atividades profissionais, independentemente de suas preferências sexuais recaírem em parceiros do mesmo sexo, o que requer[ia] a aplicação das medidas [...] em vigor para coibir tais abusos.[94]

A preocupação central continuava sendo, assim, com a "propaganda", o "exibicionismo" e a "apologia" à homossexualidade como uma ameaça à família e aos valores morais conservadores.

O relatório registrava, ainda, que o fato de "não [haver] clandestinidade na circulação do jornal", devidamente registrado no Cartório do Registro Civil de Pessoas Jurídicas da capital fluminense, "não exim[ia], até pelo contrário, lhe imp[unha] o dever de respeitar e cumprir as regras de direito que caracteriza[vam] a política do governo na área da moral e dos bons costumes, expressas com absoluta clareza no texto da lei nº 5250 (Lei de Imprensa)".[95]

Concluía o relatório examinando a linguagem utilizada pelo jornal, que "somente pelo aspecto gramatical pod[ia] ser considerada normal, posto que sob o ponto de vista moral [era] acintosamente grosseira, de uma realidade grotesca e chocante".[96] Anexas ao documento encontravam-se as duas primeiras edições do jornal, consideradas "suficientes" como "prova de desrespeito às regras do artigo 17 da Lei 5250", sendo que algumas das gravuras "[eram] audaciosas e obscenas, sem desprezar a licenciosidade dos títulos". Encerrava-se o relatório com requerimento de "instauração do competente IPL".

A autoridade que recebeu esse ofício logo despachou, em letras de mão, no próprio documento, o seu "de acordo. À Dops para proceder na forma sugerida", despacho este de 15 de agosto de 1978. Seguindo a determinação, consta portaria sem numeração e datada de 21 de agosto de 1978, em que o delegado da Polícia Federal e chefe da Dops/SR/DPF/RJ Miguel de Lacerda Mendes, com base na Portaria 359-B, do Ministério da Justiça, resolveu instaurar o inquérito policial. O objetivo era

> a apuração do responsável ou responsáveis pela publicação, nos ns. "ZERO" e "UM" dos meses de "Abril" e "Maio", do Jornal "LAMPIÃO DA ESQUINA", de matéria ofensiva à moral e aos bons costumes, *vez que, em suas mensagens, [havia] um incentivo muito forte à prática do homossexualismo* [grifo nosso].[97]

"QUEM NOS FINANCIA?": A DEVASSA NAS CONTAS DO *LAMPIÃO*

Diante da dificuldade em interromper a circulação do jornal pela censura direta, que geraria um desgaste elevado, os órgãos de segurança já haviam tentado atacar em outra frente, a contábil. No dia 10 de julho de 1979, ao chegar à sede do jornal, um dos lampiônicos deparou-se com um envelope timbrado do Serviço Público Federal. Na carta oficial constava uma solicitação do delegado responsável pelo IPL 25/78-Dops que tramitava contra o periódico. O requerimento dizia:

> A fim de instruir inquérito policial que ora tramita nesta Regional, solicitamos a V. Sa. se digne determinar providências no sentido de fazer apresentar nesta Dops [...] no dia 13 de julho próximo, às 15 horas, o Tesoureiro ou pessoa encarregada da contabilidade relativa à movimentação do jornal "Lampião da Esquina", munido das respectivas escriturações ou balancetes relativos aos meses de janeiro a maio de 1979.[98]

A ditadura, nesse momento, lançava mão de uma devassa contábil baseada em uma ação administrativa e fiscal que, apesar de formalmente legal, era medida de perseguição política aos veículos considerados "subversivos". Uma perícia dessa natureza já havia sido feita com o jornal *Versus* em abril de 1979 e mais tarde, em 1981, culminaria na penhora de bens da *Tribuna da Imprensa*,[99] em razão de débitos previdenciários.[100]

A comunicação gerou grande apreensão, pois era imprevisível até que ponto a repressão poderia criar empecilhos para a continuidade do jornal. Mas a solicitação não foi prontamente atendida. Consultado, Luís Celso Soares de Araújo, advogado da Associação Brasileira de Imprensa que assessorava o *Lampião*, ponderou que "a solicitação era ilegal e arbitrária, e deveria ser ignorada; mas, em nenhum momento deveríamos silenciar sobre isso: era preciso denunciar a arbitrariedade aos jornais".[101] Conforme noticiou o *Jornal de Hoje*, que circulava na Baixada Fluminense, em sua edição nº 1472 de 13 de julho de 1979, "o conselho editorial do jornal *Lampião* decidiu não cumprir intimidação [sic] do delegado de Polícia Federal, José da Silva Motta, para que o diretor responsável pela área financeira comparecesse hoje ao Dops".[102]

Já em 11 de julho de 1979, dia seguinte à intimação, o Sindicato dos Jornalistas do Município do Rio de Janeiro enviou telegrama ao ministro da Justiça solicitando providências quanto à devassa que era então realizada nas contas do *Lampião da Esquina*. Afirmava a entidade sindical que estavam "animados declaração de sua excelência o presidente contra violências sucursal mineira jornal Em Tempo",[103] cuja sede havia sido atacada a bombas depois de este ter sido o primeiro veículo do país a publicar uma lista com os nomes de 233 torturadores.

No entanto, cobrava o sindicato, em defesa do mensário homossexual, "providências apuração de responsabilidade e também [sic] definição governo contra exigências verificação contábil jornal 'O Lampião' por parte Polícia Federal".[104] Assim, o requerimento apontava o descompasso existente entre um discurso mais liberalizante e uma prática ainda bastante autoritária do governo quanto à imprensa alternativa. Vale observar que o Sindicato dos Jornalistas, controlado por forças da esquerda organizada, manifestou um apoio decisivo e contundente ao *Lampião*, o que, no mínimo, relativiza o argumento de que as esquerdas não se importavam com as lutas dos homossexuais, como se estas fossem algo menor e secundário.

Assim que o expediente chegou ao gabinete do ministro da Justiça, foi analisado pelo assessor Jorge de Albuquerque e Melo, que propôs o encaminhamento ao DPF em 20 de agosto de 1979. Em 30 de agosto do mesmo ano, o chefe do DPF determinou à SR/RJ que informasse "quanto ao procedimento apuratório a propósito da publicação 'O Lampião'".[105] O expediente, após chegar ao órgão de destino, foi levado aos cuidados do dr. Motta, em referência ao delegado de Polícia Federal José da Silva Motta, então presidente do inquérito, em 10 de setembro de 1979.

Essa autoridade passou, então, a expor, em seu relatório, o andamento do procedimento e sua apreciação quanto ao tema. Segundo ele, o inquérito n.º 25/78 foi instaurado

> para apurar a responsabilidade criminal dos indivíduos que compõem o Conselho Editorial do jornal LAMPIÃO DE ESQUINA, autores de publicações de matéria ofensiva à moral e aos bons costumes, em flagrante desrespeito às regras do artigo 17 da Lei 5.250, de 9 de fevereiro de 1967. [...]
>
> Sobre o pedido de vistas aos livros contábeis da editora do tabloide "Lampião", órgão que, conforme o apurado regularmente e com respaldo no Parecer Censório emitido pelo Serviço de Censura e [sic] Diversões Públicas/SR/RJ, se dedica exclusivamente à apologia do homosexualismo [sic], queremos aqui esclarecer que a finalidade deste Inquérito é, não só enviar ao Estado-juiz a pretensão punitiva dos indiciados, como, por outro lado, considerando que [...] [a legislação] não tolera as publicações e exteriorizações contrárias à moral e aos bons costumes, solicitar enérgicas providências para a suspensão definitiva do jornal em questão.[106]

Deixa-se claro, assim, que o objetivo não era apenas punir os indiciados, mas cassar o funcionamento do jornal definitivamente, evidenciando uma estratégia mais ampla da ditadura de minimizar o fortalecimento das oposições no contexto da abertura mediante a cassação de seus órgãos de comunicação e de denúncia.

Prosseguia o relatório, seguido da assinatura de Motta e datado de 20 de setembro de 1979, afirmando que, após analisar a situação financeira bastante pobre do jornal, este só poderia consistir em uma iniciativa de ataque ao regime e aos valores morais:

> Para atender a tais providências solicitamos, através de ofício, a apresentação da respectiva escrituração da firma, no que fomos atendidos, com a qual pudemos provar ser uma empresa sem lucro de qualquer espécie, com a ínfima tiragem mensal de cerca de 4.000 exemplares, inclusive não contando com anúncios ou mensagens comerciais em suas páginas, *fato este que nos leva a pressupor, e neste caso a presunção é válida, de que o tabloide LAM-PIÃO DE ESQUINA* [sic] *tem como finalidade última uma velada mensagem de-*

sagregadora, com vistas à destruição de nossa cultura, interesses, sentimentos familiares, costumes e aspirações comuns. Ocorre-nos pensar no emprego de técnicas sub-reptícias de aliciamento, no propósito nefasto de enfraquecer os valores humanos, então presa fácil a desígnios inconfessáveis, ou seja, à deterioração da autoridade e da disciplina que cria condições pessoais que levam a juventude à aceitação de ideologias estranhas às nossas concepções [grifo nosso].[107]

Mas esses documentos que revelavam, sem rodeios, as intenções ocultas, por parte do regime, de fechar o jornal, não eram plenamente conhecidos, pois o processo administrativo mencionado corria em caráter de confidencialidade. Mesmo assim, alguns sinais já indicavam que a medida arbitrária derivava de uma orientação do Centro de Informações do Exército para exterminar a imprensa nanica.

O documento que sustentava essa versão, publicado no jornal *O Estado de S. Paulo* em 18 de abril de 1979, revelava um plano para a eliminação da imprensa nanica por meio de pressões econômicas, "sem atingir a liberdade de pensamento". Um dos itens do referido documento pontuava que "dentro da imprensa nanica [vinha] crescendo ultimamente um [jornal] da chamada 'imprensa gay', que se disp[unha] a defender as atitudes homossexuais como atos normais da vida humana".[108] Percebe-se, assim, que se tratou de uma estratégia deliberada da repressão para conseguir coibir a circulação dos jornais menores sem, contudo, assumir o ônus que a censura aberta e declarada provocaria nos anos de abertura.

Aparentemente pego de surpresa, por se tratar de um inquérito legado por seu antecessor, Armando Falcão, o ministro da Justiça Petrônio Portela determinou que, ainda no dia 11, o DPF lhe entregasse um relatório completo sobre o inquérito que corria contra o jornal. A ordem foi cumprida e o ministro divulgou, no fim da tarde desse mesmo dia, uma nota com a explicação do diretor do DPF, Moacir Coelho: com essa solicitação de livros contábeis e balancetes, pretendia a polícia provar que a editora "não tinha condições de sobreviver como empresa".[109] Em vez de abafar o caso, tal resposta gerou ainda mais indignação e solidariedade em prol da continuidade do *Lampião*, por confirmar os propósitos ocultos de fechar o jornal.

Na nota divulgada pelo jornal encontra-se uma resposta contundente à alegação do coronel Moacir Coelho. *Lampião* afirmou, na ocasião: "não cabe à Polícia Federal — e este é o ponto mais central da questão — verificar se uma empresa tem ou não condições de se manter". A nota criticava o fato de que devassas fiscais não eram feitas em empresas como as de José Wolney Atalla e Adolpho Lindenberg, cuja situação financeira, reconhecidamente péssima, implicavam uma crise de graves proporções para os trabalhadores. Além disso, pontuou-se que, por não visar lucro, a editora do *Lampião* não apresenta problemas financeiros, sendo que o dinheiro arrecadado com a venda de uma edição era consumido no número seguinte. Por fim, os editores jogaram uma questão incômoda no colo do governo:

> Como um jornal de minorias, assumindo uma posição descomprometida em relação a todas as propostas ora em discussão no País, vem se tornando, nestes momentos de anunciada abertura, vítima de constantes arbitrariedades desse tipo: seria a necessidade de eleger bodes expiatórios? Se o DPF acha que nós não temos condições de nos manter, que responda a essa pergunta: *quem nos financia?* O jornal está no n. 14, e nunca atrasou na sua chegada às bancas.[110]

Assim, em meio à tensão escancarada, somente em 16 de agosto de 1979, após intimação pelo órgão competente, foi que a editora apresentou ao delegado da Polícia Federal os balancetes extraídos dos livros contábeis da empresa responsável por *Lampião*. Conforme consta no documento protocolado pelo contador Josias Barbosa Santana, o balanço patrimonial do primeiro ano de funcionamento do jornal acumulara, até 31 de dezembro de 1978, o prejuízo de 7193,75 unidades monetárias da época. Já o balancete de verificação, assinado pelo mesmo contador em 16 de agosto de 1979, relativo ao primeiro semestre até 31 de julho de 1979, mostrava já um jornal em razoável saúde financeira, com um total acumulado de 648323,25, revertendo o prejuízo do ano anterior já no primeiro semestre de 1979.[111]

Além disso, um mês antes, provavelmente para conferência da veracidade das informações prestadas, o delegado José da Silva Motta solicitou diligência registrada no Relatório de Missão nº 036/79-Cart/Dops para verificar, junto à distribuidora de jornais e revistas, a quantidade de exemplares distribuídos ao público em 1979. Nesse informe, de 6 de julho, constam 4250 exemplares em janeiro, 4300 em fevereiro, 4400 em março e 4 mil de abril até julho.[112]

Na entrevista feita com Ney Matogrosso, publicada em dezembro de 1979, este inverteu a posição de entrevistado e perguntou aos jornalistas do *Lampião* a quantas andava o processo contra o tabloide. Aguinaldo Silva respondeu, ironicamente, que "o motivo [era] sempre o mesmo: 'ofensa à moral e aos bons costumes'. Ou seja: os 'bons costumes' dos Lutfalla, dos Abdalla e dos Grupos Lume da vida estão ameaçados porque há pessoas, como as de *Lampião*, que preferem fazer jornal, em vez de dar golpes na praça".[113] Todos os casos mencionados eram denúncias de corrupção que envolviam figuras próximas ou diretamente implicadas com a ditadura.

A despeito de todos os esforços para identificar alguma irregularidade, nada foi encontrado de comprometedor do ponto de vista contábil, pois o jornal cativara um público expressivo e, se era verdade que não gerara muito lucro — o que nem sequer era seu objetivo —, conseguiu uma vendagem e anúncios suficientes para manutenção da circulação mensal por três anos, ininterruptamente.

Isso atesta, cabalmente, que a exigência da ditadura não era uma preocupação com fundamento, mas mera tentativa de cercear a circulação do jornal por meio de algum expediente fiscal que não expusesse a repressão em estado bruto nem gerasse ainda mais resistência e oposição ao regime.

UM LAMPIÃO ILUMINADO PELA SOLIDARIEDADE

Diante desse embate, com risco de fechamento do jornal, todos os grandes meios de comunicação da época — como *O Globo*, *Tribuna da Imprensa*, *Última Hora*, *O Estado de S. Paulo*, *Folha de S.Paulo*, entre outros — noticiaram, com destaque, o fato, reproduzindo a nota do *Lampião*.

Ao contrário do que aconteceu com Celso Curi, vítima de um processo judicial com os mesmos fundamentos, sem receber suporte expressivo para resistir às pressões que vinha sofrendo, a caça ao *Lampião* despertou solidariedade e apoio de diversos setores. Apesar do curto intervalo que separou os dois casos, os tempos já eram outros e, entre os inquéritos de Curi e *Lampião*, houve uma diferença fundamental: a emergência de uma novidade chamada movimento homossexual, que ainda parecia uma utopia irrealizável em 1976, conforme havia destacado o autor da "Coluna do Meio".

A Comissão Permanente de Luta pela Liberdade de Expressão, que congregava 25 entidades no Rio de Janeiro, divulgou nota com o seguinte teor: "No caso particular do *Em Tempo* e do *Lampião*, aguardamos do Poder Executivo a apuração da responsabilidade nas diferentes ações que vêm restringindo o trabalho e o exercício profissional dos que buscam, nestes jornais, dar a sua contribuição à construção de uma sociedade democrática".[114]

Além disso, foi organizado um Comitê de Defesa do Jornal *Lampião*, composto de ativistas do grupo Somos, jornalistas, intelectuais e leitores do periódico, com o objetivo de desencadear uma campanha de solidariedade na opinião pública. Nos termos anunciados no texto de lançamento do comitê, o objetivo era colher "assinaturas de apoio a este jornal, e mobilizando entidades nacionais e internacionais para protestarem contra as arbitrariedades que vimos sofrendo", conforme divulgado nas páginas do próprio jornal.[115]

Um manifesto em defesa da imprensa alternativa foi também organizado, contando com a rápida adesão de amplo setor da intelligentsia brasileira, com gente como Plínio Marcos, Ivan Lins, Antonio Candido, José Arthur Giannotti, Fernando Henrique Cardoso, Ruth Cardoso, Cândido Procópio, Nicette Bruno, José Celso Martinez Corrêa, Fernando Morais, Eduardo Suplicy, entre outros. Além disso, jornais como *Versus*, *Convergência Socialista* e *Movimento*, e entidades de trabalhadores como a Apeoesp, o Sindicato dos Jornalistas de São Paulo e o Sindicato dos Bancários de São Paulo também saíram em defesa do *Lampião*. A coleta de novas assinaturas foi interrompida porque, logo após o início da campanha, houve o arquivamento do inquérito. De todo modo, esse manifesto do campo democrático afirmava veementemente seu apoio ao jornal:

> Nós abaixo assinados entendemos estes atos oficiais [do inquérito e do pedido de apresentação de livros contábeis] como uma tentativa de castrar o diálogo sobre os setores oprimidos "minoritários" que se faz necessário e urgente dentro de nosso país, bem como repudiamos todas as atividades de coerção e repressão ao direito de existência e manifestação da imprensa alternativa.[116]

A repercussão do caso mobilizou, ainda, uma rede internacional de ativismo LGBT bastante surpreendente. O diálogo com entidades estrangeiras que o jornal mostrava nas traduções publicadas e os contatos de militantes de outros países cultivaram uma relação de cumplicidade significativa. Uma série de cartas e de abaixo-assinados, oriundos dos mais diferentes países e escritos em diversos idiomas, foi enviada ao ministro da Justiça Armando Falcão e, posteriormente, a Petrônio Portela, durante a tramitação do inquérito. Exemplos de entidades signatárias foram National Gay Federation (Dublin), AHA (Berlim), Centre du Christ Liberateur (Paris), AG Lesben & Schwule (Hamburgo), Fuori (Itália), Gay Activist Alliance (Inglaterra), National Gay Task Force (Estados Unidos), entre outras dezenas de agrupamentos. Todas elas, com uma redação mais ou menos igual e quase sempre em inglês, expressavam a "preocupação pela arbitrariedade e dureza destas medidas", requerendo ao ministro que "exer[cesse] sua influência representando os direitos humanos e civis em seu país".[117]

Algumas das cartas eram ainda mais duras e afirmavam: "Como ministro da Justiça, V. Excia. certamente não gostaria de ser alinhado ao lado de Adolf Hitler e Anita Bryant, que, de forma monstruosa, se tornaram culpados da difamação e assassinato de muitos homossexuais inocentes neste século".[118]

O ARQUIVAMENTO DO INQUÉRITO CONTRA O *LAMPIÃO*

Diante da resistência implacável do *Lampião* e da expressiva rede de solidariedade articulada, e depois de mais de um ano de tramitação lenta e angustiante, o inquérito foi arquivado por determinação judicial. Mas para obter essa vitória tão difícil e sofrida foi necessário que a defesa aliviasse a homossexualidade dos editores e da linha política do jornal para não influenciar negativamente o procurador ou o juiz. Essa "timidez" imposta aos homossexuais, até mesmo na hora de sua defesa, é uma das perversidades que a homofobia institucionalizada da ditadura acentuou.[119]

Em seu parecer, o procurador da República Sérgio Ribeiro da Costa analisou o conceito de moral pública e bons costumes de que trata a Lei de Imprensa. Segundo o procurador,

> Filosoficamente moral e bons costumes se confundem, porque a moral é a parte da filosofia que trata dos costumes ou dos deveres do homem. Já a

moral pública tem um conceito absoluto, vale dizer, é a conclusão moral que o público tira de uma determinada conduta. Simplificando, há fatos que pelo seu conteúdo ofendem a moral de todos e outros que ofendem a moral de alguns. A Lei visa, tão-somente, punir os fatos que ofendem a moral de todos — a moral absoluta — e não a moral de alguns — a moral relativa. No caso em exame, a publicação inquinada de ofensiva à moral pública pode ofender a moral de alguém, mas não de todos. Portanto, é relativo e não absoluto o conceito de moral daquele que condena essas publicações. Com efeito, as matérias publicadas no referido jornal referem-se a teses homossexuais, poesias ligadas a temas homossexuais, notícias ligadas ao mundo da homossexualidade, porém todas elas escritas num vocabulário que não atenta à moral pública.[120]

Acrescenta, ainda, o procurador, que inúmeros poemas da literatura universal estavam ligados a "problemas homossexuais", como de Michelangelo e Shakespeare. Tal parecer foi acolhido pelo juiz da 4ª Vara Federal do Rio de Janeiro, Ariosto de Resende Rocha.

Em sua edição de novembro, *Lampião* celebrou a tão esperada vitória em artigo assinado por Aguinaldo Silva e intitulado "Somos todos inocentes":

> Foram doze meses de choro, ranger de dentes e defecções, desde aquele dia, no mês de agosto de 1978, em que chegou uma primeira intimação, em nome de Francisco Bittencourt; tratava-se, como se pode ver — agora que tudo terminou e nós, finalmente, temos acesso ao inquérito — de uma firme determinação do Departamento de Polícia Federal de não apenas fechar o *Lampião*, como também punir os responsáveis por ele.[121]

UM "DIÁRIO OFICIAL DO ATIVISMO GUEI"?

A despeito dos apoios e da vitória na batalha judicial, a crise do jornal foi se aprofundando, tanto pelos efeitos da perseguição institucionalizada da ditadura[122] — que arrefeceu oficialmente após o arquivamento do inquérito — como pela violência crua materializada nas bombas jogadas em bancas que comercializassem os jornais alternativos.[123] Alguns problemas enfrentados por *Lam-*

pião eram, em certa medida, parte das dificuldades presentes em todos os demais veículos da imprensa alternativa. Além disso, havia também uma crise de identidade específica que começava a emergir depois de tanto tempo com uma série de atritos com o movimento homossexual, levando os editores a questionar se ainda e em que medida estavam conseguindo levar adiante o propósito original do jornal, de inovar as formas de pensar as questões das minorias.[124]

Começaram a ganhar mais força, paralelamente às demais questões, as críticas dos grupos homossexuais que acusavam o jornal de um distanciamento das lutas concretas e do ativismo gay. Em novembro de 1980, os grupos Auê, Somos/Rio, Gols/ABC, Bando de Cá/Niterói, GGB/Bahia e Galf entregaram ao jornal um documento reclamando de seu distanciamento e das mudanças que estavam acontecendo.[125]

A cisão no interior do movimento homossexual também colocou em questão a neutralidade do *Lampião* na disputa de concepções de ativismo. O jornal deixou de ser unanimidade e passou a ser constantemente questionado em relação a suas escolhas editoriais e posições políticas.[126] O texto "Teses para a libertação homossexual II", da Facção Homossexual da Convergência Socialista, escrito em setembro de 1980, acusava *Lampião* de arvorar-se na condição de "porta-voz do movimento homossexual", manter uma posição "anarquizante e anti-esquerda", bancando "um papel de frear o crescimento do MH e sua organização política". A crítica foi duramente respondida pelos membros do conselho editorial.[127]

Na edição de agosto de 1980, por exemplo, *Lampião* reagiu à enxurrada de críticas e questionamentos. Aguinaldo Silva, que cada vez mais detinha o controle do jornal, publicou um texto intitulado "Uma cachoeira de grupos gueis", em que demarcava claramente uma distância com o movimento homossexual e afirmava que "não [era] possível, para nós, transformar o *Lampião*, [em] uma espécie de 'diário oficial do ativismo guei'", pois isso restringiria o alcance e as vendas do jornal.[128]

Espremido entre o que considerava ser os interesses inconciliáveis do mercado, de um lado, e os do ativismo gay, de outro, o jornal não conseguia contemplar, satisfatoriamente, nenhum dos dois públicos, pois o primeiro dispunha de outras revistas eróticas e pornográficas em circulação, enquanto os segundos já haviam se afastado. Dividido entre consumismo e ativismo, o jornal ficou sem espaço para continuar.

Ao lado de todas essas determinantes externas, agravaram-se alguns problemas internos quanto ao convívio, cada vez mais desgastado. O esgarçamento das relações acarretado por um racha editorial também convergiu para provocar o fim do jornal. Duas das personagens mais influentes e ativas do conselho, Aguinaldo Silva, no Rio, e Trevisan, em São Paulo, viram suas diferenças tornar-se cada vez mais acentuadas diante da crise do *Lampião*.

Segundo Aguinaldo, "havia um grupo que achava que o jornal devia ser panfletário e não se preocupar em ter uma linguagem jornalística. E isso era um problema, porque um jornal que fosse só ativista acabava limitado. Nas reuniões de pauta, sempre havia discussões árduas em torno dessa questão".[129] A politização da atuação do jornal não era uma questão nova, mas uma divergência constitutiva do próprio *Lampião*, e sempre foi administrada dentro de limites que permitiram a continuidade do projeto com uma pluralidade de posições.

Por sua vez, Trevisan, que tinha um perfil mais assumidamente militante do movimento homossexual, acusava o grupo carioca de desvirtuar o projeto original do jornal, que "começou a tender para um certo sensacionalismo, com chamadas sensacionalistas, para chamar atenção de um público que não estava tão interessado assim".[130] A ida constante ao Rio de Janeiro para as reuniões era desgastante e cara, além do que Trevisan não tinha apoio suficiente dos demais membros em São Paulo para assumir a condução do jornal. Assim, ele atribuiu a si mesmo a iniciativa de ter ido ao Rio exigir que o jornal acabasse, por ter cumprido sua função e ser hora "de passar para outra".[131]

A versão de Aguinaldo foi no sentido de que ele próprio decidira pelo fim do jornal e, ao apresentar sua renúncia como editor, ninguém teria se oferecido para substituí-lo: "Eu atribuo o fim do jornal ao meu cansaço. Quando eu saí do jornal, eu disse: a partir de hoje eu não edito mais, vocês escolham outra pessoa... e ninguém se apresentou para editar, o jornal acabou por isso".[132]

Além disso, as grandes diferenças de interesses e abordagens entre a imprensa "nanica" e a tradicional foram reduzindo, com o passar do tempo, a afirmação dos movimentos identitários. Os veículos da imprensa alternativa provocaram mudanças importantes nos meios de comunicação hegemônicos, pautando temas que eram ignorados ou desprezados pela grande imprensa. Nesse sentido, na opinião de Trevisan, questões de gênero, sexualidade e raça deixaram de ser exclusivos dos órgãos alternativos, o que contribuiu para o esvaziamento de alguns desses jornais: "De repente, a *Folha* começou a ter uma coluna feminista, começou a ter uma coluna sobre racismo, ecologia. Os temas típicos do *Lampião* foram cooptados pela grande imprensa".[133]

O jornal, que havia surgido em um momento de efervescência da abertura política, beneficiou-se de certo ineditismo da proposta e do retorno de exilados com ideias novas trazidas do estrangeiro. Essas novidades comportamentais e artísticas que eclodiram no verão de 1980 foram atingidas em cheio pela crise econômica e inflacionária de 1981, levando à recessão de 1982. Com menos dinheiro e interesse cada vez menor, as vendas do jornal caíram, o que acentuou a sensação de esgotamento do projeto.

Para Glauco Mattoso, colaborador assíduo do jornal, a transitoriedade era uma característica inescapável desse tipo de publicação inovadora e vanguardista, pois "não era um jornal para criar hábito, não era o caso do *Lampião*".[134] Outro fator lembrado no documentário sobre o jornal foi a acusação de abuso de menor que pesava contra Antônio Chrysóstomo, preocupando alguns lampiônicos com uma associação entre pedofilia e homossexualidade.[135]

Em suma, não houve uma única causa capaz de explicar o apagamento do *Lampião da Esquina*. O contexto repressivo da ditadura, que perseguia e ameaçava abertamente os jornalistas, os atentados paramilitares com bombas colocadas nas bancas em que o *Lampião* era vendido, as divergências internas quanto à identidade da publicação em uma conjuntura em franca transformação, o esfacelamento do movimento homossexual em aberto tensionamento com o jornal, a crise financeira e outros problemas pessoais dos conselheiros foram fatores que concorreram para que a mais impactante experiência de imprensa gay chegasse a seu fim, contribuindo também com o declínio do próprio movimento homossexual.

4. A CENSURA EM NOME DA MORAL E DOS BONS COSTUMES

PARA DAR CONTA DAS ESPECIFICIDADES DA REPRESSÃO NA DITADURA,[1] uma parcela relevante da literatura historiográfica demarca uma distinção entre dois tipos de censura: a político-ideológica e a moral.[2] Os argumentos que sustentam a leitura de que havia duas censuras, basicamente, são de que, em primeiro lugar, a censura moral já existia antes mesmo da ditadura. Aliás, é verdade que o Brasil contava já com uma tradição censória dos costumes bastante antiga e que se manifestou em diferentes períodos da história política e cultural do país, inclusive naquele considerado democrático, entre 1945 e 1964. Foi nos anos 1940, por exemplo, que se criou o Serviço de Censura de Diversões Públicas (SCDP), responsável pela censura das "diversões públicas" (teatro, cinema, música, rádio, casas de espetáculo, entre outros) e que, em 1972, já sob a ditadura militar, se tornou a Divisão de Censura de Diversões Públicas (DCDP). Subordinado ao ministro da Justiça Alfredo Buzaid dentro da estrutura do Departamento de Polícia Federal, o órgão tinha função de "assessoria técnico-policial", conforme previsão do decreto nº 70665, de 2 de junho de 1972.

Portanto, o controle voltado a espetáculos e diversões públicas era exercido a partir de um marco normativo claro que concentrava esses poderes nas mãos de um órgão bem definido na administração pública. Havia técnicos de censura, carreira estruturada, concursos públicos para seleção de profissionais, escritórios regionais vinculados a uma gestão central e uma série de leis e atos administrativos que respaldavam essa estrutura censória abertamente organizada e atuante, sobretudo durante a ditadura.

Outro aspecto a acentuar a especificidade relativa dessa modalidade de controle foi o fato de que existia não apenas uma tolerância, mas um suporte efetivo da população, que, com entusiasmo, defendia esses procedimentos, pedindo, muitas vezes, o endurecimento da censura moral. Foram numerosas as cartas solicitando às autoridades para que policiassem melhor e mais rigorosamente a programação da televisão, as revistas e os jornais que estavam expostos nas bancas, os livros em circulação, os filmes exibidos nos cinemas e as peças de teatro em cartaz por todo o país.[3] Esse clamor popular por mais censura tinha, como contrapartida, um certo orgulho institucional da parte do governo e dos agentes públicos envolvidos na tarefa de assegurar a integridade moral e as expectativas desses setores da sociedade. Diferentemente da censura política, que tinha um certo ônus para o governo, a repressão moral não era negada pelas autoridades, tampouco precisava ser clandestina ou escamoteada; antes, era franca e aberta.

De fato, política e moral não são redutíveis uma à outra. A despeito de intimamente implicadas, trata-se de esferas da vida que guardam relativa autonomia entre si, estruturadas com códigos e funções próprios. Em termos bem concretos, por exemplo, a perseguição política a um jornalista considerado subversivo porque acusado de "comunista" era diferente, sob variados aspectos, das formas de repressão dirigidas a um outro jornalista acusado de violar "a moral e os bons costumes". Na primeira situação, pode-se mencionar o caso Vladimir Herzog, morto em 1975 sob a versão oficial de "suicídio". Pelas conexões da censura político-ideológica com os órgãos de segurança da repressão, não bastava calar sua voz, era necessário exterminá-lo fisicamente. Já no segundo caso ocorrido no mesmo período, em 1976, Celso Curi foi processado por violação à "moral e aos bons costumes" por conta da sua "Coluna do Meio", voltada para homossexuais, e acabou perdendo seu emprego no jornal *Última Hora*, mesmo tendo sido, posteriormente, absolvido na Justiça. Os danos profissional e moral causados são inquestionáveis, mas sua integridade física foi preservada.

Esses dois casos que envolvem o controle da liberdade de expressão e de atuação política, guardadas as devidas proporções, ilustram bem as possíveis diferenças de compreensão entre moral e política sob os olhos do regime autoritário.

Contudo, a despeito dessas particularidades, toda censura tem uma dimensão política inegável. Afinal, é da própria definição do processo censório impedir a produção de determinadas informações, restringir a liberdade de pensamento e de expressão, colocar obstáculos para que opiniões circulem no espaço público e acabar, com essa vocação autoritária, impondo uma visão única sobre assuntos complexos e que deveriam comportar uma pluralidade de perspectivas. Trata-se, portanto, de um ato essencialmente político. Além do mais, toda censura moral e dos costumes de uma sociedade também possui um aspecto intrinsecamente político de policiamento de condutas, de limitação das liberdades, de sujeição de corpos, de controle de sexualidades dissidentes, de domesticação dos desejos e mesmo de restrição às subjetividades de modo mais amplo.

Dessa maneira, ainda que faça sentido distinguir os padrões, mecanismos, objetivos, alvos próprios das censuras moral e política, é preciso cautela para não assumir, acriticamente, uma divisão que foi construída pela própria ditadura com o efeito de "despolitizar" a censura moral, apresentá-la como a-histórica e, assim, terminar justificando sua legitimidade naquele contexto. Essa foi uma estratégia de setores que sustentavam a censura moral nos estertores da ditadura inclusive, como se verá mais adiante.

Buscamos aqui compreender justamente as conexões internas e fluidas entre esses dois palcos nos quais se desenrolou a ação repressiva contra a nudez, a pornografia, a sexualidade, as representações homoeróticas e as transgeneridades. O esforço a ser feito, portanto, é no sentido não de dissociar política e moral, mas, antes, de analisar os modos de politização da moralidade e dos costumes, verificando como eles transitaram entre ambas as instâncias censórias no projeto global de controle imposto pelo regime autoritário.

Tal tarefa demanda um olhar voltado tanto para a ideologia quanto para a prática concreta da ditadura, na prevenção e na repressão das condutas tidas como indesejáveis ou inaceitáveis. Assim, a análise não deve perder de vista como a estrutura censória esteve alinhada a um propósito mais geral de regular uma política da sexualidade, ainda que com suas importantes diferenças e tensões internas que minavam a pretensão totalizante de um Estado monolítico que nunca existiu.

Assumir essa perspectiva que privilegia mais as aproximações do que os distanciamentos entre as duas censuras não significa ceder à tentação de colocar a moral a serviço da política. Alguns estudos sobre a relação do Estado ditatorial com as esferas de sexualidade, gênero, corpo, drogas e costumes tendem a restringir essas diferentes dimensões da vida "privada" a uma chave exclusiva do anticomunismo e da doutrina da segurança nacional. Todas essas questões de ordem moral, sob tal perspectiva, não passariam de um apêndice da problemática mais ampla e central da política ideológica do regime.

É verdade que o sentimento anticomunista foi intensamente mobilizado para caracterizar a subversão moral como um artifício ardiloso do movimento comunista internacional para minar as instituições ocidentais.[4] De acordo com essa ótica, atentar contra a moral e os bons costumes seria menos um fim em si mesmo e mais uma tática insidiosa, no bojo de uma "guerra psicológica adversa" para promover uma revolução anticapitalista por meio do enfraquecimento dos pilares da sociedade brasileira: a religião cristã e a família.

Exemplo típico dessa postura é a própria posição do ex-ministro da Justiça Alfredo Buzaid, segundo o qual

> o Estado se viu na contingência de executar [a legislação repressiva], a fim de preservar a integridade da família brasileira e a sua moralidade tradicional, combatendo destarte o comunismo internacional, que insinua o amor livre para dilacerar as resistências morais da nossa sociedade.[5]

Ainda que tenha sido mesmo bastante convincente no contexto da Guerra Fria e atingido um grande alcance no Brasil, essa visão de mundo foi produzida e propagada, sobretudo, por alguns setores específicos da plêiade de grupos civis e militares que se uniram em torno dos "ideais da revolução de 1964". Nomeadamente, foram sobretudo os ideólogos egressos da Escola Superior de Guerra (ESG) e os agentes públicos vinculados à comunidade de informações, muitos designados como pertencentes à "linha dura",[6] que travavam uma batalha incessante, no interior desse bloco de poder, para fazer triunfar essa perspectiva reducionista.

Não à toa, os relatórios de monitoramento dos meios de comunicação e das artes sempre destacavam, nas informações militares, a dimensão estritamente "psicossocial" da propaganda comunista, dentre outras frentes subversivas, como a trabalhista e a estudantil.

No entanto, não há evidências de que essa perspectiva tenha sido a predominante, por exemplo, no interior do SCDP. Ali, assim como nas numerosas cartas enviadas por cidadãos comuns ao presidente ou aos órgãos censórios pedindo um endurecimento do controle moral, nota-se que a preocupação com a liberalização dos costumes não se subordinava à luta contra o comunismo. Antes, refletia uma postura reativa e algo defensiva em relação às profundas mudanças causadas pela revolução sexual em curso dentro e fora do país.

Mães preocupavam-se com seus filhos, expostos a revistas pornográficas nas bancas de jornais, famílias se indignavam com as telenovelas com cenas eróticas invadindo seus lares, religiosos se revoltavam com setores cada vez mais amplos da juventude buscando prazer fácil e fugaz nas tentações mundanas. Mães, famílias, religiosos e outros cidadãos não agiam, necessariamente, por repulsa à ameaça comunista, mas antes por um sentimento quase atávico de proteção dos papéis sociais e dos valores tradicionais que cultivavam diante das mudanças culturais que estavam no horizonte.[7]

Desse modo, não é adequado reduzir todo o conservadorismo moral então em voga, animado por diferentes discursos e atores, com suas múltiplas causas e manifestações, a um mero desdobramento da paranoia anticomunista dos órgãos de informação e segurança. Este foi um dentre outros tantos vértices de produção de verdades no âmbito de um sistema repressivo complexo, ainda que fosse bastante influente, no conjunto, diante da militarização crescente da gestão política. Se é verdade que todos esses segmentos se unificavam em torno do pleito por uma censura moral mais rigorosa, ao mesmo tempo cada um deles apresentava um diagnóstico e uma justificativa próprios para vocalizar suas demandas.

Os princípios que fundamentaram a posição do regime foram materializados em diplomas normativos que estabeleceram critérios para o controle político e moral das artes e das comunicações no país. A partir da análise desse aparato legal, é possível perceber que a ditadura exerceu sua violência não em um contexto de *anomia*, mas de uma *hipernomia*. Isto é, não se tratava apenas de opor um estado de fato ao de direito, ou de sobrepor a lei pela força, mas de manipular um emaranhado legislativo e administrativo de acordo com os interesses políticos do regime em cada uma de suas fases.

Assim, a ditadura valeu-se de estruturas que já vinham enraizando culturalmente uma tradição censória de largo fôlego. O marco mais contemporâneo da censura de costumes e que deixou herança mais visível na mais recente ditadura brasileira foi, sem dúvida, a década de 1940. Naquele momento foi instituído um padrão regulatório mais detalhado, materializado sobretudo no decreto nº 20 493, de 24 de janeiro de 1946. Esse diploma legal foi editado logo após o governo autoritário de Getúlio Vargas e serviu de alicerce para a construção da política censória da ditadura no campo dos costumes ao regulamentar o funcionamento do organismo responsável pela censura.

É impositivo observar como a censura moral se intensifica com o golpe, politizando-se ao extremo e passando a operar em outro patamar, já atrelada a um sistema de repressão mais coerente, ramificado e ostensivo. Do mesmo modo como ocorreu em relação a diversas outras instituições, normas legais, órgãos da administração pública e agências estatais preexistentes ao golpe de 1964, a ditadura ressignificou profundamente tais heranças, instrumentalizando-as e enquadrando-as a partir das finalidades "revolucionárias" do estado de exceção.

Dentre as medidas de "modernização" implementadas pela ditadura, destacaram-se a centralização da estrutura censória e sua aproximação com a comunidade de informações, a maior profissionalização dos técnicos dessa agência governamental, com treinamentos específicos para formação e exigência de diploma de nível superior, bem como a contratação de novos quadros para garantir maior agilidade e eficiência a esse serviço público. Tais medidas figuravam-se necessárias para adaptar a estrutura censória a uma indústria cultural que se afirmava e crescia significativamente desde a década de 1960.

Somente com a federalização e a centralização da censura, por força da Constituição de 1967, com a consagração do SCDP no aparato policial e com sua crescente valorização como dimensão de controle social imprescindível no contexto da "guerra psicológica adversa", é que o órgão assumiria maior relevância e teria melhores condições de atuação, incorporando cada vez mais competências e ganhando cada vez mais prestígio.

O advento da Carta Magna desenhada e implementada pelo regime trouxe consigo a lei nº 5250, de 9 de fevereiro de 1967, também conhecida como "Lei de Imprensa".[8] O objetivo desse diploma normativo era institucionalizar as restrições à liberdade de expressão e de informação, consolidando o regime autoritário do ponto de vista do controle da imprensa e da opinião pública. Assim, eram previstas penalidades mais severas para os profissionais do jornalismo acusados de atentar contra os valores consagrados pelo regime vigente, podendo chegar, em caso de reincidência, até mesmo à suspensão da impressão, circulação ou distribuição do jornal ou periódico,[9] o que resultaria na extinção dos registros da marca comercial e na denominação da empresa editora e do periódico em todos os foros e cartórios (Art. 62, § 4º).

Para que tal repressão fosse ainda mais facilitada e excluída de apreciação judicial, em 20 de março de 1969 foi editado o decreto-lei nº 510, prescrevendo que, "quando a situação reclamar urgência, a apreensão poderá ser determinada, independentemente de mandado judicial, pelo ministro da Justiça e Negócios Interiores". Assim, todos os ritos e processos judiciais previstos se tornavam inócuos diante de tal exceção, que centralizava ainda mais poder nas mãos do Executivo.

Não era só na imprensa que se notava a escalada repressiva. No plano infraconstitucional, alterações legislativas já indicavam o endurecimento também da censura das diversões públicas. Poucos dias antes da outorga do AI-5, foi baixada a lei nº 5536, de 21 de novembro de 1968, que dispunha sobre a censura de obras teatrais e cinematográficas, prevendo também a criação do Conselho Superior de Censura, que demoraria mais de uma década para ser implementado efetivamente.[10]

De acordo com essa legislação, qualquer obra que caracterizasse ofensa a referências vagas e abstratas como "ordem e decoro públicos", "bons costumes", "segurança nacional", "regime representativo e democrático", "coletividades", "religiões", ou mesmo incentivasse "preconceitos de raça ou de luta de classes" poderia ser enquadrada nos tipos legais genéricos que respaldavam a censura.

No entanto, a própria lei impunha parâmetros para a análise censória que, a rigor, não eram observados na prática cotidiana. O art. 4º, por exemplo, prescrevia que as obras deviam ser analisadas em seu contexto geral, sendo vedado isolar trechos ou mesmo formular recomendações críticas.[11] Isso não acontecia na maior parte das vezes, quando os censores não apenas se conclamavam como arautos da moral, mas também como profundos conhecedores das linguagens artísticas com as quais trabalhavam.

Mas, no campo dos costumes, o principal marco de sustentação da legalidade autoritária foi a alteração feita ao artigo 153, parágrafo 8º, da Constituição, por meio da emenda constitucional nº 1, de 17 de outubro de 1969. Não seria exagero afirmar que esse dispositivo se tornou o vértice normativo de reordenação de todo o emaranhado de leis, decretos, atos administrativos e regulamentos preexistentes, aos quais foram sendo agregadas novas regras.

A preocupação quase obsessiva da ditadura em justificar suas práticas em algum lastro de legalidade, ainda que bastante rarefeito, é o que explica a profusão de dispositivos normativos com o intuito de racionalizar o uso puro e simples da força bruta contra os opositores políticos.

O uso instrumental do direito como forma de controle social e político por um poder autoritário certamente não foi uma invenção brasileira, mas teve destaque especial na ditadura de 1964, que prezou formas de escamotear o arbítrio por trás da aparência de normalidade das instituições jurídicas. A manipulação das leis, materializada por uma combinação peculiar de repressão judicial e extrajudicial, constituiu a tônica do processo de endurecimento político operado pelo regime autoritário instaurado em 1964.[12]

Muitas vezes, o texto legal não passava de ficção inteiramente ilusória, sem correspondência com a realidade. Em outros momentos, a mudança jurídica teve por objetivo inaugurar um novo flanco dentro do qual a repressão podia operar imune a controles de outros poderes ou das críticas da opinião pública.

Assim, no que se refere ao controle moral, a constitucionalização da escalada repressiva, verificada no pós-1968, vem tanto formalizar os atos que já vinham sendo praticados sem amparo como lançar as bases para potencializar uma restrição ainda maior das liberdades públicas. É o que se depreende da leitura do art. 153, § 8, após a modificação feita em 1969 pela junta militar:

> Art. 153. A Constituição assegura aos brasileiros e aos estrangeiros residentes no País a inviolabilidade dos direitos concernentes à vida, à liberdade, à segurança e à propriedade, nos termos seguintes:
>
> § 8º É livre a manifestação de pensamento, de convicção política ou filosófica, bem como a prestação de informação independentemente de censura, salvo quanto a diversões e espetáculos públicos, respondendo cada um, nos termos da lei, pelos abusos que cometer. É assegurado o direito de resposta. A publicação de livros, jornais e periódicos não depende de licença da autoridade. *Não serão, porém, toleradas a propaganda de guerra, de subversão da ordem ou de preconceitos de religião, de raça ou de classe, e as publicações e exteriorizações contrárias à moral e aos bons costumes* [grifo nosso].[13]

Em 1970, Alfredo Buzaid, catedrático da Faculdade de Direito da Universidade de São Paulo (USP), ex-reitor da mesma universidade e então ministro da Justiça do governo Médici, escreveu uma das mais detalhadas argumentações jurídicas e políticas para dar concretude à "defesa da moral e dos bons costumes" com base nesse dispositivo constitucional.[14] Essa fórmula tão vaga, por conta mesmo de sua indeterminação, talvez tenha sido a mais perfeita síntese do programa conservador da ditadura no campo dos costumes, entretenimento, propaganda e censura.

Buzaid, como jurista conservador que era, sabia manejar bem as estruturas normativas para conferir, ao sabor da conveniência de cada conjuntura, o conteúdo concreto desse operador ideológico do regime. Recorrendo ao direito comparado, inclusive situando algumas experiências internacionais sobre o tema, com citação de autores estrangeiros de regimes autoritários europeus, sem deixar de sublinhar a especificidade da ditadura brasileira, sua análise esmiúça todo o conjunto de normas constitucionais e infraconstitucionais que desenham a regulação sexual então vigente.[15] Para ele, esse artigo evidencia que a moralidade pública merece o mesmo tratamento que as subversões políticas.[16]

Sobre a objeção de que inexistia uma conceituação exata de "matéria contrária à moral e aos bons costumes", o próprio Buzaid reconhecia que "nem a Constituição, nem o decreto-lei, nem a portaria a defin[ia]m". Contudo, ponderava ele que, "quando a lei não formula uma definição, compet[ia] à doutrina elaborá-la".[17]

Apesar de citar autores vinculados à cultura penal fascista, ele tentava claramente afastar-se de eventuais acusações de complacência com o autoritarismo, frisando que ao contrário da "Rússia marxista", da "Alemanha hitlerista" e da "Itália fascista", países que haviam colocado a imprensa a serviço de seus regimes políticos, "no Brasil, o Estado interv[inha] no domínio da moral pública em nome dos princípios cristãos, reprovando o ultraje ao decoro, a dissolução da família e o desfibramento da juventude".[18]

Assim, em nome dos princípios cristãos, do decoro público, da família e da salvaguarda da juventude, tudo parecia ser legal e permitido. Até mesmo uma modalidade de "repressão preventiva", como a censura prévia que seria instaurada, pela pena do próprio Buzaid, com o decreto-lei nº 1077, de 26 de janeiro de 1970.[19] Editado durante o recesso do Poder Legislativo, tinha o objetivo de regulamentar a execução do artigo 153, § 8º, parte final, da Constituição da República, provendo as autoridades públicas de mais instrumentos para a efetivação da censura com respaldo legal. Ao lado do decreto nº 20943, de 1946, e da lei nº 5538 de 1968, ele formou o tripé regulatório[20] da censura e se tornou a principal referência normativa para os órgãos por ela responsáveis durante a ditadura de 1964.

Percebe-se bem a lógica que orientou o raciocínio da comunidade de informações e dos órgãos de censura quanto aos temas morais, vistos como duplamente ameaçadores: primeiro, porque afrontavam o que se poderia considerar como uma dimensão ética do pacto social imposto pela ditadura, e depois porque, ao mesmo tempo, representavam uma das artimanhas dos "subversivos" para atacar a integridade do país e a segurança nacional.

Um dos pontos mais polêmicos e controversos da intervenção governamental na seara cultural foi instituído por esse decreto-lei. Tratava-se de uma modalidade de controle que ficou conhecida como "censura prévia" por permitir que publicações fossem proibidas mesmo antes de serem dadas a público.[21] Assim, o artigo 2º garantia ao ministro da Justiça, por meio do Departamento de Polícia Federal, a prerrogativa de "verificar, quando julgar necessário, *antes da divulgação de livros e periódicos*, a existência de matéria infringente [grifo nosso]" à moral e aos bons costumes. E o ministro poderia, mesmo que em sede de apreciação administrativa e sem garantia de defesa ou de contraditório, proibir "a divulgação da publicação e determinar a busca e a apreensão de todos os seus exemplares", conforme previa o art. 3º.[22]

Não bastasse o decreto-lei 1077, o ministro da Justiça Alfredo Buzaid baixou a portaria 11-B, em 6 de fevereiro de 1970, e a instrução nº 1-70, de 24 de fevereiro de 1970, com o objetivo de deixar claro que estariam subordinadas à verificação prévia "tão somente as publicações e exteriorizações que cont[ivessem] matéria potencialmente ofensiva à moral e aos bons costumes". Assim, o art. 1º da referida instrução esclarecia que "est[avam] isentas de verificação prévia as publicações e exteriorizações de caráter estritamente filosófico, científico, técnico e didático, bem como as que não versa[ssem] temas referentes a sexo, moralidade pública e bons costumes".[23]

É importante registrar que, nos termos do art. 6º do decreto-lei, além do controle administrativo bastante contundente e ostensivo, poderia também haver a intervenção do sistema de justiça (Ministério Público e Judiciário) em relação aos mesmos fatos atentatórios à moral e aos bons costumes, especialmente com fundamento na Lei de Imprensa já mencionada. Agências e instâncias distintas, dessa forma, superpunham-se em uma complexa rede de contenção para neutralizar os alegados efeitos deletérios que a livre sexualidade, a pornografia, o erotismo e outras manifestações, consideradas atentatórias à moral e aos bons costumes, provocavam.

O descompasso entre as linhas regulatórias originárias da censura moral da década de 1940 e o cenário emergente de produção cultural em escala industrial impunha uma permanente dificuldade para o policiamento ético de uma sociedade em intensa transformação. E embora seja da própria essência do direito um certo atraso em seu encontro com a realidade, tal descompasso era potencializado em se tratando de um intento de regulação moral de uma área tão dinâmica e em fluxo constante como a cultura.[24]

Não obstante, a aparente inconveniência de uma legislação ultrapassada, repleta de ambiguidades normativas e outras tantas fórmulas genéricas, era uma vantagem para ampliar a margem discricionária das autoridades na aplicação do direito. Isso porque a atividade hermenêutica dos tipos legais reservara ao intérprete uma considerável autonomia em reconstruir a dimensão normativa do texto a ser aplicado, sobretudo quando bastante abstrato e vago, como eram as restrições de ordem moral.

Assim, esse contexto possibilitaria que a censura usasse e abusasse de um emaranhado de leis e de normas com o propósito de legitimar suas ações. A roupagem legal tornou-se fundamental para assegurar a sobrevida a uma atividade tão nitidamente autoritária como a imposição de sanções à produção cultural.

A CENSURA NA PRÁTICA

As cifras sobre o alcance da censura nas diversas linguagens artísticas ainda não têm contornos precisos diante das dificuldades de contabilizar um fenômeno que teve grandes dimensões e que nem sempre deixa rastros documentados. De todo modo, para uma visão ampla de conjunto, segundo o jornalista Zuenir Ventura, nos dez anos de vigência do AI-5 foram censurados "cerca de 500 filmes, 450 peças de teatro, 200 livros, dezenas de programas de rádio, 100 revistas, mais de 500 letras de música e uma dúzia de capítulos e sinopses de telenovelas".[25]

Mesmo que subestimados, esses números refletem uma aproximação realista do controle moral das artes, das comunicações e das diversões públicas. Mas um olhar qualitativo por detrás dessas cifras pode revelar os detalhes do funcionamento da atuação censória.

TELEVISÃO

Os programas televisivos, especialmente os de auditório e as novelas, recebe-ram especial atenção da censura contra a exposição de comportamentos sexuais e de gênero não normativos. Isso se deu graças ao alcance significativamente maior que a televisão já vinha conquistando em relação aos demais meios de comunicação. Apesar de relativamente recente à época da ditadura, a televisão, com a popularização progressiva da tecnologia a partir dos anos 1970, assistiu a um crescimento expressivo no número de aparelhos nas residências brasilei-ras, e as novelas já ocupavam um lugar de destaque na formação dos costumes das camadas urbanas.

Segundo Rita Colaço, o projeto engendrado pelas emissoras de televisão para formação e consolidação do telespectador brasileiro voltava-se especialmente para as camadas mais pobres da população, tanto pela aposta na expansão do número de domicílios com televisores como pela escassez de outras opções de entretenimento para esse público. Para massificar a audiência, a programação exibida apontava para o apelativo, apropriando-se de aspectos da cultura subal-terna, mas explorando, sobretudo, atrações vistas como aberrações, deforma-ções patéticas ou ridículas.[26] Homossexuais, assim, deviam vestir o figurino de pessoas debochadas, expansivas, espalhafatosas, histéricas, fúteis, com trejeitos exagerados e uma língua ferina.

A presença de homens com trejeitos considerados femininos e mulheres com comportamentos vistos como masculinos enquadrava-se exatamente na categoria de diversão de "clowns" e foi algo perseguido desde os primeiros anos da programação televisiva. Prova disso é que, já em 24 de abril de 1969, o ofício nº 231/69-SCDP enviado pelo chefe da censura federal, Aloísio Muhlethaler de Sou-sa, ao juiz de menores do estado da Guanabara, dr. Alírio Cavallieri, registrava as providências tomadas, por exigência deste, para que os homossexuais não fos-sem exibidos na programação televisiva. Ao que o chefe da censura respondeu ao magistrado: "Em atenção ao ofício nº 174/G de 31/3/69, em que nos solicita me-didas cabíveis no sentido de serem retirados dos programas de TV da Guanabara, os quadros em que exploram a figura do homossexual, temos a grata satisfação de informar a V. Sa. de que tais providências foram tomadas".[27]

Não se tem registro da continuidade da correspondência para descobrir quais foram as providências tomadas. Mas o mesmo tipo de cobrança se verificou em diversos outros momentos da ditadura, tendo havido sempre uma marcada preocupação com o alcance da influência da televisão, que logo se tornou o meio de comunicação de massa por excelência no país.

Desde a primeira hora, os programas de auditório lograram um grande sucesso de público na televisão brasileira. No dia do descanso em família, aos domingos, diversas emissoras concorriam com atrações nesse formato, com show de calouros, dançarinas, quadros de humor e interação com a plateia. Uma marca característica desses programas era a participação de jurados, que divertiam a audiência com suas opiniões. Neles, sempre havia algumas personagens caricaturizadas e com lugar cativo: o homem com perfil mau, o pretenso erudito, a senhora bondosa e, em especial, o homem efeminado e com trejeitos. Como, nesse momento da televisão, a representação estava condicionada a determinados estereótipos e seus efeitos na audiência, é curioso notar que não havia o mesmo espaço para mulheres masculinizadas e que, em se tratando dos homens, o mais importante não era necessariamente que fossem, mas sobretudo que parecessem homossexuais, pois a associação ao universo do feminino já era suficiente para produzir o estranhamento esperado independentemente da sexualidade.

Três desses homens efeminados tornaram-se figuras recorrentes na programação dos principais canais de televisão, trabalhando junto dos apresentadores Chacrinha, Silvio Santos e Flávio Cavalcanti e ajudando-os a angariar elevados níveis de audiência e anunciantes: Clodovil Hernandes, costureiro das mulheres das classes mais abastadas; Clóvis Bornay, famoso por suas participações performáticas em concursos de fantasias carnavalescas; e Dener Pamplona de Abreu, também costureiro e estilista. Um menos famoso, mas que também apareceu nos programas do Chacrinha e Silvio Santos, foi o cabeleireiro Antônio Carlos.

Entretanto, a presença deles não duraria muito tempo dentro dos lares das famílias brasileiras. Uma comoção foi despertada em diversos setores mais conservadores da sociedade. No Legislativo, por exemplo, medidas foram propostas para lidar com a questão. Em 1972, o deputado estadual paulista Januário Mantelli Neto chegou a apresentar projeto de lei na Assembleia Legislativa (Alesp) "proibindo a apresentação de homossexuais em programas de tv em todo território nacional".[28] Ele teria recebido, conforme noticiou a *Folha de S.Paulo* a 28 de abril daquele mesmo ano, comunicação oficial do governo federal registrando que "ser[ia] proibida a partir [daquela data] a apresentação de homossexuais em programas de televisão no Brasil", razão pela qual Mantelli Neto se vangloriava por ter "iniciado essa luta". Segundo ele, "as autoridades federais souberam compreender a necessidade de defender a família brasileira".[29]

Reverberando a mobilização contra os efeminados, a revista *Veja* noticiou, em abril de 1972, que os "trejeitos" tinham seus dias contados na televisão brasileira: "A guerra está declarada e já fez a primeira vítima: Clóvis Bornay". O famoso carnavalesco foi afastado do *Programa Silvio Santos* e, com um "fulminante bilhetinho", da Rede Globo, por "sugestão" da censura. A ordem era apenas para "desarmá-lo" de seus trejeitos, mas, sem estes, ele "não tinha função no júri". E a revista acrescentava que "um cerrado bombardeio moralista visa[va] a desalojar dos programas de auditório (onde [haviam se tornado] figuras obrigatórias ultimamente) todos os militantes dos 'trejeitos'".[30]

Veja também abordou o caso do programa *Dener É um Luxo*, da TV Itacolomi, de Belo Horizonte, que enfrentava a pressão da Liga das Senhoras Católicas. Segundo Anael Pacheco,[31] comissário de menores que pediu ao Conselho de Censura do Juizado de Menores a proibição da apresentação do costureiro na TV, "seus maneirismos, sua falta de masculinidade [eram] prejudiciais à formação moral da infância e da juventude". Apesar de Dener tentar "controlar seus gestos", para ele e seus "colegas de estilo", o "comedimento é o suicídio, que lhes custa o interesse, a audiência e o emprego".[32] Ou seja, ruim com os trejeitos, pior sem eles.

Um mês depois, o ministro das Comunicações, Higino Corsetti, efetivamente anunciou que se reuniria com seus pares da Justiça, Alfredo Buzaid, e da Educação, Jarbas Passarinho, para aprovar um pacote de "normas de conduta" da TV, com o objetivo de elevar a qualidade da programação, em especial dos programas de auditório. Além de sugerir a autocensura na televisão, ele adiantou que sua proposta consistia em buscar um "alto nível de moralidade", proibindo "situações que exalt[assem], direta ou indiretamente, o erotismo, o alcoolismo e as inversões sexuais".[33]

A revista ainda registrava que "como aparentemente até [aquele momento] as emissoras não mostraram o discernimento desejado pelo ministro", houve uma "solicitação de Brasília para retirar do ar dois exemplos do que é mau", referindo-se a Clodovil, que participava do júri da *Hora da Buzina*, e de Dener, que já havia sido demitido do programa de Flávio Cavalcanti e, em seguida, foi também da emissora mineira Itacolomi.[34]

O desgaste imposto a essas figuras por setores conservadores da sociedade era inevitável e contava com os órgãos repressivos. Um episódio bastante sintomático foi a escolha de Dener para paraninfo de formatura de uma turma do curso de jornalismo da Universidade Católica de Pernambuco, o que motivou revoltas em diferentes instâncias. Um professor da universidade, José Rafael de Meneses, renunciou a seu cargo ao receber a notícia. Logo, ele foi prontamente aplaudido em sua conduta pelo deputado Severino Cavalcanti (Arena-PE), que criticou o fato de os estudantes homenagearem o "famigerado" costureiro que "jornalistas do País luta[ram] para expulsar da televisão, onde ocupa[va] o lugar de um profissional competente, que trabalha[sse] com dignidade para sobreviver e que se v[ia] preterido por um figurinista estriona".[35] O documento da repressão, a pretexto de analisar a homenagem a Dener, foi além e apontou que

> [vinha causando] estranheza a liberalidade da Censura Federal com o assunto e não se compreend[ia] que a competição por pontos do IBOPE justifi[casse] a invasão dos lares por essa "estranha fauna", uma vez que, na programação nobre de Domingo, o telespectador fica[va] com as alternativas de CLOVIS BORNAY, no "Programa SILVIO SANTOS", DENNER, no "Programa FLAVIO CAVALCANTI", ou o costureiro CLODOVIL, na "Buzina do CHACRINHA". Além da masculinidade em dúvida dos citados personagens, confirmada pelos trejeitos femininos, expressões faciais duvidosas e voz em falsete, procura[va]-se apresentá-los como "entendidos", "sumidades" etc., criando em torno dos mesmos uma imagem socialmente aceita e respeitável.[36]

Para arrematar, cobrava-se uma postura mais dura da censura contra aquela "estranha fauna".

Contudo, não só os homossexuais foram afetados pela homofobia na televisão. Depois de vinte anos garantindo uma das maiores audiências da televisão brasileira, o apresentador Abelardo Barbosa, popularmente conhecido como Chacrinha, teve seu contrato com a TV Globo rompido no dia 6 de dezembro de 1972. A direção da emissora alegou que a ruptura se deveu ao fato de que foi exibido, no programa, um "afeminado". Em comunicado, a emissora argumentou:

> a Globo manterá o seu compromisso com o governo de se manter dentro do código de ética. Não permitiremos que personalismos rompam o acordo assinado por todas as emissoras. Se outros animadores não obede-

cem, nós obedeceremos. Manteremos nossa programação dentro de regras morais, dentro da ética e dentro dos bons costumes.[37]

O apresentador chegou a ser pessoalmente advertido pelo diretor José Bonifácio de Oliveira Sobrinho, o Boni. Segundo a versão de Chacrinha, contudo, a motivação da rescisão contratual deveu-se à mudança do horário de seu programa por cinco vezes consecutivas.[38]

Assim, a vigilância postulava que toda exposição das homossexualidades teria o efeito automático de divulgar, fazer "apologia" ou "propaganda" de um comportamento sexual tido por "anormal". A orientação, então, era, em primeiro lugar, pela interdição do tema. No entanto, mais tarde, com o enfraquecimento dos mecanismos censórios e diante da impossibilidade de silenciar uma forma de amor e de afeto que teimava em dizer seu próprio nome, sobretudo no contexto da inevitável liberalização dos costumes, a ditadura se empenhou em dirigir a produção e a circulação de discursos em torno da moralidade sexual.

Nesse sentido, mais tarde, o ofício nº 221/79-DCDP, de 12 de junho de 1979, enviado por José Vieira Madeira, diretor da DCDP, para Mauro Borja Lopes, diretor-executivo da Central Globo de Produções, estava menos orientado em vetar e mais alinhado com a diretriz de modular a exibição de acordo com a régua moral do regime. Após reexame da clássica peça de teatro *Um gosto de mel*, de Shelagh Delaney, que seria apresentada como espetáculo da série Aplauso, o censor autorizou que o programa fosse veiculado desde que

> [fossem] observadas as seguintes recomendações: 1. Que se evit[assem] detalhes inconvenientes na gravação da relação sexual [...] e 2. Que a atuação dos personagens que representarão a prostituta e o homossexual [fosse] a mais discreta quanto possível de modo a não colidir com o horário (22.00 hs) e com o tipo de veículo (televisão).[39]

Essa peça deu origem ao filme homônimo sobre a história de uma filha abandonada pela mãe e que, após conhecer um marinheiro, acaba engravidando e sendo também deixada por ele. Não se tratava de apelo pornográfico ou homoerótico.

De todo modo, buscava-se atenuar, de um lado, a exibição de conteúdos demasiado explícitos e, de outro, impunha-se que "desajustes sexuais" fossem disfarçados ou, ao menos, apresentados de modo discreto para não causar impacto negativo na audiência daquele horário, ainda que noturno.

Essas diretrizes, nem sempre formalizadas, colaboraram enormemente para formatar, ou mesmo reforçar, uma mentalidade pautada na discriminação. Uma pesquisa sobre questões sexuais foi exibida no programa *Fantástico*, da TV Globo, em um domingo de junho de 1978. Dentre as diversas questões respondidas pelos entrevistados que participaram do levantamento, uma das mais polêmicas foi a relacionada ao "homossexualismo".[40] Na ocasião, perguntava-se "o que o brasileiro pensa[va] sobre o homossexualismo, tanto do homem como da mulher?". As respostas foram: 25% consideram uma doença, 19% culpa da falta de orientação dos pais, 18% um produto do desajuste do mundo de hoje e 11% uma falta de vergonha. Além disso, mais da metade dos entrevistados considerou o homossexualismo muito chocante, especialmente o masculino.

João Antônio Mascarenhas atribuiu à censura esse resultado nada favorável aos homossexuais, uma vez que ela impedia uma discussão mais aberta e informada sobre assuntos tidos como tabus. Ele afirmou, em texto publicado no periódico *Lampião da Esquina*, que se devia lamentar a inexistência de debates dos problemas expostos, embora "não [pudéssemos] responsabilizar a emissora pela ocorrência; a culpa cab[ia] à rigorosíssima censura que pesa[va] sobre a rádio e a televisão".[41]

Nesse sentido, tornara-se cada vez mais comum o envio de cartas de cidadãos indignados ao ver suas casas "invadidas" por uma programação televisiva com a qual eles não concordavam ou que conflitasse com os valores pessoais das suas famílias. Por exemplo, em 27 de maio de 1985, o policial militar reformado Geraldo Francisco Neves escreveu, desde Contagem (MG), uma carta para o superintendente da Polícia Federal em Brasília reclamando da telenovela *Um sonho a mais*, exibida pela Rede Globo. Segundo ele, na novela, "prostitutas e homossexuais num festival de pornochanchadas, violência, tóxico, falta de educação, violam nossas famílias". Em uma mensagem que transbordava misoginia e homofobia, afirmava o missivista que "nossas mulheres dotadas, mentalmente, igual à criança, absorvem todas essas imundícies, que são transmitidas aos maridos e aos filhos, causando-os [sic] distúrbios psológicos [sic]. Os pais não conseguem impedir essas invasões aos lares. Quando a mulher quer, não adianta". E arrematava dizendo que "não devemos permitir que a SANHA de algumas autoridades, que não tem [sic] família, imoral e talvez, homoxessual [sic], venha desrespeitar-nos, e deformar o caráter de nossas crianças".[42]

A revolta desse cidadão devia-se, principalmente, ao fato de que o ator Ney Latorraca, travestido de mulher, fazia o papel da executiva Anabela Freire, tendo até mesmo dado um beijo em outro homem no ar e se casado com ele. Junto com Marco Nanini, que representava a Mosca, e Antônio Pedro, que interpretava a Clarabela, as três personagens formavam o núcleo de travestis da novela.

Não é de estranhar esse tipo de correspondência histriônica e conservadora, expressando uma perspectiva sempre presente, com mais ou menos peso, em alguns setores da nossa sociedade. A singularidade, durante o período ditatorial, repousava mais no fato de que tal tipo de discurso encontrava não apenas eco nas agências estatais, como chegava mesmo a servir de orientação para as políticas públicas, amplificando o alcance e a força da discriminação institucionalizada. O Estado alimentava o pânico moral na sociedade.

Nessa linha, em sua carta-resposta ao cidadão, a autoridade censória ratificou a crítica e alimentou ainda mais a visão preconceituosa contra a homossexualidade. Escreveu o diretor do DCDP, que assumiu o órgão no mês de março daquele ano: "Já discordávamos do tratamento cênico e oral dispensado a determinados quadros da telenovela em questão, razão pela qual interferimos, solicitando ao autor da obra e aos responsáveis pela programação da emissora comedimento nas situações que insinuavam homossexualismo".

Ainda assim, isso não bastava, e o próprio censor informou: "Determinamos [que] fosse colocado termo à abordagem, no que fomos atendidos, conforme poderá ser observado nos próximos capítulos".[43] Por fim, ele frisou a firme intenção de extirpar a homossexualidade da televisão brasileira:

> Solidários na análise do problema e visando, em primeiro plano, preservar o menor de influências negativas à sua sadia formação, informamos oportunamente que providências estão sendo tomadas de forma a erradicar as insinuações de homossexualismo dos programas da televisão brasileira.[44]

A carta não especifica quais foram as medidas concretas tomadas, mas seu efeito direto era respaldar, desde o Estado, as cobranças conservadoras para retirar de circulação quaisquer referências a práticas ou personagens homossexuais, impedindo discussões sobre o tema.

A reação da censura à novela *Um sonho a mais* teve outros desdobramentos. Em 9 de julho de 1985, inconformado com a exibição de "pervertidos" nos horários "familiares" da programação televisiva brasileira, o diretor do DCDP Coriolano Fagundes editou uma norma específica para impedir a veiculação de personagens homossexuais "em atitude ostensivamente efeminada ou masculinizada", para evitar a "apologia" desses desvios.

Fagundes, alegando nos "considerando" haver "reiteradas reclamações acerca da presença de travestis nas programações de televisão", baixou a instrução normativa nº 03/85, com base no decreto 20943 de 1946, extrapolando seus poderes regulamentares por criar obrigações e exigências não previstas na legislação vigente. Com apenas dois artigos, o ato administrativo, apesar de apenas classificatório, anunciava a nova tendência de uma censura em vias de extinção e traçava uma linha tênue e vaga entre, de um lado, representações homossexuais discretas e toleráveis e, de outro, figuras com excesso de trejeitos do gênero "oposto" que deveriam ser policiadas. Assim estava redigida a instrução normativa:

> 1 — A apresentação de travestidos, de homem ou de mulher aparentemente homossexual, respectivamente em atitude ostensivamente efeminada ou masculinizada, quer em telenovela como em programa de auditório, terá a veiculação televisiva autorizada para após as 21 (vinte e uma) horas.

> 1.1 — O tratamento cênico dado, assim por animador como por narrador, travestido ou homossexual aparente não poderá ser ofensivo à dignidade humana do apresentado, nem apologética do transexualismo ou do homossexualismo.[45]

Na troca de correspondências entre o diretor do DCDP, que praticamente endereçou a norma à Rede Globo, e o vice-presidente da empresa, José Bonifácio de Oliveira Sobrinho, este manifestou sua preocupação com "decisões casuísticas e preconceituosas" que surgiam da instrução, reiterando que "trata[va] todos os telespectadores com respeito humano e não faz[ia] apologia do transexualismo, do homossexualismo ou de qualquer outra preferência sexual".[46]

Em sua réplica, Coriolano elogiou a obediência da Rede Globo, afirmando que a norma não seria necessária "se todas as emissora [sic] de televisão se conduzissem com a lisura com a qual se tem havido" a emissora. Aproveitou, ainda, para fazer um inventário dos programas ofensivos à moral familiar e pública veiculados pelas concorrentes no seguinte trecho:

> A apresentação de travestidos aos domingos à tarde, apresentados como se o transexualismo fosse uma habilidade a mais para assegurar o sucesso artístico; as entrevistas de homossexuais aparentes em programas de auditório, com ofensa à dignidade humana do entrevistado; a veiculação de números eróticos de espetáculos de homossexuais, como se se tratasse de reportagem telejornalística; a entrevista com mulher declaradamente lésbica, em horário livre, na qual a entrevistada convidava mulheres a terem uma experiência homossexual por considerá-la altamente gratificante — tudo isto levado ao ar por congêneres.

Coisas assim constituíam, para Coriolano, um abuso da liberdade de expressão que justificara a edição da instrução normativa.[47] Interessante notar que, no ocaso da ditadura, a tentativa da censura em se descolar da censura política e de fortalecer sua imagem de guardiã da moral se intensifica.

Desse modo, mesmo no período compreendido entre a posse de José Sarney como primeiro presidente da República civil depois da ditadura e a promulgação da Constituição de 1988, a censura permaneceu ativa, ainda que tentasse transformar sua própria aparência. Em 30 de abril de 1985, o *Jornal do Brasil* publicou declarações do chefe da censura federal, Coriolano Fagundes, em que este anunciava que o prazer que determinados censores sentiam em vetar obras artísticas havia chegado ao fim. "O orgasmo do censor sempre foi a proibição; agora, o censor não terá mais esse orgasmo", afirmou ele.

O objetivo da reorientação que tentava adequar a censura aos tempos da Nova República certamente era menos de extingui-la e mais de dar-lhe sobrevida na conjuntura adversa — sob a ótica da continuidade da repressão — trazida pelo processo de redemocratização. O diretor do DCDP informava que, dos 150 censores do órgão, mais da metade optaria por dar continuidade à carreira policial, e os que quisessem seguir no posto de censor teriam de fazer "cursos de reciclagem" para entender que "não mais poderão banir qualquer manifestação do pensamento brasileiro".[48]

Mas, como toda regra em momentos de exceção, o ímpeto liberalizante parecia ter limites. Os ares democráticos não alcançariam todo tipo de comportamentos, especialmente àqueles relativos à homossexualidade. Coriolano declarou que tudo que fosse "obsceno" deveria ser combatido com rigor e, segundo sua visão, "obsceno é tudo aquilo que sai da normalidade. Por exemplo, o ato sexual entre dois homens ou duas mulheres não é uma coisa normal, embora não vá nisso uma crítica ao homossexualismo".[49] Com essa breve declaração, o censor dava mais um sinal bastante claro de que os homossexuais ficariam de fora da agenda política da transição.

O programa *Vale Tudo*, exibido no horário das 20h, foi também atingido pelos cortes da censura. O motivo foi reduzido a uma única palavra: "aberração". Já não estavam em questão julgamentos morais sobre relações heterossexuais que fugissem da norma dos bons costumes: na mesma época, a novela das 19h mostrava uma garota de dezoito anos que engravidara em uma festa-orgia; sem saber quem seria o pai de sua criança, casou com um ladrão contumaz e deu à luz um menino minutos depois de assaltar um banco. A cena de duas mulheres adultas conversando sobre sua relação amorosa foi proibida. De acordo com Raimundo Mesquita, diretor da censura federal,

> esse assunto, quando não tratado entre quatro paredes, deve[ria] ter um enfoque científico ou didático. O lesbianismo, se colocado de forma jocosa ou simpática, pode[ria] parecer ao jovem uma prática sadia e induzir o pré-adolescente a aceitá-lo como solução. O relacionamento homossexual é uma aberração.[50]

Aqui, repisa-se o argumento de que a mera exibição já levaria ao convencimento de crianças e adolescentes ingênuos. Nessa linha, o censor afirmou que o critério adotado pela censura era o da "sutileza", mencionando que uma personagem mulher que incorporasse o estereótipo da lésbica masculinizada poderia ser exibida, como a Mendonça da novela *Bebê a bordo*, desde que não houvesse relacionamento homossexual: "Mendonça é, apenas, masculina. Quem pode afirmar que ela é lésbica, se não houve até agora insinuação de relacionamento com outras personagens femininas?".[51] Aqui emerge um contraponto interessante ao caso de Dener: no de Mendonça, a interpretação recai sobre a efetivação e a explicitação da relação homossexual, e não sobre a aparência.[52]

Contudo, a postura abertamente repressora das sexualidades divergentes já não passava mais em branco diante do surgimento de outros grupos organizados de homossexuais, que adotaram uma tática de dialogar publicamente, cobrando autoridades e combatendo manifestações institucionalizadas de preconceitos em diversos órgãos. Assim, o grupo carioca Triângulo Rosa, representado por João Antônio Mascarenhas, enviou em 2 de maio de 1985 uma carta ao diretor do DCDP, qualificando-o de "preconceituoso" e contestando sua afirmação de que a homossexualidade fosse "obscena". Mascarenhas, no comunicado, destacava a orientação despatologizante recentemente emanada do Conselho Federal de Medicina[53] e afirmava que "não [havia] nada de obsceno na homossexualidade, nem, tampouco, na heterossexualidade, quando a atividade sexual se desenvolve[sse] sem violência e entre pessoas conscientes".[54]

No início da década de 1980, já com a transição no horizonte, coletivos como o Grupo Gay da Bahia (GGB) e o Triângulo Rosa não precisavam mais sustentar um discurso de oposição à ditadura, antes incontornável para todos os movimentos sociais, inclusive os hoje chamados "identitários". O lento processo de descompressão política, agenciado pela própria ditadura, foi marcado pela tolerância seletiva de setores da oposição, com o retorno gradativo de algumas garantias de organização e liberdades de expressão e manifestação.

Assim, diferentemente dos pioneiros do movimento homossexual, os grupos constituídos a partir de meados dos anos 1980 já haviam sido forjados em outro ambiente político e caracterizavam-se por uma relação nova com a legalidade e as instituições do regime. Os anos do crepúsculo da ditadura condensaram mudanças importantes em um curto espaço de tempo e traçaram os contornos da incipiente democracia que estava por vir.

Com o relativo abrandamento da repressão e a ampliação de um campo menos clandestino de ação política, marcado pelo florescimento de oposições cada vez mais pujantes, os novos agrupamentos LGBTs passaram a reivindicar uma agenda de reconhecimento e de políticas públicas. Esse deslocamento do foco exigia mais uma postura de diálogo e cobrança do que de combate aberto e sem concessões ao Estado. Desse modo, a tônica das demandas passou a ser a supressão de legislações discriminatórias, a inscrição da proteção legal no ordenamento jurídico, o abandono de um discurso médico de estigmatização pelas entidades de classe da área da saúde, acolhimento para vítimas de violência e investigação dos responsáveis, além de uma disputa aberta na imprensa contra a veiculação de notícias sensacionalistas e preconceituosas.[55]

Nesse sentido, no mesmo período, outro exemplo de tensão entre abertura e censura de grande repercussão foi a participação da ativista lésbica Rosely Roth no programa de televisão apresentado por Hebe Camargo na Rede Bandeirantes. Hebe convidara, além de Roth, o escritor Ignácio de Loyola Brandão, a atriz Maria Lúcia Dahl, a jornalista Marília Gabriela e a ex-diretora da Censura Federal Solange Hernandes. O tema debatido em um dos programas de maior audiência em horário nobre era o "lesbianismo".

Contudo, dias após a exibição, a direção da emissora recebeu um ofício proveniente do escritório paulista da censura federal, com a assinatura do chefe da repartição Dráusio Dornelles Coelho, acusando Hebe de ter transformado seu programa em uma "tribuna de aliciamento, indução e apologia do homossexualismo". O documento cobrava "enérgicas providências" sob pena de proibir a transmissão ao vivo, impondo que o programa fosse primeiro gravado para análise da censura antes da exibição.[56]

Indignada, a apresentadora afirmou que não via razão alguma para esse reparo por parte do órgão censório, pois procurou discutir o tema do homossexualismo "dentro da maior dignidade, ouvindo sempre pessoas que [trouxessem] alguma contribuição aos temas".[57]

Mais uma vez, essa desavença pública demonstrava o desgaste da censura. O Triângulo Rosa interveio em defesa de Hebe. Em carta endereçada a Dráusio Dornelles Coelho, o grupo se disse "horrorizado" com a acusação censória, afirmando que era "evidentemente destituída de qualquer fundamento", já que "não se pode fazer 'propaganda da homossexualidade'", o que seria "uma perda de tempo e esforço".[58]

Mas a censura, ainda que em fase de agonia e exaustão visíveis, recebia ainda alguns apoios pontuais. O advogado e pastor mórmon Ciro Ludgero, por exemplo, escreveu um texto de protesto no jornal *Correio de Notícias*, indignado com "pessoas que se apresentaram insinuando a homossexualidade (quando não a confessando e aliciando abertamente, como foi o caso de um programa de uma apresentadora muito conhecida no BRASIL)". Ele se referia precisamente a Hebe Camargo. Reclamava Ludgero, sobretudo, de sinais de travestilidades na televisão, com "homens com vozes e gestos femininos e mulheres com características masculinas, [que alcançavam] horários de grande audiência, sendo muitas destas programações dirigidas à dona de casa. Revistas e filmes exaltando o fenômeno [eram] oferecidos ao público sem a menor reserva".[59]

Curioso que o artigo motivou a informação nº 022/01/85-SI/SR/DPF/PR, de 4 de setembro de 1985, enviada do escritório regional do Paraná para o Centro de Informações do Departamento de Polícia Federal sustentando a urgência de endurecimento da censura já em estado de perecimento, como se houvesse uma enorme pressão social e tal posição fosse representativa do conjunto da sociedade brasileira: "Esse tipo de protesto público demonstra o inconformismo de segmentos da sociedade com a exibição do homossexualismo pela televisão, que dia a dia se intensifica, desde os programas humorísticos, até as novelas".[60]

Em meio à batalha decisiva de costumes, era fundamental criar uma aparência de grande suporte por parte de setores importantes da sociedade para desacelerar o ritmo da abertura e a intensidade da liberalização, sobretudo a moral. A censura agia reativamente, tentando controlar essas mudanças. Superestimar a legitimidade social de suas reivindicações particulares era uma velha estratégia dos grupos mais radicais da ditadura brasileira, pressionando sempre para que suas posições fossem as hegemônicas e unificassem as comunidades de informação, de segurança e a censura.

Nesse período final da censura, os funcionários aproveitavam, em suas respostas, não apenas para prestar contas do estado de permanente e incansável vigília e atenção da DCDP nos conteúdos imorais, mas também para incitar aos cidadãos que compartilhavam da mesma preocupação a exercer a censura eles próprios. Talvez esse esforço de educar cidadãos como se fossem censores tenha sido um dos legados mais perversos da ditadura no campo da sexualidade e dos costumes.

TEATRO

O teatro tinha sua produção acompanhada bastante de perto pelos órgãos de censura. Ainda que não fosse uma forma de expressão artística com amplo alcance de massas, como a televisão — que já se consagrava como o maior meio de comunicação —, o teatro era muito influente na opinião pública e estava presente nas principais cidades brasileiras, dialogando com uma parcela expressiva da classe artística e da intelectualidade. Diversos grupos teatrais circulavam e dinamizavam os cenários locais vinculados a universidades, centros de cultura e mesmo a camadas médias da população que consumiam esse tipo de arte com cada vez maior frequência. Além disso, o teatro era um campo privilegiado de experimentação de novas éticas e estéticas da sexualidade e, portanto, potencialmente uma afronta aos costumes tradicionais. O meio teatral tornou-se palco de manifestações públicas de oposição, protagonizou passeatas, articulou assembleias e greves contra a censura e chegou até a auxiliar militantes de organizações clandestinas de esquerda.

A censura no teatro se dava em dois momentos distintos e complementares um ao outro. O primeiro era mais burocrático e consistia na apreciação do texto escrito para verificar o teor das falas e dos diálogos; já o segundo era marcado pelo contato direto do censor com a encenação mesma do espetáculo. Assim, na primeira fase, os textos dramatúrgicos deviam ser submetidos à avaliação e poderiam ser liberados integralmente, liberados com cortes ou vetados. Caso liberados, a montagem, também era fiscalizada nessa segunda etapa por técnicos de censura que observavam se os cortes impostos haviam sido, de fato, respeitados, além de analisarem outros elementos do espetáculo cênico, como a música, as luzes, a cenografia, enfim, a peça em movimento. Isso engessava o processo criativo e artístico do teatro, que passa, centralmente, por leituras, adaptações e recriações a partir do texto.[61]

Em caso de espetáculos e obras cinematográficas, a censura deveria ser feita por comissões colegiadas com três técnicos, que avaliavam individualmente o material e exaravam parecer para as considerações superiores. Essa estrutura permitia um diálogo entre os pareceres de cada um dos censores. A regulação moral prevista na legislação censória era agenciada com base nas convicções pessoais dos agentes públicos para vetar, total ou parcialmente, trabalhos cênicos nesse momento histórico.[62]

Uma primeira dimensão marcante do controle no teatro era o monitoramento atento feito pelos órgãos de vigilância e informações sobre os textos e peças teatrais que estavam em preparação ou exibição. A comunidade de informações alimentava regularmente o sistema censório com suas análises para provocar e até cobrar um endurecimento do controle das peças consideradas subversivas. Atrelada à dimensão da vigilância e da censura, estava uma repressão brutal contra dramaturgos, diretores, atores e técnicos do campo teatral. Muitos artistas foram presos, torturados e assassinados. Outros se viram obrigados ao exílio quando a resistência interna tornou-se impossível.

Sucessivos relatórios sobre "propaganda adversa nos meios de comunicação social", periodicamente feitos e enviados diretamente de agências de informação ao Poder Executivo, a fim de que ele pudesse orientar sua ação repressiva, evidenciavam a preocupação constante do governo com os temas comportamentais. Considerava-se que a mera exibição de condutas sexuais tidas como inapropriadas não apenas chocaria os espectadores, mas teria o efeito de convencimento e até mesmo de "propaganda" para que pessoas com formação moral frágil sucumbissem aos mesmos prazeres proibidos.

Na realidade, esse tipo de relatório periódico de acompanhamento das diferentes formas de expressão cultural e artística era bastante comum na relação da comunidade de informações com o governo. Com base nesses informes regulares de atos e pessoas considerados subversivos, a política repressiva era racionalizada e executada seletivamente, tanto pelos organismos de segurança como pelos censórios. A homossexualidade, ou "homossexualismo", como eles preferiam, era uma das preocupações mais recorrentes em tais documentos.

Considerado um dos maiores dramaturgos brasileiros, Plínio Marcos foi um alvo constante dos órgãos de controle moral durante a ditadura devido à sua postura combativa e refratária a quaisquer concessões em seu trabalho, seja por pressão do mercado, seja por exigências do Estado.

Um relatório do Centro de Informações de Segurança da Aeronáutica (Cisa/RJ), de 1º de setembro de 1975,[63] endereçado a dezenas de órgãos e repartições militares, reclamava que, com "perseverança cotidiana", diversos profissionais, incluindo "pseudointelectuais" e "criptocomunistas" estavam "condenando a CENSURA, reverberando contra a CENSURA, acusando o Governo de querer amordaçar a cultura, taxando a CENSURA de instrumento coercitivo da DITADURA".[64]

Ao referir-se a essas críticas, o documento registrava: "dir-se-ia, a julgar pelo que se lê nos jornais, que a extinção da CENSURA encontra respaldo popular". No entanto, o relatório anexava o texto de O abajur lilás, de autoria de Plínio Marcos. Na peça, que se passa em um "prostíbulo", a constante é a "desavença havida entre prostitutas e o pederasta dono da casa de tolerância".[65] Para demonstrar a gravidade do tom desse texto, o relatório solicitava aos comandantes que reunissem seus oficiais, suboficiais e sargentos e determinassem "que [fosse] a 'peça' lida para os militares reunidos".[66] A seguir, chegava-se a aconselhar que, após a leitura, "[fossem] os ouvintes consultados se achariam razoável que suas famílias, ou a família de quem quer que [fosse], assistisse a esta peça, que a julgar pelo título 'O ABAJOUR LILÁS', nada teria de inconveniente". Sugeria-se, outrossim, que se recomendasse aos mesmos ouvintes que comentassem em casa e com seus amigos civis que a peça era sumamente pornográfica, mas que mesmo assim seu autor não admitia ser censurado, "porque toda a censura é imoral".[67]

A peça, que despertou grande atenção dos órgãos estatais, ficaria proibida por anos. A tentativa de recorrer ao Judiciário para barrar a proibição foi em vão. Conforme votação realizada pelo plenário do Tribunal Federal de Recursos em 30 de outubro de 1975, foi denegada a segurança pleiteada sob argumento de que "apenas nos casos extremos de evidente erro da censura poder[ia] ser feita sua revisão pelo Judiciário", nos termos do voto do ministro relator Márcio Ribeiro. Acrescentou-se, ainda, a ampla margem de interpretação das autoridades censórias que, "na falta de conceito legal ou doutrinário preciso do que [era] pornográfico, obsceno ou contrário à moral e aos bons costumes, decorr[ia] ampla margem de discricionariedade às autoridades administrativas". Não considerou o ministro, assim, que o caso de *O abajur lilás* fosse um "caso extremo" que justificasse a intervenção judicial no mérito da decisão atacada.[68]

Esse caso demonstra a indiferença e até a cumplicidade do Poder Judiciário com a censura. O sistema de justiça não apenas renunciava a fazer o controle jurisdicional dos atos administrativos abusivos, mas cumpria verdadeiro papel de fiador institucional das medidas de exceção.[69]

Mas não foi apenas no teatro que essa peça foi vigiada e perseguida. O livro publicado com o texto escrito sofreu ação da censura e não só foi proibido de circular como teve dezenas de exemplares encontrados à venda apreendidos e queimados, como comprova o auto de incineração do Serviço de Censura de Diversões Públicas do Rio Grande do Sul, datado de 3 de janeiro de 1979. Nesse documento, revela-se que a peça já constava da lista de livros, filmes e materiais censurados. Naquela data, foram incinerados "42 (quarenta e dois) exemplares do livro 'O Abajur Lilás'", além de dezenas de outros livros considerados eróticos ou pornográficos.[70]

Assim, não bastava impedir a apresentação de montagens baseadas no texto — era necessário até mesmo retirar de circulação e incinerar os livros considerados pornográficos e, portanto, atentatórios à moral e aos bons costumes, ainda que não contivessem conteúdo subversivo em termos "estritamente" políticos.

Algumas vezes, pela falta de clareza e de parâmetros da legislação, os censores liberavam a criatividade. Um caso bastante curioso deixa patente o esforço de erudição combinado com a retórica moralista para fazer prevalecer a impressão pessoal do censor sobre o conteúdo pornográfico da peça. O parecer nº 146/75, assinado pela técnica de censura Marina de A. Brum Duarte, trata do texto e do ensaio do famoso espetáculo *The Rocky Horror Show*, que estreou em Londres no ano de 1973, com composições e enredo de Richard O'Brien.

Por meio de uma mistura entre ficção científica e terror, o eixo da história se desenrola com base em um casal recém-noivado que, diante de uma forte tempestade, busca refúgio na casa de um cientista apresentado como travesti. Ali, um tanto apavorados, os noivos são recebidos por um mordomo corcunda e por duas servas andróginas. Ocorre que, justamente naquele momento, o cientista está dando vida à sua mais nova criação: um homem forte, musculoso, fisicamente perfeito, com cabelos loiros e pele bronzeada, chamado Rocky Horror. O espetáculo já havia feito sucesso na Inglaterra e nos Estados Unidos, tendo sido adaptado ao cinema nesse mesmo ano de 1975.

Segundo a censora, em parecer longo e minucioso, a inspiração do musical na clássica história *Frankenstein*, de Mary Shelley, estava ligada à "onda Pop [...] aliando o grotesco ao horror utilizando participação de personagens andróginos extraterrestres [...]. O erotismo que entra[va] em sua composição, nada mais [era] do que uma mensagem de descompressão ao comportamento tradicional que inibe o homem a agir conforme sua natureza".

No entanto, em seu relatório censório, ela opina pela liberação com cortes efetuados por considerar que "a peça não é pornográfica, nem usa pornografia" e "alguns personagens são andróginos e do outro planeta". A justificativa utilizada para sustentar uma distância entre androginia e comportamentos ou identidades sexuais inaceitáveis é um dado interessante. Ainda que a técnica da censura ressalte que "não nos cabe aqui, uma análise socioantropológica das razões que motivaram o autor a escrever a peça", ela discorre longamente sobre a androginia como "a bissexualidade no mundo mítico (mitológico), como fórmula mítica da totalidade psíquica dos poderes feminino e masculino".

Recorrendo até mesmo à psicologia de Jung (nome que a censora escrevia "Yung"), afirma ela que "a androgenia [sic] [da peça] não quer dizer 'homossexualidade'", agregando a informação de que "FRANK FURST o vampiro bissexual não é um terráqueo travesti e sim um símbolo de uma entidade mítica (cosmogênica) que fugindo ao ritual do simbolismo usou fisicamente seus poderes (proibidos) e por isto foi condenado à morte, como as crianças gregas da antiguidade que possuíam tal sinal físico (hermafroditismo) próprio e inerente aos deuses".

A censora chega a justificar as cenas de carícia, alegando que o fato de o "senhor Frank haver submetido ou submeter a carícias sexuais tanto a jovem quanto o jovem Brad é uma prova (na peça) necessária à sua qualidade de andrógino hermafrodita (físico) sem o que perderia sentido sua morte e a volta ao planeta de origem". Aqui, revela-se uma confusão entre a bissexualidade, que não poderia ser aceita, com androginia e hermafroditismo, misturando-se questões de orientação sexual com identidade de gênero, sem falar na intersexualidade.

Assim, suas recomendações se restringem, enfim, à "abstenção de carícias corporais prolongadas, principalmente na projeção das silhuetas (sombras) do contato andrógino. Uso imoderado, apresentado, da destra nas partes sexuais, e carícias outras do mesmo gênero". Como androginia de extraterrestres não se confunde com o comportamento homossexual, este sim repulsivo em seu entendimento, opina a censora pela liberação da peça sem cortes para a faixa etária de dezoito anos, bem como o uso de slides de filmes de horror e máscaras de monstros.

Nesse caso, nota-se como a capacidade de agência individual do censor era significativa diante de uma legislação vaga e obtusa. Dialogando com teorias psicológicas e mitos da antiguidade clássica, a censura faz um rodeio discursivo para fazer prevalecer seu olhar pessoal, liberando uma peça de inquestionável teor erótico-pornográfico.

Outra situação foi a de *A engrenagem do meio*, salva da censura por um interessante raciocínio dos censores responsáveis. Segunda peça do então já consagrado artista plástico e homossexual assumido Darcy Penteado, que foi dos mais ativos colaboradores do jornal *Lampião da Esquina*, "*Engrenagem* discute direta e objetivamente a homossexualidade", conforme anunciava o autor em artigo escrito para divulgar seu trabalho.[71]

Segundo ele, a proposta era romper com as formas tradicionais de representação dos homens homossexuais, ou como o "clown" risonho e divertido ou como o enrustido que disfarça sua sexualidade em troca da aceitação. O autor esclarecia que sua peça não mostrava a homossexualidade como "uma caricatura ou uma aberração", mesmo que isso significasse uma afronta à "mentalidade vigente".[72]

Sem dúvida, Darcy conseguiu desafiar o conservadorismo dos órgãos de repressão. Ao escolher a travesti Tânia como personagem central, interpretada pela atriz travesti Vera Abelha, além do fato de ser fruto da produção de um homossexual, *A engrenagem* gerou preocupação no serviço de vigilância e censura, conforme registrado nos documentos oficiais. Afinal, tratava-se de texto de um homossexual sobre um casal homossexual e uma travesti, representada, cenicamente, por uma travesti da vida real.

Conforme a informação nº 463/78/DSI/MJ, da AC/SNI, para o ministro da Justiça, de 31 de maio de 1978, a peça que havia estreado semanas antes, em 9 de maio, era resumida como a "história de um triângulo amoroso, diferente do estilo clássico, pois envolv[ia] dois homens e um travesti na vida real".[73] Nesse sentido, destaca o informe que "VERA ABELHA, por não precisar se travestir, preenche exatamente as exigências do autor para o papel que vem desempenhando na peça, por se constituir o tipo de ator mais difícil de ser encontrado",[74] evidenciando a dificuldade de pessoas trans se ocuparem de outras profissões que não o trabalho sexual. O fato de ela ser atriz é motivo de nota por ser inusitada tal ocupação.

Sobre o diretor, o relatório da vigilância afirma que Darcy "é tido como um respeitado artista plástico, que já fez jus a vários prêmios. Em sua peça, procura dar aos homossexuais um tratamento normal, por considerá-los seres humanos saudáveis e não doentes mentais ou caricatura de gente como se tem feito até agora". E complementa: "O nominado faz parte do Conselho Editorial do jornal 'LAMPIÃO', que se propõe a ser o porta-voz do 'Movimento Gay'". Além disso, o documento menciona outras obras feitas pela mesma companhia em outros teatros e que também "explora[vam] o homossexualismo: 'BOY MEETS BOY' e 'ZOO HISTORY'".[75]

José Carlos Silva de Meira Matos, assessor direto do ministro Armando Falcão, assim resume o assunto ao chefe de gabinete: "Trata essa informação das realizações da companhia teatral paulista — PROARTE. Segundo a informação a nominada companhia vem montando diversos espetáculos focalizando o homossexualismo", dando ampla divulgação ao informe neste despacho de 20 de junho de 1978. Nota-se, assim, que a preocupação não era apenas com *A engrenagem*, mas com uma série de peças teatrais que evitavam reproduzir estigmatizações ao representar a questão das homossexualidades.

Segundo a informação complementar nº 630/78/DSI/MJ, do CI/DPF, diretamente encaminhadas ao ministro da Justiça, datada de 2 de agosto de 1978 e compartilhada com os órgãos AC/SNI, CIE, Cisa e Cenimar, a peça teatral em questão foi liberada pela DCDP sem cortes e com impropriedade para menores de dezoito anos.

Entretanto, considerando o fato de a peça ter gerado ressalvas explícitas em relação ao conteúdo homossexual abordado, qual a explicação para que ela fosse liberada, ainda que com a classificação etária? A resposta é curiosa e consta expressamente na própria documentação. Conforme registrado no ofício,

> o tema, em si, desperta muita preocupação, tendo em vista a mensagem preconizada pelo autor, que procura conscientizar a sociedade do problema dos homossexuais, que são seres humanos e precisam ser respeitados em sua integridade, apesar de suas preferências sexuais recaírem em pessoas do mesmo sexo.[76]

Nota-se, assim, certo incômodo com o fato de a peça tratar da homossexualidade e, ainda, na perspectiva de afirmação dos direitos de igualdade. No item seguinte, o documento registrava a linha oficial do órgão, que visava evitar a exposição do homossexualismo:

> O Departamento de Polícia Federal (DPF) tem procurado coibir a "apologia ao homossexualismo" feita através da imprensa alternativa, das revistas, livros etc., inclusive determinando aos seus órgãos Regionais que forneçam elementos ao Ministério Público, visando a aplicação da legislação vigente contra os responsáveis pelas divulgações caracterizadas como ofensivas à moral e aos bons costumes.[77]

Assume-se, assim, que havia uma campanha de perseguição das homossexualidades pela polícia em colaboração com o sistema de justiça. Contudo, há também a tentativa de aplicar certa racionalidade com uma ponderação entre o objetivo da censura e o ônus público decorrente de sua imposição. O ofício argumentava que o teatro normalmente teria, em comparação com os meios de "maior penetração ao público", audiência "reduzida e mais esclarecida". Por essa razão, concluía o relatório que "vetando esse tipo de peça, estaria o DPF fazendo sua promoção, ensejando, portanto, sucesso de bilheteria e propagando aquilo que ele próprio coíbe".[78] Isso porque a censura de determinados espetáculos ou músicas se convertia em verdadeira propaganda, despertando a curiosidade do público, projetando o nome do artista e construindo uma aura de mistério quanto ao conteúdo subversivo, o que atraía mais do que afastava as pessoas interessadas.

O próprio assessor direto do ministro da Justiça despachou, em 9 de agosto de 1978, considerando essa posição como uma linha oficial que "parece ser um esclarecimento da Divisão de Censura sobre as suas normas de liberação de peças de teatro que tenham como tema o homossexualismo. Após o conhecimento do Senhor Ministro julgamos que pode ser arquivado".[79]

Tal postura demonstra que a censura, ao menos em alguns momentos, negociava os limites de sua tolerância a esse tipo de conteúdo, conjugando-os com critérios como o alcance do meio de expressão ou comunicação utilizado, do tipo de público que consumiria o entretenimento, da gravidade do conteúdo sexual explícito e a maneira de retratar as perversões e anormalidades. Em outras palavras, essa postura poderia ser lida como um atestado, ao mesmo tempo, da fragilidade da censura e de sua astúcia para adaptar-se a outras realidades, reunindo um juízo de princípios com um de conveniência.

Ainda que não se possa afirmar que houvesse um conjunto claro, objetivo e previamente definido de critérios a orientar a ação dos censores, a estratégia de minimizar os impactos de publicidade da censura em alguns casos era algo explícito na atividade censória. Isso não significa que todos agissem do mesmo modo. Alguns censores não tinham essa visão mais sofisticada dos efeitos colaterais da censura, proibindo tudo de plano, apenas pelo conteúdo, e deixando prevalecer suas impressões pessoais sobre toda racionalidade mais estratégica.

O aperfeiçoamento dessa "inteligência" parece ser algo que só emergiu com mais clareza já nos anos de abertura do regime, quando o relaxamento da censura foi um imperativo por pressão da sociedade civil e da opinião pública, sendo insustentável manter um controle excessivamente restritivo sobre a produção cultural em um contexto de ampliação das liberdades públicas e dos direitos individuais no processo de transição.

Nesse sentido, no governo Figueiredo, a censura enfraquecida, mas ainda atenta, seguia preocupada com a proliferação de espetáculos com temáticas "obscenas", principalmente as homossexuais, comunicando-se regularmente com os organismos responsáveis para avaliação da pertinência de sua intervenção. Como regra, a comunidade de informações desempenhava justamente a função de alimentar a paranoia da polícia política e da censura para fechar cada vez mais o regime e aumentar o controle da sociedade.

De acordo com os documentos consultados, algumas comunicações se convertiam em diligências e procedimentos determinados pelo ministro da Justiça e por sua assessoria, especialmente no Departamento de Polícia Federal; outras, no entanto, acabavam sendo arquivadas após ciência das autoridades competentes, que provavelmente se valiam dessas informações para traçar o plano de ação repressiva.

Por dispor de amplo acervo de documentos contendo as sucessivas apreciações dos técnicos de censura, a peça humorística *Leite integral* ou *O humor de Carlos Leite*, do diretor Carlos Leite, permite uma análise privilegiada para compreender os mecanismos repressivos operando em suas diferentes fases no campo teatral.

O primeiro parecer censório do DCDP, nº 1723/83, datado de 21 de outubro de 1983, registrava que o show tinha "linguajar chulo, abusando de palavreado grosseiro", além de pontuar que "prevalec[ia] uma comicidade apelativa, grosseira e maliciosa". Como o espetáculo tinha como alvo o público adulto, apesar das referidas "impropriedades", o censor "opin[ou] pela liberação, com impropriedade para menores de 18 anos, em razão da abordagem negativa de temas como homossexualismo e sexo".[80] O termo "negativa" aqui, parece-nos, referia-se muito mais à mera presença de temas "negativos", como homossexualidade e sexo, do que ao modo como eles eram retratados.

Já o parecer nº 313/83, datado de 24 de outubro de 1983, destacava a presença de "piadas picantes, versando sobre homossexualismo, crise social e econômica, crítica sobre teatro etc.". Novamente, por conta do linguajar chulo e pornográfico, a censora opinou "pela sua liberação com impropriedade para menores de 18 anos".[81]

O terceiro parecer, nº 312/84, foi lavrado quando da fiscalização da montagem no ensaio geral da peça, datado de 1º de março de 1984. Registrou-se, no documento, que a peça seguia "fielmente o texto já liberado por este SCDP/RJ". Após pontuar as características de cenário, vestuário, marcação, linguagem, o censor opinou também "pela liberação, com impropriedade para menores de 18 anos, em razão de certas piadas e trejeitos obscenos".[82]

A liberação para maiores de dezoito anos, referido a todo momento como "público adulto", demonstra que a preocupação central era com a "degeneração" da juventude e a má influência que poderia ser exercida nas crianças. Além disso, a relativa tolerância a peças de teatro pelo alcance mais limitado mostra uma gradação algo estratégica do controle censório em relação aos diferentes meios e seus respectivos alcances de público.

No entanto, mudanças foram feitas no roteiro original da peça. Em ofício de Moacir Coelho, diretor-geral do Dops, endereçado ao ministro da Justiça Ibrahim Abi-Ackel, datado de 14 de junho de 1984, noticiou-se a ocorrência, na peça, de "graves ofensas à honra do Excelentíssimo Sr. Presidente da República e sua esposa".

Isso porque foi acrescentada uma piada que insinuava uma cena de homoerotismo entre o presidente Figueiredo e três oficiais "puxa-sacos" em um banheiro, gerando a indignação dos órgãos de segurança. Outra piada que despertou a ira da censura foi contra a esposa do presidente Figueiredo, razões pelas quais a peça foi imediatamente suspensa por vinte dias pela direção da DCDP devido à alteração do programa previamente aprovado, com pagamento de multa e instauração de procedimento para apuração de crime, com o indiciamento de Carlos Leite. E a peça só poderia voltar a ser apresentada depois desse prazo se as ofensas à honra do presidente Figueiredo fossem suprimidas.

Toda essa amostra de casos indica a tendência de que o homoerotismo, naquele momento de abertura, levava mais a um procedimento classificatório, enquanto a implicação de altas autoridades, como na peça de Carlos Leite, acarretava a suspensão do espetáculo pelos censores.

A lesbiandade tampouco passou incólume aos olhares dos censores. Um dos compositores que mais sofreu com os cortes censórios por motivação política teve uma de suas letras atingidas por conta da insinuação de uma relação lésbica.

Chico Buarque, em parceria com Ruy Guerra, escreveu em 1973 a canção "Bárbara" para a peça *Calabar*. A peça fora escrita para questionar a versão oficial sobre a independência do Brasil e seria encenada no momento em que a ditadura celebrava os 150 anos desse evento. A frase "nós duas", referente às personagens Ana de Amsterdã e Bárbara, viúva de Calabar, foi cortada por determinação da censura por sugerir algo entre as duas mulheres.[83] Tratava-se, assim, de um amor de que não se podia dizer o nome e tampouco cantar. Mais do que isso, apenas na véspera da estreia é que autores, diretor, produção e elenco receberam a notícia de que a peça estava proibida, e toda menção ao nome Calabar fora interditada. E estava igualmente proibida a divulgação da notícia de que o espetáculo fora censurado.

CINEMA

O cinema também foi uma linguagem artística que apresentou vertiginoso crescimento durante o período da ditadura, inclusive com incentivos governamentais para a indústria cinematográfica, então compreendida como um projeto capaz de conferir um caráter de modernização que contribuiria para a construção da imagem de um Brasil grandioso — algo realmente caro para a ditadura.

Nesse particular, torna-se clara a distinção entre a seletividade da censura às artes, por um lado, e o estímulo a determinados ramos da indústria cultural, por outro. Assim, não foi censurado o cinema, mas determinados produtos fílmicos que desafiavam a política conservadora dos costumes implementada pelo regime. Era preciso incentivar e criar mercado de consumo de determinados produtos culturais, ao mesmo tempo que se fazia necessário controlar firmemente o conteúdo dos discursos veiculados pela produção nacional ou estrangeira trazida ao país.

Sobre o mencionado crescimento do cinema, conforme levantamento de Ortiz,

> na década de 1950, a média anual de filmes produzidos no Brasil girava em torno de 32 películas. Com a criação do Instituto Nacional do Cinema e, posteriormente, da Embrafilme, a produção cinematográfica toma outro fôlego. Em 1975 são produzidos 89 filmes, número que sobe para 103 em 1980.[84]

Assim, cresceram a produção nacional e a importação de filmes. Ampliou-se o número de salas por todo o país, e o cinema tornou-se uma forma de expressão artística cada vez mais relevante no cenário cultural, com a afirmação de grandes diretores e atores, logo reconhecidos internacionalmente por seus trabalhos. Por outro lado, aumentou, também, a censura, com vetos à exibição ou mesmo cortes em diversos filmes.

Exemplo disso é como a tesoura da censura aparecia com naturalidade na imprensa da época. O jornal *Folha de S.Paulo* de 21 de março de 1972, por exemplo, noticiava a censura, por parte do DPF, do filme *Sob o teto do diabo*, coprodução Canadá-Estados Unidos de Harvey Hart, por "ser contrário à moral e aos bons costumes" ao apresentar cenas de homossexualismo e consumo de tóxicos.[85] Trata-se da história de um jovem enviado à prisão que faz amizade com uma drag queen e um jovem gay. Nesse ambiente, gangues de detentos rivalizam e praticam as mais diversas violências.

Mais tarde, em 2 de janeiro de 1973, o jornal *The Tulsa Tribune*, em Tulsa, Oklahoma, publicou a matéria intitulada "For Morality, National Security: Brazil's Film Censorship Strictly Enforced" ["Pela moralidade, pela segurança nacional: Censura brasileira de filmes estritamente reforçada"]. O texto aborda a proibição, pela censura, do filme *Laranja mecânica*, a partir de uma anedota: um representante de diversos filmes no Brasil teria dito ao "principal censor do Brasil", general Nilo Canepa,[86] que "Stanley Kubrick [o diretor] manda[va]-lhe recomendações", ao que este teria respondido, ironicamente, "remeta-lhe um abraço mecânico".[87]

Segundo o texto, "a censura de filmes é uma das áreas mais rigorosamente policiadas do regime militar". Junto com *Laranja mecânica*, mais de uma dúzia de outros filmes acabaram parando na sala de cortes do maior mercado de cinema da América Latina, depois de serem "vistos por vários gabinetes de ministros, generais importantes e até por filhos do presidente Emílio G. Médici, antes de serem rejeitados ou 'aprovados com cortes', por censores federais" que encontravam "duas razões para proibir filmes — 'ataques contra a moral e bons costumes', ou 'ofensa à segurança nacional'".[88]

Não se sabe se é verdadeira a história do envolvimento pessoal de ministros, generais e até familiares de Médici apreciando os filmes antes da liberação. Contudo, por causa da publicação dessa notícia, um leitor estadunidense chamado Bernis Duke, instrutor de tênis da Oral Roberts University, cristã, escreveu à mão, no dia 3 de janeiro de 1973, uma carta ao general Canepa, elogiando-lhe a atuação e remetendo-lhe um texto de Gerald S. Pope publicado no *Christian Crusade Weekly* cujo primeiro parágrafo traz a seguinte consideração: "[...] os temas chocantes que dominam as artes de hoje — sadismo, sodomia, a cultura da droga, o sexo vulgar — e sua apresentação crua destilam veneno no organismo social". Logo em seguida, criticando as transformações por que passavam a indústria cinematográfica, o texto pontuava que "os temas sexuais no cinema não mais retrata[vam] a velha fórmula 'rapaz-com-moça', mas o que eventualmente, na realidade, tem sido 'moça-com-moça', como em *The Fox* [*Apenas uma mulher*], ou 'rapaz-com-rapaz', como em *Os rapazes da banda*".[89]

Na carta manuscrita, Bernis declara sua admiração pelo general Canepa: "Desejo dizer que estou orgulhoso de sua coragem como censor! Deveríamos usar um pouco mais dela aqui". Além disso, como expressão de sua gratidão, Bernis chega a oferecer ao general Canepa até mesmo uma bolsa de treinamento de tênis em sua escola: "se o Sr. conhecer um bom jogador de tênis que queira frequentar esta escola, poderei conseguir uma bolsa de estudos".

Contudo, no que concerne à censura no campo do cinema, merecem destaque as pornochanchadas. As chanchadas compuseram um gênero cinematográfico que teve seu auge de público entre as décadas de 1930 e 1950. Considerados de baixa qualidade pela crítica nacional, o que renderia inclusive o nome do gênero, esses filmes cultivavam um tipo especial de humor e com linguagem acessível.[90] Já nos anos 1970, inspirado nessa tradição, tem início no Brasil o "ciclo da pornochanchada".

Com a diluição progressiva da censura, passou-se a permitir, cada vez mais, a entrada de filmes pornográficos hard-core, que se espalhavam pelos cinemas de rua. Com o esvaziamento do "cinema marginal", vários diretores incorporaram esse modelo estrangeiro e fizeram produções de sexo explícito em melodramas pornográficos que alcançavam grande sucesso de público.[91]

O filme *Viagem ao céu da boca*, com direção de Roberto Mauro e produção de Jece Valadão, foi um dos mais conhecidos representantes do estilo. Seu protagonista, Nilo Barrão, é um perigoso bandido que, ao fingir ser funcionário da empresa de telefonia, entra na casa de uma família abastada. Ao buscar bens para roubar, encontra uma senhora envolta em uma toalha e aí começa uma série de atos sexuais praticados pelo bandido: primeiro contra a senhora, depois contra uma travesti que estava na residência e, por fim, contra a sobrinha da proprietária da casa, uma jovem ainda menor de idade. As cenas de sadismo, torturas e pedofilia são exibidas durante todo o tempo do filme. Até que, ao final, tudo se revela o sonho de um bandido que está na prisão sendo vítima de sessões de tortura perpetradas pelo Esquadrão da Morte.

O parecer nº 1206/81 da DCDP, datado de 14 de abril de 1981, consignou que o filme estaria "baseado em um argumento sem expressão e enfocando, ligeiramente, o problema da delinquência juvenil". No entanto, o foco da análise do conteúdo do filme recaía sobre a "exploração gratuita do sexo, de forma explícita, deprimente e repugnante".[92]

Um parágrafo específico é dedicado à travesti, assim retratada:

> Caracterizado no sexo feminino, um pederasta — objeto de ódio do assaltante — é submetido a toda sorte de sevícias: ridicularização de seu aparelho genital; introdução do cano de um revólver em seu orifício anal; alfinete enfiado em suas nádegas; relacionamento sexual em ato de felação e sodomia com uma mulher; mordidas em seu pênis até sangrar e finalmente, seu assassinato.[93]

Não exatamente por apreço à figura da travesti, a quem chama pejorativamente de "pederasta", a censora, a partir dessa breve análise do filme, concluiu seu parecer sustentando a não liberação da película com fundamento no art. 3º da lei nº 5536/68, que, como já citado anteriormente, prescrevia o seguinte:

> Art. 3º — Para efeito de censura classificatória de idade, ou de aprovação, total ou parcial, de obras cinematográficas de qualquer natureza levar-se-á em conta não serem elas contrárias à segurança nacional e ao regime representativo e democrático, à ordem e ao decoro públicos, aos bons costumes, ou ofensivas às coletividades ou às religiões ou, ainda, capazes de incentivar preconceitos de raça ou de lutas de classes.

Esse dispositivo legal positivava, no ordenamento jurídico, mais uma vez, o tipo abstrato e vago de "ordem e decoro públicos" e "bons costumes", abrindo uma enorme margem para a atuação arbitrária e para uma grande dose de subjetividade dos agentes públicos na atividade censória.

Por sua vez, o segundo parecer censório, nº 1211/81, assinado pelo técnico Sergio Roldan de Oliveira, registra opinião semelhante. Atribui à obra "inexpressivo conteúdo", especialmente devido à "exploração do sexo de forma descabida, grosseira e imoral". A partir dessa constatação, o censor apontava que o filme

> revela[va]-se como um verdadeiro afronto [sic] à preservação da moral e dos bons costumes, principalmente, levando-se em consideração que o

seu objetivo [era] atingir a uma audiência, que embora [fosse] adulta, merec[ia] ser poupada das aberrações cênicas mostradas em todo o transcurso do filme.[94]

Indo além, o parecer indicava que a perversão sexual retratada obscenamente e em detalhes era tão marcante que se tratava, reconhecimento algo elogioso, de uma "inovação dentro da cinematografia nacional, o que, diga-se de passagem, além de inconveniente [era] altamente atentatório ao pudor e ao decoro público".[95]

Curiosamente, o censor aproveitava a oportunidade para advertir a seus superiores de que as mais recentes produções nacionais, tal qual a analisada, eram, "em termos comparativos, [...] tanto ou mais grosseira[s] e imora[is] que as conhecidas revistas pornográficas e filmes em 'Super-8', vendidos clandestinamente em nosso mercado". Terminava seu parecer, ainda, afirmando que se fazia impossível usar o expediente de alguns cortes para adequação, já que a "grande quantidade de cenas implicatórias que deveriam ser suprimidas" terminaria por reduzir "seu fraco conteúdo a poucos metros de fita", repetindo a fórmula usada também contra o filme *Garganta profunda*. Assim, opinava pela não liberação sem declinar nenhum fundamento legal específico, mas apenas apontando o fato de a obra "contrariar os dispositivos legais contidos na legislação vigente".[96]

Já o parecer nº 1248/81, assinado por Maria das Graças Pinhati, seguia o que já fora estabelecido por seus pares. Registrava haver uma "série de desregramentos sexuais", como a "sodomia". Após descrever alguns dos atos sexuais que [tinham] lugar no filme, ela encerrava concluindo que seria "desnecessário e deprimente [...] tentar descrever mais algumas cenas, tal a variedade das promiscuidades enfocadas",[97] razão pela qual sugeriu a não liberação com fundamento no art. 3º da lei nº 5536, de 1968.

Como se pode ver ao longo de tantos pareceres, esse tipo de decisão não fundamentada e repleta de opiniões pessoais era típico de órgãos administrativos que não estavam sujeitos a controle judicial em sua atuação, pois uma autoridade que não precisava motivar seus atos na legalidade podia agir em total arbítrio.

É interessante observar esse juízo de conveniência feito entre a viabilidade de liberar com alguns cortes e coibir a circulação desse material, de modo semelhante ao que ocorria em relação ao teatro. Tal decisão, em última instância, era tomada com base na subjetividade dos próprios agentes públicos que compunham o corpo técnico da censura e que determinavam se e quando determinada obra era possível de ser aproveitada.

Outro exemplar do gênero, *Eva, o princípio do sexo*, com direção de José Carlos Barbosa, causou grande celeuma quando lançado ao público. O filme narra a história de Eva, uma professora de sexologia que trata da timidez sexual de Robertinho, mas acaba se envolvendo com ele e com sua irmã, Naná.

O parecer nº 2813/81 da censura federal afirmava haver "cenas de sexo normal, anormal, homossexual, nus feminino e masculino, detalhes e sequências bastante demoradas". Já o parecer nº 2814/81 destacava a existência de "cenas longas detidas em closes de movimentos eróticos e gratuitos de nus".[98] Por sua vez, o parecer nº 2815/81 indicava haver "situações contínuas de relacionamentos sexuais, mostrando com detalhes, inclusive movimentos [...]".[99] Diante de tais apreciações restritivas, o filme foi vetado.

No entanto, em recurso para o Conselho Superior de Censura, o conselheiro Roberto Pompeu de Sousa Brasil registrou que se tratava de um "produto típico do chamando cinema da Boca do Lixo paulista", salientando, ainda, que o "filmezinho ordinário [era] um desserviço à cinematografia nacional. Mal-concebido, mal-dialogado, mal-dirigido, mal-interpretado" e que "não [tinha] um só atributo positivo". Mas concluía que, "apenas por uma questão de princípio — de que não cabe ao Estado emitir juízo de valor nesse campo, e de que ao espectador de cinema maior de 18 anos não cabe tutela do Poder Público nesse terreno", ele era "pela sua liberação com impropriedade para maiores de 18 anos".[100]

A decisão do relator foi acolhida pela maioria. O CSC era um órgão de recurso das decisões tomadas pelos organismos administrativos da censura. Mas, por não ter se tratado de decisão unânime, o presidente do CSC, Euclides Pereira de Mendonça, em 18 de novembro de 1981, recorreu ao ministro da Justiça pelo fato de a obra apresentar "movimentos eróticos e gratuitos de nus, relação sexual, sodomia, felação e lesbianismo, culminando com a insinuação do envolvimento de um sacerdote".[101]

Esse tipo de recurso atestava a falta de autonomia e independência do CSC diante do Ministério da Justiça. Isso ficou evidente quando o ministro Abi-Ackel não só recebeu o recurso, com fundamento no art. 18 da lei nº 5536/68, como também o declarou procedente para "manter a interdição do filme", em 25 de novembro de 1981.

No entanto, uma semana após a decisão, em 3 de dezembro de 1981, diante de um mandado de segurança que deixou claro não haver competência para rever a decisão do conselho unilateralmente, o ministro teve de recuar e reformar o despacho proferido, "para o fim de considerar liberado, sem cortes, o filme 'Eva, princípio do sexo', acolhendo a decisão anterior de n. 217/81, do Conselho Superior de Censura".[102] Mesmo com o Judiciário se atendo apenas a um vício de procedimento formal, sem entrar no mérito da censura realizada, esse tipo de situação já indicava as dificuldades por que passava a censura no momento de enfraquecimento do regime.

Já em 23 de maio de 1983, o mesmo relator Roberto Pompeu, a pedido do CSC, viajou ao Rio de Janeiro para apurar uma denúncia de que a versão mostrada nos cinemas não era a mesma submetida à apreciação da censura, fato recorrente na tentativa de burlar os controles morais da ditadura. No cinema Rex, ele constata que houve

> acréscimo de algumas tomadas de imagens que não constavam da montagem aprovada pelo CSC. Assim, várias das cenas de coito (tanto vaginal como anal), felação e lesbianismo — que, na versão apresentada ao CSC, eram apenas sugeridas ou mostradas em planos gerais não detalhados — são complementadas, na versão exibida comumente, com pormenorizados primeiros-planos, em que os órgãos sexuais assumem a condição de protagonistas principais das mencionadas cenas.[103]

Nota-se assim, com clareza, que os produtores e diretores cinematográficos aproveitavam-se dos limites de estrutura e de formação dos censores para burlar as regras e tentar manter cenas de erotismo, pornografia e mesmo homossexualidade nos filmes que realizavam. Diante das dificuldades de controle de uma indústria cultural em expansão em um território continental como o brasileiro, sempre algo acabava passando.

Pedido assinado por D. Burlamaqui à Divisão de Censura de Diversões Públicas, feito em 6 de abril de 1981, argumenta pela liberação do filme norte-americano *Garganta profunda*, dirigido por Jerry Gerard (pseudônimo de Gerard Damiano). Segundo o requerente, o gênero pornográfico deveria ser liberado porque consistia em uma "compensação para o seu dia a dia" para uma parcela da população menos favorecida, que encontrava aí um "equilíbrio e evita[va] descarga de energia que, de outra forma, toma[va] corpo como ato de violência e de libidinagem, esses sim, prejudiciais à família, à sociedade".[104]

Assim, o peticionário insistia no requerimento de popularização desse gênero, tão polêmico aos olhos dos espectadores mais conservadores:

> Esses filmes são assistidos por parte da população mais carente de divertimento, aquela de poder aquisitivo mais limitado e que não dá vazão às suas fantasias eróticas mais elementares, excluídos que são, por causa do baixo poder aquisitivo, das casas de massagens, dos motéis e lugares mais luxuosos ou ainda dos clubes "privées" nos quais é comum a exibição do espetáculo erótico.[105]

Desse modo, fica evidente que o pedido se baseava em um argumento essencialmente de classe ao associar os grupos de "baixo poder aquisitivo" à necessidade de uma "descarga psíquica" que não poderiam realizar sem um "submundo" que fosse dedicado a tais atividades.

O filme em questão foi um dos mais conhecidos exemplares da onda de pornografia cinematográfica que se beneficiou do relaxamento da censura. O enredo se baseia na história da personagem principal, que, frustrada porque não consegue atingir o orgasmo em suas relações sexuais, é aconselhada por uma amiga a procurar auxílio de um psiquiatra especialista em transtornos dos comportamentos sexuais. O médico logo revela à moça a causa principal de sua insatisfação: seu clitóris estava localizado, estranhamente, no fundo da garganta.

Diante do pedido de liberação do filme, o serviço de censura exarou cinco pareceres elaborados entre 10 e 13 de abril de 1981 e assinados por diferentes técnicos, todos unânimes ao opinar pela interdição total da obra.

O primeiro deles, nº 1195, foi assinado pela técnica da censura Jeanete de Oliveira Farias, segundo a qual o filme

> serv[ia] apenas para exibir, em toda sua extensão, de modo apelativo e gratuito, comportamentos permissivos, configurados em longas sequências de relações sexuais, que incluem felação, cunilíngua, coito anal, triolismo e masturbação, mostradas através de cenas simultâneas e/ou alternadas, ex-

plícita e detalhadamente reforçadas por angulações que lhe confer[iam] um teor eminentemente pornográfico.[106]

Além disso, relatava a censora o excesso de "realismo" marcado pelos "closes" e "primeiros planos", que acentuavam o exibicionismo de cenas pornográficas e impossibilitavam quaisquer cortes a solucionar o problema.

Por sua vez, o segundo parecer, nº 1196, assinado por Maria Angélica R. de Resende, sustentava que, na obra, "o erotismo [era] ultrapassado em direção a pornografia, uma vez que as cenas de sexo [eram] tratadas de maneira vulgar, numa exploração rasteira de aberrações sexuais". Seu parecer ressaltava que "as cenas de sexo referidas não [eram] simuladas, mas próprias de um filme essencialmente pornográfico e levadas de forma a transpor, por completo, os limites permitidos pela legislação censória".[107] O recurso à diferença entre erotismo e pornografia sempre aparecia como elemento central na avaliação da censura, embora jamais se apresentasse uma definição clara dos limites entre um e outro.

O terceiro parecer, nº 1197, de autoria da técnica Maria das Graças S. Pinhati, seguia o mesmo raciocínio das demais colegas, destacando o caráter pornográfico e imoral do filme. Para ela,

> trata[va]-se de uma produção de cunho pornográfico, que explicita[va] em "close" o ato sexual e suas deformações, destacando, em angulação diversa, com enfoques simultâneos e repetitivos, cenas de sexo grupal, do ato de masturbação, felação, cunilíngua, sodomia, ejaculação etc.[108]

Já o quarto parecer, nº 1198, feito por Terezinha de Jesus Braga, denunciava também o elevado grau de exposição das práticas sexuais: "Detalhadamente, são mostradas cenas de sodomia, cunilíngua, triolismo, masturbação, depilação de pelos pubianos com frequentes 'closes' sobre a vulva, [o] pênis e o esperma ejaculado durante o ato". E concluía, então, que "o filme não fornec[ia] elementos que atenu[assem] o extremo realismo de seu conteúdo cênico e, também, não oferec[ia] condições para a utilização do recurso de cortes".[109]

O último dos pareceres registrados, nº 1199, assinado por Sergio Roldan de Oliveira, considerava que, "a princípio o enredo é até aceitável" por enquadrar o drama de uma mulher com "uma vida regrada" que não atingia um "orgasmo pleno". No entanto, o desenlace da história comprometia tal possibilidade, por levar a personagem a "praticar um comportamento sórdido, altamente contrário à preservação da moral e dos bons costumes, denigrindo por completo a obra". Destacava, ainda, o censor, que "a prática anormal e até mesmo animalesca torna[va] a película abusiva e obscena". E finalizava clamando pela total interdição, alegando ser impossível efetuar cortes de tantos trechos que mereceriam ser retirados, "haja vista, a grande quantidade de cenas atentatórias ao pudor e ao decoro público existentes, o que sem dúvidas, reduziria a película a poucos metros de fita".[110]

É importante notar como, na censura moral, as apreciações subjetivas dos censores acabam transparecendo com naturalidade e até mesmo funcionando como fundamento para as opiniões supostamente técnicas, ainda mais considerando a precariedade legislativa de textos normativos muito vagos e genéricos que acabavam ampliando a margem de arbítrio dos intérpretes.

Quando o fundamento não era a moral particular do censor, recorria-se à defesa da segurança nacional e ao discurso anticomunista. Ilustra isso a informação nº 401/03/81/DSI/MJ que mencionava filmes "atentatórios à moral e aos bons costumes", tais como *Esquadrão do sexo*, *Delícias do sexo*, *Orgia das libertinas*, *As nazistas taradas*, *Emmanuelle 2*, *Confissões proibidas de uma freira adolescente*, entre outros. Segundo esse relatório de monitoramento, "a grande quantidade de fitas dessa natureza vem ao encontro da estratégia comunista, de enfraquecimento das democracias ocidentais".[111] Vê-se, com clareza, a associação forjada pela censura entre pornografia, nem sempre homossexual, e subversão comunista.

CANÇÃO POPULAR

A linguagem musical assistiu a um processo impressionante de diversificação e ampliação no período retratado. Não que a música brasileira já não contasse com prestígio e reconhecimento dentro e fora do país por sua qualidade. Prova disso foi a Era de Ouro do rádio, que se estendeu dos anos 1930 até os 1950.

Contudo, a partir da década de 1960, com o advento da televisão e de novas técnicas de produção em um mercado musical cada vez mais competitivo e plural, diversos estilos passaram a ser consumidos vorazmente, sobretudo por uma nova geração que via na música uma plataforma de expressão de comportamentos e identidades.

Além do tradicional samba, ganharam cada vez mais espaço a bossa nova, a Jovem Guarda, a Tropicália, o brega e as músicas de protesto. Grandes nomes, hoje consagrados, do que se tornaria a MPB surgiram nesse período nos famosos festivais musicais iniciados pela TV Excelsior em 1965. Por anos, e em outras emissoras, as competições dos festivais embalavam multidões e revelavam novos talentos que muitas vezes acabaram comandando programas televisivos voltados para cada estilo de música.[112]

Uma produção fonográfica pulsante foi consolidando um mercado de consumo para esses ídolos e seus trabalhos. A maneira massificada como a canção popular atingia a juventude provocou, desde as primeiras horas da ditadura, uma especial atenção dos órgãos de controle e censura. A possibilidade de difusão no rádio e na televisão conferia enorme amplitude para essa forma de expressão artística, razão pela qual toda afronta política ou moral era vista com bastante preocupação.

São muito conhecidas as censuras operadas em relação às letras de protesto contra o regime, mas ainda pouco se fala nas outras dimensões da repressão, especialmente a moral. Uma canção que ilustra essa tentativa de controle por motivação erótica e racial foi "Menina mulher da pele preta", de Jorge Ben Jor. A letra descreve o desejo de uma pessoa dirigido a uma "menina mulher da pele preta/ dos olhos azuis,/ do sorriso branco", cuja simples presença já provocava o eu lírico da canção. Então este olha "com malícia" a "pele preta", os "olhos azuis", o "sorriso branco", enfim, o "corpo todo" da mulher.

A técnica de censura Maria Lúcia, ao ouvir a gravação da música, implicou com o termo "com malícia":[113] "Após a escuta, constatamos mensagem erótico-sexual pela repetição reiterada da palavra malícia, assim como o refrão. Art. 77, Cap. V, Decreto Lei 20.493 de 7 de dezembro de 1973".[114] E acrescentou: "Solicita-se a mudança da frase 'Pele preta, sorriso branco'".

Percebe-se, além da preocupação com o suposto erotismo, um veto à visibilização da mulher negra, com seu sorriso branco. A diferença e o contraste, assim, eram algo intolerável na visão da censura, sobretudo porque o discurso de integração nacional imposto pela ditadura era bastante tributário a variações da teoria da "democracia racial".[115]

A homofobia também era frequente na análise das letras. Luiz Ayrão, cantor nascido no Rio de Janeiro, trabalhava como advogado até ter algumas de suas composições gravadas por figuras conhecidas da Jovem Guarda, como Roberto Carlos. Ele só conseguiu projeção nacional quando lançou *Porta aberta*, um compacto em homenagem à escola de samba Portela, em 1973. Pouco tempo antes, no entanto, ele havia submetido à avaliação da censura, por meio de sua gravadora RCA, uma canção intitulada "Homossexual". A música teria sido feita como homenagem ao já mencionado costureiro Clodovil Hernandes. Sem nenhuma conotação erótica ou pornográfica, a letra abordava, de modo sensível e respeitoso, o sofrimento dos homossexuais incompreendidos e alvos de chacota em razão de um "amor que o mundo não quer".

A canção, após denunciar, de modo bastante singelo, as várias dimensões da opressão sofrida pelos homossexuais, defendia que "a sociedade precisa entender/ Que é possível se viver sem conviver/ Não aplaudir mas não crucificar/ Não reprimir". E termina alertando que "toda força reprimida em vão/ Aumenta mais a força da explosão".

Mesmo dizendo que a homossexualidade não deveria ser aplaudida ou incentivada, a canção foi integralmente vetada no ano de 1972 sob o lacônico argumento de que "a divulgação do homossexualismo é proibida pela lei censória", sem declinar alguma indicação do fundamento legal para a assertiva. Por unanimidade, três censores decidiram vetar a circulação da referida música. "Homossexual", de Ayrão, acabou ficando de fora do disco já planejado, permanecendo inédita até hoje e se constituindo em um exemplo bastante simbólico da homofobia que orientava a visão da censura e dos censores.

Mas não apenas o amor entre os homens era interditado pela sanha da censura: as mulheres também não podiam cantar os desejos e afetos vividos entre elas. Uma repressão expressa à lesbiandade, anos mais tarde, foi a censura de "Eu só sei ser mulher", de autoria de José Antônio Rodrigues de Oliveira, cuja letra enunciava: "Eu aprovo o amor entre as mulheres/ porque também sou mulher". Segundo o parecer nº 4363 de abril de 1981, a música referia-se "de forma favorável ao lesbianismo". E, por essa razão, concluiu o censor que, como a letra "contém aspectos contrários à legislação censória em vigor, sugerimos sua interdição".[116]

Também os cantores considerados "bregas" ou "cafonas" pela indústria cultural hegemônica foram duramente atingidos pela repressão moralista.

O LP *Galeria do amor*,[117] lançado em 1975 por Agnaldo Timóteo em homenagem ao mais conhecido ponto de sociabilidade entre homossexuais daquele momento no Rio de Janeiro, era uma ode ousada à vida marginal na Cidade Maravilhosa.

O título original da canção que dava nome ao álbum era expressamente "Galeria Alaska", "mas o departamento de marketing da gravadora o aconselhou a mudar [o título], pois temia a face conservadora do público, acostumado à imagem do artista machão".[118]

Essa foi uma das primeiras canções compostas pelo cantor, que até então vinha gravando versões de músicas estrangeiras ou interpretando composições de outros artistas. O sucesso foi tamanho que no ano seguinte ele lançou "Perdido na noite", no LP homônimo de 1976, em que cantava: "Somos amantes do amor liberdade/ somos amados por isso também/ e se buscamos uma cara metade/ como metade nos buscam também".

Outro lançamento de Timóteo em clara referência ao drama da homossexualidade na solidão da cidade grande e em meio à hegemonia conservadora de valores é o tango "Eu pecador", gravado no LP de 1977 que recebeu o mesmo nome. Ali, ele cantava, em forma de prece, um pedido a Deus, que o perdoasse pelo pecado praticado: "Senhor, eu sou um pecador/ e venho confessar porque pequei/ Senhor, foi tudo por amor/ foi tudo uma loucura /mas eu gostei...". Ele ainda falava abertamente da repressão de provar o amor proibido: "Senhor, não pude suportar/ a estranha sensação de experimentar/ um amor por vós não concebido/ um amor proibido pela vossa lei". E arrematava: "Sou um frequentador/ da esquina do pecado".

Esses três sucessos de Agnaldo Timóteo, gravados entre 1975 e 1977, formaram sua "trilogia da noite",[119] que atingiu enorme sucesso apesar dos temas morais polêmicos abordados. Mas, apesar das restrições e das mudanças impostas pela própria gravadora, já antevendo os problemas que poderiam ser criados pela ditadura, as músicas circularam sem maiores problemas, mesmo que atritando com os rígidos parâmetros do regime. Em boa medida, essa relativa liberdade se deveu à certa sutileza na forma de abordar a homossexualidade nas canções, com boa dose de ambiguidade e abuso de duplo sentido em alguns trechos. Não fossem tais estratagemas, importantes na época para evitar a exposição escancarada da temática homossexual — também utilizados pela cantora Leci Brandão em seu clássico "Ombro amigo" (1978) —, seria bastante provável que a tesoura da censura incidisse sobre as obras.

Outro cantor também considerado brega e com expressiva penetração popular não teve a mesma sorte. Odair José viu diversas de suas músicas serem censuradas pela ditadura. Em especial, vale citar os problemas enfrentados por ele por conta da balada "Desespero", composta em 1974, que aborda a desconfiança da namorada em relação à orientação sexual de seu companheiro. Diante dessas especulações, o namorado desabafa: "Você diz a todo instante/ que eu não sou, meu bem/ aquilo que aparento ser/ diz até que não sou homem bastante/ pra conseguir do meu lado ter você".

A música foi censurada quando já estava pronta para entrar no novo álbum do cantor, sob a justificativa de que "questiona a masculinidade de um indivíduo" e "desperta o público para a questão do homossexualismo". O advogado da gravadora Phonogram, João Carlos Muller Chaves, recorreu ao CSC, mas o veto foi mantido com base em parecer assinado pela censora Zuleika Santos Andrade, que afirmava: "Torna[va]-se inconveniente pela razão óbvia, concludente e flagrante de uma anormalidade confessa e aceita, em difusão do homossexualismo, prática considerada antissocial".[120]

Assim, apesar de não falar de modo claro sobre homossexualidade, o simples fato de abordar uma masculinidade diferente daquela considerada viril e padrão já era motivo suficiente para censurar a obra.

Na mesma linha de questionar os parâmetros rígidos e binários de comportamento de gênero, no ano de 1977 Gilberto Gil e Rita Lee gravaram "De leve", versão da música "Get Back", composta por John Lennon e Paul McCartney, então um grande sucesso dos Beatles.

A letra original contava a história de dois personagens. O primeiro era Jojo, um homem que abandonara sua terra natal em Tucson, no Arizona, em busca de uma nova vida e, especialmente, da maconha da Califórnia. Já o segundo era Loretta Martin, que "pensou que era mulher, mas era mesmo um homem".

Na adaptação feita para a versão brasileira, Jojo vira o "Jojô", que "era um cara que pensava que era/ mas sabia que era não/ Saiu de Pelotas, foi atrás da hera/ trepadeira de verão". Por sua vez, a Loretta Martin foi transformada em "Sweet Loretta Martinica da cuíca/ muito garotão curtiu/ Juram que viram Loretta de cueca/ dizem minas lá no Rio". No refrão, o título é repetido diversas vezes: "De leve, de leve, de leve que é na contramão", sugerindo uma leve tolerância aos comportamentos sexuais e de gênero não normativos descritos pela letra da música.

Diversos carimbos de "PROIBIDO" estampavam a folha submetida à avaliação da censura. Os pareceres dos técnicos, nas folhas seguintes, fundamentam a posição de não liberação da música. O primeiro, datado de 17 de outubro de 1977, e assinado por Luiz Carlos Horta Fernandes, registra que "a referida letra musical enfoca[va], de maneira maliciosa, vulgar e deseducativa o tema 'Homosexualix-mo' [sic], não se coadunando com o veículo de comunicação a que se destina[va]".

Já o segundo, de autoria de Maria Urania Leite Correia Lima, de 16 de novembro de 1977, aponta[va] que "a letra em questão enfoca[va] o homossexualismo e [o] lesbianismo de maneira vulgar, maliciosa e inadequada", uma vez "que tal assunto não dev[eria] ser tratado, muito menos decantado de tal maneira e sim através do ponto de vista médico-científico", de modo que opinavam "pela NÃO LIBERAÇÃO da composição supra". Ambos os censores fundamentaram suas opiniões convergentes no art. 41, alínea "a" do decreto 20493/46.

Note-se que, apesar da censura, a música foi tocada mesmo assim no show do Maracanãzinho, gravado e transformado no LP *Refestança*, lançado conjuntamente por Rita Lee & Tutti Frutti e Gilberto Gil e sua banda Refavela em 1977.[121]

Nesse mesmo ano de 1977 há registro do veto a uma desconhecida música intitulada "Jeito de mané" composta por José Silva e em cujo refrão repete-se "que jeito feio/ é o jeito do mané/ só anda se rebolando/ e não gosta de mulher". Segundo o parecer censório, "uma descrição de um autêntico homossexual, deixando bem claro todas suas qualidades físicas ou 'jeitos' que lhe são peculiares. Assim sendo, contraria as normas vigentes, ferindo os bons costumes".[122] Talvez por conta dessa censura seja tão difícil encontrar a gravação ou mesmo a letra da referida música.

Outra versão de um clássico internacional também foi alvo da censura. Leo Jaime se inspirou na música "Johnny B. Goode", do mestre do blues Chuck Berry. A letra original narra a história do caipira do sul da Louisiana, perto de New Orleans, que vivia em uma cabana bem simples de madeira. Sem saber ler ou escrever, tocava violão como ninguém e pessoas de todos os cantos vinham para ouvi-lo até o sol se pôr. A versão brasileira, chamada "Johnny pirou", contudo, foi uma adaptação bastante livre e ficou um tanto mais apimentada.

Na letra em português, Johnny se transformou em um executivo de uma multinacional que foi a um jogo do Flamengo contra o Fluminense em um domingo no Maracanã. Lá, pela "primeira vez sentiu a sensação de um gol". Contudo, sua vida mudou na ocasião do gol "quando um negão sua cintura agarrou/ e com uma voz muito grossa em seu ouvido gritou/ Foi gol". Então, a música prossegue em uma analogia nada sutil entre a bola entrando no gol e o sexo anal que Johnny experimenta: "De repente o ponta pelo beque passou/ E com muito charme para a área lançou/ O goleiro apaixonado nem sequer reparou/ Quando entre suas pernas a bola entrou/ E o negão animadão novamente/ A Johnny agarrou e beijou". O refrão arremata o título da música: "Johnny pirou no negão".

Ney Matogrosso gravou essa versão em 1982, mas a canção logo foi "proibida pela censura de execução nas rádios".[123] Afinal, o gol foi acompanhado por dois homens agarrados, se beijando, algo intolerável para a mentalidade estreita que ainda prevalecia na censura da época, ainda mais pela postura provocativa do cantor.

Ney Matogrosso já era visado havia tempos. As performances ousadas, exibindo partes do corpo definido e elástico, a voz de timbre agudo e contundente, além da dança repleta de rebolados e outros trejeitos tidos como "femininos", desde os tempos de Secos & Molhados, geravam apreensão e curiosidade no público.

Em 30 de outubro de 1978, o advogado Alcides Cunha reclamou ao ministro da Justiça e ao presidente da República, em carta, sobre a exibição, na televisão, de "um infeliz rapaz de maneiras afeminadas, cognominado 'Ney Mato Grosso', cuja triste e deplorável coreografia eivada de deboches e sandices despudoradas, chocou [...] a grande maioria do público". Ao final, o causídico carioca pedia ao governo que agisse para resgatar "uma atmosfera livre de tantas impurezas, profundamente degradantes".[124]

Mesmo depois do final da ditadura, mas ainda na vigência de sua estrutura censória, legada à Nova República, o preconceito contra os homossexuais seguiu sendo cultivado, manifesto pelos órgãos oficiais. Exemplo disso foi a proibição da música "Rubens", do grupo paulistano Premeditando o Breque ("Premê"), criado em 1976 por estudantes da USP com uma proposta bastante experimental e inovadora em seus arranjos e letras.

A canção foi censurada em 1986 por abordar o caso de amor entre dois rapazes e as dificuldades enfrentadas por ambos para viver e assumir sua relação diante do preconceito da família, da religião e deles próprios. Merece transcrição um trecho, ainda que mais longo, da letra:

> [...]
> *Quero te apertar*
> *Quero te morder e já*
> *Quero mas não posso, não, porque:*
> *— Rubens, não dá*
> *A gente é homem*

O povo vai estranhar
Rubens, para de rir
Se a tua família descobre
Eles vão querer nos engolir
A sociedade não gosta
O pessoal acha estranho
Nós dois brincando de médico
Nós dois com esse tamanho
E com essa nova doença
O mundo todo na crença
Que tudo isso vai parar
E a gente continuando
Deixando o mundo pensar
Minha mãe teria um ataque
Teu pai, uma paralisia
Se por acaso soubessem
Que a gente transou um dia
Nossos amigos chorando,
A vizinhança falando,
O mundo todo em prece
Enquanto a gente passeia,
Enquanto a gente esquece
[...]
Rubens, eu acho que dá pé
Esse negócio de homem com homem,
Mulher com mulher

Logo após a proibição, o jornal *Folha de S.Paulo* publicou declaração de Coriolano Fagundes, então diretor da DCDP, sustentando a censura da música e afirmando que "não acho que o homossexualismo seja correto. É preciso ter uma postura de educação com relação ao sexo e não de permissividade. Não tenho dúvida que o homossexualismo é uma forma de perversão sexual".[125]

O Grupo Gay da Bahia, que já vinha adotando, no contexto da redemocratização, uma linha de ação de cobrança das autoridades e de disputa da opinião pública, sobretudo escrevendo para a imprensa, enviou uma carta criticando a posição do diretor da DCDP. Nela, Luiz Mott informava que a ciência, especialmente a medicina, dentro e fora do Brasil, já despatologizava a homossexualidade e que propagar preconceitos dessa maneira era apenas uma reprodução do "machismo" e da "ignorância pré-científica".[126]

Em sua réplica, Coriolano externa, com transparência, sua visão moralista e homofóbica. Afirmou que a homossexualidade não se reduzia às dimensões "ético-profissional" ou "médico-psiquiátrica", mas seria, "antes de tudo uma questão moral". E acrescentou que "sob o prisma [da moral], todo o mundo civilizado norteia seu comportamento sexual dentro de parâmetros ditados pela Bíblia Sagrada, portadora do código judaico-cristão". Ao final, citou excertos da Bíblia, especialmente do Levítico, recomendando ao ativista gay que meditasse sobre o assunto.[127]

A postura de um alto funcionário do serviço policial demonstra que a diretriz censória esteve carregada de uma visão religiosa, quando não patologizante, da homossexualidade como desvio moral ou questão de saúde. Essa concepção fortaleceu-se significativamente durante a ditadura, e seguiu informando a política censória até a extinção desses organismos, com a Constituição de 1988.

Para que se tenha dimensão do nível de intolerância cultivada contra toda manifestação de afeto entre pessoas do mesmo sexo durante a ditadura, vale citar o episódio de um beijo na boca que Caetano e Gil trocaram no programa *Chico e Caetano*, da Rede Globo, exibido no dia 26 de dezembro de 1986.

Um cidadão, Paulo Fernando Vieira de Melo, enviou uma carta ao ministro da Justiça Paulo Brossard cobrando providências enérgicas diante desse fato, que, segundo ele, significava a "desagregação dos valores morais tão caros e necessários a uma sociedade que se quer forte, digna e justa".[128]

Tal acontecimento ensejou uma cobrança, por parte do ministro Brossard, à DCDP. O diretor do órgão apurou e esclareceu o fato, no despacho nº 02/87-SO/DCDP/DPF, afirmando que "o beijo foi de cumprimento, não se caracterizando como demonstração de homossexualismo",[129] insinuando que, caso houvesse um componente homossexual, aí sim estaria plenamente justificada a necessidade de intervenção da autoridade pública.

LIVROS

O mercado editorial não ficou para trás em relação às demais formas de produção e circulação de bens culturais durante a ditadura. Para que se tenha ideia do crescimento alcançado nesse campo durante os anos de chumbo, em uma sociedade cada vez mais urbanizada e letrada, "a produção de livros entre 1966 e 1980 passou de 43,6 para 245,4 milhões de exemplares; o crescimento das revistas entre 1960 e 1985 foi de 104 milhões para 500 milhões de exemplares".[130] Sandra Reimão destaca que "em 1972, o Brasil ultrapassou, pela primeira vez, a barreira de um livro por habitante ao ano", uma vez que naquele ano foram produzidos 136 milhões de livros para uma população de 98 milhões de pessoas, ou seja, 1,3 de livro por habitante.[131]

Assim, a censura a livros e revistas, parte expressiva da imprensa escrita, foi bastante incisiva. O monitoramento era constante e com frequência resultava na proibição de circulação, na apreensão e até na incineração do material atingido pela repressão. Cifras oficiais seguramente subestimadas dão conta de que, em 1975, foram confiscados 52962 exemplares, aumentando significativamente para 226641 livros no ano de 1978.[132]

Diversos livros foram proibidos nesse período. Alguns nem sequer chegaram a ser publicados e comercializados. Outros foram impedidos de circular depois de impressos. Uns, ainda, já estavam editados e postos à venda, mas foram perseguidos e apreendidos para impedir que as ideias subversivas ou imorais chegassem ao público.

Vale ressaltar que, além dos livros considerados "subversivos", em termos político-ideológicos, havia também uma preocupação central das agências da ditadura com a profusão de publicações "erótico-pornográficas", cujo volume de consumo também crescia conforme a tendência geral do mercado naquele momento.

No entanto, do mesmo modo como ocorreu com outras linguagens artísticas, as tentativas de recorrer ao Poder Judiciário para rever atos de censura a livros, em geral, não foram exitosas. A intensa colaboração do sistema de justiça com as elites militares e civis, além do elevado grau de controle destas sobre aquele por causa da restrição de garantias da magistratura e da cassação de juízes e outros membros de corporações jurídicas, prejudicou as tentativas de controle judicial dos atos discricionários da administração pública no campo da censura.[133] Autores como Rubem Fonseca, o já referido Plínio Marcos, Chico Buarque de Holanda, Ruy Guerra e Robert Alley impetraram mandados de segurança nos anos 1970, todos julgados improcedentes.[134]

ERÓTICO OU PORNOGRÁFICO? UM LIMITE TÊNUE

Uma das questões centrais dos órgãos de informações e de censura passava pela definição das fronteiras fluidas e incertas entre o erotismo e a mera pornografia. Enquanto o primeiro, pela visão que predominava no senso comum, era dotado de uma arte e de beleza, o que o tornava mais aceitável — ainda que não fosse exatamente desejável —, a segunda era considerada, já de partida, repulsiva e intolerável. De toda maneira, ambos provocavam a indignação moral dos segmentos mais conservadores.

A informação nº 834, produzida pelo Dops da Guanabara, foi encaminhada, em 20 de agosto de 1969, ao presidente da Comissão Geral de Inquérito Policial-Militar (CGIPM),[135] no âmbito de um procedimento investigatório dirigido contra uma série de livros considerados "eróticos".[136] Uma das principais preocupações, naquele momento de endurecimento do regime, era definir, no bojo da Doutrina da Segurança Nacional, os critérios morais que presidiriam o saneamento dos valores compartilhados como referência na sociedade.

Um coronel da CGIPM, diante da referida denúncia sobre livros eróticos, registrou à mão seu parecer sobre a obra inclusa no processo, *A vida erótica de Isadora*, de Herman Miller:

> O livro anexado a este processo é um verdadeiro atentado à moral e aos bons costumes. Nada contém de subversão política, salvo a citação de Che Guevara, na página 184. Sugiro que o assunto seja levado à consideração do Exmo. Sr. Ministro da Justiça, por não ser da competência desta Comissão. 1/9/1969.

Mais uma vez, a distinção entre subversões política e moral emergia com relativa autonomia, conferindo, a esta última, uma solene e singular gravidade.

Outro escritor com o mesmo sobrenome e que talvez tenha sido confundido pelos militares foi o norte-americano Henry Valentine Miller, que, embora não fosse homossexual nem produzisse uma literatura homoerótica, era caracterizado como um autor pornográfico, tendo livros seus censurados durante a ditadura. Homenageado pelo prestigiado crítico literário Otto Maria Carpeaux no prefácio que este fez à obra *O mundo do sexo*, em 1975, Miller foi despertando cada vez mais interesse dos leitores brasileiros.

No entanto, o escritor já chamava a atenção da repressão anos antes de sua consagração pelo crítico brasileiro. Em 6 de setembro de 1969, o jornal *O Globo* publicou nota dos prêmios oferecidos pela editora Record, responsável pela publicação do referido autor no Brasil, a estudantes que fizessem o melhor ensaio crítico com o tema "Henry Miller e a Literatura Contemporânea". O *Jornal do Brasil* de 7 de setembro de 1969 noticiou: "Henry Miller, um tema para estudantes". Ao lado do recorte das duas pequenas notas de imprensa, constava anotação, à mão, feita por agente do Dops/GB ao general de divisão Humberto de Sousa Melo, presidente da CGIPM, com a seguinte mensagem de preocupação: "Quando estive aí falamos sobre livros eróticos e imorais, inclusive que o M. Justiça havia retirado alguns de circulação. Que te parece a promoção da Semana Henry Miller? Não seria bom alertá-los disso?".[137]

Meses antes, o ministro da Justiça Gama e Silva já tinha se valido de suas prerrogativas ao editar uma portaria determinando a apreensão de duas obras: *Minha vida, meus amores*, de Henry Spencer Ashbee, e *Filosofia na alcova* ou *Escola de libertinagem*, do Marquês de Sade, ambos escritos por autores que viveram no século XIX. Conforme consta em matéria publicada no *Jornal do Brasil* em 30 de maio de 1969, considerou-se que essas publicações, "pelo seu conteúdo, atenta[vam], frontalmente, contra a moral pública e os bons costumes da família brasileira". Acrescentava-se ainda, ao texto legal, que "os livros mencionados constitu[íam] manifesto e deliberado instrumento de incentivo à prática de perversão moral".[138]

O documento da Divisão de Informações do Dops arrola uma lista das "publicações julgadas de natureza atentatória à moral e aos bons costumes da família brasileira", comunicando a apreensão das referidas obras, que constavam da portaria do Ministério da Justiça. Além disso, o documento menciona outros "livros que, também, parecem atentar contra a moral e os bons costumes", como: "Coleção erótica", com vários títulos; *Os insaciáveis*, *Os libertinos*, *Nexus*, *Sexus*, todos traduzidos pelo dramaturgo Nelson Rodrigues; e *É preciso salvar a mulher casada*, de Carlos Renato.[139]

No entanto, a falta de contornos claros na definição do que se poderia considerar "ofensivo à moral e aos bons costumes" deixava os próprios agentes da censura em dúvida sobre qual material poderia circular e quais livros deveriam ser apreendidos e retirados do acesso do público. A vagueza da dicção legal potencializou a ação arbitrária de quem definia o que estava dentro e fora da norma em uma zona cinzenta de indistinção. Por outro lado, atrapalhava o próprio trabalho dos censores. Exemplo ilustrativo dessa dificuldade consta logo após a lista de livros que *"parecem* atentar contra a moral e os bons costumes [grifo nosso]"*, seguindo-se o seguinte parágrafo: "Este Dops, todavia, não dispõe de elementos melhor [sic] qualificados na especialidade, nem tão pouco [sic] conhece os critérios que presidiram a decisão do Sr. Ministro da Justiça. Em consequência, análise mais profunda da matéria torna-se necessária". Por fim, encerrou-se o relatório informativo mencionando de novo o livro anexado, *A vida erótica de Isadora*, "livro este, que nos parece, também, altamente 'erótico'".[140] Resta saber o significado desta gradação de parecer "altamente erótico".

O presidente da CGIPM, Humberto de Sousa Melo, solicitou, em 6 de maio de 1969, por meio do ofício nº 69/69-GP, ao Dops do estado da Guanabara, aprofundamento de investigação sobre esse tema. O ofício começava com a consideração, algo alarmista, sobre a presença desse tipo de livros em pontos de venda: "Tem sido observado ultimamente, sensível aumento na circulação de livros e outras publicações de caráter licencioso, pornográfico e erótico, cuja difusão é feita indiscriminadamente, não só em livrarias — como também em bancas de jornais, Feiras de Livros etc.". E, logo em seguida, pontua a gravidade e a urgência conferidas ao assunto por representar uma ameaça à juventude e à família, funcionando como componente psicológico da guerra revolucionária contra o regime:

> A facilidade com que tais publicações são adquiridas, o interesse que tal tipo de leitura poderá despertar, particularmente na mocidade e, principalmente, o seu conteúdo, constituem importantes fatores que vão subrepticiamente [sic] abalando a pedra angular da sociedade democrática que é a família, contribuindo também para a corrupção da moral e dos costumes, sendo lícito identificar nos fatos apontados, uma componente psicológica da GUERRA REVOLUCIONÁRIA em curso no Brasil e no mundo.

Os sucessivos encaminhamentos entre órgãos da burocracia repressiva, em três diferentes anotações à mão no expediente de acompanhamento do processo administrativo, pontuavam e grafavam, sempre em destaque, a palavra "urgência" para atender ao requerimento. A associação entre a "corrupção da moral e dos costumes" e um componente psicológico da guerra revolucionária parecia preocupar bastante as autoridades.

Basicamente, o pedido buscava mapear todo o circuito de produção e circulação dessas mercadorias, com o evidente intuito de desbaratar por inteiro o seu comércio por meio da responsabilização de editores, autores e distribuidores. Requeria-se, por exemplo, "relação das Editoras, Tipografias etc., onde os mesmos [eram] imprimidos discriminando endereços e responsáveis", "relação das Distribuidoras, discriminando endereços e responsáveis", "nomes e endereços dos autores das publicações" e "nomes e endereços dos indivíduos relacionados com o Comércio das publicações".

Renato Caravita de Araújo, detetive do Dops encarregado da tarefa de buscar as informações solicitadas, introduziu nos seguintes termos sua resposta à chefia da Seção de Buscas Especiais, datada de 31 de julho de 1969, reiterando a crítica moralista às publicações:

> Vários são os autores destas obras, a maioria traduzidas de autores estrangeiros, consagrados pela minoria de uma sociedade confusa, que busca no sexo a resposta de suas frustrações. Este ciclo teve início com a difusão das obras do escritor Norte Americano [sic] Henry Miller, sendo logo em seguida republicado as obras de Marques de Sade, Brigitte Bijou e outros.

No entanto, o detetive relata uma dificuldade incontornável no que se refere à censura de livros:

> Apesar dos esforços torna-se difícil uma mais completa e minuciosa informação para um assunto tão complexo, pois para determinar-se quais os livros que estariam sendo instrumentos de perversão moral, seria preciso conhecer-se não apenas as ilustrações das capas, e sim o conteúdo desses livros através da leitura e análise de cada um deles.[141]

O agente público conclui com essas palavras a investigação, restrita ao estado da Guanabara — por não poder obter os dados de livros editados em outras localidades —, o que evidencia as dificuldades que a censura enfrentava para conseguir mapear, em todo o território nacional e com seus quadros e estrutura limitados, as supostas ameaças presentes em publicações imorais que precisavam ser analisadas para além das respectivas capas.

A incerteza dos critérios de interpretação e aplicação dos tipos legais excessivamente vagos de "moral e bons costumes" sempre foi uma constante na relação entre autoridades de distintos órgãos e motivou, por exemplo, o ofício nº 201/69-GAB sobre "publicações imorais e eróticas", que foi enviado, em 11 de setembro de 1969, pelo já mencionado general de divisão Humberto de Sousa Melo, presidente da CGIPM, diretamente para o ministro da Justiça Luís Antônio da Gama e Silva.

O general pleiteava, em seu ofício, que fossem esclarecidas as diretrizes da censura sobre o tema, solicitando ao ministro "sua valiosa interferência [para] determinar providências [...] e consoante o nosso entendimento verbal esclarecer a esta Comissão a sua orientação sobre o assunto que motivou o mesmo ofício".[142] Além disso, o documento seguiu acompanhado de alguns anexos para análise do ministro, tais como um exemplar da revista *Ele e Ela* de setembro de 1969, o recorte de uma sátira publicada no *Jornal do Brasil* e um exemplar do livro *O mundo erótico de Isabela Dugan*, também de Herman Miller. Por fim, o general requereu que o ministro examinasse os excertos das notas publicadas nos jornais *O Globo* e *Jornal do Brasil* a respeito do concurso "Henry Miller e a Literatura Contemporânea".[143]

Isso demonstra o nível de importância que o assunto ocupava na alta hierarquia da burocracia estatal. Não há continuidade nas comunicações para indicar os caminhos tomados por esse expediente, mas a vigilância atenta dos órgãos de segurança sobre uma semana literária de um autor "imoral e erótico" atesta a rigidez de valores do regime e a tentativa de formatar uma sociedade com base nos estreitos paradigmas culturais que dominavam a mentalidade da censura.

Curioso notar que, em se tratando de livros, apesar da tentativa constante de mapeamento da cadeia de produção e distribuição das obras consideradas subversivas, muitas vezes era necessário que alguém chamasse a atenção e pedisse uma avaliação expressa da censura. A iniciativa vinha de superiores hierárquicos, como o próprio gabinete do ministro da Justiça, como também de figuras apenas indiretamente ligadas à censura, como generais.

Outras vezes, em tom mais ríspido e até ameaçador, grupos organizados de extrema direita, que sustentavam a ditadura e cobravam sempre ações mais duras de repressão, também marcavam presença cobrando ação da censura.

Exemplo disso é uma carta do Comando de Caça aos Comunistas da cidade de Santos/SP, sem data, que ameaçava livreiros e distribuidores por estarem circulando "propaganda comunista" e "literatura erótico-pornográfica". O intuito da mensagem era claramente no sentido de intimidar não somente as pessoas que produziam os conteúdos e publicações, que, já estavam sujeitas à censura e, muitas vezes, em regime de controle prévio, mas também aqueles que comercializavam esses materiais. Tanto é assim que o texto começava com uma advertência: a de que o CCC "identificou o senhor e a sua empresa em nosso Index como INOCENTES ÚTEIS dos vermelhos e dos imorais".[144]

Em tom de alerta e de imposição, lê-se no documento que houve "o aumento da propaganda comunista e da literatura erótico-pornográfica em nosso país, distribuindo ou vendendo à população desta cidade (que um dia ensinou à Pátria a LIBERDADE e a CARIDADE), revistas obcenas [sic] e jornais marxistas-leninistas". Conforme consta da carta, outras entidades "patrióticas" também estariam enviando alertas semelhantes "advertindo as pessoas para o clima de subversão política e de afronta à ordem moral da Família Brasileira".[145] O pedido é concluído com uma clara ordem: "Para o bem da nossa cidade, do nosso querido Brasil e do seu próprio, EXIGIMOS que a sua empresa pare imediatamente de distribuir e/ou vender [...] as seguintes publicações", passando a indicar uma lista de jornais e revistas, dentre os quais alguns direcionados ao público homossexual, como o *Jornal do Gay*, além de publicações eróticas e/ou pornográficas.[146] Mais do que uma exigência, havia uma ameaça explícita de possíveis "atitudes drásticas", com uma mensagem final destacada em letras maiúsculas com o seguinte teor: "ESPERAMOS CONTAR COM A SUA PATRIÓTICA COLABORAÇÃO. NÃO ADVERTIREMOS MAIS! CASO CONTRÁRIO TOMAREMOS ATITUDES DRÁSTICAS".[147]

Cassandra Rios

Exemplo de sucesso editorial, explorando intensamente o gênero erótico e o pornográfico, sobretudo a partir do olhar feminino, foi a escritora lésbica Cassandra Rios, pseudônimo de Odette Rios. Com livros marcados por uma linguagem simples e popular, bastante acessível e com pouca sofisticação formal nas narrativas, a fortuna crítica da autora não recebeu, até hoje, um reconhecimento no mundo acadêmico e literário, embora ela tenha sido aclamada pelo público.[148]

Segundo matéria publicada na revista *Realidade*, já no final de 1970, Cassandra Rios ocupava "uma posição jamais alcançada por uma escritora brasileira: ser[ia] a primeira mulher a atingir 1 milhão de exemplares vendidos", sendo a única, no Brasil, a viver "exclusivamente de livros", ao lado de homens como Jorge Amado e José Mauro de Vasconcelos.[149]

Pode-se afirmar que ela foi a primeira escritora brasileira a vender mais livros no país, superando a marca de 1 milhão de exemplares em mais de cinquenta obras lançadas, algumas delas ultrapassando a décima edição. Contudo, o êxito comercial não passaria despercebido e ela acabaria sendo também a escritora mais censurada do país: teve ao menos 36 livros proibidos.[150] Ainda que uma parte dessa censura tenha acontecido durante as décadas de 1940 e 1950, foi mesmo sob o controle moral da ditadura que se intensificou a perseguição a suas obras.

Os prejuízos decorrentes para sua vida pessoal e carreira profissional foram inestimáveis. Em entrevista ao *Lampião*, Cassandra afirmou:

> Estou desatualizadíssima, atualmente, porque só faço escrever, só me preocupo em repor Cassandra Rios nas livrarias. Porque me proibiram 36 livros, e então eu já escrevi outros nove. Eu tinha um padrão de vida correspondente àquilo que recebia desses 36 livros. Já imaginaram o choque? Eu não senti na hora, só vim sentir três anos depois.[151]

A homossexualidade feminina retratada em suas obras foi uma das grandes causas da repressão sofrida pela escritora. Em um dos pareceres sobre *A volúpia do pecado*, o censor demonstrou sua ira pessoal contra os desvios apresentados por Cassandra, ao dizer que:

> A autora descobriu um filão rentável na descrição ousada das relações homossexuais, que se constituem em uma constante em suas criações subliterárias [sic], onde prefere dar ênfase aos segredos "caça-níqueis" do amor lésbico, sem se preocupar em levantar os sintomas e causas dos desvios da conduta sexual.[152]

Outra de suas obras, *As traças*, tem como enredo a relação de uma professora com uma de suas alunas, filha de uma ex-colega de magistério. A garota vive um extremo conflito pela descoberta de sua homossexualidade e acaba se refugiando nas drogas, a ponto de ter uma overdose e ser internada. Ao recobrar a consciência, ela escuta o diálogo entre a professora e a mãe, que sugeria ter havido entre elas — a mãe e a professora — o mesmo envolvimento sexual. A técnica de censura Ana Kátia Vieira, ao analisar a obra, concluiu que o livro carregava "uma mensagem negativa sobre todos os aspectos", sobretudo "porque a autora afirma[va] que o lesbianismo é a verdadeira condição *normal* da mulher. Contraria[ndo], assim, de maneira frontal, um padrão moral consagrado pela nossa sociedade [grifo no original]". Com base nesse parecer, nº 1720, de 29 de outubro de 1975, o livro foi vetado (art. 1º do decreto-lei nº 11077).[153]

Também foi alvo da censura sua obra *A paranoica*, de 1976. Conforme o parecer nº 73/78, de autoria do censor Silas de Aquino Lira Gouvêa, feito em 27 de dezembro de 1978, o livro narra a história de Ariella, de apenas dezessete anos, que descobre ser filha adotiva e começa a usar de "todos os meios" para descobrir os mistérios que rondavam sua origem e chega a ter relações homossexuais com Mercedes, noiva de seu irmão. No parecer, o censor registra: "Há homossexualismo, violência e o conteúdo do livro é deprimente", sugerindo, assim, a proibição, com fundamento no art. 1º do decreto-lei 1077/70.[154]

A vigilância cerrada fez com que Cassandra adotasse uma série de subterfúgios e estratégias para manter seus livros em circulação, bem como sua pequena livraria em São Paulo. No documentário biográfico dedicado a ela, a crítica literária Lúcia Facco registra que Cassandra chegou a criar dois pseudônimos masculinos, sem mencionar os femininos, em livros contendo o mesmo grau de sexo explícito, mas com casais heterossexuais. Não houve censura, o que atestaria que "a pornografia era apenas uma justificativa para proibir o sexo entre mulheres".[155]

Cassandra não foi a única escritora a sofrer duramente com a censura por alegação de obscenidade. Adelaide Carraro, autora de dezenas de livros e outro sucesso de vendas à época, teve diversas de suas obras censuradas. Em uma delas, o áspero parecer proibitório do censor registrava não apenas o uso de "termos chulos e palavras de baixo calão", mas também o fato de a autora apresentar uma concepção que exaltaria o "homossexualismo de tal forma que chega[va] a dar nojo de ler tal porcaria".[156] O grau de repulsa pessoal ao tema, manifesto nessas duras palavras, refletia como a censura moral era atravessada pelos preconceitos de cada censor.

Contudo, esse esforço de retirada de circulação e mesmo a destruição de livros parecia ainda não surtir o efeito esperado. Nesse sentido, a posição do CIE é emblemática. O órgão emitiu um alerta que originou, em 5 de junho de 1975, a informação nº 351/75/DSI/MJ sobre "proliferação de livros erótico-pornográficos",[157] anexando um exemplar de *Os degenerados*, escrito por Oliver Ruston. O livro aborda, em linhas gerais, os depoimentos das experiências sexuais vividas por um casal heterossexual, irmãos, com diversas outras pessoas, inclusive os pais, a um médico, que acaba tendo relações com a jovem sob tratamento.

A mensagem de preocupação com essa história ficcional no documento analisado é clara: "Tem-se observado que está proliferando, em todo o país, a venda de livros erótico-pornográficos, altamente atentatórios à moral e aos bons costumes".[158] O mais sério era que se tratava de publicações que seduziam, principalmente, aquilo que consideravam como uma juventude ainda frágil e despreparada:

> O que de mais grave está a ocorrer, face a esta situação, é que seus leitores enquadram-se numa faixa etária jovem, justamente, na época em que a personalidade do indivíduo encontra-se em formação e que, por isso mesmo, necessita de orientação e cuidados especiais, quer familiares, quer governamentais.[159]

O principal ataque identificado nessas publicações estaria na intenção delas em atingir, diretamente, a instituição tradicional da família, tida como a célula básica de toda a sociedade: "As aberrações e perversões sexuais e a pregação subliminar de dissolução da família, [...] relações sexuais entre pais e filhos, ou entre estes, dão mesmo a impressão de que a 'ideia mãe', que norteia esse gênero de literatura, está em lançar o caos e a degeneração na célula básica da nação — a família".[160]

O relatório afirmava, categoricamente, que a tática comunista vinha se valendo de outras armas na luta de classes: "Dentro da tática comunista de conquista de um povo, está a desagregação do mesmo, através do incentivo não só à corrupção e aos tóxicos, como, primordialmente, da deturpação das normas básicas sociais e morais, que regem a família, o que é conseguido pela exploração do sexo".[161] Diante de tal diagnóstico crítico da realidade, as soluções propostas não poderiam deixar de ser rigorosas: "Não basta, assim, somente a proibição da venda de tais livros e publicações congêneres. Urgem medidas de maior profundidade e severidade contra tal estado de coisas".[162]

Seria "de imperiosa necessidade, como justo reclamo social e moral e, até mesmo, de segurança nacional, a punição das editoras e seus responsáveis, além do recolhimento, no comércio especializado, dos livros em apreço".[163]

Diante da avaliação do CIE, que pretendia ser uma espécie de advertência das autoridades governamentais para um grave problema nacional, o Ministério da Justiça encaminhou o expediente para análise da DCDP. Dalmo Paixão, técnico de censura, exarou seu parecer de nº 5885/75, em 30 de junho de 1975, afirmando que o livro expunha "aspectos rotulados de degenerescências sexuais, em grau máximo, que [iam] desde a masturbação passando pela sodomia até outras abomináveis práticas do coito".[164]

Complementava sua análise julgando a legitimidade das práticas sexuais retratadas no livro, constatando que o "livro em exame [era] rico em descrições pormenorizadas de experiências ou vivências sexuais anômalas e com manifestações de relações sadomasoquistas entre as personagens, oferecendo níveis de 'apelação' condenados pela moral social brasileira, com a agravante de ter a sua tradução realizada em bases medíocres". Assim, diante de um "quadro de absoluta degradação moral", a obra "pode[ria] ser caracterizada, pelos seus excessos, como pornografia gratuita, sendo que seu alicerce pauta[va]-se numa moral alienígena, contrapondo-se à formação de nossa sociedade".[165] Opinou, portanto, pela proibição desse material.

O expediente foi encaminhado ao ministro Armando Falcão, autuado como processo nº 59343/75. Conforme publicação do *Diário Oficial* em 10 de julho de 1975, o ministro determinou não apenas a proibição de "publicação e circulação em todo território nacional, do livro 'OS DEGENERADOS', de autoria de Oliver Ruston", como também determinou a "apreensão de todos os seus exemplares expostos à venda por exteriorizar matéria contrária à moral e aos bons costumes".[166]

Foram aplicadas ao livro, portanto, as penalidades máximas de proibição. Mas ele não foi o único. Diversas outras publicações foram proscritas e inseridas no Index da ditadura.

Um exemplo é *O louco*, de autoria de Dr. G Pop, de 1975. O livro relata a história de um louco que descobre que seu meio-irmão é um "invertido sexual", termo muito utilizado à época, sobretudo em discursos médicos para designar a identidade homossexual. O livro descreve "pormenorizadamente, homossexualismo entre meninos, tentativa de estupro, relações sexuais, sexo grupal". É curioso que, no parecer 05/79, a censora Teresa Cristina dos Reis aponte que o romance "diverge, em termos, de outros, puramente pornográficos, pois contém um enredo mais elaborado, não fugindo, porém, das passagens onde descreve desvios sexuais". Assim, nem a aparente maior sofisticação literária foi suficiente para liberar o livro, pois "é nítido o caminho pornográfico do romance em vista da importância dada, pelo autor, para tamanhas aberrações". Com base no decreto-lei nº 1077, ela recomenda a proibição.[167]

Chegou-se até a elaborar um documento, divulgado pelo Comando Aéreo Regional (Comar), que tinha como anexo uma relação de livros proibidos pelo Ministério da Justiça "por sua natureza subversiva ou pornográfica". Datado de 13 de abril de 1976, esse relatório indicava 205 livros nacionais e estrangeiros proibidos, requisitando-se, "sempre que [fosse] constatada a exposição à venda, em bancas de jornais, livrarias, supermercados etc., de qualquer dos livros relacionados, dever[ia] ser providenciada comunicação a este Centro", e encerrava com o imperativo: "sugere-se ampla divulgação desta matéria à tropa".[168]

Os livros apreendidos eram não apenas levados, mas tinham de ser destruídos por meio da incineração. O ofício nº 322/76-SCDP/SR/RJ, encaminhado em 18 de maio de 1976 pelo chefe do SCDP para o diretor da DCDP, dava ciência a este da incineração de 12246 volumes apreendidos "por terem sido proibidas por ato do Sr. Ministro da Justiça, em vista de seu conteúdo atentatório à moral e aos bons costumes".[169] O chefe do SCDP destaca[va] que "a providência não ating[ia] os livros apreendidos por motivos políticos, mas apenas os que atenta[vam] contra a moral e os bons costumes", o que reforça a relativa autonomia da censura moral em relação à censura estritamente política.

Os livros já publicados que fossem proibidos e posteriormente apreendidos por mais de 120 dias deveriam ser incinerados, não se admitindo nenhuma outra forma de inutilização, de acordo com o art. 5º, inciso II, do decreto 1077 de 1970. Por essa razão, constava, no âmbito do processo administrativo referido, um pedido para que o chefe de fiscalização verificasse quais livros apreendidos encontravam-se ali armazenados por mais de 120 dias.

Tal lista foi preparada com "uma relação de livros por títulos e números de exemplares" e mais de "2430 quilos de livros pornográficos" foram enviados para incineração na Companhia Municipal de Limpeza Urbana, vinculada à prefeitura do Rio de Janeiro, que auxiliava a repressão na destruição das publicações apreendidas.[170] A queima de quase duas toneladas de livros moralmente incômodos evidencia a escala atingida pelas políticas sexuais da ditadura no mercado editorial.

Faltava inteligência ou humor na censura?

É recorrente e bastante popularizada uma crítica endereçada à censura, sempre em tom de gozação, que caracteriza o trabalho dos censores como desprovido de inteligência ou racionalidade. Essa fama dos órgãos responsáveis pelo controle político e moral das artes e das comunicações não nasceu recentemente — surgiu ao longo da ditadura e se consolidou no imaginário sobre o período. De algum modo, ridicularizar a censura tornou-se um meio mais fácil de criticá-la, isto é, mais fácil do que fazer uma análise de seu modus operandi a fim de apontar as eventuais inconsistências.[171]

A revista alemã *Der Spiegel*, de 3 de janeiro de 1977, trazia uma reportagem chamada "Céu ou inferno deste mundo", sobre o contraditório "brilhante país do milagre econômico e o do sombrio cárcere".[172] Após abordar as dificuldades presentes na conjuntura política do país, a longa matéria sobre o Brasil dos generais pontuava que

> discussões teóricas mesmo de natureza ideológica são para os detentores do poder um verdadeiro horror. Até discussões favoráveis ao sistema, de intelectuais e artistas são por eles tidas na suspeita de esquerdismo tendencioso, com consequências fatais para a vida cultural. Alguns anos atrás, o ex-ministro da Justiça Buzaid mandou confiscar as "'gravuras eróticas" de Pablo Picasso sob a suspeita de pornografia. O ridículo da situação não impediu que seu sucessor Falcão proibisse, no fim de março de 1975, uma representação na televisão pelo balé do Teatro Bolshoi de *Romeu e Julieta*, de Prokófiev, com medo de propagação comunista.

Sem assumir essa visão que ridiculariza a censura, não deixa de ser curioso notar que, se faltou inteligência a alguns censores, também esteve ausente certo senso de humor. O informe nº 1622/05/80-CI/DPF, datado de 26 de fevereiro de

1980, oriundo do Centro de Informações do Departamento de Polícia Federal para todos os serviços de informações, comunica a apreensão do *Manual de sexomobilismo*, de Friedrich Skriepel.[173] O autor era apresentado como catedrático em "wagen-sex" da Universidade de Beidelberg. Tratava-se de um pequeno livro, editado pelas "Edições Sapiens", que tinha por objetivo apresentar "um estudo posicional completo de sexo em automóvel, através de 43 fotos autorrealísticas com explicações científicas".

No entanto, não havia registro de que o autor ou mesmo a universidade em questão existissem. Além disso, o teor do manual é flagrantemente cômico e fantasioso, tal qual se verifica pelo seguinte trecho da biografia do autor no início do livro:

> Sempre interessado em sexo, fez graduação de Sexologia num curso por correspondência, conseguindo o grau de mestre em "Sexo não Especializado" e finalmente doutorou-se na Universidade de Beidelberg em "Wagen--Sex" (sexo no automóvel), sendo atualmente o único especialista neste setor sobre a face da terra. Famigerado conferencista, já proferiu palestras nos maiores centros culturais do mundo, inclusive em Cangaíba e na Ilha Marajó.

Assim, mesmo diante de um manual que examina diferentes posições sexuais dentro de um automóvel com ilustrações feitas à mão ao lado de descrições em texto bastante irreverente, atestando tratar-se mais de uma peça humorística do que erótica, a censura não achou graça e vetou a circulação da referida publicação.

O relatório acusou a editora de "especialista em difundir, exteriorizar subliteratura (erótico-pornográfica), apresentando-a com características supostamente didáticas". O *Manual* acabou descoberto porque os agentes públicos foram recolher outro material da mesma editora, o álbum *A iniciação de uma virgem*.

Contudo, esses episódios curiosos e, em certa medida, cômicos, se, por um lado, revelam certa fragilidade do órgão repressivo, por outro mostram também que ele estava, sim, firme no propósito de identificar e perseguir o seu alvo no campo da produção cultural e da arte. Conforme adverte Deonísio da Silva, se é certo que a censura confundiu muitos títulos, temas e autores, é certo também que a referida confusão guarda limites perfeitamente delineáveis. Nos dois momentos decisivos do exercício da censura, o que se viu foi que, primeiramente, a obra de Rubem Fonseca foi vetada pelas mesmas razões que resultaram na proibição dos livros de autores tão diversos quanto Xaviera Hollander, Cassandra Rios, Adelaide Carraro, Brigitte Bijou, Emanuelle Arsan etc., isto é, uma suposta pornografia, o uso do palavrão e outras obscenidades é que teriam amparado os vetos. A sexualidade dita e escrita é que constituía o alvo principal.[174]

Em outras palavras, era a expressão desabrida das sexualidades, sobretudo as dissidentes, que deveria ser coibida.

REVISTAS E JORNAIS

A imprensa, nomeadamente revistas e jornais, também proliferou no contexto da abertura. O crescimento do consumo de notícias por uma sociedade mais ávida por informações coincidia com a ampliação gradativa — e ainda limitada — das liberdades de expressão e de imprensa.

Do ponto de vista da censura política, como já examinado, chegou a haver, nas grandes redações de jornais e revistas, censores acompanhando o processo de edição e publicação. Já em relação à moral, a vigilância dedicava mais atenção, por meio de relatórios periódicos de monitoramento, à imprensa sensacionalista (ou "marrom") e aos veículos de divulgação vinculados à própria comunidade LGBT, pois eram eles que tratavam mais diretamente de temas afeitos à sexualidade. Por essa razão, passaremos a examinar essas áreas mais sensíveis e visadas.

A imprensa "marrom"

A maior parte das publicações da imprensa "marrom", expressão usada para fazer referência a veículos sensacionalistas, publicava matérias ou reportagens sobre sexualidades dissidentes de modo a reproduzir visões estereotipadas e estigmatizantes. Geralmente, homossexuais e travestis eram associados à criminalidade e, com frequência, apareciam nas páginas policiais, seja como vítimas, seja como suspeitos.

Mesmo quando esses veículos reverberavam representações negativas das pessoas LGBT, as agências de informação já criavam alertas específicos para pressionar a ação da censura ou de outros organismos do Estado. A mera exposição desses corpos e dessas existências, ainda que fosse apenas e tão somente no sentido de alimentar preconceitos e acentuar a marginalidade, já constituía, claramente, um incômodo na percepção dos órgãos responsáveis pela vigilância da subversão política e moral. Não bastava criar um discurso negativo; em muitos casos, era preciso silenciar essas dissidências. O receio era de que a exposição já poderia consistir em propaganda.

Diversos documentos atestam uma preocupação constante com o tom "contrário à moral e aos bons costumes" de veículos da imprensa, sobretudo no período que vai de 1977 até 1982. Uma hipótese que pode explicar a concentração de informações oficiais sobre as publicações impressas na virada dos 1970 para os 1980 é que, nesses anos, circularam com maior intensidade jornais de diversos tipos e houve uma relativa liberalização política que ocasionou um aumento significativo de bens culturais pornográficos ou eróticos no mercado brasileiro. Muitas das publicações misturavam a transgressão moral com a crítica política ao regime, chamando, portanto, ainda mais atenção.

Um exemplo é o documento com "análise de propaganda adversa" dedicado ao jornal *Reporter*, n. 23, de novembro de 1979. Após resenhar brevemente uma série de "matérias atentatórias à moral e aos bons costumes, bem como outras de cunho ideológico e ofensivas às instituições e à dignidade de autoridades", o texto concluía: "o jornal REPORTER, na sua linha de provocar sensacionalismo, continua publicando, sistematicamente, matérias relacionadas com o sexo e a miséria (prostituição de menores e homossexualismo), repressão policial". O referido número do jornal foi apreendido por determinação de portaria do ministro da Justiça de 9 de novembro de 1979, pois antes dessa data o periódico era vendido em banca sem restrição etária ou preocupação com a embalagem.[175]

A preocupação com a divulgação de conteúdos eróticos e pornográficos, ainda voltados para um público heterossexual, foi se tornando cada vez mais presente. Um documento de 12 de fevereiro de 1981 sobre uma "publicação pela imprensa de assuntos contrários à moral e aos bons costumes" reconstituía o enquadramento legal dessa matéria desde a Constituição até a legislação ordinária para indicar a necessidade de uma ação proibitiva e preventiva, como "a publicação e exteriorização de assuntos contrários à moral e aos bons costumes é proibida no País", constituindo delitos os "abusos no exercício da liberdade de manifestação do pensamento e informação" e "ofen[sa] [à] moral pública e [a]os bons costumes". Exemplos de publicações que continham matérias de difusão pública proibidas por lei eram revistas como *Playboy*, *Status* e *Ele e Ela*.[176]

O diagnóstico de que estaria havendo uma invasão dos mercados cultural e, especialmente, editorial brasileiros por produtos fortemente referenciados na sexualidade — alguns deles inclusive com uma aura científica, de manuais de educação sexual — era cada vez mais presente.[177] Esse argumento era mobilizado de forma recorrente pelos órgãos de informação para forçar uma reação à altura da repressão. Esse mesmo relatório acrescentava que "além das revistas acima citadas, exclusivamente pornográficas [sic], [tinha] se verificado, ultimamente, a difusão, com grande intensidade, desses assuntos proibidos, não só pelos veículos da imprensa alternativa, como também por órgãos da chamada grande imprensa".[178]

Os exemplos de assuntos proibidos que seguiam anexados ao documento eram o jornal *Luta Democrática*, de 15 de janeiro de 1981, com matéria "Marido se amarrou no 'muy amigo': Expulsou a mulher e sentou"; o *Luta Democrática* de 27 de janeiro de 1981, com o texto "Vela 7 dias no rabicó do derretido"; *Repórter* de janeiro de 1981, com o artigo "Operação-Sapatão: Polícia ataca lésbicas", entre outros.[179]

Como seria de esperar, essas manchetes sensacionalistas causavam incômodo nos órgãos repressivos. Uma comunicação enviada pelo chefe do SNI, Otávio Aguiar de Medeiros, para o ministro da Justiça Abi-Ackel denunciava, em 23 de janeiro de 1981, a "divulgação de matéria pornográfica no jornal 'Luta Democrática'". Registrava-se que "a par do preço de Cr$ 10,00 o exemplar e de veiculação de notícias sensacionalistas — bem ao agrado da massa menos esclarecida — servem-se, ainda, seus dirigentes da exploração grosseira de *temas relativos a taras e inversões sexuais*".[180]

Nessa linha, exemplificando a afirmação acima, aponta-se que, na edição 8090, de 29 de novembro de 1980, havia sido publicada matéria intitulada "Xerife do xadrez errou na escola do 'Odalisco'". Relatava-se, ali, um caso de homicídio doloso de um detento por seu colega de cela com a legenda "quis usar o bumbum o Km e foi morto":

JOSÉ BATISTA RAMOS autor de seis homicídios foi morto na cela da 2ª DP pelo colega de infortúnio PAULO CÉSAR JÚLIO DA SILVA, de 18 anos de quem a vítima estava cobiçando o bumbum, segundo o dono, virgem. A morte foi por estrangulamento e houve até torcida no xadrez para que PAULO CÉSAR ganhasse a briga.[181]

Depois de relatar este e outros casos de pornografia sensacionalista, o relatório concluía que "assim agindo, os responsáveis pelo jornal 'LUTA DEMO-CRÁTICA' vêm, com sua ação deletéria, contribuindo para a deterioração dos princípios éticos, morais, cívicos e cristãos em que se fundamentam [sic] a sociedade brasileira".[182]

Também nesse sentido, o chefe do SNI encaminhou ao ministro da Justiça, em 13 de fevereiro de 1981, um ofício sobre "publicação pela imprensa de assuntos contrários à moral e aos bons costumes", caracterizados, segundo o documento, pelo "abuso no exercício da liberdade de manifestação do pensamento e informação, previsto no art. 17 da Lei nº 5250, de 9 de fevereiro de 1967".

O relatório destacava matérias que tratavam de relações homossexuais, ainda que de forma sensacionalista, tais como "Bichas loucas sangram pelo amor do Pé de Mesa" (*Luta*, 6 fev. 1981, p. 1), "Bichas duelaram na rua pelo Pé de Mesa" (*Luta*, 6 fev. 1981, p. 4), "Gozo só por dinheiro: Debate na zona", com entrevista com prostitutas e travestis (*Reporter*, n. 38, fev. 1981, p. 20), "Boca do Lixo é campeã de doenças venéreas" (*Reporter*, n. 38, p. 14).

Um dos mais visados foi o jornal *Luta*, sempre incorrendo nas mencionadas representações estigmatizadoras. Sua edição de 14 de março de 1981, com uma nota de capa sobre o espetáculo *Gay Fantasy*, dirigido por Bibi Ferreira e estrelado por Rogéria, veiculava a seguinte mensagem, com fotos de rosto de famosas como Rogéria, Jane, Cláudia Celeste, Marlene Casanova e Veruska: "Travesti é arte: para o produtor do *Gay Fantasy*, João Paulo Pinheiro, a abertura política proporcionou a liberação de tudo que estava castrado pela repressão. Daí, os travestis também quererem seu espaço social".[183] Além disso, outra edição de *Luta*, do dia 16 de março de 1981, retratava, em matéria intitulada "O delírio do belo da noite", a primeira eliminatória do concurso Garoto Zona Sul, realizado na boate Belle de Nuit, em Copacabana. Fotos de homens sarados e definidos, seminus, e de travestis com poucas roupas acompanhavam o texto, que destacava "a presença de um público variado, sem perder a maioria de homossexuais masculinos".[184]

O mesmo *Luta*, em edição de 22 e 23 de março do mesmo ano, relatou como foi a segunda noite das eliminatórias pelo título Garoto Zona Sul, que contou com mais de quinhentas pessoas e "muita sacanagem". Com fotos dos três rapazes escolhidos e de travestis que marcaram presença na festa, o jornal comentava que "o concurso Garoto Zona Sul 81 est[ava] se transformando numa noite de prazeres e libidinagem, onde a liberação [era] total, desprovida de preconceito, como as pessoas que frequentam normalmente a boate gay Belle de Nuit".[185] Essa edição também foi classificada, em ofício de 3 de abril de 1980, como uma publicação de "assuntos contrários à moral e aos bons costumes",[186] e endereçada ao chefe de gabinete do Ministério da Justiça.

Um relatório de 23 de dezembro de 1981 sobre "publicação pela imprensa de assuntos contrários à moral e aos bons costumes" trazia diversos recortes do referido jornal em anexo, com manchetes do período de 6 a 17 de dezembro, que informavam o seguinte: "Destrincharam a bicha louca em 194 pedaços: Retalhadinho, morto, nem conseguiu ser identificado pela arcada dentária. Foi festa de bichonas" [corpo impossível de identificar, presumiram ser homossexual por conta de um brinco na orelha apenas]; "Corno mandou a mulher sapatão para o inferno: Com o Diabo no corpo, o comerciante Juarez Vasile perseguiu a sapatão Ana Maria até fuzilá-la"; "Bichona macho aguentou três de uma só vez: Era costureiro e estava em lua de mel. Levado para trás do carro teve que transar com os três, mas depois morreu"; "Sapatão não livrou nem a própria nora: O filho não sabia de nada, sua mãe gostava de mulher. Nora não resistiu ao cerco e acabou agredida".[187]

Outro exemplo da "publicação pela imprensa de assuntos contrários à moral e aos bons costumes [...] caracterizando abuso na liberdade de manifestação do pensamento e informação", conforme registrava relatório de 12 de janeiro de 1982: "Flagrou o papai entubando uma 'jiboia' grande: Cansou de ser homem, e queria fugir da rotina. Resolveu romper o ano sentado na 'boneca'",[188] em manchete do mesmo jornal *Luta*, de 31 de dezembro de 1981. Na matéria, a história de um homem maduro que manteve relações homossexuais com um jovem e que teria sido "descoberto em flagrante" por seu filho era relatada com ares de zombaria e de modo sensacionalista:

Fã incondicional do cantor Ney Matogrosso e também cansado de ser homem durante tanto tempo, Almerindo da Silva, de apenas 49 anos, resolveu mudar a casaca ingressando no *clube dos homossexuais*, onde foi recebido com muita festa e alegria, menos pelo filho Carlos Alberto da Silva de 24 anos, que sofreu um ataque de histeria sendo socorrido às pressas no Pronto Socorro do Hospital Salgado Filho.[189]

A edição 436 de *Luta: O Jornal do Povo* foi apreendida por determinação do ministro da Justiça, conforme atesta ofício da Coordenação Central Policial do DPF enviado ao gabinete do Ministério da Justiça, com data de 27 de dezembro de 1982. Dentre as diversas matérias consideradas "propaganda adversa", vale mencionar uma, em especial, por ser considerada "atentatória à moral e aos bons costumes". Tratava-se da coluna "ChêGay", de Anne Kleidy, colunista social que escrevia em tom de crônica bem-humorada sobre as personagens mais famosas do circuito homossexual do Rio de Janeiro, especialmente sobre as aventuras amorosas e crimes. Nessa edição, por exemplo, na seção propositadamente de duplo sentido "Curtas e grossas", lê-se:

> Atenção, atenção. Na última reunião do SMRJ (Sindicato dos Michês do Rio de Janeiro) a assembleia foi unânime em votar para um reajuste nos preços das trepadas. A partir de 1º de janeiro, a taxa mínima na Cinelândia passa de Cr$ 1.000 para Cr$ 3.000. E tem mais. Querem um aumento semestral a partir de março de 1983. Vejam como a inflação está afetando a todas as classes...[190]

Outra edição, a 432, datada de 14 de dezembro de 1982, também teve diversos exemplares apreendidos pela SR/DPF/RJ, nos termos do ofício nº 431/82-CCP/DPF de 21 de dezembro de 1982. Além das matérias mais estritamente políticas, a edição trazia a coluna "ChêGay", de Anne Kleidy, com as seções "Curtas e Grossas", "Brilho Noturno", sobre a noite gay carioca, e "Vídeo Gay", com um breve conto sobre Shirley, travesti carioca que morava em Paris e que decidiu voltar ao Brasil para encontrar com seu bofe.[191]

Esse era o tipo de matéria tradicionalmente publicado pela chamada "imprensa marrom" e que teve grande impacto na construção social dos preconceitos voltados contra as pessoas LGBT. Mas nem tudo era sensacionalismo e, em alguns momentos, circulavam matérias mais instrutivas e educativas sobre questões sexuais.

"Erotizar a subversão": O ChanacomChana

A informação nº 081/03/DSI/MJ de 31 de março de 1981, originada na AC/SNI e destinada aos diversos órgãos da comunidade de informações, denunciava que o quinzenário *Em Tempo*, em sua edição 124, veiculava "matéria repleta de PROPAGANDA ADVERSA". Dentre outros assuntos incômodos para a censura, destacava-se a reportagem feita por Wilma Monteiro, Júlio Dias Gaspar e Silvana Afram com o título: "CHANACOMCHANA, o primeiro jornal lésbico do Brasil, declara: Por uma prática de erotizar a subversão".

O referido jornal havia sido lançado durante o III Congresso da Mulher Paulista, por iniciativa de ativistas lésbicas organizadas em grupos como Ação Lésbica Feminista, oriundo do grupo Somos, e o Terra Maria-Opção Lésbica, mas também por militantes independentes. Foi a primeira publicação impressa desse gênero no país, feito por e destinado para mulheres que desejavam outras mulheres. A matéria que incomodou o monitoramento feito pelos órgãos de controle moral da imprensa divulgava, de forma elogiosa, a novidade no mundo jornalístico da imprensa alternativa, registrando que a publicação surgia:

> com uma concepção absolutamente nova e ousada, temos aí o Movimento Lésbico com propostas de quebrar estereótipos, contrariar todo e qualquer tipo de padrões estabelecidos, acreditar no feminismo como a ideologia de transformação radical da sociedade e com uma prática de erotizar a subversão.[192]

Por conta dessa matéria e de outras consideradas contrárias ao regime, o relatório concluía que "da análise empreendida, verifica[va]-se que o jornal 'EM TEMPO', em seu exemplar nº 124, de 12 a 25 Mar 81, volta[va] a infringir dispositivos que permit[iam] o seu enquadramento legal".[193]

Na mesma época, a edição 129 do jornal *Em Tempo*, de 28 de maio a 10 de junho de 1981, foi considerado preocupante pelo relatório "Análise de propaganda adversa" em virtude de "indispor o Governo, o Exército e os Órgãos de Segurança com o povo responsabilizando-os pelos atos terroristas ocorridos no País".[194]

Com efeito, nessa edição, além da greve geral convocada pelo Sindicato dos Metalúrgicos do ABC, com Lula à frente, outras matérias apontavam a responsabilidade do governo por torturas e pelo atentado do Riocentro.[195]

Mas essa edição apresentava, ainda, diversas matérias sobre sexualidade que passaram batidas no relatório da repressão, diante de outras denúncias tão pesadas e contundentes sobre a violência do Estado. Foi publicada, por exemplo, uma breve nota sobre a semana de eventos de maio de 1981, realizada pelo grupo Somos, a fim de celebrar seus três anos de existência. Depois da exibição de filmes como *A lira do delírio*, *As filhas do fogo* e *República dos assassinos*, houve um intenso debate sobre a representação dos homossexuais no cinema. Conforme registrado na matéria, "um dos pontos mais discutidos foi o chavão de associar homossexualidade com violência e marginalidade".[196] Outro assunto que marcou essa semana, com uma discussão com o antropólogo Peter Fry realizada no dia 22 de maio na sede do grupo, na rua Abolição, em São Paulo, foi a "situação do movimento homossexual, atualmente dividido em grande número de grupos".[197] A centralidade da sexualidade dentre as demais agendas para o movimento também foi bastante discutida.

Na mesma edição havia o relato de um grupo de mães da Zona Norte de São Paulo que iniciou um movimento para acabar com a "pornografia na televisão". O alvo predileto era o quadro Educação Sexual, veiculado no programa TV Mulher, transmitido pela Rede Globo, com apresentação da psicóloga Marta Suplicy. Mais de 100 mil assinaturas foram coletadas pelas senhoras, que alegavam: "Estamos presenciando em nossas televisões uma total inversão de valores, valoriza-se a infidelidade conjugal, o desamor familiar onde são mostradas cenas de estupro, masturbação, troca de casais". Segundo a matéria, o ministro da Justiça Abi-Ackel, ao receber o abaixo-assinado, afirmou que estava tentando conter "a onda de licenciosidade na programação de vídeo" e que, na contramão da tão propalada flexibilização do controle moral, iria "propor a reformulação da legislação sobre a censura, de modo a permitir uma fiscalização mais eficaz nas emissoras de TV, e alterar a composição do Conselho Superior de Censura, para que dele [pudessem] fazer parte mães de família e representantes religiosos".[198] Na época, o conselho já vinha assumindo uma posição mais liberal, reformando diversos vetos e cortes impostos pelo serviço de censura e gerando uma série de resistências na sociedade a na burocracia.

Tal diretriz ia na contramão do que advogava Edmar Morel, jornalista havia mais de cinquenta anos, vítima de diversos processos e alvo da censura desde 1964. Em matéria do jornal *Reporter*, n. 45, de 3 a 16 de junho de 1981, escrita por Dênis de Moraes e intitulada com uma afirmação de Edmar — "A imprensa tem que discutir sexo" —, ele falava sobre o maior espaço de temas sexuais na imprensa no contexto da abertura:

> Se o aborto e o homossexualismo hoje estão sendo tratados com realismo e até com certa frieza, é porque o período ditatorial iniciado em março de 1964 quis esconder tudo. Censurou a imprensa, proibiu qualquer discussão sobre a vida das pessoas. Os fatos já existiam e agora cresceram em dimensões gigantescas. A mim, às vezes, choca ler uma matéria sobre homossexualismo, mas isso não quer dizer que a imprensa deva ocultar o que existe.[199]

O período da transição é marcado, assim, pela ambivalência da radicalização de posições opostas: de um lado, os que viam a liberalização como marcha inexorável, inclusive em termos morais; de outro, os que entendiam que, em contexto de abertura política, os controles morais precisavam ser fortalecidos para conter o ritmo e a intensidade das mudanças em curso.

Imagens e fotografias obscenas

Uma questão sempre presente nas publicações se referia aos limites impostos às imagens e fotografias publicadas nas matérias. Sem regras muito claras, às vezes a mera exibição de um seio descoberto, de uma nádega nua ou de qualquer outra parte íntima do corpo poderia motivar o veto censório.

Nesse sentido, provocado por uma denúncia assinada pela presidente do Movimento de Arregimentação Feminina, que lutava pela "preservação do lar e da família", o comandante do II Exército encaminhou ofício ao ministro de Exército reclamando da "licenciosidade" das imagens veiculadas em algumas publicações; este, por sua vez, entregou o expediente em mãos ao ministro da Justiça Armando Falcão, solicitando-lhe providências. Falcão acionou o chefe do DPF, coronel Moacir Coelho, para proceder à análise do caso.

Em 15 de setembro de 1977, Bloch Editores, Editora Três, Editora Abril, Grafipar, responsáveis pela edição de revistas como *Ele e Ela*, *Status*, *Lui*, *Homem* e *Peteca*, receberam ofício assinado por Rogério Nunes, diretor da DCDP, advertindo sobre os limites impostos pela censura em torno das imagens ou ilustrações que poderiam ser veiculadas nas publicações. Algumas das revistas citadas já haviam tido edições apreendidas e outras estavam sujeitas à verificação prévia de conteúdo por abordarem temas relativos à sexualidade, ameaçando potencialmente, portanto, a moral e os bons costumes.

Assim, Nunes reiterou os termos de um expediente de 31 de janeiro daquele mesmo ano, segundo o qual não estariam permitidas fotografias mostrando

> atos sexuais, nádegas completamente nuas, seios totalmente à mostra, região púbica descoberta (sem sunga, tanga, biquini [sic] ou qualquer peça de vestuário), modelos em poses lascivas, relacionamento de homossexuais, indumentária transparente, permitindo visualizar partes íntimas do corpo.[200]

E consignou, de forma veemente, que qualquer imagem fora desses parâmetros estritos não passaria mais pelo crivo dos censores.

A guerra ao sexo nas revistas já havia sido oficializada com o decreto 1077 de 1970, que previa a regulação de imagens eróticas ou pornográficas. Em 17 de março de 1970, o diretor-geral do Departamento de Polícia Federal, Walter Pires de Carvalho e Albuquerque, editou a portaria 219, prevendo, ainda, que

> publicações periódicas, ilustradas ou não, que cont[ivessem] matéria que exterioriz[asse] manifestação de temas eróticos, de crimes de violência, aventura amorosa, horror, ou de humorismo picante, destinadas a se comunicar com um público adulto, só poder[iam] ser distribuídas aos postos de venda, ou encaminhadas aos seus assinantes, embaladas em material opaco, resistente e hermeticamente fechado.

A portaria também impunha a inscrição "Venda proibida a menores de 18 anos de idade" e salientava que não seriam "toleradas quaisquer publicações que cont[ivessem] matéria pornográfica, libidinosa, obscena, ou sadomasoquista".

Além do mais, quatro tópicos principais deveriam ser rigorosamente obedecidos nas revistas pornográficas: em primeiro lugar, só poderia ser exibido um seio, estando o outro, se visível, ocultado por algum recurso técnico como tecido, espuma de sabão, flanco, corte, escurecimento etc.; a segunda exigência consistia na proibição de exposição das partes genitais, mesmo em sombra; a terceira restrição, que tratava das nádegas, estabelecia que estas só poderiam ser exibidas se fosse feito uso dos mesmos recursos impostos aos seios e, por fim, a última regra prescrevia que os "palavrões" deveriam ser eliminados.[201]

Em alguns casos, a DCDP, que se dedicava apenas à esfera específica da censura das diversões, era requisitada para opinar em assuntos morais em outras linguagens ou suportes. Conforme explicado em nota enviada, no ano de 1982, ao juiz de menores do Rio de Janeiro por Solange Hernandes, diretora da DCDP, "qualquer pronunciamento deste órgão, vinculado à moral e aos bons costumes fora do âmbito das diversões, VG, publicações (livros, revistas, jornais etc.) toma[ria] a característica de laudo técnico pericial" por não se tratar de esfera habitual de atuação daquela repartição.[202]

Desse modo, a DCDP ganhava ainda mais centralidade e protagonismo na definição da linha censória, subsidiando, por meio de pareceres, inquéritos policiais por atentado à moral e aos bons costumes, mesmo que fora de suas atribuições originais. Isso conferia ao órgão uma espécie de legitimidade e autoridade na condição de especialista nos assuntos da censura.

Exemplo disso foi o laudo censório pericial feito, sob requisição do Ministério Público, pelo técnico Coriolano Fagundes em 1982 sobre a revista mensal *Fiesta*, ano VI, nº 70. Na opinião do censor,

> a revista em exame cont[inha], a partir das contracapas, pornografias de homossexualismo feminino e masculino, da prática de cunilíngua, de inserção de dedos em vulvas e em ânus, relação sexual em público, insinuação de coito anal, desatinos e perversões outras que a transforma[vam] em publicação altamente deletéria e corruptora dos costumes.

E arrematou, apenas com breve fundamentação no decreto-lei 1077 de 1970, que "[era] inegável a existência de matéria ofensiva à moral e aos bons costumes, na revista FIESTA objeto do presente laudo".[203]

Maior tolerância ao erotismo publicitário

Nem a publicidade ficava fora do radar do filtro moral dos órgãos de informação. Apesar de não ser controlada pelas mesmas agências de censura que cuidavam das publicações ou das diversões públicas, as propagandas, que usavam cada vez mais uma abordagem erótica ou sexualizada nessa fase de abertura política, eram acompanhadas de perto e, aparentemente, com maior tolerância quando reproduziam a objetificação do corpo feminino.

No dia 5 de janeiro de 1979, a título de exemplo, o jornal *Tribuna do Paraná* estampou em suas páginas uma peça de publicidade de um produto para automóveis capaz de promover uma economia no consumo de combustível. Ao fundo, via-se a imagem de uma mulher nua com os seguintes dizeres em destaque ao lado da foto do produto: "AUMENTE A POTÊNCIA".

Um ofício do DSI foi endereçado ao ministro da Justiça, Armando Falcão, com a advertência de que fugiria às "atribuições da Divisão de Censura e [sic] Diversões Públicas (DCDP) qualquer atitude contra o tipo de publicidade ora divulgada". Acrescentava-se, no comunicado às instâncias superiores, que tal publicidade "contraria[va] as disposições da Lei de Imprensa (lei nº 5250/67), cabendo a competente ação penal por denúncia do Ministério Público, ou então, como atitude imediata, a apreensão dos impressos".[204]

A "assessoria de assuntos sigilosos" do Ministério da Justiça opinou que esse processo, autuado sob o nº MJ-100 371-S/79, deveria ser encaminhado para análise da Consultoria Jurídica da pasta. Curioso que Ernani Magalhães Souto, em seu parecer datado de 18 de maio de 1979, destacou: "Parece-nos que o apelo erótico na publicidade mais recente vem sendo bastante explorado pelas agências publicitárias. Parece-nos ainda difícil afirmar que tais recursos ofendem à moral e aos bons costumes, tal como nos afigura o caso presente".[205] Nota-se, assim, que havia uma compreensão de que o uso publicitário do erotismo como estratégia de marketing parecia mais tolerável do que em outras circunstâncias, ainda mais quando reforçando estereótipos do gênero feminino.

Após ponderar sobre a legislação atinente ao caso e ressaltar a prerrogativa do ministro de retirar de circulação a revista, mesmo sem necessidade de prévia determinação judicial, o consultor jurídico opinou que "a possível apreensão do periódico não mais nos parec[ia] aconselhável ou mesmo oportuna, tendo em vista o decurso [de] cinco meses desde sua publicação".[206]

Esse argumento expressava, mais uma vez, que deveria haver uma tolerância maior com o mercado publicitário em relação ao uso de imagens ou fotografias eróticas ou apelativas. Além disso, a burocracia impossibilitou uma avaliação de mérito do assunto, demorando cinco meses, após a publicação, para realizá-la, de modo que o objeto da discussão já estaria perdido, uma vez que a propaganda já havia circulado.

"Somente dentro da legalidade deve a autoridade agir"

As penalidades aplicadas poderiam ser excessivamente rigorosas em caso de descumprimento das regras. Um dos jornais de maior circulação que mais fazia sensacionalismo com as homossexualidades era *O Povo*. Um caso ilustra bem a insensibilidade com a qual o periódico tratava o tema. Francinet mandara uma carta sincera, em 14 de agosto de 1982, para a redação do jornal, pedindo ajuda para seu problema. Provavelmente uma travesti, ainda confusa sobre a expressão de sua identidade de gênero, ela pedia ao jornal que divulgasse sua história para que a TV Globo pudesse promover uma campanha para financiar sua cirurgia de "mudança de sexo". Na carta, ela afirmava: "Meu problema é grande e tenho medo de não ser compreendida. Acontece que não sei se sou homem ou mulher. Sou bonita e minha alma é de mulher, mas o meu corpo continua de homem. Preciso de uma ajuda".[207]

Na edição do dia 19 de agosto, o jornal publicou, na capa, um recorte da carta escrita à mão por Francinet, com a seguinte manchete: "TV Globo vai ter que dar a xoxota: Homossexual procura recursos na Vênus Platinada para trocar de sexo. Pretende viajar ao exterior para submeter-se a uma delicada operação que vai realizar o sonho acalentado desde a infância". Dentro do jornal, frases sensacionalistas tais como "Bicha quer virar mulher e pede ajuda" e "Homossexual tem um sonho na vida: Transformar-se numa bela fêmea".[208]

Esse tipo de publicação flagrantemente degradante ensejou a informação nº 290/04/DSI/MJ, de 17 de setembro de 1982, originada na AC/SNI e difundida para o gabinete do ministro da Justiça, dedicada exclusivamente ao jornal *O Povo*, do Rio de Janeiro, que "[vinha] estampando, sistematicamente, nas suas páginas, grandes manchetes com expressões atentatórias à moral e aos bons costumes, abordando problemas policiais e sexuais". Lembra o informe que "a publicação e exteriorização de assuntos contrários à moral e aos bons costumes [era] proibida no País".[209]

Esse mesmo relatório da Agência Central do SNI seguiu acompanhado das informações n°s 306/04, de 14 de outubro de 1982, 317/19, de 9 de novembro de 1982, e 317/04, de 12 de novembro de 1982, todas com o mesmo objeto, trazendo em anexo recortes do jornal com diversos exemplos que se enquadrariam na restrição legal: "Greluda troca marido legal por garotonas"; "Flagrou marido dando o brioco: Mulher fez escândalo no motel ao ver seu homem de quatro sendo enrabado"; "Maricona morreu com o brioco para o alto"; "Lésbica louca de paixão trucidou marido da amante".

Tais matérias, entre outras, provocaram a apreensão de diversos exemplares do jornal, inclusive usando de violência na invasão da redação do periódico. Tanto que a OAB/RJ, por meio do ofício 726/GAB/83, endereçado ao ministro da Justiça, repudiou o modo como vinham acontecendo as apreensões, mesmo após ter recebido o ofício 2368, de dezembro de 1982, no qual o ministro da Justiça justificava as arbitrariedades, anexando recortes com as matérias sensacionalistas, de teor pornográfico.

No entanto, segundo a entidade da advocacia carioca, representada pelo presidente, dr. Hélio Saboia, não se tratava de "defender a linha editorial do jornal em causa, nem tampouco atacá-la", mas sim de condenar "os métodos de que se valeu a autoridade para coibir o que foi entendido por esse Órgão como conduta infringente da Lei de Imprensa e da Constituição Federal". E terminou a carta "repelindo as invasões ao local onde era impresso aquele jornal, em consonância com a profunda convicção dos advogados de que somente dentro da legalidade deve a autoridade agir, quando entenda tenha sido ela violada por quem quer que seja".[210]

Percebe-se que mesmo certas representações ofensivas a LGBTs eram proibidas de circular. Mas a proibição não tinha por finalidade preservar a integridade das pessoas ofendidas, mas apenas impedir que tais assuntos fossem tratados abertamente pela imprensa.

IMPRENSA "GAY"

Além do jornal *Lampião da Esquina*, voltado para o público homossexual e tratado detalhadamente no capítulo 3 deste livro, houve relativamente poucas matérias e publicações, ao longo do período da ditadura, abordando as homossexualidades de maneira mais séria e respeitosa, de modo a escapar das tentações dos estereótipos e preconceitos reproduzidos em larga escala pela imprensa marrom. Além disso, ainda menos veículos abordavam as especificidades da homossexualidade feminina.

Diversas razões elucidam tal escassez. A primeira e mais evidente explicação era a questão comercial: o sensacionalismo com suas manchetes chamativas tinha um grande apelo popular para a venda de exemplares, enquanto um tratamento jornalístico mais comedido e profundo provavelmente não contasse com o mesmo interesse do público; além disso, a permanente vigilância política dos veículos de imprensa, com ameaça de diversas ordens, provocava uma compreensível apreensão na abordagem de temas vistos, no mínimo, como controversos.

As diversas publicações caseiras e com distribuição concentrada em alguns pontos das maiores cidades, que se expandiam de forma acelerada desde os anos 1950 e 1960, acabaram prejudicadas com o advento da ditadura. Nesse sentido, em entrevista para o *Lampião*, Anuar Farah e Agildo Guimarães explicavam como o golpe de 1964 fizera com que eles tivessem de parar com os jornais que editavam, especialmente *O Snob*, por medo de represálias. Também a Associação Brasileira de Imprensa Gay (Abig) foi afetada. Afirmou Farah, na entrevista: "Nós fundamos a Abig com todos os jornais gays editados no Brasil [...]. A Abig durou de 62 a 64. Depois veio a Revolução e [a publicação] acabou".[211]

O endurecimento político e o controle cultural que se seguiram ao AI-5, em 1968, conseguiram impedir que florescessem publicações voltadas a esses segmentos específicos ou que, ao menos, não tratassem dos homossexuais como seres anormais, doentes ou criminosos. O primeiro esforço mais consistente no sentido de romper com o tom hegemônico da mídia, que comumente convertia a homossexualidade em tabu, foi o do jornalista Celso Curi, mas que acabou durando pouco devido à censura que sofreu.

Curi era então um jovem jornalista quando estreou, em 5 de fevereiro de 1976, sua "Coluna do Meio" no jornal paulista *Última Hora*.[212] Sempre com bom humor, ele inventava personagens para dialogar com o público, fazia uma coluna social, contava piadas e publicava cartas de homossexuais que buscavam amizade ou outras coisas mais com homens na seção "Correio Elegante".

Eis um exemplo de anúncio publicado nas páginas do jornal por uma remetente autoidentificada como Dondoca da Zona Sul:

> Sou loiro, olhos azuis, 1m70 de altura, 65 quilos, 33 anos, inteligente, culto, desinibido, rico, adoro festas e outros babados. Desejaria corresponder-me com adolescentes morenos, bronzeados, olhos verdes, bonitos, inteligentes (não precisam ser cultos), para simples amizade ou futuro compromisso. Fotos de corpo inteiro na primeira carta.[213]

Mas a coluna não era apenas um espaço de troca de correspondências para encontros entre homossexuais, ainda que só isso já significasse muito naquele momento. Curi também despejava algumas pílulas de sabedoria de personagens reais ou ficcionais, tais como "Quem dá aos pobres empresta a Deus" (Baby Piolin); "Gracias a la vida que me ha dado tantos" (Morrocha Martinez); "Antes mal acompanhada do que só" (Dodô Darling); "O homem que diz dou, não dá. Porque quem dá mesmo, não diz" (Vinicius de Moraes).[214]

A maneira inovadora e engraçada como Curi tratava desse tema, que lhe rendeu a glória de ter uma das colunas mais lidas de todo o jornal, logo gerou reação dos órgãos de repressão e do próprio sistema de justiça. "Celso Curi processado: Mas qual é o crime deste rapaz" foi a manchete estampada na capa do número zero, experimental, do *Lampião da Esquina*. A chamada era para uma longa matéria de João Silvério Trevisan sobre o caso então paradigmático da perseguição a Curi.

Isso porque, provocado pelos órgãos de informação do DPF — que em outubro de 1976 acusaram o jornalista de "promover a licença de costumes e o homossexualismo especificamente" —, o Ministério Público instaurou procedimento investigatório e apresentou denúncia alegando violação ao art. 17 da Lei de Imprensa (nº 5250/1967).[215] Segundo o promotor, em sua peça acusatória, o denunciado teria ofendido "a moral pública e os bons costumes" em sua "Coluna do Meio", "cujo nome não deixa dúvidas quanto ao assunto tratado, o homossexualismo que é claramente exaltado, defendendo-se abertamente as uniões anormais entre seres do mesmo sexo, chegando inclusive a promovê-las através da seção Correio Elegante".[216]

A denúncia fora aceita e tramitava regularmente quando, em novembro de 1977, Curi foi despedido do jornal por suposta redução de custos em um momento de crise financeira. Além disso, teve de assumir o ônus de sua própria defesa, pois, quando procurou o advogado do Grupo Folha para lhe representar no caso, pois o grupo era proprietário do jornal, o profissional parece ter se recusado: "Disse que não defendia 'esse tipo de gente'".[217]

Quase transcorrido o prazo de prescrição e o consequente arquivamento do processo, em 12 de março de 1979, o juiz da 14ª Vara Criminal de São Paulo, dr. Regis de Castilho Barbosa, finalmente julgou o processo, absolvendo Celso Curi em uma sentença bem fundamentada. O magistrado alegou à Justiça "não [ter] como escopo abrigar exigências extraordinárias de um pudor hipertrófico" e que não via crime algum "em noticiar fatos sobre homossexualismo", pois a coluna "não cont[inha] o caráter de obscenidade que lhe quiseram atribuir".[218] Por não conter material obsceno ou pornográfico, Curi venceu na Justiça, que já parecia oxigenada pelos novos ventos da abertura política, ao menos no tema da liberdade de imprensa. Mas a vitória era limitada. Afinal, a coluna parou de circular e Curi foi silenciado, tendo de arcar com os ônus de responder a um processo, o que era precisamente o objetivo da ditadura.

No entanto, o caso ganhou inegável visibilidade. Segundo Trevisan, na história da Justiça brasileira, "tratava-se do primeiro processo em que a homossexualidade esteve envolvida como objeto direto de denúncia. Assim, com a absolvição de Celso Curi, criou-se um importante precedente jurídico para [a] defesa dos direitos homossexuais no país".[219] Antes mesmo do desfecho feliz do caso, contudo, outros veículos da imprensa identificaram o nicho de mercado que se abria com a presença cada vez mais notada dos homossexuais na cena pública brasileira.

Exemplo desse interesse da grande mídia no assunto foi a matéria publicada pela *IstoÉ* em 28 de dezembro de 1977, intitulada "Os gays saíram à luz", escrita a diversas mãos pelos jornalistas Alex Solnik, Fernando Sandoval, Maria Christina Pinheiro, Vera Dantas, Dulce Tupy, Tim Lopes, Lenora Bargas, José Aparecido Miguel e Nirlando Beirão. A matéria, de oito páginas, em uma das principais revistas semanais, causou enorme impacto na época e vendeu uma grande quantidade de exemplares no período de final de ano.

Dividida em seções que abordavam perfis de diferentes personalidades vinculadas ao universo homossexual masculino, tais como Vadinho, o inventor do cartão de crédito Gay Card com descontos especiais para gays, casado com uma mulher, mas assumidamente homossexual; o médico Manuel Messias Bacco, psiquiatra especialista em tratamento de homossexuais e que pretendia ser candidato pelo MDB para defender essa categoria; o costureiro Dener, estilista da high society, que afirmava ter "inventado a frescura no Brasil"; o cantor Ney Matogrosso, que chocava a sociedade com suas performances provocantes e sua sexualidade fluida; além de um trecho sobre a cidade de Pelotas, no Rio Grande do Sul, e outro sobre a Coligay, torcida organizada do time de futebol Grêmio formada apenas por homossexuais. Por fim, a última seção publicava, ainda, uma carta de Aguinaldo Silva, na qual ele anunciava as novidades sobre o jornal *Lampião da Esquina,* ainda em gestação.

Logo de início, a matéria criticava a representação tradicional dos homossexuais como "anormais", "desajustados", "bichas" e outros nomes que dominavam a imprensa. Rompendo com essa visão estigmatizadora, os jornalistas esmiuçavam o drama da semiclandestinidade compulsória vivida pelos gays em uma sociedade que os discriminava — e discrimina — e que não os tolerava, destacando a repressão das forças policiais e das normas legais tão presentes durante a ditadura:

> Por força das circunstâncias, o homossexual é igual barata: só sai à noite. Em geral, mascarado, para não ser reconhecido pelo colega de repartição ou pelo chefe do escritório. As circunstâncias: o desprezo social e as represálias até policiais. Neste país, as leis ainda insistem em falar, repugnantemente, como no tempo de Oscar Wilde, em "sodomia". Aqui, "atentado ao pudor" é noção suficientemente ampla para incluir até filmes de arte.[220]

O caso de Celso Curi foi referenciado de partida na matéria, demonstrando como ela fora inspirada provavelmente na atuação pioneira do jornalista na imprensa. Segundo a matéria, ele cometera "o único pecado de publicar um 'correio elegante' dentro de sua coluna" e que, por isso, fora processado, acusado de violar "a moral e os bons costumes", sendo descrito como, possivelmente, o "primeiro mártir do movimento homossexual brasileiro".[221]

Na já citada entrevista do número zero do jornal *Lampião da Esquina,* Curi desenvolvia sua opinião de que não haveria um movimento homossexual no Brasil, mas somente uma movimentação:

> Quando me perguntam pelo movimento homossexual no Brasil, respondo que ele não existe. Existe é uma movimentação homossexual, da boate

para o táxi, do táxi para a sauna. No Brasil nem movimento de manicure é possível. Imagine um centro acadêmico de manicure da Lapa! Coisa muito perigosa, neste país.[222]

O coreógrafo e artista Lennie Dale, um dos Dzi Croquettes, também afirmou, em entrevista ao mesmo jornal: "Eu acho que no Brasil não vai ter movimento, nesse momento".[223]

A matéria da *IstoÉ* dava outra resposta para o mesmo questionamento:

> Movimento ou movimentação? Jamais se chegará a uma unanimidade sobre isso. Mas é certo que, no último par de anos, nos últimos meses, vem ocorrendo um rosário de episódios, de fenômenos bem diferentes daqueles do tempo exclusivo dos travestis e das bichas-loucas. O Brasil *gay* se mexe — mais do que isso, se articula.[224]

Apesar do pessimismo realista de Curi devido às adversidades vividas ainda em tempos de ditadura, havia diversos sinais que indicavam, naquele momento, a passagem de uma "movimentação" difusa para um verdadeiro "movimento" mais orgânico e organizado de homossexuais. Em meio ao processo de distensão progressiva e de abertura política controlada, os homossexuais desafiavam o ritmo lento da transição, ocupando cada vez mais a cena pública. Eram diversos os indicativos de aglutinação dos homossexuais, que começavam a politizar essa identidade tão marginalizada com um discurso cada vez mais claramente marcado pela tarefa da liberação sexual direcionado contra as rígidas estruturas morais do regime.

Essa fama do "Brasil gay" já começava a tomar o mundo. Stan Lehman, gerente de notícias da United Press International, afirmou à reportagem: "Dizem que o Rio é, fora dos Estados Unidos, a capital gay do mundo". Sua agência de notícias preparava uma ampla reportagem sobre a temática, esperando-se que tal propaganda levaria a um aumento expressivo do fluxo de turistas gays em busca dos prazeres tropicais. Nesse mesmo momento, rodavam também diversas publicações dirigidas e de circulação restrita a determinados circuitos homossexuais, destacadas na matéria da revista, tais como *Entender, Gente Gay, Gay Press Magazine, Mundo Gay*, todas sob o olhar atento da vigilância dos órgãos de informação. A maior parte desse material era voltado apenas para homens homossexuais, não abrangendo lésbicas e pessoas trans.

Mas nem todos celebravam a organização ainda incipiente dos homossexuais. O cantor Ney Matogrosso, por exemplo, afirmou à revista: "Eu me interesso por mulher também, eu gosto muito de mulher, como gosto de homem também. Para mim, é tudo igual". Propondo-se a desorganizar as classificações e, assim, rompendo com o que considerava "rótulos", Ney confessou estar atento aos primeiros passos do movimento de homossexuais, mas, ao mesmo tempo, desdenhou desse mesmo movimento ao afirmar:

> Eu não acredito em movimento de conscientização do homossexual. Vejo que as pessoas estão se agrupando, mas eu não acredito. Eu jamais entraria, jamais me agregaria. Porque acho que não é preciso. Você pode viver a sua vida perfeitamente sem precisar estar agregado a movimento, a nada. Nem político, nem a coisa nenhuma. Acho que, se você se agregar, você já está se limitando.

A matéria foi fundamental por pautar, na grande imprensa, a temática da homossexualidade de modo não patologizante ou estigmatizante. É evidente que o interesse comercial da revista foi determinante na escolha da pauta e da abordagem, atestando certa sensibilidade para detectar o interesse social represado. Contudo, logo no ano seguinte, uma parcela da militância já colocaria em questão os limites desse tipo de discurso mercantilizado que comercializava a tolerância em relação aos homossexuais. Nesse sentido, João Silvério Trevisan criticou a matéria da revista *IstoÉ*, afirmando:

> Faz algum tempo, a revista *IstoÉ* apresentou o tema *Poder Homossexual* na capa, ilustrada pela foto de duas mãos masculinas entrelaçadas. Houve referências ao seu liberalismo, abertura, coragem até. Ora, esse número da revista conseguiu vender horrores em época de fim de ano, quando ninguém lê; tratava-se, antes de tudo, de um inteligente golpe de marketing. Quanto ao artigo propriamente dito, sua tônica eram pessoas desculpando-se de serem homossexuais — onde até Ney Matogrosso, que vende pacas às custas de sua imagem de bicha, afirmava ser apenas um artista descrente em movi-

mentos de conciliação do homossexual. Um fato é inegável: o homossexual está sendo digerido e transformado em produto de consumo.[225]

A afirmação da homossexualidade e a politização dessa identidade em um contexto de abertura democrática e de expansão do mercado, com uma ampliação das camadas médias urbanas no contexto do milagre econômico, trouxeram à ordem do dia a tensão entre a assimilação dos homossexuais apenas pelo consumo e uma efetiva integração pela cidadania.

Não obstante, a ditadura estava de olho na emergência desse ainda pequeno espaço conquistado pela temática gay. O CIE, por meio da informação nº 1676S/ 102-A11/CIE, difundida para AC/SNI, Cisa, Cenimar, DSI/MJ em 29 de dezembro de 1977, apontava que a reportagem publicada pela revista *IstoÉ* era "uma elegia [sic] à homossexualidade masculina", além de apresentar "aspectos chocantes para os moldes educacionais da sociedade brasileira".[226]

Segundo o relatório oficial, que fazia um resumo do conteúdo da referida matéria, tratava-se de um encorajamento aos homossexuais que viviam às escondidas para assumir sua condição, notando-se um "esquema de apoio à atividade dos homossexuais" coordenado a partir de "órgãos de imprensa sabidamente controlados por esquerdistas". Mas, e o que parecia mais grave, estava clara a "intenção dos homossexuais de se organizarem em movimentos e de 'ocupar um lugar certo — inclusive politicamente'", de onde se extrai o "alto interesse comunista no proselitismo em favor do tema".[227]

A ditadura parecia ignorar que, na verdade, muitos setores das esquerdas ainda reproduziam visões conservadoras do ponto de vista moral e até mesmo homofóbicas. O Movimento Comunista Internacional (MCI) estava longe de ter uma formulação teórica e política que reservasse um lugar de reconhecimento para homossexuais. De algum modo, para certos setores da ditadura, toda forma de organização que contrariasse seus valores era automaticamente classificada de "comunista". Mais uma vez, fica patente o discurso que dominava certos setores da repressão no sentido de tomar a homossexualidade como uma arma do comunismo internacional com o objetivo de destruir não apenas a família, mas o próprio regime.

O mesmo órgão de informação ainda esclarecia, em tom de cobrança de providências, que "causa[va] estranheza [que uma] reportagem dessa natureza [fosse] publicada em revista de venda livre nas bancas", criticando a "maior liberdade [que] foi dada à imprensa dentro de uma diretriz política", que já se estaria convertendo em um "uso exagerado dessa liberdade", uma vez que estavam em jogo "preceitos morais e éticos que são o sustentáculo da família brasileira, principal célula de resistência ao avanço de ideologias espúrias".[228] Essa problematização em torno do ritmo e da intensidade do processo de abertura era uma constante nos documentos da época.

Por fim, em relação à declaração do estrangeiro Stan Lehman, da agência de notícias, o documento registra: "Não bastasse a campanha de difamação que o BRASIL sofre no Exterior por ação do MCI", um estrangeiro ainda "[fez] declarações desairosas ao valor moral do país e ainda prev[iu] reportagens difamatórias sobre o assunto sem qualquer ônus de responsabilidade".[229]

Por conta dessa matéria, em 1978, foi instaurado inquérito criminal contra os onze jornalistas envolvidos na escrita de "O poder homossexual" por "fazer[em] apologia malsã do homossexualismo". No mesmo ano, pela mesma acusação, jornalistas da revista *Interview* foram indiciados criminalmente, ainda que não tenha havido condenação.[230] Em 1979, era a vez de *Lampião da Esquina* e seus editores sofrerem o mesmo tipo de assédio, com até mais contundência, conforme já abordado no capítulo 3. Tais fatos demonstram a postura nitidamente homofóbica da ditadura na orientação de sua censura e serviços de informação e segurança mesmo no contexto da abertura.

OUTRAS DIVERSÕES PÚBLICAS

Além das formas de entretenimento e expressão artística mais tradicionais, outros tipos de diversões públicas também foram alvo da repressão censória ou policial ao longo do período analisado, como os bailes e salões de carnaval. A *Folha de S.Paulo* de 6 de março de 1973, em matéria intitulada "Decadência do Municipal", relatava o esvaziamento do tradicional baile de carnaval do Theatro Municipal do Rio de Janeiro, com as proibições morais que descaracterizavam a festa, marca da cidade:

> Com as portarias proibindo as demonstrações ostensivas de homossexualismo, principalmente na televisão, os organizadores do baile resolveram proibir o desfile e concurso de fantasias dos "profissionais do car-

naval", consentindo na apresentação, sem interrupção da música, de alguns destaques mais vistosos das escolas de samba.[231]

Reportagem publicada no jornal *O Globo*, de 14 de janeiro de 1975, ostenta o título "Biquíni proibido nos salões". O chefe da Divisão de Censura de Diversões Públicas, o delegado Edgar Façanha, afirmara, na ocasião, que "os critérios de censura e os padrões morais [variariam] de acordo com os frequentadores de cada salão", ressaltando que "os biquínis continuam proibidos, mas [que] haver[ia] uma compreensão para as fantasias de fundo erótico"; afinal, "a Polícia não [era] censora da comunidade", mas, sim, "sua protetora". De modo que "não se precisa[ria] inventar padrões de moralidade, [porque] o povo sab[ia] muito bem como se comportar".[232]

Esse mesmo delegado, conforme aponta James N. Green, foi bem atuante no sentido de proibir, a partir de 1971, as travestis de participar do carnaval. Segundo declaração de Façanha, "os homossexuais não pod[iam] ser proibidos de entrar nos bailes públicos, desde que se comport[assem] convenientemente".[233] A questão aí era saber quem definia o que seria um "comportamento inconveniente".

O argumento de que havia diversas moralidades concorrentes, que variavam entre si conforme os ambientes, e que as pessoas deviam saber como se comportar de acordo com regras tacitamente compartilhadas, como se a moralidade fosse uma evidência clara e pressuposta, era constantemente mobilizado nas defesas mais sofisticadas da censura.

A REFORMULAÇÃO DA CENSURA NO PERÍODO DE ABERTURA

O debate em torno das regras da censura se intensificou no final do período da ditadura. O desgaste do filtro moral já estava escancarado e as críticas, em um contexto de maior liberdade de manifestação e de opinião, provinham de setores cada mais vez mais expressivos da sociedade brasileira. Um dos palcos mais importantes dos debates em torno das mudanças na censura foi o próprio csc.

O *Correio Braziliense* de 28 de março de 1980 trazia em destaque a matéria "Censura: Estado não cometerá mais abusos. É o que se promete".[234] Segundo a reportagem, os membros do Conselho Superior de Censura estavam até incomodados com a terminologia que batizava o órgão, preferindo um "apelido menos comprometido com o conservadorismo ainda vigente", tal como Conselho de Diversões Públicas.[235]

A distinção entre censura política e moral, de que já se tratou aqui, constava da justificativa de um projeto de lei do deputado Álvaro Valle, do PSD do Rio de Janeiro. Segundo a matéria do jornal, "pela primeira, entend[ia-se] que [era] inadmissível que uma sociedade em ritmo de redemocratização possa adotar soluções tolhedoras da liberdade política e no campo artístico-cultural". Segundo o deputado,

> no campo das artes, a censura política [era] ainda mais odiosa porque traduz[ia] o esforço de um grupo eventualmente dominante para cercear a criação, impedindo que o homem exerc[esse] o mais elementar de seus direitos, o de extroverter o produto de sua inteligência, de sua sensibilidade, de suas angústias, ou de seus sonhos, de tudo aquilo afinal que o distingue dos irracionais. Por isso, a censura [era] essencialmente embrutecedora do homem e da sociedade.[236]

No que se refere à censura moral, o deputado se posicionava favoravelmente, "levando em conta as características ainda vigentes da sociedade brasileira como uma sociedade de valores cristãos". Um substitutivo, que transformava o Conselho Superior de Censura em Conselho Superior de Classificação, ou seja, com uma censura mais classificatória a partir de faixas etárias definidas, foi apresentado pelo deputado Marcelo Cerqueira (PMDB/RJ) e considerado mais "eficaz" entre os membros desse órgão.[237]

A distinção entre censura política e moral, assim, ainda que útil dentro de certos limites do ponto de vista analítico, acabou servindo de justificativa, no calor dos acontecimentos, para a persistência de um controle moral mesmo com o relaxamento e a distensão dos mecanismos de controle e repressão da ditadura. Essa era uma intenção declarada do plano de reformulação que Abi-Ackel implementou no Ministério da Justiça.

Conforme esclarece matéria publicada em 31 de outubro de 1981, a Divisão de Censura de Diversões Públicas e as repartições relativas aos estrangeiros no Brasil deixariam de estar vinculadas à Polícia Federal para passar ao gabinete do próprio ministro. A reportagem ainda mencionava que, ao ser apresentado como mero remanejamento de organograma, o plano "representa[va] pelo menos o desengajamento físico de um setor de alta sensibilidade política, como [era] a censura, dos órgãos de segurança". Assim, o setor de censura passaria a estar afeto ao Conselho Superior de Censura e, no contexto de abertura, "a censura dever[ia] despojar-se do caráter repressivo que assumi[ra] em seu passado policial, para se dedicar exclusivamente no combate aos excessos praticados contra a moral e os bons costumes".[238] Isso explica a sobrevivência da censura moral mesmo depois da ditadura, o que só seria alterado com o advento da Constituição Federal de 1988.

Tal fato mostra que, enquanto a dimensão estritamente política do autoritarismo era abrandada pelo projeto de distensão e liberalização do próprio regime, a manutenção de uma hegemonia cultural e de valores, pautada por uma moral conservadora, prosseguia como preocupação até mesmo de agentes públicos contrários a esta, mas favoráveis, ainda, ao mesmo endurecimento moral que se vira até ali.

Nesse debate, é importante ressaltar que o ministro da Justiça Ibrahim Abi-Ackel era posto em situação delicada, pois vinha sendo "alvo de manifestações 'conservadoras', principalmente da Tradicional Família Mineira, no sentido de conter a onda de liberação do Conselho". Cartas e mais cartas eram enviadas ao ministro, que tentava se eximir de sua responsabilidade por decisões do Conselho nos casos em que não houvesse unanimidade interna, mesmo com o voto decisivo que tinha, como no caso do filme pornográfico *Emmanuelle*, liberado depois de muita polêmica e falta de consenso no interior do órgão. A estreia do filme havia sido prevista, inicialmente, para a Semana Santa, ideia da qual foram demovidos os organizadores para evitar uma confrontação maior com o regime.[239]

O assunto foi adquirindo maior visibilidade no ocaso da ditadura e na distensão controlada pelo próprio regime, que passava a avaliar mais criticamente o desgaste público causado pelos órgãos censores. No começo de 1980, uma decisão do Conselho Superior de Censura flexibilizou entendimento restritivo anterior que vetava o nu frontal e passou a admiti-lo, em filmes e peças teatrais, com faixa etária previamente definida. Nove filmes, antes considerados ofensivos à moral e aos bons costumes, foram então liberados, dentre os quais estavam *Black Emmanuelle* e *O último tango em Paris*. Nesses casos, conforme noticiado à época pelo jornal *O Fluminense*, "as proibições só aumentaram a curiosidade e contribuíram para o sucesso de bilheteria".[240]

Uma edição do *Jornal do Brasil*, de abril de 1980, estampava reportagem de página inteira sob o título "Abertura vs. censura", focando, especialmente, o cinema. Para o jornal, as "produções agressivamente eróticas ou de tipo capaz de provocar traumas setoriais perigosos para a continuidade da política de abertura" indicavam a centralidade que o tema da censura assumira em um contexto de distensão política, podendo até mesmo colocar em xeque o processo em si. A solução para a oposição entre abertura e censura, assim, passava pela criação de "salas especiais" para filmes "excessivamente eróticos" que seriam exibidos sem cortes. Essa proposta já havia sido cogitada pelo antecessor no Ministério da Justiça, Petrônio Portela, mas só caminhou na gestão de Abi-Ackel.[241]

O arremedo de liberalização à brasileira provocou reação de diversos setores indignados. Já em dezembro, de 1979, uma edição do jornal *O Fluminense*, de Niterói/RJ, trazia a posição do pároco da igreja Abrigo Cristo Redentor, padre Noé, sobre o levantamento da censura em relação à nudez. Segundo o religioso, essa seria mais "uma contribuição para [a] desagregação da família brasileira", complementando que "os veículos de comunicação (televisão, cinema e jornal) colaboram para despertar na mente do espectador a sua vontade instintiva pelo sexo violento e imoral". E arrematava sua apreciação sobre a flexibilização da censura afirmando ser necessário manter a proibição da divulgação da nudez "em favor da preservação da 'célula mater' da sociedade, que é a família". Mas não foi só o padre que se revoltou com a decisão. Outros leitores ouvidos pelo jornal também compartilharam de uma posição crítica à liberalização, afirmando, por exemplo, que "não est[ava] certo homem nu no cinema", que "o abuso est[ava] demais", pois, afinal, "veja como ficaremos se estivermos assistindo a um filme com um amigo ou com o noivo e aparecerem cenas impróprias. É muito chato", dizia Fátima, balconista de dezoito anos.[242]

Mas diversos outros leitores ouvidos pela reportagem manifestaram posição contrária, apoiando a iniciativa de liberação da nudez. A repressão não tinha mais o grau de apoio e a força de imposição alcançados na década anterior. Silvio do Nascimento, estudante de apenas 22 anos, opinava que "se o filme ou a peça for impróprio para 18 anos, qual [seria] o problema? As pessoas adultas já sabem tudo da vida, não há problema de moral e creio que ninguém ficará chocado".[243]

O jornal *O Globo*, em edição de 30 de janeiro de 1980, trouxe algumas notas sobre essa discussão, demonstrando a forte pressão social que o tema despertava nos atores políticos com acesso à grande imprensa. Sob o título impactante

"Libertinagem e crime", o periódico afirmava que ambos andavam lado a lado, tendo por "causa mais profunda" o "enfraquecimento da família e dos hábitos antigos que lhe davam vigor", uma vez que "a disciplina, a austeridade, o respeito recíproco; est[ava] também na perda da Fé, a tudo arrasando no mais opaco imediatismo, na procura de gozos materiais sempre efêmeros e insatisfatórios, umbrais do desespero".[244]

Mas não era só. A preocupação com as origens desse processo indicava uma longa guerra cultural em curso, pois "nada surgiu da noite para o dia. A permissividade, os tóxicos, o abortismo, toda sorte de delinquência e violência [vinha]-se acentuando, mais e mais velozes". E o jornal arrematava:

> O que está em crise — e o "topless" o denuncia quase como uma caricatura — é o sentimento de decência, de brio do indivíduo perante o seu grupo social. A competição exibicionista e a preocupação de tudo compreender para nada reprimir concorrem também para o agravamento da crise.[245]

A grande imprensa tinha, assim, um papel fundamental para orientar e influenciar a formação da opinião pública. A verdade era que essas linhas editoriais conservadoras não conseguiam mais travar a renovação dos costumes.

Uma coluna de opinião de Ida Laura, importante crítica de cinema, no *Jornal do Comércio* de Porto Alegre, narrava um episódio curioso sobre a dificuldade de definir os limites entre o erótico e o pornográfico em artigo intitulado "Ainda a censura". Lembrava ela, na ocasião, que "em reunião com o diretor de produção e equipe da TV Globo, [o então ministro da Justiça Ibrahim Abi-Ackel] sentiu-se também constrangido quando lhe pediram que definisse 'uma cena sensual', negando-se a responder 'porque havia senhoras no auditório'".[246]

A sociedade, de fato, mostrava os sinais de uma mudança de mentalidade importante na crítica à censura, baseada em valores morais cada vez menos universalizáveis na realidade brasileira e que se complexificavam e se abriam para os ares liberalizantes dos costumes que vinham de fora, em momento de rápidas mudanças na indústria cultural.

A mobilização na sociedade contra a censura também se organizava com cada vez mais força. O debate "A situação atual da censura", realizado em 13 de julho de 1982, nas dependências do Teatro Ruth Escobar, aglutinou diversos setores e mais de 250 pessoas para a formação de um "Comitê Permanente contra a Censura e pela Liberdade de Expressão", congregando "intelectuais, clero, associações de bairros, partidos políticos, movimentos de minorias", com o objetivo de denunciar as arbitrariedades cometidas pelos órgãos censores. A proposta era articular a iniciativa com a mobilização que já vinha ocorrendo no Rio de Janeiro, no mesmo sentido.

O encontro foi monitorado de perto pelo órgão de informações da Superintendência Regional do Departamento de Polícia Federal de São Paulo, conforme comprova o informe nº 312/A-2/IV Comar, que relata minuciosamente as discussões e falas dos presentes, entre os quais estavam representantes dos grupos Somos/SP e Ação Lésbica Feminista.[247]

Além disso, a informação nº 152/05/82, oriunda do CI/DPF e datada de 19 de outubro de 1982, tratava do referido "Comitê de Mobilização Contra a Censura Federal", registrando a campanha então em curso contra a censura federal, que "sempre foi combatida, criticada pelos intelectuais, pelos artistas, pela imprensa etc., através de um movimento crônico, que obedec[ia] a aspectos cíclicos".[248]

O relatório traçava um breve panorama das mudanças existentes nas sucessivas gestões do serviço de censura federal. De 1972 a 1979, Rogério Nunes esteve à frente do órgão, em um período no qual "os trabalhos eram executados com maior vigilância, dado o momento histórico e a aplicação do decreto-lei nº 1077/70, tido no meio artístico-cultural e jornalístico como filho do ATO INSTITUCIONAL Nº 5". Nessa época, descrita com certa nostalgia no informe, "movimentos e críticas contra a CENSURA FEDERAL existiam, porém, de maneira não muito contundente e continuada. Época esta em que os problemas políticos [...] eram examinadas [sic] com maior rigor".[249]

Em abril de 1979, tomou posse na DCDP José Vieira Madeira, que permaneceu no cargo até novembro de 1981. Nesse momento, a censura passou a ser mais combatida, muito em função da "atuação do Governo Federal, que tinha por meta a abertura política à democratização do País, ocasião em que o meio artístico-cultural cobrava que essa mesma atitude fosse a ela também reconhecida". Foi exatamente nesse período que o ministro Petrônio Portela, finalmente, regulamentou o art. 15 da lei nº 5536 de 1968, que já previra a criação do Conselho Superior de Censura (CSC), o que foi feito por meio do decreto nº 83 973, de 1979. De caráter mais recursal do que normativo ou executivo, o órgão reuniu-se, pela primeira vez, em 25 de outubro de 1979, passando a deliberar sobre a manutenção ou não dos vetos e cortes impostos pela DCDP. Acusa o relatório, sob comento, que o CSC "passou a liberar a maioria das obras a ele submetidas", fazendo com que a DCDP fosse "mais exigida e combatida pelos elementos ligados aos meios artístico-culturais e pela Imprensa, que dela (DCDP) cobravam atitude 'mais liberal e menos obscurantista'".[250]

Mas a principal reserva desse estrato inferior do aparelho de censura que foi dirigida ao CSC se assemelha, de forma bastante curiosa, às críticas da classe artística à DCDP: o casuísmo e a falta de critérios objetivos minimamente claros para orientar a análise de casos diferentes. A reclamação, quanto ao CSC, era precisamente a de que ele "não nort[eava] suas decisões pela legislação censória, mas sobre alegações, argumentos subjetivos apresentados pelos senhores Conselheiros ou pelos defensores e/ou advogados das partes interessadas", de modo que "este procedimento [tinha] gerado desencontros, desajustes entre os critérios da DCDP (legal) e os do CSC (consensual)". Revoltaram-se, assim, os censores contra a "abertura de precedentes [pelo CSC] (sem embasamento na legislação censória) para a liberação de obras que somente poderiam ser liberadas se julgadas à luz das normas expressas da DCDP", o que acontecia sempre que o voto do relator, acolhido pelos demais, firmava jurisprudência.[251]

Ora, a atuação dos técnicos da DCDP tinha muito menos previsibilidade e aderência à legislação do que eles próprios, autocomplacentes, acreditavam. Crenças religiosas, valores morais, preferências políticas e demais variáveis individuais eram os critérios mais marcantes no ato arbitrário de interpretação dos tipos legais vagos e excessivamente abstratos por parte dos executores da censura.

O relatório ainda fazia a defesa da diretora Solange Maria Teixeira Hernandes, que tomou posse em novembro de 1981, alegando que "os trabalhos censórios est[avam] sendo executados também de acordo com a legislação até então vigente". No entanto, Solange estaria sendo alvo do recrudescimento da "grita contra a CENSURA FEDERAL, mormente contra a sua pessoa". A mudança de composição do CSC — mais os vetos total e parcial opostos pela DCDP aos filmes *Pra frente Brasil*, de Roberto Farias, e *Das tripas coração*, de Ana Carolina — havia levado os setores do meio artístico a "declarar guerra" contra a diretora da DCDP. Segundo o relatório, "como se atravessa de uma fase pré--leitoral [sic], em que as oposições se serv[iam] de tudo para denegrir e empanar as realizações do Governo, pode ser que a CENSURA FEDERAL, dentre outros, est[ivesse] sendo utilizada como bode expiatório, vez que ela [foi] colocada como 'parte e braço da repressão'".[252] Concluía o relatório apontando que "exist[ia] uma campanha orquestrada para acabar com a CENSURA FEDERAL, uma vez que ela 'veda[va] a livre expressão do pensamento', bem como 'imped[ia] e priva[va]' o grande público de conhecer [as] criações exteriorizadas artística e culturalmente".[253]

Diante da pressão social e especialmente da classe artística pela liberalização, bem como da tentativa de conter toda mudança mais radical, que tirasse do governo o controle censório, o ministro da Justiça, Petrônio Portela, baixou novas regras para a censura federal, no começo da década de 1980, tornando-a "mais liberal" nos seus diversos segmentos de atuação: teatro, cinema, televisão, letras musicais, revistas destinadas ao público masculino, livros (de conteúdo político-ideológico, erótico e/ou pornográfico).

O documento intitulado "Resumo das instruções aprovadas pelo sr. ministro, sobre atuação da censura" sintetizava as principais diretrizes que passariam a orientar a ação dos órgãos ligados à DCDP.

Dividido de acordo com cada linguagem ou forma de expressão artística, o documento começava com as regras aplicáveis ao teatro. Primeiro, apontavam-se as condutas que passavam a ser toleradas: "o *palavrão*", a depender da "adequação da linguagem ao tema explorado"; "o *nu*, desde que não [fosse] com preocupação lasciva"; "o *texto político*, desde que não [fosse] injurioso às Autoridades constituídas, nem represent[asse] mensagem de violência contra o regime" e uma orientação específica salientando que "não dever[ia] ser proibido texto quando já estiver para ser encenado", sendo que os "problemas dev[iam] ser solucionados quando o texto [fosse] apresentado para o exame inicial" [grifos no original].[254]

Mas ali não constavam só medidas de flexibilização da censura. Aproveitou-se a oportunidade para apontar as condutas inaceitáveis no teatro. Não eram permitidas, assim, "a prática de sexo no palco" e "na peça de caráter político a crítica ofensiva à moral e à dignidade das autoridades constituídas". Frisava-se, por fim, que o marco legal e "o exame censório dever[iam] ser feito[s] com base na lei nº 5536, de 1968", sinalizando politicamente, de partida, os limites que tais mudanças deveriam respeitar.[255]

Em relação ao cinema, o documento adotava a mesma "linha de conduta estabelecida para o teatro", acrescentando que "os filmes de reconhecido valor artístico, cultural e educativo poder[iam] ser liberados integralmente". Para as letras musicais, aplicava-se "a liberalização dos temas políticos, contidos dentro das permissões estendidas ao teatro, observando-se, todavia, os limites da moral e dos costumes para os demais casos". É interessante notar que, no caso da música, em um momento de franca expansão da indústria cultural que atingia públicos mais amplos da sociedade, havia o destaque para a moral e os costumes como limites impositivos para a análise censória.[256]

No que se referia à televisão, o meio de comunicação de massa por excelência, a preocupação moral despontava ainda mais claramente. De acordo com as novas regras, os parâmetros especiais para as novelas passavam a ser "moderação e limpeza de linguagem"; "observância de certos tipos de temas morais, que dev[iam] ter uma postura condizente com o veículo e seu horário"; "maior atenção com cenas íntimas, bem assim com situações matrimoniais especialmente em horários permitidos a menores" e "criação de três blocos de faixa etária: livre, até 21 horas, 14 [anos] das 21 às 23 horas e 18 anos, das 23 horas em diante".[257]

Por fim, em relação às chamadas revistas masculinas, tais como as citadas *Lui, Playboy, Status, Ele e Ela* e a feminina *Nova*, apontava-se a necessidade de realização de uma reunião dos editores para "estabelecer um acordo mantendo-se os atuais padrões de publicação e os limites recomendados pela moral e pelos costumes, *passando, daí por diante, às Editoras* a autocensura, advertindo-as de que os excessos poder[iam] resultar em apreensão das revistas". Reforçava-se, ainda, a linha de que "a venda continuar[ia] em envelopes, e as revistas deve[riam] trazer a *advertência de que sua venda [era] proibida para menores de 18 anos*" [grifos no original], refletindo a preocupação constante com a juventude, que poderia ser "corrompida" pelo acesso a materiais pornográficos.[258]

Tais recomendações refletem, por um lado, uma preocupação liberalizante ao menos no plano discursivo para atender parcialmente aos reclamos contrários à censura e impulsionar algumas mudanças de interpretação; embora, por outro lado, a política oficial ainda permanecesse baseada na mesma norma rigorosa, restringindo, de forma expressa e mais clara, alguns temas e abordagens que permaneciam interditados aos olhos do regime, além de haver a manutenção de uma censura prévia no caso das diversões públicas. Essa medida desvelava-se, assim, ambígua em relação à flexibilização política e ao endurecimento moral, caracterizando-se como um recuo ou uma demonstração de fraqueza, mas também reafirmando seu poder de controle e de força normativa.

No frigir dos ovos, entre a pressão pelo fim total da censura e a demanda pelo endurecimento das regras de controle político e moral, a opção intermediária do regime foi flexibilizar para manter o controle, contemplando ao menos retoricamente o programa mais geral da liberalização outorgada e, assim, conferindo sobrevida à censura diante das disputas instaladas naquele momento.

Apesar de toda essa crise, o estado agônico da censura moral ainda se arrastou até a promulgação da Constituição Federal de 1988, quando foram extintos esses órgãos e os modos de controle do Estado sobre a produção cultural e artística, sendo ressignificados e reformulados essencialmente com base nos critérios de classificação etária indicativa.

CONSIDERAÇÕES FINAIS

MAIS DE TRÊS DÉCADAS JÁ NOS SEPARAM DO FINAL DA DITADURA, quando os fatos tratados neste livro ocorreram. Passamos por um longo, complexo e controlado processo de transição que, apesar de seus limites e contradições, culminou com a promulgação de uma nova Constituição comprometida com os valores básicos de cidadania em 1988. O Brasil sedia, na cidade de São Paulo, aquela que é tida como a maior Parada do Orgulho LGBT do mundo, com mais de 3 milhões de pessoas nas ruas. Em uma década, mais exatamente entre 2010 e 2020, reconheceram-se por decisões vinculantes do Supremo Tribunal Federal (STF) os direitos LGBT historicamente reivindicados pela comunidade no mundo todo.

As garantias de união estável e casamento homoafetivos (2011/2013), de adoção (2015), de mudança de prenome e sexo nos registros de pessoas trans (2018), a criminalização da LGBTfobia (2019) e o fim da restrição à doação de sangue por "homens que fazem sexo com outros homens" (2020) inserem o Brasil em uma seleta lista de países que asseguram, ao menos oficialmente, os principais direitos de orientação sexual e de identidade de gênero. Com efeito, a luta contra a violência e o preconceito, o casamento igualitário para homossexuais e a mudança de nome e gênero pelas pessoas trans nos documentos têm sido as bandeiras centrais desse movimento social nas últimas décadas.

No entanto, a centralidade das políticas públicas e das decisões judiciais, diante da inexistência de lei em sentido formal, confere certas particularidades ao processo brasileiro de construção da cidadania sexual. Em primeiro lugar, pode-se destacar que há uma precariedade e uma fragilidade nas políticas de diversidade, pois a alteração de uma decisão do Judiciário ou de uma norma do Executivo é mais simples e fácil de ocorrer do que a mudança de uma lei em sentido formal, que demanda uma maioria parlamentar, além de estar sujeita a controle judicial. Além disso, nota-se certa inconsistência e falta de regularidade na atuação estatal, pois as políticas públicas se modificam a depender do chefe do Executivo ou dos membros das pastas responsáveis pela implementação, comprometendo sua continuidade e efetividade.

Essas características peculiares têm despertado preocupações de pessoas LGBT quanto aos direitos dessa comunidade. Sobretudo em um momento no qual autoritarismo político e conservadorismo moral, velhos conhecidos com grande afinidade eletiva entre si, encontram-se sob a égide do governo Bolsonaro.

Como nos demonstra a história da ditadura examinada neste livro, não é a primeira vez que esses dois vetores se conjugam. E é certo que também não será a última. O Brasil de hoje parece, em diversos momentos, repetir o Brasil de ontem. Com frequência cada vez maior são noticiados casos de censura, não mais por órgãos do Executivo, mas por segmentos da sociedade civil e pelo próprio Poder Judiciário.

Diferentemente dos tempos da ditadura, não há um serviço específico na administração pública organizado em um departamento encarregado da censura moral de livros, peças de teatro, filmes e mídia. No entanto, abundam exemplos de ameaças à liberdade de expressão, cada vez mais sitiada por um moralismo tacanho.

Em um clima de ascensão de uma extrema direita conectada com base moral conservadora, composta sobretudo de grupos religiosos fundamentalistas, diversas instâncias e níveis de governo começam a interferir no campo artístico.

Primeiro, a pressão foi surgindo de grupos conservadores no seio da própria sociedade civil, os quais exercem um poder de veto sobre as produções culturais. Exemplo disso foi a suspensão da exposição *Queermuseu: Cartografias da diferença na arte brasileira*, com curadoria de Gaudêncio Fidelis e realizada no Santander Cultural de Porto Alegre.[1] O Movimento Brasil Livre, grupo de direita que surgiu em 2014 e que de liberal só carrega o "L" na sigla, acusou a mostra de apologia à pedofilia, à zoofilia e ao vilipêndio de símbolos religiosos. Militantes desse movimento invadiram a exposição, hostilizaram espectadores, ofenderam artistas. Por isso, em setembro de 2017 o centro cultural do Santander cancelou a exposição meses antes do planejado.[2]

No mesmo mês, no âmbito de uma ação popular promovida por um grupo evangélico, uma decisão da Justiça paulista proibiu a apresentação da peça *O*

Evangelho segundo Jesus, rainha do céu na unidade do SESC (Serviço Social do Comércio) de Jundiaí. Trata-se de um monólogo em que a atriz travesti Renata Carvalho encena uma releitura dos ensinamentos de Jesus a partir da experiência de uma mulher trans, abordando temas como marginalização, preconceito e aceitação. Ainda que não houvesse, no texto, apelo erótico ou pornográfico, o juiz Luiz Antonio de Campos Júnior, em discurso claramente religioso e bastante adjetivado, determinou a suspensão da apresentação, afirmando que uma peça em que este "HOMEM SAGRADO seja encenado como um travesti, a toda evidência, caracteriza-se ofensa a um sem-número de pessoas. Não se trata aqui de imposição a uma crença e nem [sic] tampouco a uma religiosidade. Cuida-se na verdade de impedir um ato desrespeitoso e de extremo mau gosto".[3] Mesmo depois de revertida em instância superior, fato é que essa decisão estimulou que ações fossem tomadas por Poderes Executivos locais ou mesmo pelo sistema de justiça para impedir a apresentação dessa mesma peça em cidades do país como Salvador, Porto Alegre, Garanhuns etc.

Situação semelhante ocorreu em uma das maiores cidades do país, o Rio de Janeiro. Diante do anúncio do espetáculo em uma arena municipal, o prefeito Marcelo Crivella, bispo licenciado da Igreja Universal do Reino de Deus (IURD), foi às redes sociais, em junho de 2018, para anunciar que a exibição não ocorreria porque "nenhum espetáculo, nenhuma exposição vai ofender a religião das pessoas. [...] Enquanto eu for prefeito, vamos respeitar a consciência e a religião das pessoas".[4]

Como se nota, os discursos das autoridades são marcadamente fundamentados em uma visão religiosa de mundo, que lhes parece suficiente para justificar os vetos em relação à produção e à circulação de obras culturais. Diferentemente do que ocorria durante a ditadura, a tônica da ação repressiva se desloca do discurso da segurança nacional para o religioso.

Mas não é só. A defesa da infância e da família, que tem um inegável fundo religioso e passa por valores morais laicos, é retomada com grande força. Exemplo disso, no fim de 2017, foi a enorme repercussão causada pela performance *La Bête* no Museu de Arte Moderna de São Paulo (MAM/SP). Inspirado na obra *Bichos*, feita nos anos 1960 pela reconhecida artista Lygia Clark e que consistia em uma série de esculturas de chapas metálicas e dobradiças para livre manuseio dos espectadores, o artista Wagner Schwartz usou seu próprio corpo nu como suporte para questionar a distância entre obra de arte e o olhar passivo dos visitantes nos museus. O nu não era erotizado ou lascivo. No entanto, o fato de uma criança, acompanhada de sua mãe em uma sala cheia de outras pessoas, ter tocado a perna do performer foi o suficiente, após divulgação de uma gravação em vídeo feita por algum dos presentes, para gerar uma comoção nas redes sociais contra o que seria "pedofilia". Nesse caso, a instituição cultural, uma das principais do país, saiu em defesa da performance, afirmando, em nota pública, que "é importante ressaltar que o Museu tem a prática de sinalizar aos visitantes qualquer tema sensível à restrição de público. Nesse sentido, a sala estava devidamente sinalizada sobre o teor da apresentação, incluindo a nudez artística. O trabalho não tem conteúdo erótico [...]". No entanto, a campanha difamatória na internet se converteu em um linchamento do artista. Além das mais de 150 ameaças de morte, diversos empreendedores morais e líderes religiosos neopentecostais, inclusive no Congresso Nacional, utilizaram-se de fake news e montagens para ampliar sua base social conservadora.[5]

Em setembro de 2019, o já mencionado prefeito e pastor neopentecostal Crivella divulgou um vídeo nas redes sociais em que anunciava mandar recolher todos os exemplares do gibi de história em quadrinhos *Vingadores: A cruzada das crianças* da Bienal do Livro. A razão: havia a ilustração de dois homens se beijando numa página da publicação. Em uma cena midiática, fiscais se dirigiram ao evento para apreender todos os exemplares encontrados à venda.[6] Depois de uma derrota perante o Judiciário, com posicionamento até mesmo do presidente do STF contra a censura, a tiragem da publicação esgotou, tamanha a procura que o episódio gerou.

A vitória de Jair Bolsonaro nas eleições de 2018, candidato comprometido com uma agenda conservadora no campo dos valores, deu enorme reforço para a cruzada moral cada vez mais institucionalizada no Brasil.

Dentre as diversas medidas anunciadas para a área de cultura pelo novo governo, teve grande destaque o cancelamento de editais de televisão pública voltados para séries sobre diversidade sexual e de gênero, criticadas pelo presidente em uma de suas manifestações ao vivo em redes sociais.[7] Ele havia afirmado que a Agência Nacional do Cinema (Ancine) não poderia mais apoiar projetos com temática LGBT. Mais uma vez, houve questionamento judicial contra a medida do Executivo e a Justiça Federal determinou, liminarmente, que "a discriminação contra pessoas LGBT promovida ou referendada por agentes públicos constitui grave ofensa aos princípios administrativos da honestidade, imparcialidade, legalidade e lealdade às instituições".[8] Apesar da reversão judicial da censura, curiosamente, nenhuma das séries LGBTs criticadas pelo presidente foi escolhida na seleção, o que pode sugerir algum tipo de perseguição.[9]

Outro caso de censura judicial ocorreu com o episódio especial de Natal do programa humorístico Porta dos Fundos, *A primeira tentação de Cristo*, produzido pela Netflix. O fato de haver uma personagem de Jesus gay na paródia incomodou associações religiosas, que conseguiram obter uma liminar do Tribunal de Justiça do Rio de Janeiro. Segundo o desembargador relator Benedicto Abicair, "as consequências da divulgação e exibição da 'produção artística' [...] são mais passíveis de provocar danos mais graves e irreparáveis do que sua suspenção [sic]" e, "para acalmar ânimos", ele determinou a retirada do ar do referido episódio.[10] Logo após a censura judicial, houve um atentado a bomba contra a sede da produtora da série, evidenciando uma escalada de violência no caso. Novamente, apesar da reversão posterior a esse ato de censura junto ao STF, mais um estrago relevante na esfera pública passou a operar como um caso de naturalização da censura artística baseada em crenças religiosas.

Vale ainda mencionar, pela gravidade e pela repercussão, o discurso proferido em rede nacional por Roberto Alvim, então secretário nacional de Cultura do governo Bolsonaro. Ao anunciar uma premiação para diversas linguagens artísticas, o secretário imitou, na forma e no conteúdo, discurso do ministro da Propaganda de Hitler, Joseph Goebbels. Alvim, inspirado claramente pelo nazismo, exaltou uma arte heroica, patriótica e de acordo com os valores da família. Nas palavras dele, "a pátria, a família, a coragem do povo e sua profunda ligação com Deus amparam nossas ações na criação de políticas públicas. As virtudes da fé, da lealdade, do autossacrifício e da luta contra o mal serão alçadas ao território sagrado das obras de arte".[11]

O que esses diversos pronunciamentos, atos administrativos e decisões judiciais emanados de autoridades do Estado brasileiro atual têm em comum com o período da ditadura civil-militar de 1964? Em que medida há uma mera repetição da defesa dos valores da família patriarcal e da pátria, de inspiração anticomunista e marcadamente religiosa, ou há uma reatualização dos mesmos princípios, mas com diferenças relevantes?

De fato, saltam aos olhos as semelhanças e analogias entre os discursos do passado e os do presente. Há uma clara estrutura e um núcleo moral comuns do conservadorismo que se arrastam até hoje. Da "apologia ao homossexualismo", dos "subversivos morais" ao "kit gay" e à "mamadeira de piroca", a distância tem-se mostrado menor do que imaginávamos. Não à toa, muitos dos que hoje cultivam com naturalidade os preconceitos contra LGBTs têm, também, reivindicado a ditadura de 1964 como modelo de governo.

Defesa da família heteronormativa, ode à virilidade e a seu ideal de masculinidade, elogio das armas e da violência, hipocrisia moral, discurso da anticorrupção, aversão à diversidade, desqualificação de quaisquer "minorias" em defesa da "maioria": esse registro simbólico guarda assustadoras coincidência e sincronia entre os períodos da ditadura e da democracia.

Não há, assim, como negar a influência direta desse recente regime autoritário, que tanto e em diversos planos marcou o Brasil, na LGBTfobia capitalizada na sociedade e institucionalizada no governo de plantão. Dentre esses legados, destacam-se a deseducação política da sociedade, a intensa moralização das sexualidades, a regulação ostensiva dos comportamentos e dos desejos, a intervenção excessiva na vida privada, as barreiras para a politização e a ação livre e coletiva dos homossexuais, o incentivo a uma economia do consumo com acomodação dos setores mais favorecidos, o reforço de uma clivagem de classe dentro da comunidade LGBT, a censura a publicações e espetáculos envolvendo a temática da diversidade, entre outras tantas frustrações a projetos pessoais e coletivos que o autoritarismo ajudou a abortar.

Essas políticas sexuais ditatoriais, ao consagrar oficialmente a estigmatização das sexualidades dissidentes, marcaram profundamente o imaginário social em torno dos grupos "minoritários". A ditadura os rotulou como sócios do movimento comunista internacional. Outras vezes os classificou como agentes de ruptura da moralidade. Outras tantas, ainda, carimbaram-nos com as marcas da classe social que portavam. Como vimos, não foi ao acaso que os movimentos "identitários" surgiram ou ressurgiram no final da ditadura em uma rica experiência de alianças e trocas intersecionais entre raça, gênero, classe e sexualidade.

Além disso, a ditadura reforçou posições autonomistas radicais dentro dos grupos de homossexuais, por estes terem criado um rechaço a quaisquer formas de autoridade, identificadas imediatamente ao autoritarismo. Isso dificultou uma organização interna mais sólida e consistente, pois todo passo nesse sentido significaria burocratizar o grupo, e legalizá-lo poderia provocar um controle ou uma intervenção direta do Estado sobre ele. A ameaça e o medo sempre estiveram presentes.

A visão da ditadura sobre essas "perversões" também se desloca a partir da afirmação da homossexualidade como uma identidade política e um suporte para a militância organizada contra o autoritarismo. Nesse sentido, a homossexualidade mudou e influenciou a renovação da mirada repressiva da ditadura. Quando deixou de ser apenas uma prática sexual repulsiva e passou a ser um movimento social de contestação da ordem e de reivindicação de igualdade e direitos, os homossexuais militantes colocaram em questão as estruturas autoritárias e excludentes do regime.

No entanto, há distinções que não podem ser ignoradas. Antes, havia um departamento de censura com técnicos concursados especificamente para a tarefa de controlar e restringir a criatividade. Era uma censura que ousava assumir seu próprio nome e se arvorava no direito e no dever de coibir as produções artísticas contrárias à moral e aos bons costumes. Em geral, esses censores trabalhavam à revelia do Poder Judiciário.

Já atualmente, proliferam casos de tentativa de censura emanados por políticos eleitos e, o que é mais grave, com chancela de parcela do sistema de justiça. Não há mais um serviço de censura organizado e declarado produzindo pareceres formais de limitação à liberdade de expressão. Agora, em nome não mais da moral ou dos bons costumes, mas da defesa da religiosidade da sociedade brasileira e da proteção da infância, praticam-se atos de perseguição contra parcela da classe artística que não se alinha às diretrizes oficiais das Igrejas e dos governos.

Contudo, que não se alimente a ilusão de que isso começou em 2019. A escalada autoritária que culminou com a eleição de Jair Bolsonaro tem mostrado sinais há tempos. Nos últimos anos, como apontamos acima, os grupos moralmente conservadores, por meio de presença crescente nas esferas de poder da mídia e do Estado, vêm pautando o debate sobre políticas públicas no campo da educação e da cultura. Setores vinculados ao fundamentalismo religioso vetaram o kit anti-homofobia ainda no governo Dilma, patrulharam as escolas para impedir a discussão de gênero e sexualidade sob o argumento de proteção da infância. Mais recentemente, conforme apontam os exemplos acima, passaram para o controle das exposições e impõem limites para a livre expressão artística.

Mas é preciso notar que o processo de moralização da política, com a análoga politização da moral, vem se agravando sob o governo Bolsonaro. Não porque vivemos uma onda conservadora de proporções mundiais, mas porque, sobretudo, enfrentamos uma reação conservadora às conquistas advindas de décadas de mobilização de movimentos sociais como o feminista, o negro e o LGBT.

Nesse sentido, o bolsonarismo é a versão nacional de uma tentativa de paralisar e reverter o reconhecimento cultural e legal às demandas dos setores identificados como "minorias". O pânico moral alimentado na sociedade tem aderência, justamente, porque políticas inclusivas tiveram um lugar importante no Brasil recente. Ficou claro que a moral não é um conjunto de valores universal, mas sim particular e sujeito a mudanças históricas e culturais.

Isso porque essas conquistas jurídicas da cidadania sexual, mesmo que precárias na forma, são substancialmente o reflexo de mudanças culturais profundas na sociedade brasileira. As lutas do movimento feminista a partir de 1975 e do movimento LGBT desde 1978, ambos surgidos no período da liberalização da ditadura, produziram mudanças significativas nos padrões de família e na gramática moral vigentes.

Os sentidos atribuídos aos corpos, os papéis sociais de gênero, os desejos afetivo-sexuais, as estruturas familiares e as relações de parentesco foram disputados e ressignificados com a progressiva politização do privado operada pela contestação cultural e dos costumes.

Os códigos morais foram se alterando significativamente. O padrão hegemônico de virilidade e de masculinidade deu lugar a uma pluralidade de formas de vivências e identidades nos campos do gênero e da sexualidade, que se constituíram como esferas da liberdade e da autonomia humanas, não mais apenas da reprodução da espécie como destino biológico.

É evidente que transformações de tal maneira estruturais gerariam uma reação com nível semelhante de intensidade e força, que tem sido caracterizado, aqui e em outros lugares do mundo, como *backlash*.[12] Daí ser mais adequado falar em reação do que em ofensiva conservadora.[13]

De algum modo, o momento vivido, apesar de todos esses avanços, é bastante grave. O Brasil segue ocupando, ano a ano, o topo dos rankings internacionais de assassinatos de pessoas LGBT. Entre as garantias asseguradas pelo STF e pelo guarda da esquina, que deveria se empenhar em implementá-las, há ainda uma distância abissal. Não há dúvida de que a desqualificação do debate público por meio de fake news e políticas sem nenhum lastro científico causam danos inestimáveis à saúde e à integridade dessa população vulnerável no Brasil. Quantas pessoas LGBT buscaram sair do país em uma forma de autoexílio forçado, correram com casamentos,[14] atropelando decisões complexas de vida por receio de perder direitos, deixaram de viver abertamente seus desejos nas ruas por medo da violência crescente ou mesmo quantos, na cultura e na academia, abortaram projetos profissionais e pessoais, nos mais diferentes lugares do país, pela ameaça permanente de suspensão de financiamento para projetos de diversidade e pela censura moral praticada pelo atual governo? Essas são questões da maior importância a se refletir nos profundos — e muitas vezes menos visíveis — impactos que reforçam a estigmatização e o sofrimento impostos à população LGBT no país.

Quando me dediquei à pesquisa que deu origem a este livro, durante o meu doutorado, finalizado antes dessa reação conservadora, esperava que este trabalho pudesse contribuir, de algum modo, para despertar algumas inquietações quanto ao alcance da repressão moral da ditadura brasileira. Creio que, até o momento, essas políticas sexuais do regime autoritário não receberam a atenção merecida nas análises, nas críticas, nem nas políticas de reparação voltadas à ditadura. Isso se deve sobretudo ao fato de que o olhar que dirigimos ao passado é forjado por uma democracia específica do presente, e esta ainda não conseguiu dar provas efetivas de seu comprometimento com a diversidade sexual e de gênero, ou mesmo com uma agenda ampla de respeito aos direitos humanos. Ao contrário, a situação vivida no Brasil atualmente remete à LGBTfobia institucionalizada da ditadura, reeditando discursos contra minorais sexuais e episódios de censura desde o Estado. Isso conferiu novos sentidos e desafios para este trabalho. Desse modo, a proposta de conduzir e mudar o olhar para o passado diz respeito também ao desejo de olhar para o presente, a fim de buscar meios para que uma determinada versão da moral e dos bons costumes não volte a ter o mesmo peso que teve há tão pouco tempo entre nós.

AGRADECIMENTOS

A PESQUISA QUE DEU ORIGEM A ESTE LIVRO baseia-se na tese de doutorado que defendi no Instituto de Relações Internacionais (IRI) da USP em 2017. Foram cinco anos de pesquisas e inquietações durante o doutorado e mais um par de anos trabalhando no texto para que ele chegasse a este formato.

Agradeço as valiosas críticas das bancas de qualificação e defesa formadas por Deisy Ventura, Rossana Reis, Edson Teles, Felipe Loureiro, Janaína Teles, José Reinaldo de Lima Lopes e James N. Green.

Ao James, registro um reconhecimento especial por todas as conversas e por ter me acolhido em uma estimulante estadia como pesquisador visitante na Brown University. Sua parceria, em tantos projetos na academia e no ativismo, é uma inspiração sem tamanho.

Muitas pessoas, de distintas formas e em diferentes momentos do trabalho, colaboraram com as reflexões aqui sistematizadas e tornaram um pouco menos solitário e difícil esse processo de escrita. Desde as companhias nas horas e horas de bibliotecas, as conversas sobre as ideias desenvolvidas, o auxílio nas buscas em arquivos até as revisões do texto. Lucas Pedretti, Laura Carvalho, Edilza Sotero, Felipe Lins, André Albert: a todos vocês, meu muito obrigado.

Só me foi possível desbravar essa temática, até então pouco analisada, graças ao apoio de todas e todos que me acolheram e incentivaram na Comissão da Verdade do Estado de São Paulo: Adriano Diogo, Chaia Chainer, Amelinha Teles, Vivian Mendes, Pádua Fernandes, Tatiana Merlino, Thaís Barreto, Ivan Seixas e Ricardo Koba.

Ao pessoal do Memorial da Resistência e do Museu da Diversidade, por terem me propiciado a oportunidade de repensar essa pesquisa a partir de outros suportes e linguagens, fazendo a curadoria da exposição *Orgulho e resistências: LGBT na ditadura*. Obrigado pelo trabalho conjunto, Marília Bonas, Julia Gumieri, Franco Reinaudo e Leonardo Arouca. A Julia, um obrigado especial pela pesquisa da imagem que se tornou a capa deste livro.

A Heloisa Starling, Ricardo Teperman e Mauro Gaspar, bem como a toda a equipe editorial da Companhia das Letras, pelas leituras e sugestões que muito melhoraram o texto no processo de edição, deixando-o mais preciso e fluido. Os eventuais problemas e limites que aqui persistiram, obviamente, são de minha total responsabilidade.

E, mais importante, agradeço a quem esteve incondicionalmente ao meu lado e me apoiando em todos os momentos: minha família. Em especial, a minha mãe, por me oferecer sempre o seu melhor e por me estimular em todos os meus passos. A meu pai, pelo exemplo de integridade e de homem que um dia, com sorte, espero me tornar. Ao meu irmão mais velho, por me ensinar que a vida é leve e nos devolve o que fazemos pelos outros. A minha avó, por transbordar seu amor e nos fazer cada vez mais unidos. E ao Márcio, companheiro que tem me ensinado cotidianamente novos sentidos de amor, leveza e liberdade.

NOTAS

INTRODUÇÃO [PP. 11-40]

1   Há registros de diversas iniciativas de associativismos e ativismos entre homossexuais que remetem às décadas de 1950 e 1960, intensificando-se sobretudo nos anos 1970. Exemplos disso são o *Jornal do Gay* e o Círculo Corydon, inclusive vigiados com atenção pela ditadura. No entanto, a despeito da inegável relevância e do caráter político dessas iniciativas pioneiras, como as tentativas (quase sempre frustradas pela repressão e pelo medo) de organização de congressos e encontros com bandeiras bem definidas (ainda nos anos 1960), as publicações e a construção de redes nacionais e internacionais para debater demandas e reivindicações, somente com a liberalização da ditadura é que as condições políticas, culturais e sociais permitiram o adensamento de um movimento social organizado em torno da pauta da liberação homossexual. Reconhecer esse marco de modo algum significa reduzir ou desmerecer os ativismos anteriores, mas apenas compreender melhor e com mais nuances os deslocamentos históricos e contextuais da luta LGBT no Brasil.

2   *Última Hora*, 5 jul. 1976. Esses números do aparato repressivo são confirmados pela publicação de uma cartilha sem dados editoriais denominada *Bagaço*, que destacou a presença de oito camburões entre os vinte carros de polícia rondando o local e afastando, com esse contingente, os eventuais interessados que perambulavam pelo entorno. O periódico ainda acrescenta, sobre o receio dos presentes quanto à possibilidade de repressão do encontro: "Dispersos pela vasta área do Aterro, a redor do MAM, os homossexuais que atenderam ao convite, em número reduzido, a interessados, não se sentiram à vontade com a demonstração ostensiva da máquina policial, montada para 'protegê-los', segundo palavras do delegado Gilberto Guia aos participantes do 'conclave'".

3   *A Notícia*, 5 jul. 1976.

4   *Bagaço* foi uma publicação carioca pertencente à imprensa alternativa, definida como aquela formada por "jornais de formato tabloide ou minitabloide, muitas vezes de tiragem irregular, alguns vendidos em bancas, outros de circulação res-

trita e quase sempre de oposição ao regime militar instalado em 1964. A chamada imprensa alternativa era, no entanto, formada também por jornais feministas, de reivindicação de direitos de minorias como negros e homossexuais, e que nem sempre tinham conotação de contestação direta ao regime militar" (cf. <https://www.fgv.br/cpdoc/acervo/dicionarios/verbete-tematico/imprensa-alternativa>. Acesso em: 23 jun. 2021).

5 À época trabalhando como advogado vinculado à Comissão da Verdade do Estado de São Paulo e consultor da Comissão Nacional da Verdade, vi-me apresentando minha exposição lado a lado com alguns dos poucos, mas importantes pesquisadores que se debruçavam sobre a repressão a esses segmentos durante a ditadura: Benjamin Cowan, James N. Green, Marisa Fernandes, Rafael Freitas e Rita Colaço.

6 "CNV e CEV-SP realizam audiência pública 'Ditadura e homossexualidade no Brasil'". Disponível em: <http://www.cnv.gov.br/outros-destaques/455-cnv-e-cev-sp--realizam-audiencia-publica-ditadura-e-homossexualidade-no-brasil.html>. Acesso em: 23 jun. 2021.

7 Todos esses capítulos foram escrito por James N. Green e por mim. Relatório Final da CNV, Livro II, pp. 300-11. Disponível em: <http://www.cnv.gov.br/images/pdf/relatorio/Volume%202%20-%20Texto%207.pdf>. Acesso em: 23 jun. 2021.

8 Nunca antes em nosso país o tema das violações de direitos humanos praticadas pelo Estado recebeu tanta atenção oficial e logrou tamanha repercussão na sociedade. Depois da CNV, uma complexa rede nacional foi constituída para garantir a efetivação do direito à verdade e isso gerou uma mobilização interessante. Nesse sentido, o papel pedagógico e de educação em direitos humanos foi fundamental. Além disso, a CNV deu uma enorme contribuição para repensarmos nossa relação com o passado de violências, o que despertou, por exemplo, propostas de comissões da verdade dedicadas especificamente aos crimes da escravidão ou mesmo às chacinas e violências policiais do presente. Por fim, vale destacar que a CNV também demonstrou estar sensível a demandas de alguns setores marginalizados ao se abrir a temas ainda pouco explorados, conferindo novos contornos ao alcance da repressão política e, portanto, ampliando a categoria de "vítimas" da ditadura para além da resistência armada, incluindo indígenas, mulheres, LGBTs, camponeses, entre outros grupos.

9 Alguns autores que escreveram sobre a história das homossexualidades e do movimento LGBT, ou mesmo sobre suas experiências pessoais, tangenciaram esse assunto específico. Ainda que tais trabalhos tenham aportado algumas contribuições relevantes para o relato de alguns casos particulares, o cruzamento entre ditadura e homossexualidades não era seu foco principal. Ver, por exemplo, João Silvério Trevisan, *Devassos no Paraíso*; James N. Green, *Além do Carnaval*; Id., "'Mais amor e mais tesão': A construção de um movimento brasileiro de gays, lésbicas e travestis"; Edward MacRae, *A construção da igualdade*; Rita Colaço, *De Daniele a Chrysóstomo: Quando travestis, bonecas e homossexuais entram em cena*, tese de doutorado em história apresentada ao Instituto de Ciências Humanas e Filosofia da Universidade Federal Fluminense, 2012; Júlio

Assis Simões e Regina Facchini, *Nas trilhas do arco-íris*. Os trabalhos mais específicos sobre o tema, até o momento, são James N. Green e Renan Quinalha (Orgs.), *Ditadura e homossexualidades: Repressão, resistência e a busca da verdade*. São Carlos: EduFSCar, 2014; Benjamin Cowan, *Securing Sex: Morality and Repression in the Making of Cold War Brazil*. Chapel Hill: University of North Carolina Press, 2016.

10 Essa colocação foi feita em uma reunião da CNV sobre o relatório e presenciada por um dos assessores, que pediu ao autor para não ser identificado.

11 O Gadvs (Grupo de Advogados pela Diversidade Sexual) e a ABGLT (Associação Brasileira de Lésbicas, Gays, Bissexuais, Travestis, Transexuais e Intersexos) enviaram ofício à Comissão Nacional da Verdade em 6 de outubro de 2014 para reivindicar esta inclusão. Disponível em: <http://www.gadvs.com.br/?p=1920>. Acesso em: 23 jun. 2021.

12 Um estudo comparativo de fôlego das relações entre sexo e poder no século XX, a partir dos eixos do patriarcado, dos vínculos sexuais e da fecundidade, pode ser encontrado em Göran Therborn, *Sexo e poder: A família no mundo (1900-2000)*. São Paulo: Contexto, 2015.

13 Nessa mesma linha, para um panorama da evolução na legislação de reconhecimento de direitos e não discriminação, bem como de práticas exitosas relativas à expressão da diversidade de gênero e sexual, ver Brasil, Ministério das Relações Exteriores, *Mundo afora: Políticas de combate à violência e à discriminação contra pessoas LGBT*, Brasília, n. 12, 2015.

14 "Gay Men under the Nazi Regime". In: *Holocaust Encyclopedia*. Disponível em: <https://encyclopedia.ushmm.org/content/en/article/gay-men-under-the-nazi-regime>. Acesso em: 21 jun. 2021.

15 Rudolf Brazda e Jean-Luc Schwab, *Triângulo rosa: Um homossexual no campo de concentração nazista*. São Paulo: Mescla, 2012.

16 Lorenzo Benaduzi, *The Enemy of the New Man: Homosexuality in Fascist Italy*. Wisconsin: The University of Wisconsin Press, 2012.

17 Francisco Molina Artaloytia, *Estigma, diagnosis e interacción: Un análisis epistemológico y axiológico de los discursos biomédicos sobre la homosexualidad en los autoritarismos ibéricos del siglo XX*. Tese de doutorado, Universidad Nacional de Educación a Distancia, 2015.

18 São José Almeida, *Homossexuais no Estado Novo*. Porto: Sextante, 2010.

19 Geoffroy Huard, *Los Antisociales: Historia de la homosexualidad en Barcelona y París (1945-1975)*. Madri: Marcial Pons, 2014. Ainda sobre o franquismo, um estudo importante a respeito da perseguição legal a homossexuais na cidade de Málaga pode ser encontrado em Javier Fernández Galeano, "Is He a 'Social Danger'?: The Franco Regime's Judicial Prosecution of Homosexuality in Malaga under the Ley de Vagos y Maleantes". *Journal of the History of Sexuality*, Chicago, v. 25, n. 1, pp. 1-31, jan. 2016.

20 Flavio Rapisardi e Alejandro Modarelli, *Fiestas, baños y exilios: Los gays porteños en la última dictadura*. Buenos Aires: Sudamericana, 2001.

21 Santiago Joaquín Insausti, "Los cuatrocientos homosexuales desaparecidos: Memorias de la represión estatal a las sexualidades dissidentes en Argentina". In: Débora D'Antonio (Org.), *Deseo y represión: Sexualidad, género y Estado en la historia reciente argentina*. Buenos Aires: Imago Mundi, 2015, pp. 63-82. Na Argentina, uma cifra bastante popularizada, ainda que não comprovada, é a de que teriam desaparecido quatrocentos homossexuais pela ação da ditadura. Esse dado, que serviria de base para afirmar a existência de uma política de desaparecimento contra homossexuais, é questionado por Insausti. A origem do número está no livro de um dos mais importantes militantes gays argentinos, segundo o qual um dos integrantes da Comisión Nacional sobre la Desaparición de Personas (Conadep) "afirma a existência de, pelo menos, quatrocentos homossexuais integrando a lista do horror [...]. Não os conhecemos, não os conheceremos jamais. São apenas quatrocentos dos 30 mil gritos de justiça que pulsam em nossos corações". Cf. Carlos Luis Jáuregui, *La homosexualidad en la Argentina*. Buenos Aires: Tarso, 1987, p. 170.

22 Dan Healey, *Homosexual Desire in Revolutionary Russia: The Regulation of Sexual and Gender Dissent*. Chicago: The University of Chicago Press, 2001, pp. 234 ss.

23 Allen Young, *Los gays bajo la Revolución Cubana*. Madri: Playor, 1984.

24 A repressão à homossexualidade por meio das Umaps no período de 1965 a 1970 não teria sido apenas o resultado do machismo pré-revolucionário, mas uma maneira de enfrentar a crise econômica doutrinando a juventude para o trabalho manual e voluntário a partir de um recorte de gênero. Cf. Lillian Guerra, "Gender Policing, Homosexuality, and the New Patriarchy of the Cuban Revolution, 1965-1970". *Social History*, Toronto, v. 35, n. 3, pp. 268-89, ago. 2010.

25 Carlos Fico, "Espionagem, polícia política, censura e propaganda: Os pilares básicos da repressão". In: Jorge Ferreira e Lucília de Almeida Neves Delgado (Orgs.), *O Brasil republicano: o tempo da ditadura: Regime militar e movimentos sociais em fins do século XX*. 2. ed. Rio de Janeiro: Civilização Brasileira, 2007, pp. 167-201.

26 O filósofo Renato Janine Ribeiro, por exemplo, chegou a afirmar que "a repressão foi bastante leve — ou mesmo tolerante — no que dizia respeito a sexo, a costumes, a sentimentos". Cf. Renato Janine Ribeiro, "A política dos costumes". In: Adauto Novaes (Org.), *Muito além do espetáculo*. São Paulo: Senac, 2005, p. 138.

27 Para militares, contudo, a pederastia era criminalizada até recentemente. O art. 235 do Código Penal Militar previa o crime de pederastia ou ato de libidinagem nos seguintes termos: "Praticar, ou permitir o militar que com ele se pratique ato libidinoso, homossexual ou não, em lugar sujeito a administração militar". Dentre as 29 recomendações da Comissão Nacional da Verdade, a de número 23 prescrevia justamente a "supressão, na legislação, de referências discriminatórias das homossexualidades", citando, como exemplo, o referido artigo do Código Penal Militar. Somente em 28 de outubro de 2015, ao julgar a Arguição de Descumprimento de Preceito Fundamental (ADPF) nº 291, o Supremo Tribunal Federal declarou como não recepcionados pela Constituição Federal os termos "pederastia ou outro" e "homossexual ou não", expressos no dispositivo do CPM.

28 Relatório Final da CNV, Livro II, pp. 300-11. Disponível em: <http://www.cnv.gov.br/

images/pdf/relatorio/Volume%202%20-%20Texto%207.pdf>. Acesso em: 23 jun. 2021.

29 O clássico de Comblin sobre a segurança nacional já chamava a atenção para a centralidade da agenda moral nas ditaduras latino-americanas: "Quanto mais ditatorial e violento for um Estado, mais ele tratará a nação como inimiga, e quanto mais proclamar pretensões de moralidade, mais edificante, moralista e espiritual será sua linguagem — a tal ponto que qualquer aula de moral vinda de um Chefe de Estado desperta imediatamente uma sensação de medo. Sob este ponto de vista, os discursos dos generais latino-americanos batem todos os recordes. A se acreditar neles, suas ditaduras não têm outra meta senão restaurar a moralidade da nação". Joseph Comblin, *A ideologia da Segurança Nacional: O poder militar na América Latina*. Rio de Janeiro: Civilização Brasileira, 1978, pp. 222-3.

30 Ver Aline Presot, "Celebrando a 'Revolução': As marchas da família com Deus pela liberdade e o golpe de 1964". In: Denise Rollemberg e Samantha Viz Quadrat (Orgs.), *A construção social dos regimes autoritários: Legitimidade, consenso e consentimento no século XX — Brasil e América Latina*. Rio de Janeiro: Civilização Brasileira, 2010, pp. 71-96; Solange de Deus Simões, *Deus, pátria e família: As mulheres no golpe de 1964*. Petrópolis: Vozes, 1985.

31 Heloisa Buarque de Hollanda e Marcos Augusto Gonçalves, *Cultura e participação nos anos 60*. São Paulo: Brasiliense, 1982, pp. 12-3. (Coleção Tudo é História 41).

32 "Divórcio: relator é contra". *Folha de S.Paulo*, 11 abr. 1975.

33 É importante ressaltar que esses dois polos não são puros e nem sequer opostos entre si. Se as breves descrições servem como tipos ideais capazes de ilustrar os traços específicos mais marcantes de cada um desses discursos, não se deve incorrer na tentação de separar de modo estanque ou até mesmo excludente. Ambas, na prática, muitas vezes, se combinavam, e as políticas da ditadura oscilavam entre seus extremos, sempre mobilizando todo o arsenal de armas disponíveis para deslegitimar e desqualificar as experiências sexuais não normativas. Ordem política, de um lado, e ordem sexual, de outro, sobrepuseram-se na tutela moral que o regime autoritário tentou impor à sociedade.

34 Foram feitas diligências aos acervos do Arquivo Nacional, ao Arquivo Público do Estado do Rio de Janeiro e ao de São Paulo. O recorte efetuado justifica-se porque o Arquivo Nacional detém hoje a maior parte dos acervos dos órgãos repressivos, razão pela qual a pesquisa se concentrou nesses fundos documentais que se encontram já digitalizados. Estendemos a busca para Rio de Janeiro e São Paulo por serem os dois maiores centros econômicos urbanos e com grande concentração de homossexuais, prostitutas e travestis em suas regiões centrais, mas encontramos relativamente pouco material nesses arquivos regionais. Foram utilizadas as seguintes palavras-chave que me pareceram capazes de dar um quadro razoavelmente completo do que estou designando por políticas sexuais do regime: homossexual, homossexualidade, homossexualismo, invertido, pederastia, pederasta, sodomia, sodomita, pervertido, lésbica, viado, prostituta, bicha, pornografia, pornográfico, degeneração, anal, erótico, erotismo, travesti, travestismo, permissivi-

dade, libertinagem. Não utilizei nos buscadores as palavras "moral", "[bons] costumes" ou "política sexual" por entender que as categorias escolhidas, mais concretas e menos conceituais, seriam mais eficientes no propósito de desvelar a visão do regime em torno do tema investigado.

35 Cowan adverte para os cuidados necessários a fim de não tomar acriticamente as categorias elaboradas pela polícia para designar o "homossexual" ou a "homossexualidade" como uma identidade determinante, acabando por reforçar a autoridade desses agentes para nomear e classificar os desvios. Cf. Benjamin Cowan, "A Passive Homosexual Element: Digitized Archives and the Policing of Homosex in Cold War Brazil". *Radical History Review*, Durham, n. 120, p. 184, out. 2014.

36 Inspiramo-nos, aqui, no interessante trabalho de Margot Canaday, que adota uma abordagem de construção do Estado desde baixo ou, ainda, de uma história social do Estado. Para ela, *"focusing on these kinds of spaces [low-level bureaucratic and judicial offices] provides an opportunity to think about the state as not only 'intervening' in, but as 'intervened' by sexuality as well. The state does not just direct policy at its subjects; various state arenas are themselves sites of contest over sex/gender norms, and therefore structured by those norms. This is, in large measure, what it means to say that we have a 'straight state'"*. Cf. Margot Canaday, *The Straight State: Sexuality and Citizenship in Twentieth-Century America*. Princeton: Princeton University Press, 2009, pp. 5 ss.

37 A expressão foi proposta originalmente por Maria Celina D'Araujo, Celso Castro e Gláucio Ary Dillon Soares. Cf. M. C. D'Araujo et al. (Orgs.), *Visões do golpe: A memória militar sobre 1964*. Rio de Janeiro: Relume-Dumará, 1994, p. 9.

38 Ademais, para apurar essa questão, não se podem utilizar como fontes somente a versão consagrada nos documentos oficiais do Estado ditatorial, que registrou aspectos importantes, mas escondeu tantos outros que não queria assumir claramente. As denúncias feitas e reiteradas diversas vezes, sobretudo pelo nascente movimento homossexual e por seus veículos de comunicação, como o *Lampião da Esquina*, também indicam diversos elementos da perseguição então existentes aos homossexuais, desde os órgãos estatais. Apesar dos limites dessas fontes, elas são fundamentais para traçar um cenário mais amplo e fiel daquele momento histórico.

39 Uma das bandeiras centrais que embalou o golpe de 1964 e a ditadura que se seguiu foi a do combate à corrupção. Forças conservadoras utilizaram-se desse discurso para se opor aos setores progressistas, acusados de corruptos não apenas do ponto de vista da gestão pública, mas também da moral. Havia, assim, uma obsessão autoritária por sanear moralmente e administrativamente o Estado brasileiro. Nessa linha, diversos políticos e demais servidores públicos foram cassados de seus cargos e condenados por corrupção, em processos kafkianos feitos por órgãos de investigação sem que houvesse direito à defesa, ao contraditório ou mesmo provas substantivas das acusações.

40 Gláucio Ary Dillon Soares, "A censura durante o regime autoritário". *Revista Brasileira de Ciências Sociais*, São Paulo, v. 4, n. 10, pp. 21-43, jun. 1989. Disponível em:

<http://www.anpocs.org.br/portal/publicacoes/rbcs_00_10/rbcs10_02.htm>. Acesso em: 23 jun. 2021.

41 Carlos Fico, *Além do golpe: Versões e controvérsias sobre 1964 e a ditadura militar.* Rio de Janeiro: Record, 2004, p. 81.

42 Para uma análise da função específica de cada órgão nessa complexa comunidade de segurança e informação, inclusive com um organograma, vale consultar o relatório da Comissão Nacional da Verdade no tópico específico sobre "Órgãos e procedimentos da repressão política". Brasil, Comissão Nacional da Verdade. Relatório Final, 2014, v. 1, cap. 4, pp. 111 ss. Disponível em: <http://cnv.memoriasreveladas. gov.br/>. Acesso em: 23 jun. 2021.

43 Carlos Fico, *Além do golpe*, op. cit., p. 81.

44 Tomamos por referência o conceito de políticas sexuais, trabalhado no clássico de Jeffrey Weeks, por diversas razões. Ele permite interpelar as diferentes dimensões da atuação estatal na gestão do erótico e do sexual: legislações, normativas ministeriais, decisões judiciais, pareceres censórios, perseguições políticas etc. Além disso, permite também analisar como distintos ativismos, representações e agenciamentos se relacionam, de modo complexo, com essas estruturas. Ver Jeffrey Weeks, *Sexuality and Its Discontents: Meanings, Myths & Modern Sexualities.* Londres: Routlegde & Kegan Paul, 1985. Para uma interessante contextualização dessa discussão ao caso brasileiro, ver Sérgio Carrara, "Moralidades, racionalidades e políticas sexuais no Brasil contemporâneo". *Mana*, Rio de Janeiro, v. 21, n. 2, pp. 323-45, 2015.

Ainda que a manifestação do poder de caráter negativo e proibitivo seja a mais conhecida das formas de controle sexual, não nos ateremos apenas a essa dimensão. Desde os trabalhos de Michel Foucault, o poder, no campo da sexualidade, deixa de ser visto apenas como interdição para ser entendido também como algo positivo e produtivo. Em outras palavras, o poder não apenas reprime e silencia, mas estimula e até compele a profusão de determinados discursos sobre a sexualidade, pautando padrões de normalidade e, portanto, de exclusão, ainda mais quando o poder político é menos compartilhado democraticamente. Trata-se, portanto, de compreender não apenas as proibições e interdições, mas como a ditadura brasileira traçou uma linha de classificação das condutas sexuais consideradas legítimas e aceitáveis com discursos positivos. Ver Michel Foucault, *História da sexualidade: A vontade de saber.* v. 1. Rio de Janeiro: Graal, 1985.

45 A escolha da Constituição Federal como marco final, ainda que não seja o mais aceito pela historiografia, parece-me mais adequada para os propósitos deste livro.

46 Em minha tese de doutorado, explorei também a dimensão da discriminação no trabalho, documentada por perseguições contra civis e militares acusados de serem homossexuais em diversas instâncias da administração pública direta ou indireta. Ver Renan Honório Quinalha, *Contra a moral e os bons costumes: A política sexual da ditadura brasileira (1964-1988).* São Paulo: Instituto de Relações Internacionais; Universidade de São Paulo, 2017. Tese de doutorado em relações internacionais.

47 A escolha por privilegiar os acontecimentos em São Paulo deveu-se ao fato de que essa cidade, desde 1960, já tinha se tornado a mais rica e populosa do país, recebendo um grande fluxo de LGBTs e concentrando um sem-número de casos. Além disso, e talvez por isso, foi possível ter acesso a uma maior quantidade e variedade de fontes sobre o tema e o período.

48 Uma discussão aprofundada sobre tal concepção sob perspectiva antropológica pode ser consultada em Júlio Assis Simões, "O Brasil é um paraíso sexual — para quem?". *Cadernos Pagu*, Campinas, n. 47, 2016.

1. A VIOLÊNCIA NAS RUAS: CONTROLE MORAL E REPRESSÃO POLICIAL [PP. 41-97]

1 Inspirando-se no conceito de Pilar Calveiro sobre o "poder desaparecedor" que caracterizou o padrão repressivo da ditadura argentina, Janaína Teles destaca que a tônica da violência do Estado brasileiro nesse período autoritário foi um "poder torturador". Afirma ela que o Brasil "teve uma ditadura empenhada em ações repressivas seletivas, que preservou uma aparente normalidade institucional, com focos de ação violenta, os quais foram diferentemente orientados conforme o alvo e o período em questão. No que tange à organização do Estado, não houve uma simples continuação ou repetição aumentada de práticas antes vigentes, mas uma reorganização do aparelho repressivo previamente instalado". Janaína de Almeida Teles, "Ditadura e repressão: Paralelos e distinções entre Brasil e Argentina". *Taller (Segunda Época). Revista de Sociedad, Cultura y Política en América Latina*, Buenos Aires, v. 3, n. 4, pp. 100-2, 2014. Essa série de violações de direitos humanos está documentada com razoável amplitude no relatório final da Comissão Nacional da Verdade, disponível em: <http://www.cnv.gov.br/>.

2 Luiz Morando, "Por baixo dos panos: Repressão a gays e travestis em Belo Horizonte (1964-1969)". In: James N. Green e Renan Quinalha (Orgs.). *Ditadura e homossexualidades*, op. cit., p. 57.

3 Em um trabalho sociológico clássico sobre as bases do pensamento conservador de uma "nova direita", Antônio Flávio Pierucci destaca o medo desses grupos como reação às mudanças em curso no longo processo de redemocratização: "Seu tique mais evidente é sentirem-se ameaçados pelos outros. Pelos delinquentes e criminosos, pelas crianças abandonadas, pelos migrantes mais recentes, em especial os nordestinos (às vezes, dependendo do bairro, por certos imigrados asiáticos também recentes, como é o caso dos coreanos), pelas mulheres liberadas, pelos homossexuais (particularmente os travestis), pela droga, pela indústria da pornografia, mas também pela permissividade 'geral', pelos jovens, cujo comportamento e estilo de pôr-se não estão suficientemente contidos nas convenções nem são conformes com o seu lugar na hierarquia das idades, pela legião de subproletários e mendigos que, tal como a revolução socialista no imaginário de tempos idos, enfrenta-se a [...] cada esquina da metrópole, e assim vai". Antônio Flávio Pierucci, "As bases da nova direita". *Novos Estudos Cebrap*, São Paulo, n. 19, p. 26, dez. 1987.

Disponível em: <http://novosestudos.com.br/wp-content/uploads/2017/03/02_as_bases_da_nova_espera.pdf.zip>. Acesso em: 23 jun. 2021.

4 No dia 28 de junho de 1969, em Nova York (Estados Unidos), eclodiu um motim espontâneo de pessoas LGBT contra o constante assédio policial no bar Stonewall Inn. Durante alguns dias, houve confronto aberto nas ruas. Capitaneada por pessoas pobres, negras e latinas, que formavam a clientela mais habitual desse bar, a rebelião de Stonewall se tornou um tipo de mito fundador do movimento LGBT em todo o mundo e foi consagrada como um marco para as lutas pela diversidade sexual e de gênero. Foi a partir dela que se começaram a organizar as "Paradas" do orgulho LGBT justamente no mês de junho. Para mais informações sobre o episódio, ver Renan Quinalha, "O mito fundador de Stonewall". *Cult*, n. 246, jun. 2019. Disponível em: <https://revistacult.uol.com.br/home/o-mito-fundador-de-stonewall/>. Acesso em: 23 jun. 2021.

5 Edward MacRae, *A construção da igualdade: Identidade sexual e política no Brasil da "abertura"*. Campinas: Editora da Unicamp, 1990, p. 223.

6 James N. Green, *Além do Carnaval: A homossexualidade masculina no Brasil do século XX*. São Paulo: Editora Unesp, 2000, pp. 403-4.

7 De estilo modernista, assumindo a forma de uma curva de concreto, o edifício Holiday foi construído em 1956 na zona sul de Recife, contando com 476 apartamentos em dezessete andares. Mais de 3 mil pessoas chegaram a viver ao mesmo tempo no prédio. Devido à falta de manutenção e dos riscos aos moradores, o prédio foi totalmente desocupado por ordem judicial em 2019.

8 João Carneiro, "Recife: Mais uma bicha executada". *Lampião da Esquina*, n. 28, p. 3, set. 1980.

9 "Um candidato fala mais alto". *Lampião da Esquina*, n. 6, p. 4, nov. 1978.

10 "Os caubóis, seus clientes: Todos querem ser felizes no triângulo da badalação". *Lampião da Esquina*, n. 1, p. 4, maio/jun. 1978. Os valores citados equivalem hoje a 10, 25, 125 e 250 reais, respectivamente, pelo IPC-Fipe.

11 O cantor, que nunca assumiu abertamente sua sexualidade, explica, em declaração citada no livro de Paulo Cesar de Araújo, a história da música: "Eu fiz esta canção por causa de uma noite de paquera. Eu cheguei de viagem, joguei a mala de dinheiro numa gaveta do quarto, desci, peguei meu carro e fui paquerar. E chegando ali eu vi aquele ambiente, as pessoas se olhando, os coroas paquerando os menininhos... foi numa noite de paquera. Aquilo que eu retratei na letra foi real, absolutamente real". Paulo Cesar de Araújo, *Eu não sou cachorro, não: Música popular cafona e ditadura militar*. Rio de Janeiro: Record, 2015, p. 142.

12 "Estrelas mil na Galeria Alaska". *Lampião da Esquina*, n. 10, p. 5, mar. 1979.

13 Surgido em 1978 com uma postura abertamente contestatória à ditadura, o *Flagrante Livre* pertencia à imprensa alternativa e era editado no Rio de Janeiro. Apesar da existência efêmera, de poucos meses, chamou a atenção dos órgãos repressivos.

14 BR_RJANRIO_TT_0_MCP_AVU_0295.

15 *Flagrante Livre*, n. 1, p. 17, nov. 1978.

16 Ibid.

17 Ibid.

18 Ibid. "Viração" é a expressão utilizada para designar a prostituição de rua. A fala é interessante também por indicar uma ainda incipiente autonomização entre "viado" e "travesti".

19 Ibid.

20 Ibid.

21 "Os caubóis, seus clientes", op. cit.

22 Aguinaldo Silva, "Bahia: Os ativistas vão à luta". *Lampião da Esquina*, n. 34, p. 3, mar. 1981.

23 Luiz Mott, "Histórias de gente humilde". *Lampião da Esquina*, n. 34, p. 3, mar. 1981.

24 "Mônica Valéria, uma vida em segredo". *Lampião da Esquina*, n. 7, p. 10, dez. 1978.

25 Ibid.

26 Ibid. Não há registro de desaparecimento de pessoas LGBT por preconceito de orientação sexual ou identidade de gênero, mas, diante de relatos como este, não se pode descartar que o modus operandi das práticas repressivas contra a resistência armada tenham também sido aplicado a LGBTs.

27 *O Povo*, 28 out. 1982. Até mesmo uma reportagem sensacionalista como essa despertava a atenção da espionagem política, conforme análise dessa notícia presente na informação nº 317/19/AC/82, da AC/SNI para o DSI/MJ, sobre "acompanhamento de assuntos contrários à moral e aos bons costumes, veiculados por órgãos da imprensa, em textos ou manchetes, caracterizando abuso no exercício da liberdade de manifestação do pensamento e informação" (BR_AN_RIO_TT_O_MCP_PRO_1839).

28 *O Povo*, 28 out. 1982 (BR_AN_RIO_TT_0_MCP_PRO_1839).

29 Ibid.

30 Antônio Carlos Moreira, "Deraldo Padilha: Perfil de um delegado exibicionista". *Lampião da Esquina*, n. 26, p. 19, jul. 1980.

31 Id., "Corre que lá vem os home!". *Lampião da Esquina*, n. 36, p. 13, maio 1981.

32 Perlongher cita uma colocação do delegado José Wilson Richetti que, perversamente, toma o discurso gay para reprimir as travestis: "O homossexual não cria problema. Ele é uma pessoa humilde, recatada, cordata e avergonhada. Ele não se expõe" (Néstor Perlongher, *O negócio do michê: Prostituição viril em São Paulo*. São Paulo: Fundação Perseu Abramo, 2008, p. 97). Além disso, o mesmo autor afirma que as "irrupções [de violência contra homossexuais em boates] não costumam ter a sistematicidade nem a violência despeitada dos ataques contra os travestis" (Ibid., p. 103).

33 Um estudo interessante sobre o período com foco na cidade de Fortaleza pode ser encontrado em Elias Ferreira Veras, *Travestis: Carne, tinta e papel*. Curitiba: Prismas, 2017.

34 "E o direito de ir e vir?". *Lampião da Esquina*, n. 1, p. 9, maio 1978.

35 Ibid.

36 "Tá legal, 'Geni'; mas e a mãe, tá boa?". *Lampião da Esquina*, n. 22, p. 2, mar. 1980.

37 "[...] operações específicas contra os michês são também rotineiras, embora mais tênues e discretas". Néstor Perlongher, *O negócio do michê*, op. cit., p. 103.

38 "A vida é fácil?". *Lampião da Esquina*, n. 21, p. 2, fev. 1980.

39 Ibid.

40 "Dois travestis, uma advogada: Três depoimentos vivos sobre o sufoco". *Lampião da Esquina*, n. 19, pp. 5-7, dez. 1979.

41 *Reporter*, n. 38, fev. 1981.

42 "As 'rondas' vão continuar e delegado nega acusações". *Folha de S.Paulo*, 10 jun. 1980, p. 13.

43 "Homossexuais, a nova força". *Lampião da Esquina*, n. 24, p. 4, maio 1980.

44 "Dois travestis, uma advogada", op. cit.

45 Ibid.

46 Ibid.

47 Ibid.

48 O tipo penal da vadiagem antecede em muito o período da ditadura. Já se encontra sua previsão, por exemplo, no Código Penal de 1890. No entanto, com a intensificação das operações repressivas nas ruas e com a maior presença da população LGBT desde a década de 1950 em bares, praças, parques e praias, a contravenção penal da vadiagem será largamente utilizada contra essas pessoas.

49 "Dois travestis, uma advogada", op. cit.

50 Ibid.

51 Rafael Freitas Ocanha, "As rondas policiais de combate à homossexualidade na cidade de São Paulo (1976-1982)". In: James N. Green e Renan Quinalha (Orgs.), *Ditadura e homossexualidades*, op. cit., p. 157.

52 Rafael Freitas constatou ainda que "a Portaria 390/1976 da Delegacia Seccional Centro estabelecia que travestis deveriam apresentar RG e Carteira de Trabalho acompanhada de xerocópia, a qual era encaminhada pela autoridade policial à delegacia seccional para arquivo destinado somente a travestis. Os travestis que não apresentavam [sic] os documentos eram encaminhados ao distrito, onde aguardavam a formulação de inquérito que, em seguida, [se] tornaria processo por vadiagem. Quando liberado, deveria ir com a maior brevidade possível a uma gráfica providenciar outra xerocópia para apresentar à polícia, caso fosse parado em uma blitz. A imagem também fazia parte dos estudos de criminologia e do inquérito dos travestis" (Ibid., p. 47).

53 Eduardo Dantas, "Uma praça chamada República". *Lampião da Esquina*, n. 13, p. 6, jun. 1979.

54 João Carlos Rodrigues, "Uma luta de todas as minorias (da maioria)". *Lampião da Esquina*, n. 21, p. 8, fev. 1980.

55 *O Estado de S. Paulo*, 25 mar. 1980, p. 35.

56 Segundo Penteado, o jornal "sempre evitou referências ao homossexualismo em suas páginas" (Darcy Penteado, "Um apelo da tradicional família Mesquita: Prendam, matem e comam os travestis!". *Lampião da Esquina*, n. 24, p. 2, maio 1980). Para MacRae, "a novidade foi uma série de artigos publicados pelo 'O Estado de S.

Paulo' em que se fazia uma campanha pela erradicação dos travestis, especialmente aqueles que faziam ponto em áreas residenciais finas da cidade" (Edward MacRae, *A construção da igualdade*, op. cit., p. 223).

57 Rafael Freitas Ocanha, *"Amor, feijão, abaixo camburão": Imprensa, violência e trottoir em São Paulo (1979-1983)*. São Paulo, PUC, 2014, pp. 80-1. Dissertação de mestrado em história.

58 Efigênia Menna Barreto e Renato Lombardi, "O perigo aumenta nas ruas de São Paulo". *O Estado de S. Paulo*, 28 mar. 1980.

59 *O Estado de S. Paulo*, 1 abr. 1980, p. 20.

60 Ibid.

61 Darcy Penteado, "Um apelo da tradicional família Mesquita", op. cit.

62 Perlongher, por exemplo, reúne relatos da repressão que afetava a Galeria Metrópole e suas imediações, na região central paulistana, logo após o AI-5. Ver Perlongher, *O negócio do michê*, op. cit., p. 78.

63 Em declaração ao jornal *Folha de S.Paulo*, ele afirmou, lembrando de seu passado: "Pode escrever aí: eu, José Wilson Richetti, fundei a zona de Santos, levei tudo para lá". E ainda acrescentou, sobre suas façanhas na Boca do Lixo: "Eu reduzi o número de hotéis de 108 para 52. Dos prédios frequentados por prostitutas só sobraram dois". Ricardo Kotscho, "Delegado 'quer botar pra quebrar'". *Folha de S.Paulo*, 27 maio 1980, p. 11.

64 A Seccional da Zona Centro, com sede na esquina da rua Aurora com a avenida Rio Branco, era responsável por coordenar, à época, oito Distritos Policiais adjacentes: 1º DP (Centro), 2º DP (Bom Retiro), 3º DP (Campos Elíseos), 4º DP (Consolação), 5º DP (Liberdade), 6º DP (Cambuci), 8º DP (Brás) e 12º DP (Pari).

65 "Aumenta policiamento no centro da cidade". *Folha de S.Paulo*, 23 maio 1980, p. 9.

66 Ricardo Kotscho, "Delegado quer 'botar pra quebrar'", op. cit.

67 Um policial mais experiente ouvido por um jornalista da *Folha de S.Paulo* declarou que "o problema maior são os assaltantes e os traficantes de drogas, que as rondas, tenham o nome que tiverem, não conseguem prender. Assaltantes e traficantes de drogas só vão para a cadeia através de investigações, muitas vezes, pacientes e demoradas. As rondas só servem para prender prostitutas, travestis e homossexuais, que são soltos horas depois". No entanto, conforme a matéria registra, a despeito dessas críticas, o diretor do Degran, Rubens Liberatori, respaldava as ações. "Policiais criticam rondas de Richetti". *Folha de S.Paulo*, 28 maio 1980, p. 13.

68 Ricardo Kotscho, "Delegado quer 'botar pra quebrar'", op. cit., p. 11.

69 Ibid.

70 "Violência inútil", *Folha de S.Paulo*, 28 maio 1980, p. 2.

71 Ricardo Kotscho, "Delegado quer 'botar pra quebrar'", op. cit.

72 "Sociólogo detido por 'ronda' de Richetti fica preso três dias". *Folha de S.Paulo*, 11 jun. 1980, p. 14.

73 Na estreia da ronda nas zonas Oeste e Sul, foram presas 340 pessoas em uma única madrugada. Os chefes dessas seccionais, Marcelo Alencar Peixe e Paulo Boncristiano, respectivamente, afirmaram que "as rondas vão continuar, pois se o Richet-

ti espanta os marginais do Centro, eles, naturalmente, mudam para a Zona Oeste ou a Zona Sul"."Liberatori remaneja mais nove titulares de distrito". *Folha de S. Paulo*, 31 maio 1980, p. 11.

74   "Rondas policiais serão estendidas a toda a cidade". *Folha de S.Paulo*, 29 maio 1980, p. 11.

75   "'Com rondas, assaltos diminuem', diz Richetti". *Folha de S.Paulo*, 30 maio 1980, p. 12.

76   "Segurança continuará operação". *Folha de S.Paulo*, 31 maio 1980, p. 12.

77   Paulo Augusto e Francisco Fukushima, "Na Pauliceia, com olhos de lince e pernas de avestruz". *Lampião da Esquina*, n. 32, p. 5, jan. 1981.

78   "Denúncias contra Richetti: Prostitutas acusam policiais de violências e chantagem". *Folha de S.Paulo*, 9 jun. 1980, p. 9.

79   "Richetti desmentiu que tivesse agredido um grupo de prostitutas nos xadrezes da seccional centro, o que teria provocado a tentativa de fuga de uma delas, Idália Cristina Ferreira, a Paraguaia, que caiu do 2º andar e sofreu graves ferimentos. 'Esta mulher já foi detida, desde que assumi a seccional, mais de 30 vezes e disse a duas amigas que não ficaria presa.'" In: "Delegado vai processar atriz". *O Estado de S. Paulo*, 10 jun. 1980, p. 18.

80   "Denúncias contra Richetti", op. cit.

81   "'Testemunha' nega depoimento". *Folha de S.Paulo*, 11 jun. 1980, p. 14.

82   MacRae registrou que os parlamentares mais comprometidos com a campanha contra Richetti foram Eduardo Suplicy e João Batista Breda, já que Irma Passoni, Fernando Morais e Geraldo Siqueira participaram "atendo-se somente à problemática feminina ou à questão de direitos humanos", esquivando-se "de qualquer comprometimento maior com a questão da homossexualidade" (Edward MacRae, *A construção da igualdade*, op. cit., p. 225), o que indica a dificuldade do avanço dessa pauta específica, mesmo dentro do campo da esquerda.

83   "Richetti proíbe inspeção: Comissão de deputados não pôde ver carceragem", *Folha de S.Paulo*, 10 jun. 1980, p. 13.

84   Ibid.

85   "Em 3 horas, muitas acusações". *Folha de S.Paulo*, 13 jun. 1980, p. 12.

86   "Sociólogo detido por 'ronda' de Richetti fica preso três dias", op. cit.

87   "Seccional fala sobre a prisão do sociólogo". *Folha de S.Paulo*, 12 jun. 1980, p. 17.

88   "Deputado protesta e denuncia", *Folha de S.Paulo*, 11 jun. 1980, p. 14.

89   "Detidos confirmam violências: Pessoas que estiveram presas no 3º DP dizem que foram maltratadas por Richetti". *Folha de S.Paulo*, 13 jun. 1980, p. 12.

90   "Caso de polícia". *Folha de S.Paulo*, 16 jun. 1980, p. 2. O jornal lança, ao final deste editorial, uma incômoda pergunta que sinaliza a gradativa perda de apoio na opinião pública dessa repressão desenfreada: "A que interesses estará servindo tanto esbanjamento de tempo e dinheiro do serviço público?".

91   A polícia deu outra versão, bastante rocambolesca, publicada em jornal dias após o ocorrido: "Esclarecida morte da mulher que sumiu após suposta prisão", *Folha de S.Paulo*, 14 jun. 1980, p. 10.

92 "Depois de detida, é encontrada morta". *Folha de S.Paulo*, 13 jun. 1980, p. 12.

93 João Silvério Trevisan, "São Paulo: A guerra santa do dr. Richetti". *Lampião da Esquina*, n. 26, p. 18, jul. 1980.

94 Omar Cupini Jr., "Operação-Sapatão". *Reporter*, n. 37, p. 15, jan. 1981. Disponível no Arquivo Nacional, código BR_RJANRIO_TT_0_MCP_AVU_0485.

95 Edward MacRae, *A construção da igualdade*, op. cit., p. 225.

96 Darcy Penteado, "Um apelo da tradicional família Mesquita", op. cit.

97 "Manifestação contra o delegado Richetti". *Folha de S.Paulo*, 6 jun. 1980, p. 8.

98 Essa carta convocatória, junto com outros treze documentos sobre o movimento homossexual produzidos entre 1979 e 1982 pelo Deops, encontram-se disponíveis na pasta 870 do Arquivo Público do Estado de São Paulo. A maioria, contudo, assim como em diversos outros conjuntos documentais de Ordem Política, são recortes de jornais de época com notícias relativas ao tema "homossexualismo", que dá nome à referida pasta. Trata-se da única contendo exclusivamente material sobre a temática.

99 Arquivo Edgard Leuenroth (AEL)/Unicamp, SOMOS COM S. 002 doc. 003.

100 Pasta 870, Arquivo Público do Estado de São Paulo.

101 Trevisan afirmou, em seu relato, que, apesar da chuva intermitente, eram esperados, pelo menos, o dobro de pessoas que compareceram, mas muitos não foram porque "talvez os chamados setores democráticos não tenham achado a causa suficientemente nobre".

102 "Na av. São João, passeata pede o fim da violência", *Folha de S.Paulo*, 14 jun. 1980, p. 10.

103 João Silvério Trevisan, "São Paulo: A guerra santa do dr. Richetti", op. cit., p. 18.

104 Em contraste com a já referida Boca do Lixo, que tinha um público mais popular, a Boca do Luxo era um território no centro de São Paulo marcado pela profusão de restaurantes, casas noturnas, boates e mercado do sexo considerados mais glamorosos e frequentados por pessoas com melhores condições financeiras. Essa área se estendia desde a praça Roosevelt até o largo do Arouche, abrangendo ruas como Rego Freitas, Major Sertório, Amaral Gurgel, General Jardim e Santa Isabel.

105 Rafael Freitas Ocanha, *"Amor, feijão, abaixo camburão"*, op. cit., p. 119. Não encontramos outros registros que permitissem concluir pela responsabilidade da polícia na morte dessas duas pessoas, mas este é um tema que valeria um aprofundamento para verificar se houve vítimas fatais decorrentes das operações.

106 ASP/ACE/CNF7472/81.

107 "Richetti diz que continua na ação contra prostitutas". *Folha de S.Paulo*, 14 jun. 1980, p. 10.

108 Ibid.

109 Ulisses Tavares, "Boca do Lixo é campeã de doença venérea". *Reporter*, n. 38, p. 14, fev. 1981. Essa matéria foi alvo do monitoramento da repressão. BR_RJANRIO_TT_0_MCP_AVU_0486.

110 Ibid.

111 "Lojistas elogiam Richetti". *Folha de S.Paulo*, 12 jun. 1980, p. 17.

112 A expressão está em Néstor Perlongher, *O negócio do michê*, op. cit.

113 "Comerciantes apoiam rondas de Richetti". *Folha de S.Paulo*, 17 jun. 1980, p. 11.

114 Discurso de Fernando Morais, pronunciado na 65ª Sessão Ordinária da Alesp, em 12 jun. 1980.

115 "Grupo apoia delegado na Assembleia", *Folha de S.Paulo*, 29 jun. 1980, p. 25.

116 "Richetti depõe para um Conselho esvaziado", *Folha de S.Paulo*, 1 jul. 1980, p. 15.

117 *Diário Oficial do Estado de São Paulo*, 9 jul. 1980, p. 126.

118 "Homossexualismo não é uma doença e nem mesmo um crime", *Movimento*, 21 a 27 jul. 1980, p. 20.

119 Ibid.

120 "Assembleia omissa", *Folha de S.Paulo*, 2 jul. 1980, p. 2.

121 "Corregedoria apura caso de mulher presa por 'rondão'". *Folha de S.Paulo*, 12 jul. 1980, p. 12. Outra versão, que Richetti classificou como falsa, foi dada posteriormente, mas tratava-se de outro caso mal explicado. In: "Casal enganou até a corregedoria com falsa denúncia". *Folha de S.Paulo*, 16 jul. 1980, p. 9.

122 Paulo Sérgio Pinheiro, "Cruzadas inúteis", *Folha de S.Paulo*, 6 jun. 1980, p. 3.

123 Ibid.

124 Id., "Labaredas antieróticas". *Folha de S.Paulo*, 30 set. 1980, p. 3.

125 Um juiz que se mostrou bastante antenado com as lutas de defesa das "minorias", pela legalização da maconha e contra a prisão cautelar foi Álvaro Mayrink, da 7ª Vara Criminal do Rio de Janeiro. Ele chegou a ser longamente entrevistado pelo *Lampião da Esquina* e recebia, nas páginas do jornal, frequentemente, diversos elogios. Cf. "Um juiz pelas minorias". *Lampião da Esquina*, n. 30, pp. 14-6, nov. 1980. No entanto era evidente, e já se tinha a consciência, de que suas posições eram minoritárias no sistema de justiça.

126 "Multas de Cr$ 1 mil a delegados", *Folha de S.Paulo*, 4 set. 1980, p. 12. Atualizado pelo IPCA, o valor fica em torno de R$ 170,00 (cento e setenta reais), um valor relativamente baixo para a gravidade da conduta dos delegados.

127 O jornal *Reporter* surgiu no final de 1977 na cidade do Rio de Janeiro. Parte da imprensa alternativa, a publicação narrava o cotidiano de violência e de miséria na Baixada Fluminense, chegando a atingir tiragens expressivas de 100 mil exemplares.

128 Nivaldo Chinem, "Tribunal autoriza caça aos travestis". *Reporter*, n. 45, p. 18, 3-16 jun. 1981. Essa matéria consta de monitoramento dos órgãos de informação, conforme acervo do Arquivo Nacional: BR_RJANRIO_TT_0_MCP_AVU_0528.

129 Ibid.

130 Freitas analisa esses cinco casos e aponta uma preocupação em relação aos habeas corpus que fomentavam atentado ao pudor e abuso por parte das prostitutas no aliciamento de clientes na rua. Outro ponto, sempre destacado, é que, se fossem deferidas as ordens de liberdade, elas poderiam significar uma deslegitimação do poder da polícia sobre a vida urbana (Rafael Freitas Ocanha, *"Amor, feijão, abaixo camburão"*, op. cit., pp. 156-8).

131 Marisa Fernandes afirma que "O Ferro's Bar foi o local preferencial das lésbicas

feministas do LF [Coletivo Lésbico-Feminista] e do Galf [Grupo de Ação Lésbica Feminista] para desenvolverem seu ativismo. Lá vendiam os boletins *Chana-comChana* que editavam e que falavam claramente da vida das lésbicas, sem vergonha ou medo. Ainda distribuíam filipetas chamando as frequentadoras para participarem de tudo o que o grupo realizava" (Marisa Fernandes, "Lésbicas e a ditadura militar: Uma luta contra a opressão e por liberdade". In: James N. Green e Renan Quinalha (Orgs.), *Ditadura e homossexualidades*, op. cit., p. 145).

132 Osmar Cupini Jr., "Operação-Sapatão", op. cit.

133 "Richetti volta às ruas". *Lampião da Esquina*, n. 31, p. 16, dez. 1980.

134 BR_RJANRIO_TT_O_MCP_AVU_0485. Essa postura da polícia é confirmada pelo relato de Marisa Fernandes: "Mesmo portando todos os seus documentos, mulheres foram levadas indiscriminadamente sob o argumento, 'você é sapatão'" (Marisa Fernandes, "Lésbicas e a ditadura militar", op. cit., p. 136).

135 Osmar Cupini Jr., "Operação-Sapatão", op. cit.

136 Ibid.

137 Ibid.

138 Ibid.

139 Ibid.

140 "Um esquadrão mata-bicha?". *Lampião da Esquina*, n. 20, p. 3, jan. 1980.

141 "'Machistas' jogam pedras e ovos nas 'Genis' paulistas". *O Povo*, 21 jan. 1982, p. 2. BR_RJANRIO_TT_O_MCP_AVU_0017_D001.

142 Ibid.

143 Ibid.

144 *Afinal*, n. 1, maio 1980. O acervo digitalizado de todas as treze edições (mensais ou bimestrais) do jornal *Afinal* pode ser encontrado em: <http://cangablogafinal. blogspot.com.br/>. Acesso em: 23 jun. 2021.

145 BR_RJANRIO_TT_O_MCP_AVU_0451

146 Ibid.

147 Sérgio A. F. Rubim, "Recado das bichas à polícia e seus espancadores: 'Não é deste tipo de pau que a gente gosta'". *Afinal*, n. 6, p. 14, out. 1980.

148 Ibid.

149 Ibid.

150 Néstor Perlongher, *O negócio do michê*, op. cit., p. 200.

2. "DESCOBRIMOS QUE NÃO ESTÁVAMOS SOZINHOS": MOVIMENTO HOMOSSEXUAL NA DITADURA [PP. 98-141]

1 Um histórico das mudanças das denominações e siglas pode ser encontrado em Júlio Simões e Regina Facchini, *Na trilha do arco-íris: Do movimento homossexual ao LGBT*. São Paulo: Fundação Perseu Abramo, 2009, pp. 14-5.

2 Michel Foucault, *História da sexualidade I: A vontade de saber*. Rio de Janeiro: Graal, 1985, p. 91.

3 Regina Facchini, *Sopa de letrinhas? Movimento homossexual e produção de identidades coletivas nos anos 90*. Rio de Janeiro: Garamond, 2005, p. 93.

4 James N. Green, "O grupo Somos, a esquerda e a resistência à ditadura". In: James N. Green e Renan Quinalha (Orgs.), *Ditadura e homossexualidades*, op. cit., p. 184.

5 Id., "The Emergence of the Brazilian Gay Liberation Movement, 1977-1981". *Latin American Perspectives*, Riverside, v. 21, n. 1, pp. 40-3, 1994.

6 Id., "O grupo Somos, a esquerda e a resistência à ditadura", op. cit. Green relata ter tido clareza disso ainda na época da ditadura: "Em um encontro no Somos, defendi que se a violenta onda de repressão que se abateu a partir de 1968 não tivesse ocorrido, o movimento de liberação gay teria florescido como ocorreu na Europa, Estados Unidos, México, Argentina e Porto Rico. Gays e lésbicas simplesmente não tinham espaço para se organizar no clima político do Brasil" (Id., "Abaixo a repressão, mais amor e mais tesão": Uma memória sobre a ditadura e o movimento de gays e lésbicas de São Paulo na época da abertura". *Acervo*, Rio de Janeiro, v. 27, n. 1, p. 72, abr. 2014).

7 Rafael de Souza, *Saindo do gueto: O Movimento Homossexual no Brasil da "abertura", 1978-1982*. São Paulo, USP, 2013. Dissertação de mestrado.

8 "Entendido" foi um termo bastante utilizado para designar aqueles que praticavam atos homossexuais, sem necessariamente assumir uma identidade homossexual estável e pública. Em geral, remetia a um tipo de homossexual de classe média tradicional e "enrustido". Ver Carmen Dora Guimarães, *O homossexual visto por entendidos*. Rio de Janeiro: Garamond, 2004.

9 O texto coletivo foi publicado em "Grupo SOMOS: Uma experiência". *Lampião da Esquina*, n. 12, p. 2, maio 1979. Esse artigo consiste em um interessante relato abordando as novidades implicadas na organização coletiva em seu início, contando sua ainda breve história e convidando os leitores à maior participação política.

10 Green relata algumas mudanças políticas do país que lançaram as condições para a organização coletiva dos homossexuais: "A situação política brasileira tinha mudado drasticamente em 1976, quando Trevisan organizou os primeiros grupos voltados para ampliar o autoconhecimento entre gays e, um ano depois, quando o movimento decolou. Estudantes começaram a fazer passeatas nas ruas contra a ditadura. Grupos de direitos humanos corajosamente denunciavam os excessos do regime. Organizações de trabalhadores protestavam contra a política salarial do governo. Ativistas políticos de esquerda, incluindo o Partido Comunista Brasileiro, trotskistas e outros grupos recrutavam secretamente trabalhadores e estudantes para as suas fileiras. A sensação de que a mudança era iminente afetou também gays e lésbicas brasileiros" (James N. Green, "Abaixo a repressão, mais amor e mais tesão", op. cit., p. 64).

11 "Locas" foi uma expressão bastante utilizada por homossexuais argentinos para se autodesignar, retirando a carga negativa do termo, ressignificando seu conteúdo e reivindicando o lugar da anormalidade.

12 "Grupo SOMOS: Uma experiência". *Lampião da Esquina*, n. 12, p. 2, maio 1979.

13 Ibid.

14 Ibid.

15 Ibid. James Green, um dos fundadores, também relatou a semiclandestinidade compulsória vivida no grupo que antecedeu o Somos, confirmando as dificuldades postas por uma conjuntura ainda indefinida no que se referia à liberalização controlada em curso: "Ainda que o Brasil estivesse experimentando o início de uma liberalização política, ninguém estava completamente confiante de que não ocorreria mais repressão em algum momento. Alguns temiam que suas famílias descobrissem que eles estavam participando desses encontros, ou que fossem perder seus empregos caso o grupo se tornasse muito conhecido. Assim, abrimos o grupo de uma forma semiclandestina" ("Abaixo a repressão, mais amor e mais tesão", op. cit., pp. 67-8).

16 Trevisan, por exemplo, viveu de 1973 a 1975 em Berkeley, Califórnia. Green, nascido nos Estados Unidos, já havia atuado no movimento gay da Filadélfia e depois em San Francisco. Edward MacRae tinha travado contato com o movimento inglês, quando estudara em Londres.

17 Sobre a dificuldade em atrair pessoas oriundas das classes média e alta que poderiam auxiliar no financiamento do grupo, ele destaca três fatores: "o medo de participar em atividades políticas naquele clima autoritário do regime militar; o consumismo dentro do 'gueto', que aliciava muitos gays e lésbicas e oferecia possibilidades de aventuras sexuais, parceiros, amizades e redes de apoio; e uma internalização dos conceitos sociais negativos sobre a homossexualidade" (James N. Green, "O grupo Somos, a esquerda e a resistência à ditadura, op. cit., p. 187).

18 As reticências e resistências dos homossexuais aos padrões de mobilização e de organização da esquerda mais tradicional tinham razão de ser. De modo geral, os grupos de esquerda eram dirigidos e compostos predominantemente por homens, heterossexuais e cisgêneros que reproduziam um tipo dominante de masculinidade que não tinha abertura para questionamentos e para a diversidade. Essa tensão vai ser marcante para o movimento homossexual brasileiro e será mais bem tratada adiante.

19 "Grupo SOMOS: Uma experiência", op. cit.

20 Peter Fry, "Da hierarquia à igualdade: A construção histórica da homossexualidade no Brasil". In: Peter Fry (Org.), *Para inglês ver: Identidade política na cultura brasileira*. Rio de Janeiro: Zahar, 1982, pp. 87-115.

21 Trevisan rememora esse fato como um elogio à postura do grupo na época: "Lembro de uma violenta discussão que eclodiu quando um dos membros do grupo, estudante de antropologia, começou a tomar notas exaustivas durante as reuniões, porque decidira fazer sua tese universitária sobre o Somos — sem pedir licença aos demais participantes. Ele só pôde continuar seu trabalho ali dentro depois de muitos debates, que culminaram numa série de exigências — sobretudo a de que ele próprio, enquanto homossexual, fosse apresentado como sujeito/objeto de sua pesquisa". João Silvério Trevisan, *Devassos no Paraíso: A homossexualidade no Brasil, da colônia à atualidade.* 4 ed. rev., atual. e amp. Rio de Janeiro: Objetiva, 2018, p. 325. Para outra versão deste conflito, veja James N. Green, "Abaixo a re-

pressão, mais amor e mais tesão", op. cit. O livro publicado como fruto dessa pesquisa foi *A construção da igualdade: Identidade sexual e política no Brasil da "abertura"* (Campinas: Editora da Unicamp, 1990), de Edward MacRae.

22 James N. Green, "O grupo Somos, a esquerda e a resistência à ditadura", op. cit., p. 189.

23 Edward MacRae, *A construção da igualdade*, op. cit., pp. 122-3.

24 *Rádice*, Rio de Janeiro, n. 14, p. 28, out. 1980.

25 João Silvério Trevisan, *Devassos no Paraíso*, op. cit., p. 322.

26 "O pessoal do Somos (um debate)". *Lampião da Esquina*, n. 16, p. 7, set. 1979.

27 "Grupo SOMOS: Uma experiência". *Lampião da Esquina*, n. 12, p. 2, maio 1979.

28 A Terceira Internacional, também conhecida como Internacional Comunista, foi fundada em 1919 com o objetivo de congregar partidos comunistas de todo o mundo, articulando a luta anticapitalista no plano internacional. Teve forte influência na organização das esquerdas em diversos países, mesmo depois de sua dissolução, em 1943.

29 "Desbunde" era o termo utilizado pela esquerda para designar os indivíduos e grupos que abandonaram uma perspectiva de ação política coletiva idealizando uma desconexão do mundo por uma via individualista e hedonista, geralmente associada ao tripé das drogas, do sexo e das artes.

30 James N. Green, "Quem é o macho que quer me matar?. Homossexualidade masculina, masculinidade revolucionária e luta armada brasileira dos anos 1960 e 1970". *Anistia Política e Justiça de Transição*, n. 8, p. 86, 2012.

31 Para um breve histórico sobre a relação entre o marxismo e as lutas LGBT, sobretudo no Brasil, ver Renan Quinalha, "Marxismo e sexualidade no Brasil: Recompondo um histórico". *Margem Esquerda*, n. 33, pp. 25-31, 2019.

32 Herbert Daniel, *Passagem para o próximo sonho: Um possível romance autocrítico*. Rio de Janeiro: Codecri, 1982, pp. 96-7. Uma cuidadosa biografia de Herbert Daniel pode ser lida em James N. Green, *Revolucionário e gay: A vida extraordinária de Herbert Daniel*. Rio de Janeiro: Civilização Brasileira, 2018.

33 Cowan explora bem essa articulação do anticomunismo com o moralismo das forças conservadoras empoderadas com o golpe de 1964. Para ele, "a teoria da subversão sexual se infiltrou na estrutura policial e de espionagem no final dos anos 1960. Cada vez mais, as forças de segurança encarregadas de proteger as fronteiras ideológicas do Brasil ditatorial viam essas fronteiras congruentes com a condição moral e cultural da nação". E acrescenta: "Embora a paranoia sobre a subversão tenha levado esses soldados da segurança nacional a definir subversão e subversivos nos mais diversos termos, surgiu uma tendência distinta de interpretar o desvio moral e cultural percebido como 'criptocomunismo'" (Benjamin Cowan, *Securing Sex: Morality and Repression in the Making of Cold War Brazil*. Chapel Hill: University of North Carolina Press, 2016, pp. 340-1).

34 A Quarta Internacional foi fundada em 1938 sob a liderança de Liev Trótski, que acusava a Terceira Internacional de estar dominada pelo estalinismo e sua degeneração burocrática.

35 Organização trotskista brasileira fundada em 1972 e que durou até 1978, quando teve um papel importante para a organização da Convergência Socialista e logo em seguida do Partido dos Trabalhadores.

36 Marcos Moutta de Faria, "Partido Socialista ou Partido dos Trabalhadores?: Contribuição à história do trotskismo no Brasil. A experiência da Convergência Socialista". *Diálogos*, Revista do Departamento de História e do Programa de Pós-Graduação em História [on-line], Maringá, v. 9, n. 2, pp. 239-45, 2005. Disponível em: <http://www.redalyc.org/articulo.oa?id=305526442015>. Acesso em: 23 jun. 2021.

37 Importante periódico da imprensa alternativa, *Versus* começou a circular em 1975 na cidade de São Paulo por iniciativa do jornalista gaúcho Marcus Faerman. Além das reportagens, o jornal tinha uma forte veia literária, apresentando textos de ficção e dialogando com grandes referências da cultura latino-americana.

38 "Estão querendo convergir. Para onde?". *Lampião da Esquina*, n. 2, p. 9, jun. 1978.

39 Ibid.

40 João Silvério Trevisan, "Quem tem medo das 'minorias'?". *Lampião da Esquina*, n. 10, p. 10, mar. 1979.

41 Eduardo Dantas, "Negros, mulheres, homossexuais e índios nos debates da USP: Felicidade também deve ser ampla e irrestrita". *Lampião da Esquina*, n. 10, p. 9, mar. 1979.

42 João Silvério Trevisan, "Quem tem medo das 'minorias'?", op. cit.

43 Eduardo Dantas, "Negros, mulheres, homossexuais e índios nos debates da USP", op. cit.

44 João Silvério Trevisan, "Quem tem medo das 'minorias'?", op. cit.

45 Trevisan afirmaria, mais tarde, que os homossexuais lutaram em duas frentes para oferecer uma "contribuição particular para a transformação das estruturas" e exigir um "espaço próprio, para poder florescer. Temo que isso nos tenha sido negado, tanto pelo governo da ditadura quanto por sua oposição institucionalizada" (João Silvério Trevisan, *Devassos no Paraíso*, op. cit., p. 326).

46 James N. Green, "Abaixo a repressão, mais amor e mais tesão", op. cit., p. 68.

47 Id., "O grupo Somos, a esquerda e a resistência à ditadura", op. cit., p. 191.

48 Eduardo Dantas, "Negros, mulheres, homossexuais e índios nos debates da USP", op. cit.

49 "Grupo SOMOS: Uma experiência". *Lampião da Esquina*, n. 12, p. 2, maio 1979.

50 Ibid., p. 3.

51 Marisa Fernandes, "Lésbicas e a ditadura militar", op. cit., p. 129.

52 "O pessoal do Somos (um debate)", op. cit., p. 8.

53 "Organização e métodos". *Lampião da Esquina*, n. 16, p. 9, set. 1979.

54 Ibid.

55 "Eles estão ousando dizer seu nome". *Lampião da Esquina*, n. 16, p. 7, set. 1979.

56 "O pessoal do GAAG (uma carta)". *Lampião da Esquina*, n. 16, p. 9, set. 1979.

57 "O pessoal do Libertos (um balanço)". *Lampião da Esquina*, n. 16, p. 9, set. 1979.

58 "No Rio, pessoal cria mais um grupo homo". *Lampião da Esquina*, n. 17, p. 2, out. 1979.

59 *Rádice*, Rio de Janeiro, n. 14, p. 27, out. 1980.

60 Eliane Marques Zanatta, "Documento e identidade: O movimento homossexual no Brasil na década de 80". *Cadernos AEL*, Campinas, n. 5/6, p. 198, 1996/1997.

61 Rita Colaço, *Uma conversa informal sobre homossexualismo*. Rio de Janeiro: Edição da Autora, 1984, pp. 61-3.

62 Francisco Bittencourt, "No Rio, o encontro nacional do povo guei". *Lampião da Esquina*, p. 7, n. 20, jan. 1980.

63 Estavam lá representados agrupamentos como Somos/SP e seu Grupo de Ação Lésbica Feminista, Somos/RJ, Somos/Sorocaba, Beijo Livre de Brasília, Eros/SP, Libertos/Guarulhos, GAAG/Caxias, Auê/RJ, além de ativistas independentes de outras localidades que ainda estavam formando coletivos.

64 Um relato mais minucioso da reunião e das falas de cada um dos presentes pode ser encontrado em Aguinaldo Silva, "Seis horas de tensão, alegria e diálogo: É a nossa política". *Lampião da Esquina*, p. 8, n. 20, jan. 1980.

65 "Na hora da festa, conosco ninguém pode". *Lampião da Esquina*, n. 20, p. 9, jan. 1980.

66 "Ai, que São Paulo gostoso...". *Lampião da Esquina*, n. 22, p. 3, mar. 1980.

67 Estiveram presentes Somos/SP, Ação Lésbico-Feminista/SP, Eros/SP, Libertos/Guarulhos. Auê/RJ, Somos/RJ, Somos/Sorocaba e Beijo Livre/Brasília, além de representantes das cidades de Belo Horizonte, Vitória, Goiânia e Curitiba, com participação restrita aos credenciados.

68 Leila Miccolis, "Mulheres compram a briga". *Lampião da Esquina*, n. 24, pp. 6-7, maio 1980.

69 Marisa Fernandes, "Lésbicas e a ditadura militar", op. cit., p. 132.

70 Um relato emocionado e detalhado que reflete a grandeza do momento para os participantes pode ser encontrado em Francisco Bittencourt, "Homossexuais, a nova força". *Lampião da Esquina*, n. 24, pp. 3-5, maio 1980.

71 Instituto Nacional de Previdência Social, sucedido pelo Instituto Nacional do Seguro Social (INSS) em 1990.

72 Pasta 870, Arquivo Público do Estado de São Paulo.

73 Para Green, "na época, houve menos preocupação sobre possíveis infiltrados, mas as pesquisas realizadas nos arquivos da repressão nos últimos anos revelam que o Estado acompanhava o movimento homossexual, mandava pessoas para assistir às atividades públicas e escrevia relatórios sobre as atividades dos primeiros militantes do movimento" (James N. Green, "O grupo Somos, a esquerda e a resistência à ditadura", op. cit., p. 189).

74 Ver capítulo 3.

75 James N. Green, "Abaixo a repressão, mais amor e mais tesão", op. cit., p. 70.

76 BR_AN_BSB_VAZ_024A_0138.

77 Marisa Fernandes, "Lésbicas e a ditadura militar", op. cit., p. 129. Um relato mais detalhado desse choque e dos conflitos ali existentes entre a esquerda e as feministas pode ser encontrado em João Silvério Trevisan, "Congresso das Genis: Esquerda joga bosta nas feministas". *Lampião da Esquina*, n. 23, pp. 6-7, abr. 1980.

78 James N. Green, "Abaixo a repressão, mais amor e mais tesão", op. cit., p. 71.

79 Conforme registra o livro elaborado por membros homossexuais da CS, na abertura da plenária foi lida uma "moção de apoio aos metalúrgicos do ABC, em plena greve, [que foi] muito aplaudida. A discussão da relação do movimento homossexual com outros setores oprimidos e explorados ocupou grande parte dos dois dias anteriores, e acabaria por tumultuar a plenária diversas vezes. Uma proposta de participação no 1º de Maio foi levada à votação, perdendo por um voto. Foi um divisor de águas dentro do movimento homossexual". (Hiro Okita, *Homossexualismo*: *Da opressão à libertação*. São Paulo: Proposta, 1981, p. 53.)

80 "Muitas das lésbicas organizadas não eram indiferentes à convocação do Primeiro de Maio com uma passeata rumo ao estádio da Vila Euclides, sob as bandeiras da 'liberdade e autonomia sindical, direito de greve, garantia de emprego, salário mínimo nacional real e unificado, contra a carestia', pois o evento era uma clara manifestação contra a ditadura militar" (Marisa Fernandes, "Lésbicas e a ditadura militar", op. cit., p. 140).

81 Ibid., p. 141.

82 Hiro Okita, *Homossexualismo*, op. cit. Conforme o relato de Green, "foi o primeiro grande passo para que o movimento gay saísse do armário no Brasil, e esse fato deixou fundações para uma aliança estratégica com o eleitorado de esquerda. Foi necessário um bocado de coragem para todos que marcharam, porque estávamos nos deparando com um novo desconhecido, ainda que muitos dos nossos temores talvez fossem infundados" (James N. Green, "Abaixo a repressão, mais amor e mais tesão", op. cit., pp. 73-4). Em outro texto, ele ressalta o caráter histórico do evento: "A participação destas 50 pessoas no Primeiro de Maio de 1980 marcou, pois, um dia histórico para o movimento LGBT brasileiro, revelando como pelo menos um setor do movimento esteve engajado nas mobilizações contra a ditadura" (Id., "O grupo Somos, a esquerda e a resistência à ditadura", op. cit., pp. 182-3).

83 Marisa Fernandes, "Lésbicas e a ditadura militar", op. cit., p. 141.

84 João Silvério Trevisan. *Devassos no Paraíso*, op. cit., p. 332.

85 Ibid.

86 BR_DFANBSB_ZD_0_0_0046A_0001_D0004.

87 O relato específico do dia 30 de setembro afirmava que as seguintes entidades de homossexuais estariam integradas aos movimentos de subversão, portanto ligadas às diversas organizações clandestinas atuantes no país: "BANDO DE CÁ"/Niterói; GOLS/ABC — Grupo Opção à Liberdade Sexual; GATHO — Grupo de Atuação Homossexual/PE; NÓS TAMBÉM/PB; Auê/Recife; Grupo Gay da Bahia; TERCEIRO ATO/BH; BEIJO LIVRE/Brasília; SOMOS/RJ; Auê /RJ; SOMOS/Sorocaba/SP; LIBERTOS/Guarulhos/SP; GRUPO LÉSBICA-FEMINISTA/SP [sic]; EROS/SP; SOMOS/SP; FACÇÃO HOMOSSEXUAL DA CONVERGÊNCIA SOCIALISTA/SP; GRUPO OUTRA COISA/SP; GRUPO FEMINISTA "COSTELA DE ADÃO"/Porto Alegre/RS. BR_DFANBSB_ZD_0_0_0046A_0001_D0004.

88 BR_DFANBSB_ZD_0_0_0046A_0001_D0004.

89 Ibid. A CS, conforme já observado, era uma organização trotskista vinculada ao legado do argentino Nahuel Moreno. Por sua vez, a OSI foi produto do agrupamento

de várias outras pequenas organizações trotskistas unidas ao Comitê de Organização pela Reconstrução da Quarta Internacional (Corqui). O novo grupo foi fundado em novembro de 1976, em um encontro clandestino realizado no litoral do estado de São Paulo. A organização foi a precursora da corrente O Trabalho, integrante do PT desde 1981 e seção brasileira da Quarta Internacional, referenciada no legado do francês Pierre Lambert. No período final da ditadura, chegou a dirigir a oposição sindical de diversas categorias profissionais, além de ter tido presença significativa nos meios estudantis, por meio da Libelu (Liberdade e Luta). Ambos eram os grupos trotskistas com maior penetração e atuação na luta contra a ditadura naquele momento.

90 BR_DFANBSB_ZD_0_0_0046A_0001_D0004.

91 BR_AN_BSB_VAZ_020_080.

92 James N. Green, "Abaixo a repressão, mais amor e mais tesão", op. cit., p. 66.

93 João Silvério Trevisan, "Encontros e brigas de vários graus". *Lampião da Esquina*, n. 24, p. 5, maio 1980.

94 *Rádice*, Rio de Janeiro, n. 14, p. 28, out. 1980.

95 "Uma entrevista que ninguém ousou publicar: Leyland fala sobre atuação política". *Lampião da Esquina*, n. 2, p. 11, jul. 1978.

96 Hiro Okita, *Homossexualismo*, op. cit.

97 ABH_ACE_3116_81.

98 A referência é à lógica de organização e de atuação do Partido Bolchevique, responsável por capitanear a Revolução Russa. Com um número relativamente reduzido de membros, um partido de vanguarda conseguiu, com militantes obstinados e dedicados a uma causa, promover um enorme processo de transformação revolucionária.

99 Para Green, tal influência parecia superestimada e funcionava como um modo de alimentar uma hostilidade à esquerda organizada dentro do movimento homossexual: "Creio que a maioria dos membros do movimento tinha uma atitude hesitante em relação à CS, e os ataques constantes feitos em *Lampião da Esquina* jogavam lenha nessa fogueira. Essa tensão criou, em um determinado setor, um clima de hostilidade em relação à esquerda. Além disso, entre 1978-1979, não estava claro ainda até que ponto o processo de liberalização da ditadura chegaria. Provavelmente, muitos gays e lésbicas sentiram que estariam assumindo riscos ao entrarem em uma organização homossexual. Alguns talvez não quisessem fazer parte de uma organização cujo comitê central tinha sido preso apenas um ano antes, e cujos membros haviam sido acusados de violar a Lei de Segurança Nacional" (James N. Green, "Abaixo a repressão, mais amor e mais tesão", op. cit., pp. 66-7).

100 James N. Green, "O grupo Somos, a esquerda e a resistência à ditadura", op. cit., pp. 191-2.

101 Id., "Abaixo a repressão, mais amor e mais tesão", op. cit., p. 66.

102 "O racha no SOMOS/SP — Documento 2". *Lampião da Esquina*, n. 25, p. 8, jun. 1980.

103 Uma descrição pormenorizada do episódio e das últimas reuniões bastante tensas

do grupo pode ser encontrada em Edward MacRae, *A construção da igualdade*, op. cit., pp. 208-17.

104 Grupo Outra Coisa — Ação Homossexualista, Três anos (1980-1983), São Paulo, maio 1983.

105 João Silvério Trevisan, "Por uma política menor: Bichas e lésbicas inauguram a utopia". *Lampião da Esquina*, n. 25, p. 10, jun. 1980.

106 "O racha no SOMOS/SP — Documento 3". *Lampião da Esquina*, n. 25, p. 8, jun. 1980.

107 Ibid.

108 Além dos sucessivos textos de Trevisan, que aproveitava seu posto no *Lampião* para reverberar suas posições pessoais dentro do Somos/SP, como no texto "Boas de cama?" (*Lampião da Esquina*, n. 26, p. 7, jul. 1980) em que alegava haver uma "política da cama" por parte dos membros da CS. Aguinaldo Silva também chegou a manifestar sua posição no jornal. Ainda que se furtasse a assumir uma posição clara no texto, negando apoio aberto a todos os lados da contenda, afirmou: "Não que eu discorde do ativismo homossexual; apenas acho que ou ele encontra o seu próprio caminho, ou acaba atropelado pelos ativismos maiores". Após muito tergiversar, revelava, ainda, abertamente: "Eu abomino essa possibilidade [de arregimentação de homossexuais por organizações políticas], mas este é o meu ponto de vista pessoal. Trata-se de uma questão de competência: se o pessoal que optou pela autonomia quer evitar a invasão do movimento homossexual pelos partidos e organizações políticas, que trate de brigar por isso. E trate, principalmente, de evitar a paranoia que se abateu sobre todos, e que vem ressoar aqui em nossa pobre redação como um eco várias vezes ampliado" ("Compromissos, queridinhas? Nem morta!". *Lampião da Esquina*, n. 26, p. 11, jul. 1980). Em edições posteriores, as críticas à CS voltariam, como em "Querem capar as lampiônicas", escrito por Celestino e publicado na edição 33, de fevereiro de 1981, do *Lampião*.

109 Id., "Autonomia ou não, eis a questão". *Lampião da Esquina*, n. 26, p. 10, jul. 1980.

110 Ibid.

111 Id., "O grupo Somos, a esquerda e a resistência à ditadura", op. cit., p. 196.

112 James Green e João Silvério Trevisan, "A revolta de San Francisco". *Lampião da Esquina*, n. 14, p. 3, jul. 1979.

113 Facchini registra importante ressalva no sentido de que havia, nesta primeira onda do movimento, outras propostas e trajetórias que não se enquadravam na dicotomia referida, ainda que não se negue a centralidade desta para o desenlace dos conflitos e da ruptura. (Regina Facchini, *Sopa de letrinhas? Movimento homossexual e produção de identidades coletivas nos anos 90*. Rio de Janeiro: Garamond, 2005, p. 107.)

114 "O racha no SOMOS/SP — Documento 1". *Lampião da Esquina*, n. 25, p. 8, jun. 1980.

115 Ibid.

116 "A posição do Galf". *Lampião da Esquina*, n. 27, p. 5, ago. 1980.

117 Dolores Rodrigues, "Um jornal com muitas chanas". *Lampião da Esquina*, n. 34, p. 18, mar. 1981.

118 O boicote ao *Lampião* ganhava força entre alguns grupos, expondo uma fratura expressiva entre o movimento e o jornal. Ver Aristides Nunes, "Jogaram bosta no II EGHO". *Lampião da Esquina*, n. 33, p. 18, fev. 1981.

119 Quando se apresentaram nessa reunião, os grupos mencionaram as dificuldades por que vinham passando e indicaram a quantidade de membros de cada um deles, o que permitia compreender a dimensão que alcançaram nesse momento de relativo esvaziamento: "GATHO-Recife (atualmente com 15 pessoas em média), Auê/ Rio (com 17 membros), Eros/SP (com 15 pessoas fixas), Bando de Cá/Niterói (15 pessoas, mas apenas cinco trabalhando), GOLS/ABC (8 membros), Libertos/SP (15 membros), Somos/Rio (20 membros fixos e 15 flutuantes), Fração Gay [Facção Homossexual] da Convergência Socialista (13 pessoas, sendo que 5 mulheres e 8 homens), Grupo Gay da Bahia (17 pessoas fixas), Somos/SP (35 elementos), Terra Maria (10 pessoas), Alegria Alegria (10 membros), Grupo de Ação Lésbica Feminista (8 mulheres fixas e 15 flutuantes)". Ver Emanoel Freitas, "Na reunião dos grupos, os reflexos da crise". *Lampião da Esquina*, n. 32, p. 13, jan. 1981.

120 Um resumo das divergências e dos embates em torno da realização do II EGHO encontra-se em Glauco Mattoso e Aristides Nunes, "Novela: Por que o II EGHO dançou?". *Lampião da Esquina*, n. 34, p. 4, mar. 1981.

121 Alexandre Ribondi, membro do grupo Beijo Livre e colaborador regular do *Lampião*, relatou essa dificuldade em entrevista ao Somos: "Quando o Lampião deixa de existir, os grupos deixaram de existir e os que existiam, nós não tínhamos como saber deles". (Claudio Roberto da Silva, *Reinventando o sonho: História oral de vida política e homossexualidade no Brasil contemporâneo*. São Paulo, FFLCH-USP, 1998, p. 152. Dissertação de mestrado.)

122 "Três anos depois do início do Movimento os grupos ainda parecem estar num processo de perplexidade quanto aos rumos de atuação. Não chegaram a um acordo sobre o II Encontro Brasileiro de Grupos Homossexuais, que deveria se realizar no Rio, em abril de [19]81; mal conseguiram uma resposta à onda de repressão às lésbicas que ocorreu em São Paulo em novembro de [19]80. Essa inatividade é reflexo, principalmente, das diferenças ideológicas." (Hiro Okita, *Homossexualismo*, op. cit., p. 55.)

123 James N. Green, "'More Love and More Desire': The Building of a Brazilian Movement". In: Barry D. Adam, Jan Willem Duyvendak e André Krouwel (Orgs.), *The Global Emergence of Gay and Lesbian Politics: National Imprints of a Worldwide Movement*. Filadélfia: Temple University Press, 1999, p. 98.

124 Mais informações sobre os desdobramentos e caminhos tomados por essa primeira geração, ver Júlio Simões e Regina Facchini, *Na trilha do arco-íris: Do movimento homossexual ao LGBT*, op. cit., pp. 115-6.

125 Néstor Perlongher, *O negócio do michê*, op. cit.

126 Id., "O desaparecimento da homossexualidade". In: Antônio Lancetti et al. *Saúde-Loucura 3*. São Paulo: Hucitec, 1993, p. 40.

127 Gustavo Gomes da Costa Santos, "Mobilizações homossexuais e Estado no Brasil: São Paulo (1978-2004)". *Revista Brasileira de Ciências Sociais*, São Paulo, v. 22, n. 63, pp. 121-2, fev. 2007.

128 Edward MacRae, *A construção da igualdade*, op. cit., p. 390.

129 Rodrigo Rodrigues da Cruz, *Do protesto às urnas: O movimento homossexual na transição política (1978-1982)*. Guarulhos, Escola de Filosofia, Letras e Ciências Humanas — Universidade Federal de São Paulo, 2015. Dissertação de mestrado em Ciências Sociais.

130 Cristina Câmara, *Cidadania e orientação sexual: A trajetória do grupo Triângulo Rosa*. Rio de Janeiro: Academia Avançada, 2002.

131 Assim foi redigida a nota comemorativa do GGB: "Com todas essas adesões e significativo apoio popular com mais de 16 mil assinaturas, finalmente aos 9 de fevereiro de 1985, o Conselho Federal de Medicina atendeu nossa reivindicação, deixando a homossexualidade de ser enquadrada no código 302.0 e passando para o código 2062.9, 'outras circunstâncias psicossociais', ao lado do 'desemprego, desajustamento social, tensões psicológicas'. Como o CID' inclui também códigos não relativos a doenças, os quais servem unicamente para codificar motivos de atendimento médico, a partir de então a homossexualidade deixou de ser considerada 'desvio e transtorno sexual', para tornar-se apenas uma estatística do atendimento médico. Assim sendo, não há mais nenhuma lei, nem código no Brasil que se refira à homossexualidade como 'patologia'. Portanto é legal ser homossexual, é saudável ser homossexual. Nossos agradecimentos a todos que com sua assinatura e empenho colaboraram com o GGB nesta histórica vitória". *Boletim do Grupo Gay da Bahia*, ano IV, n. 11, jul. 1985.

132 Uma análise da dimensão jurídica e legislativa desse tema pode ser encontrada em Alexandre Gustavo Melo Franco Bahia e Daniel Moraes Santos, "O longo caminho contra a discriminação por orientação sexual no Brasil no constitucionalismo pós-88: Igualdade e liberdade religiosa". *Libertas*, Ouro Preto, v. 1, n. 1, jan./jun. 2013. Disponível em: <https://periodicos.ufop.br/libertas/article/view/249 >. Acesso em: 5 jun. 2021.

3. *LAMPIÃO DA ESQUINA* [PP. 142-76]

1 Jairo Ferreira, "A identidade de uma minoria". *Folha de S.Paulo*, 3 out. 1977, p. 21.

2 Edward MacRae, *A construção da igualdade*, op. cit., p. 72.

3 Um dos principais periódicos da imprensa alternativa, feito por renomados intelectuais da época, o jornal *Movimento* circulou de 1975 a 1981. Para mais informações: <http://www.fgv.br/cpdoc/acervo/dicionarios/verbete-tematico/imprensa-alternativa>. Acesso em: 23 jun. 2021.

4 Outro dos principais periódicos da imprensa alternativa contrária à ditadura, *Versus* foi um jornal editado entre 1975 e 1979 com uma clara opção pela construção da identidade e da unidade latino-americanas.

5 *Beijo* foi um jornal político-cultural efêmero, que circulou nos anos de 1977 e 1978, mas que teve grande impacto nos debates de então por repercutir posições de van-

guarda e de crítica à esquerda tradicional, trazendo alguns dos maiores escritores da época em suas páginas.

6   "Uma entrevista que ninguém ousou publicar: Leyland fala sobre atuação política". *Lampião da Esquina*, n. 2, pp. 10-1, jul. 1978. Todas as edições do *Lampião* encontram-se inteiramente disponíveis, com acesso livre, no seguinte link: <http://www.grupodignidade.org.br/projetos/lampiao-da-esquina/>. Acesso em: 23 jun. 2021. James N. Green, em declaração ao autor, discordou dessa versão de que o jornal *Versus* fosse "moralmente contra" o conteúdo da entrevista.

7   Aguinaldo Silva, "Plataforma para o **gay**". *IstoÉ*, 28 dez. 1977, p. 14.

8   Ibid.

9   Ibid.

10 Ibid., p. 15.

11 Ibid., p. 14.

12 Trevisan pontua que "o nome registrado do jornal era, na verdade *Lampião da Esquina*, artifício utilizado apenas para contornar o fato de que alguém anteriormente já patenteara o nome 'Lampião'. Como a empresa editorial se chamava Esquina, o sentido do nome continuava ambivalente" (João Silvério Trevisan, *Devassos no Paraíso*, op. cit., p. 317).

13 "Saindo do gueto". *Lampião*, n. 0, p. 2, abr. 1978.

14 Nessa primeira edição, o artigo "Senhores do Conselho" apresenta brevemente os onze criadores do jornal, que estariam encarregados de "traçar a linha editorial". "Senhores do Conselho". *Lampião da Esquina*, n. 0, p. 2, abr. 1978. Um fato ressaltado sobre a composição do conselho era a ausência de mulheres. Segundo Trevisan, isso se deveu a uma recusa de diversas artistas e jornalistas contatadas: "É preciso registrar que mulheres (artistas e jornalistas) contatadas, no período, negaram-se terminantemente a colocar seus nomes no jornal. Daí porque a equipe era toda constituída de homens" (João Silvério Trevisan, *Devassos no Paraíso*, op. cit., p. 317).

15 Um trabalho interessante de registro e análise de história oral de vida para recuperar uma narrativa sobre o período do *Lampião* pode ser encontrado em Claudio Roberto da Silva, *Reinventando o sonho: História oral de vida política e homossexualidade no Brasil contemporâneo*, op. cit.

16 "Saindo do gueto". *Lampião*, n. 0, p. 2, abr. 1978.

17 Ibid.

18 Ibid.

19 Glauco Mattoso, "Não me espreme que eu sangro!". *Lampião da Esquina*, n. 4, p. 5, set. 1978.

20 "Eu vi, riscado e corrigido por editores da *Folha*, certo artigo escrito por um jornalista amigo meu, no qual a palavra 'lésbica', então proibida de aparecer nas páginas do jornal, tinha sido mais de uma vez substituída pela palavra 'feminista'... Isso ocorreu no final da década de 1970" (João Silvério Trevisan, *Devassos no Paraíso*, op. cit., p. 337).

21 "Não seja tão boba, Darling!". *Lampião da Esquina*, n. 4, p. 2, set. 1978.

22 "Saindo do gueto". *Lampião da Esquina*, n. 0, p. 2, abr. 1978.

23 Em uma interessante conferência pronunciada no Congresso Nacional, em outubro de 1973, a convite do Instituto de Pesquisas, Estudos e Assessoria do Congresso (Ipeac), o cientista político Wanderley Guilherme dos Santos formulou um esquema analítico que pareceu antecipar a política oficial de abertura a partir de 1974. Sustentava ele: "A política de descompressão deve ser uma política incrementalista, isto é, implementada por aproximações sucessivas, provocando modificações marginais no estado de coisas prevalecentes. Quer isto dizer que se trata de uma política de avanços moderados, introduzindo-se uma inovação de cada vez, enquanto se mantém sob controle o resto do sistema" (Wanderley Guilherme dos Santos, "Estratégias de descompressão política". In: Id., *Poder e política: Crônica do autoritarismo brasileiro*. Rio de Janeiro: Forense Universitária, 1978, p. 153).

24 "Fernando Gabeira fala, aqui e agora, diretamente dos anos 80". *Lampião da Esquina*, n. 18, p. 6, nov. 1979.

25 Ainda que alguns utilizem a expressão "imprensa nanica" para referenciar esse mesmo fenômeno, esta soa um tanto pejorativa e não capta os quatro sentidos essenciais que o adjetivo "alternativa" carrega: "O de algo que não está ligado a políticas dominantes; o de uma opção entre duas coisas reciprocamente excludentes; o de única saída para uma situação difícil e, finalmente, o do desejo das gerações dos anos de 1960 e 1970, de protagonizar as transformações sociais que pregavam" (Bernardo Kucinski, *Jornalistas e revolucionários: Nos tempos da imprensa alternativa*. São Paulo: Edusp, 2001, p. 5).

26 Ibid. Para maiores informações sobre cada uma dessas publicações, consultar: <https://www.fgv.br/cpdoc/acervo/dicionarios/verbete-tematico/imprensa-alternativa>. Acesso em: 23 jun. 2021.

27 Para mais informações acerca desses jornais, ver <https://www.fgv.br/cpdoc/acervo/dicionarios/verbete-tematico/imprensa-alternativa>. Acesso em: 23 jun. 2021.

28 James N. Green, *Além do Carnaval*, op. cit., p. 298.

29 Leila Míccolis, "28 de junho, um dia de luta". *Lampião da Esquina*, n. 27, p. 4, ago. 1980.

30 Ibid.

31 Flávia Péret, *Imprensa gay no Brasil*. São Paulo: Publifolha, 2011, p. 51.

32 "O pessoal do Somos (um debate)". *Lampião da Esquina*, n. 16, p. 7, set. 1979.

33 Jorge Caê Rodrigues, "Um *Lampião* iluminando esquinas escuras da ditadura". In: James N. Green e Renan Quinalha (Orgs.), *Ditadura e homossexualidades*, op. cit., p. 96.

34 Id., "Impressões de identidade: Os caminhos da imprensa gay nacional". In: Horácio Costa et al. (Orgs.), *Retratos do Brasil homossexual: Fronteiras, subjetividades e desejos*. São Paulo: Edusp; Imprensa Oficial, 2010, pp. 406-7.

35 O foco, contudo, era na perspectiva dos homossexuais masculinos: "Embora o *Lampião* inicialmente tenha se apresentado como um jornal que uniria mulheres, negros, ecologistas e homossexuais, permaneceu fortemente dirigido ao público homossexual masculino" (James N. Green, *Além do Carnaval*, op. cit., p. 431).

36 Aguinaldo Silva, "Lésbicas vendem mais jornal?". *Lampião da Esquina*, n. 10, p. 2, mar. 1979.

37 *Lampião da Esquina*, n. 12, maio 1979.

38 Ver, por exemplo: "No Quilombo, o samba é pra valer" (n. 17, p. 15, out. 1979); "Quanto vale o negro brasileiro?" (n. 19, p. 10, dez. 1979); "IBGE dá golpe nos negros" (n. 20, p. 16, jan. 1980) e "Negros: As vítimas da 'vadiagem'" (n. 21, p. 11, fev. 1980).

39 Uma interessante análise do processo de "assumir-se" e da criação de uma identidade homossexual na epistolografia do *Lampião* pode ser encontrada em Paulo Roberto Souto Maior Jr., "Escrever para inscrever-se: Epistolografia homossexual nas páginas do *Lampião da Esquina* (1978-1981)". *Tempo e Argumento*, Florianópolis, v. 8, n. 19, pp. 254-82, set./dez. 2016. Há, ainda, outro trabalho que analisa uma amostra do total de 229 cartas recebidas pelo *Lampião*, discutindo as memórias discursivas e a criação de identidades que se deslocaram desde a afirmação de si, passando pelo homossexual político e chegando ao movimento homossexual organizado (Almerindo Cardoso Simões Júnior, *E havia um Lampião na esquina: Memórias, identidades e discursos homossexuais no Brasil do fim da ditadura (1978-1980)*. Rio de Janeiro, Unirio, 2006. Dissertação de mestrado).

40 Ambas no n. 2, jul. 1978.

41 N. 3, ago. 1978.

42 Ambas no n. 4, set. 1978.

43 N. 6, nov. 1978.

44 N. 7, dez. 1978.

45 N. 11, abr. 1979.

46 N. 13, jun. 1979.

47 N. 14, jul. 1979.

48 N. 15, ago. 1979.

49 N. 17, out. 1979.

50 N. 18, nov. 1979.

51 Ambas no n. 19, dez. 1979.

52 N. 20, jan. 1980.

53 N. 27, ago. 1980.

54 N. 29, out. 1980.

55 N. 23, abr. 1980 e n. 26, jul. 1980.

56 N. 31, dez. 1980.

57 N. 17, out. 1979.

58 N. 22, mar. 1980; n. 32, jan. 1981; n. 35, abr. 1981.

59 N. 17, out. 1979; n. 19, dez. 1979.

60 N. 35, ab. 1981.

61 Ibid.

62 N. 1, maio/jun. 1978; n. 34, mar. 1981; n. 20, jan. 1980, n. 21, fev. 1980.

63 N. 32, jan. 1981.

64 N. 11, abr. 1979; n. 17, out. 1979; n. 20, jan. 1980; n. 22, mar. 1980; n. 23, abr. 1980; n.

24, maio 1980; n. 25, jun. 1980; n. 26, jul. 1980; n. 27, ago. 1980; n. 28, set. 1980; n. 30, nov. 1980.

65 N. 13, jun. 1979; n. 15, ago. 1979; n. 25, jun. 1980; n. 28, set. 1980.

66 N. 3, ago. 1978; n. 6, nov. 1978; n. 7, dez. 1978; n. 8, jan. 1979; n. 9, fev. 1979; n. 27, ago. 1980.

67 N. 33, fev. 1981.

68 N. 36, maio 1981.

69 N. 33, fevereiro 1981.

70 N. 7, dez. 1978; n. 21, fev. 1980; n. 22, mar. 1980; n. 25, jun. 1980; n. 28, set. 1980; n. 33, fev. 1981.

71 N. 7, dez. 1978.

72 N. 7, dez. 1978; n. 9, fev. 1979; n. 10, mar. 1979; n. 19, dez. 1979.

73 N. 14, jul. 1979; n. 15, ago. 1979; n. 18, nov. 1979; n. 22, mar. 1980.

74 Para Jorge Caê, concordando com MacRae, "o jornal assume características dos jornais sensacionalistas", explorando mais "o corpo e o sexo" depois do fim do conselho editorial, que ocorreu a partir do número 32 (Jorge Caê Rodrigues, "Um Lampião iluminando esquinas escuras da ditadura", op. cit., p. 115). Kucinski chega a afirmar que *Lampião* começou "elegante e terminou pornográfico", pois "sua circulação coincidiu com a explosão pornográfica no país em decorrência da abertura e das pressões de uma demanda reprimida pela pornografia" (Bernardo Kucinski, *Jornalistas e revolucionários*, op. cit., p. 73). A colocação de Kucinski é nitidamente exagerada, pois os ensaios sensuais e eróticos nunca foram verdadeiramente pornográficos e nunca foram tão significativos na estrutura do jornal.

75 MacRae afirma que havia "grande diversidade de opiniões existentes não só na redação do jornal, mas também entre o seu público leitor", bastante heterogêneo em relação a classe, idade, ideologia, localização geográfica. E acrescentou que "apesar deste empenho em manter suas páginas abertas a outros grupos sociais, o *Lampião* nunca conseguiu ser plenamente aceito como um jornal das minorias", pois seu caráter homossexual terminava "afugentando os segmentos heterossexuais de seu público potencial" (Edward MacRae, *A construção da igualdade*, op. cit., p. 76).

76 BR.AN.RIO.TT.0.MCP.PRO.1567.

77 Ibid.

78 No texto publicado em *Lampião*, ele propunha, em sua plataforma, com impressionante postura à frente dos políticos de seu tempo, uma "atitude racional para com pessoas sexualmente anormais, em especial para com os homossexuais, masculinos ou femininos", ressaltando que a palavra "anormal" deveria ser "eliminada, como estimuladora de discriminações e, principalmente, por força de conceitos modernos do que seja normalidade" (Baiardo de Andrade Lima, "Um candidato fala mais alto". *Lampião da Esquina*, n. 6, p. 4, nov. 1978).

79 Segundo o relatório, o segundo semestre de 1978 caracterizou-se pela "atuação adversa de expressiva parcela dos órgãos de comunicação", o que teria sido estimula-

do "pela ampla liberdade de manifestação do pensamento e da informação, que ensejou a prática de inúmeros abusos". BR_AN_RIO_TT_0_MCP_PRO_1622.

80 BR_AN_BSB_VAZ_127A_0089.

81 BR_AN_BSB_AA7_001_001.

82 BR_RJANRIO_TT_0_MCP_AVU_0306.

83 BR_DFANBSB_VAX_0_0_0011_D50008.

84 Ibid.

85 Ibid.

86 BR_DFANBSB_VAX_0_0__0011_D50001DE0001

87 Ibid.

88 Ibid.

89 "Uma capa com muitas estrelas". *Lampião da Esquina*, n. 12, p. 3, maio 1979.

90 Ver capítulo 2.

91 Poeta que escreveu livros mimeografados como *Grande circular, Caroço de goiaba, Iogurte com farinha, Bagaço e Chá com porrada* tendo sido processado, em agosto de 1978, acusado de "porte de material pornográfico". Foi preso com fundamento no art. 234 do Código Penal, que define o crime de comercialização de "objeto obsceno". Mas a denúncia foi rejeitada pelo juiz, que considerou não configurar crime a poesia, ainda que a tenha criticado na decisão. Ver Pilar Lago Santos, *Eu (também) engoli Brasília: Poesia e utopia na obra de Nicolas Behr*. São Paulo, PUC, 2010, pp. 94 ss. Dissertação de mestrado.

92 "Uma capa com muitas estrelas". *Lampião da Esquina*, n. 11, p. 3, maio 1979.

93 Flávia Péret, *Imprensa gay no Brasil*, op. cit., p. 54.

94 BR_DFANBSB_VAX_0_0__0011_D50001DE0001.

95 Ibid.

96 Ibid.

97 Ibid.

98 BR_DFANBSB_VAX_0_0_0011_D50008.

99 Jornal carioca diário e vespertino, fundado em 27 de dezembro de 1949 por Carlos Frederico Werneck de Lacerda. Em 1962, foi adquirido por Hélio Fernandes. Deixou de circular em papel em 2 de dezembro de 2008, mantendo, porém, uma edição on-line. Ver <http://www.fgv.br/cpdoc/acervo/dicionarios/verbete-tematico/tribuna-da-imprensa>. Acesso em: 23 jun. 2021.

100 Bernardo Kucinski, *Jornalistas e revolucionários*, op. cit., p. 96.

101 Aguinaldo Silva, "De bicha, negro e louco, todos nós temos um pouco", op. cit., p. 5.

102 BR_DFANBSB_VAX_0_0_0011_D50008.

103 BR_DFANBSB_VAX_0_0__0011_D50001DE0001.

104 Ibid.

105 Ibid.

106 Ibid.

107 Ibid.

108 "Os que estão conosco". *Lampião*, n. 19, p. 2, p. 2, dez. 1979.

109 Aguinaldo Silva, "De bicha, negro e louco, todos nós temos um pouco", op. cit., p. 5.

110 "Nossa pobreza é nosso maior charme". *Lampião*, n. 15, p. 5, ago. 1979.

111 BR_DFANBSB_VAX_0_0_0011_D50010. Os valores citados, à época em cruzeiros, hoje equivalem a 2758 reais e cerca de 217 mil reais, respectivamente, corrigidos pelo INPC.

112 Ibid.

113 "Ney Matogrosso sem bandeira". *Lampião da Esquina*, n. 11, p. 7, abr. 1979.

114 Aguinaldo Silva, "De bicha, negro e louco, todos nós temos um pouco: Pra que tanto medo?". *Lampião*, n. 15, p. 5, ago. 1979.

115 João Silvério Trevisan, "Pintou a solidariedade". *Lampião da Esquina*, n. 15, p. 5, ago. 1979.

116 "Os que estão conosco". *Lampião*, n. 19, p. 2, dez. 1979.

117 BR_AN_BSB_NS_AGR_COF_MSC_159.

118 Ibid.

119 MacRae destacou esse fato ao afirmar que "até durante os inquéritos policiais sobre o *Lampião*, a defesa achou prudente enfatizar ao máximo a categoria de 'jornal das minorias', tentando minimizar o seu aspecto homossexual" (Edward MacRae, *A construção da igualdade*, op. cit., p. 171).

120 "Somos todos inocentes". *Lampião da Esquina*, n. 18, p. 2, nov. 1979.

121 Ibid.

122 MacRae afirma que a perseguição ao *Lampião* era um capítulo da repressão mais ampla exercida contra os homossexuais: "Este relato das perseguições sofridas pelo *Lampião* serve para ressaltar o quanto havia de fundamento para a percepção dos integrantes do Somos da opressão sofrida pelos homossexuais. Além da ridicularização e do ostracismo sofrido por eles a nível [sic] individual, razão para uma mobilização de natureza defensiva e de apoio mútuo, havia também uma série de entraves a uma discussão positiva e bem informada sobre esta manifestação de sexualidade. Como já foi mencionado, a perseguição policial não se restringia a um órgão da imprensa 'nanica' como o *Lampião*, mas até uma revista 'respeitável', como *IstoÉ*, e um jornalista escrevendo para a grande imprensa, como Celso Curi, chegaram a sofrer ataques por terem ousado levantar uma discussão mais informada sobre o assunto. O próprio documento do Ciex mencionava nominalmente o *Lampião* como um jornal a ser vigiado. A única forma oficialmente aceitável de abordar o assunto parecia ser aquela da imprensa sensacionalista do tipo *Noticias Populares*, ou deturpadora como a *Manchete* (Edward Macrae, *A construção da igualdade*, op. cit., p. 170).

123 Trevisan destacou que nem sequer havia investigações para apurar a responsabilidade sobre esses atentados, convenientes para a repressão da ditadura: "No segundo semestre de 1979, começaram a explodir bombas em bancas de jornais de vários pontos do país, com panfletos anônimos exigindo que não mais fossem vendidos nem jornais alternativos (quase sempre de esquerda) nem revistas ou jornais considerados pornográficos (e numa das listas apareceu o nome do *Lampião*). As bombas foram vagamente atribuídas, pelo governo, a comandos paramilitares. Mas nunca se instaurou nenhum inquérito para apurar donde provinham e

quem eram os integrantes de tais grupos autodenominados Falange Pátria Nova, Brigadas Moralistas e Comando de Caça aos Comunistas" (João Silvério Trevisan, *Devassos no Paraíso*, op. cit., pp. 323-4)

124 Ver, por exemplo, o editorial da edição n. 28, set. 1980, intitulado "Nós ainda estamos aqui".

125 Aguinaldo Silva, "Lampiônicos: Ativistas, astronautas?". *Lampião da Esquina*, n. 31, p. 12, dez. 1980.

126 Trevisan, que foi militante ativo do Somos/SP e participante de primeira hora do *Lampião*, afirmou que o jornal "acabou radicalizando infantilmente seu repúdio ao ativismo guei. Certos setores do jornal mergulharam num vago populismo, brandindo descabidamente o travesti em contrapartida ao guei-macho, o que acabou lhe dando um aspecto quase tão sensacionalista quanto os jornais da imprensa marrom", ocasionando a descaracterização das intenções do projeto original e uma diminuição nas vendas (João Silvério Trevisan, *Devassos no Paraíso*, op. cit., p. 337).

127 Francisco Bittencourt, "Mendigos da normalidade: O que é bom pras bichas gringas é bom pras bichas do Brasil?". *Lampião da Esquina*, n. 31, p. 13, dez. 1980; Darcy Penteado, "Convergindo: Da Mesopotâmia a Richetti". *Lampião da Esquina*, n. 31, p. 14, dez. 1980

128 Aguinaldo Silva, "Uma cachoeira de grupos gueis". *Lampião da Esquina*, n. 27, p. 4, ago. 1980. Sobre os embates dentro dos grupos homossexuais, sobretudo no Somos/SP, ver o capítulo 4.

129 Flávia Péret, *Imprensa gay no Brasil*, op. cit., p. 58.

130 *Lampião da Esquina*. Lívia Perez. São Paulo: Doctela, 2016. 82 min, altura do 68º min.

131 Ibid., altura do 72º min.

132 Ibid., altura do 70º min.

133 Ibid., altura do 71º min.

134 Ibid., altura do 70º min.

135 Ibid., altura do 77º min.

4. A CENSURA EM NOME DA MORAL E DOS BONS COSTUMES [PP. 177-274]

1 No Brasil, a história da censura não teve início com a ditadura. O controle estatal sobre os meios de comunicação e as formas de expressão artística remontam a períodos bem anteriores à constituição de um Estado nacional e de sua relação com a cultura. A forte influência religiosa no período da colonização, por exemplo, foi um fator preponderante para o projeto de moldar uma sociedade tolerante com parâmetros restritivos de costumes. Obras literárias consideradas sediciosas eram proscritas e queimadas por ordem da Coroa portuguesa. A censura centrada em temas comportamentais também foi bastante marcante no teatro feito durante o século XIX, sem mencionar essa prática de interdição e controle durante os primórdios do período republicano, quando a presença do censor se tornou uma

constante no mercado, em franca expansão nos divertimentos públicos. Já a censura estritamente política teve ampla utilização, ao lado de mecanismos de controle moral, durante regimes como o Estado Novo (1937-45) e a ditadura civil-militar (1964-85). Nota-se, assim, que em distintos momentos históricos no Brasil mais de um tipo de censura teve lugar simultaneamente.

2   Para um aprofundamento da discussão em torno das diferenças entre censura política e moral na ditadura, bem como um histórico legal, ver Renan Honório Quinalha, "Censura moral na ditadura brasileira: Entre o direito e a política". *Direito e Práxis*, Rio de Janeiro, v. 11, n. 3, pp. 1728-55, dez. 2019.

3   Para um exame interessante das cartas enviadas para a Divisão de Censura de Diversões Públicas, ver Carlos Fico, "'Prezada Censura' Cartas ao regime militar". *Topoi*, Rio de Janeiro, v. 3, n. 5, pp. 251-86, dez. 2002.

4   Um excelente estudo que examina essa dimensão específica com fundamentação consistente e lastro empírico pode ser encontrado em Benjamin A. Cowan, *Securing Sex: Morality and Repression in the Making of Cold War Brazil*. Chapel Hill: University of North Carolina Press, 2016.

5   Alfredo Buzaid, *Em defesa da moral e dos bons costumes*. Brasília: Ministério da Justiça, 1970, p. 41.

6   Empregada logo após o golpe de 1964, a expressão é utilizada para designar a ala radical dos militares que defendiam um endurecimento do regime autoritário.

7   Nessa linha, concordamos com a posição bem formulada de Marcelino, que comenta: "É notória a conexão, feita por setores afinados com o anticomunismo, entre a adoção de 'novos' padrões comportamentais e supostos objetivos de subverter a ordem política. No âmbito do Serviço de Censura de Diversões Públicas, entretanto, essa era uma concepção muito menos difundida (apesar dos recorrentes esforços dos órgãos de informações). E, mesmo no que diz respeito aos grupos sociais que pediam mais censura a determinadas autoridades na década de 1970, ela também era, relativamente, pouco corriqueira. Na maioria dos casos, o que mais parecia incomodar esses segmentos era a chamada 'revolução de costumes'" (Douglas Attila Marcelino, *Subversivos e pornográficos: Censura de livros e diversões públicas nos anos 1970*. Rio de Janeiro: Arquivo Nacional, 2011, p. 32).

8   Seguindo as mesmas trilhas da típica legalidade autoritária para escamotear o arbítrio, o art. 1º assegurava, como regra geral apenas aparente, a liberdade de pensamento e de informação, independentemente de censura, nos seguintes termos: "É livre a manifestação do pensamento e a procura, o recebimento e a difusão de informações ou ideias, por qualquer meio, e sem dependência de censura, respondendo cada um, nos termos da lei, pelos abusos que cometer". Contudo, o parágrafo primeiro do mesmo artigo já ressalvava a conhecida fórmula de que não seria tolerada "propaganda de guerra, de processos de subversão da ordem política e social ou de preconceitos de raça ou classe". Já o parágrafo segundo exceptuava espetáculos e diversões públicas, "que ficarão sujeitos à censura, na forma da lei". Ademais, também previa a suspensão da liberdade de expressão na vigência de estado de sítio, "quando o Governo poderá exercer a censura sobre os jornais ou periódicos e em-

presa de radiodifusão e agências noticiosas nas matérias atinentes aos motivos que o determinaram, como também em relação aos executores daquela medida". É curioso notar que o estado de sítio nunca foi oficialmente decretado, a despeito de a censura sobre jornais e periódicos ter sido rotina durante a ditadura. Ainda que o AI-5 tenha significado, em termos práticos, uma autêntica configuração de estado de sítio, a verdade é que o regime nunca quis se assumir abertamente como de exceção, buscando sempre legitimar-se pela regularidade da legalidade ordinária.

9 "Art. 62, § 4º - Transitada em julgado a sentença, serão observadas as seguintes normas: a) reconhecendo a sentença final a ocorrência dos fatos que justificam a suspensão, serão extintos os registros da marca comercial e de denominação da empresa editora e do jornal ou periódico em questão, bem como os registros a que se refere o art. 9º desta Lei, mediante mandado de cancelamento expedido pelo juiz da execução."

10 Referida lei reproduzia a mesma lógica da legalidade autoritária típica da ditadura brasileira: enunciava formalmente um direito para, em seguida, restringi-lo com exceções vagas e genéricas previstas na própria lei e que permitiam, assim, uma ampla margem discricionária por parte dos agentes públicos na aplicação das normas. Em seu art. 1º, que "a censura de peças teatrais ser[ia] classificatória", ou seja, não previa censura em sentido estrito, mas apenas uma classificação indicativa conforme a idade do público admissível em cada espetáculo, considerando o gênero e a linguagem em cena. No entanto, o artigo seguinte estabelecia que não se aplicaria o previsto no art. 1º às peças teatrais que pudessem "I - atentar contra a segurança nacional e o regime representativo e democrático; II - ofender às coletividades ou às religiões ou incentivar preconceitos de raça ou luta de classes; e III - prejudicar a cordialidade das relações com outros povos". No parágrafo único deste mesmo artigo, reiterava-se a vigência da legislação anterior, qual seja, o decreto nº 20 943/46, para a reprovação total ou parcial da peça analisada. As obras cinematográficas, por sua vez, estavam sujeitas à aprovação desde que não fossem "contrárias à segurança nacional e ao regime representativo e democrático, à ordem e ao decoro públicos, aos bons costumes, ou ofensivas às coletividades ou às religiões ou, ainda, capazes de incentivar preconceitos de raça ou de lutas de classes".

11 "Art. 4º - Os órgãos de censura deverão apreciar a obra em seu contexto geral levando-lhe em conta o valor artístico, cultural e educativo, sem isolar cenas, trechos ou frases, ficando-lhe vedadas recomendações críticas sobre as obras censuradas."

12 Janaína de Almeida Teles, "Ditadura e repressão: Paralelos e distinções entre Brasil e Argentina". *Taller (Segunda Época). Revista de Sociedad, Cultura y Política en América Latina*, v. 3, n. 4, pp. 99-117, 2014.

13 Era a seguinte a redação do art. 153, § 8º da Constituição Federal de 1967: "É livre a manifestação de pensamento, de convicção política ou filosófica e a prestação de informação sem sujeição à censura, salvo quanto a espetáculos de diversões públicas, respondendo cada um, nos termos da lei, pelos abusos que cometer. É assegu-

rado o direito de resposta. A publicação de livros, jornais e periódicos independe de licença da autoridade. Não será, porém, tolerada a propaganda de guerra, de subversão da ordem ou de preconceitos de raça ou de classe".

14 Alfredo Buzaid, *Em defesa da moral e dos bons costumes*, op. cit.

15 Segundo Buzaid, duas são as causas da proibição de publicações contra moral e bons costumes: a primeira delas reside no fato de tais publicações representarem "um mal que deve ser combatido com rigor, eficácia e perseverança"; afinal, "a medicina as condena[va] por seus efeitos deletérios sobre as pessoas e as nações", sendo que a Itália, por exemplo, havia dado "um passo fundamental na luta contra a imoralidade, porque admitiu não só a repressão dos atos, mas especialmente o uso de *meios preventivos*"; por sua vez, a segunda causa dizia respeito ao fato de que "os agentes do comunismo internacional se serv[ia]m da dissolução da família para impor o seu regime político; para tanto busca[vam] lançar no erotismo a juventude, que facilmente se desfibra e perde a dignidade". Para Buzaid, que então se servia dos dizeres de um expoente do pensamento católico leigo e conservador daquele momento, Gustavo Corção, "o conselho vem de Lênin: 'desmoralizem a juventude de um país e a Revolução está ganha'". Não se sabe bem de que obra foi tirada a referida citação, mas Buzaid avança em suas famigeradas conexões entre "pornografia", "dissolução da família" e "dominação da juventude" como "meios empregados pelos marxistas". Para tanto, ele encontra exemplos em documentos do Maio de 1968 francês que dissociam sexualidade de reprodução e que se levantam contra a repressão sexual (Ibid., p. 10).

16 No que se referia às demais proibições de propaganda da guerra, da subversão da ordem, do preconceito religioso, étnico e de classe, afirmava ele que "estas proibições foram enunciadas em um único parágrafo, uma após outra e todas de modo peremptório, categórico e absoluto". Assim sendo, a subversão política e o atentado à moral seriam equivalentes no perigo que representavam à ordem social, considerando-se, portanto, "tão deletéria a subversão da ordem como a publicação de obras pornográficas". E arrematava: "[A Constituição] Não fez entre elas distinção de grau, importância ou gravidade. Tratou-as igualmente, havendo-as por contrárias à segurança nacional. Logo, o que a Constituição declarou intolerável, aplic[ou]-se de imediato, independentemente de regulamentação particular. A norma constitucional [foi], pois, autoexecutável" (Ibid., p. 15).

17 Ibid., p. 20. Diante da dificuldade de conceituação, Buzaid transcreveu dois longos e confusos trechos de dois penalistas italianos, Vincenzo Manzini e Giuseppe Maggiore, para os quais a moralidade pública seria a consciência ética de um povo em um dado momento histórico e os bons costumes seriam aquela parte da moralidade pública que se refere à relação sexual. Sem adaptar quaisquer das definições ao caso brasileiro, Buzaid concluiu, em flagrante tautologia, que "não [havia] mister [de] outras especulações científicas ou filosóficas para concluir-se que o obsceno [era] contrário à moral e aos bons costumes" (Ibid., p. 23).

18 Ibid., pp. 28-9.

19 O preâmbulo deste diploma do início de 1970 é bastante ilustrativo das motivações morais conservadoras:

"CONSIDERANDO que a Constituição da República, no artigo 153, § 8º dispõe que não serão toleradas as publicações e exteriorizações contrárias à moral e aos costumes;

CONSIDERANDO que essa norma visa a proteger a instituição da família, preserva-lhe [sic] os valores éticos e assegurar a formação sadia e digna da mocidade;

CONSIDERANDO, todavia, que algumas revistas fazem publicações obscenas e canais de televisão executam programas contrários à moral e aos bons costumes;

CONSIDERANDO que se tem generalizado a divulgação de livros que ofendem frontalmente à moral comum;

CONSIDERANDO que tais publicações e exteriorizações estimulam a licença, insinuam o amor livre e ameaçam destruir os valores morais da sociedade Brasileira;

CONSIDERANDO que o emprego desses meios de comunicação obedece a um plano subversivo, que põe em risco a segurança nacional".

20 Kushnir sugere essa expressão, interessante por agrupar a parte mais relevante do arcabouço legal ordinário, mas acaba por perder de vista o mencionado art. 153, parágrafo 8º, da Constituição, que nos parece o vértice principal de um sistema normativo. (Beatriz Kushnir, *Cães de guarda: Jornalistas e censores, do AI-5 à Constituição de 1988*. São Paulo: Boitempo, 2004, p. 81).

21 Vale registrar que, no caso de alguns jornais e especificamente para questões políticas, a censura prévia já ocorria sem esse tipo de previsão legal desde anos antes. *O Estado de S. Paulo* e *Jornal da Tarde*, por exemplo, começaram a ter censores na redação desde as vésperas do AI-5. (José Maria Mayrink, "Acervo mostra as marcas de censura". *O Estado de S. Paulo*, 23 maio 2012. Disponível em: <https://economia. estadao.com.br/noticias/geral, acervo-mostra-as-marcas-de-censura,113609e>).

22 Não é preciso ressaltar os ônus e prejuízos que decorriam de tais penalidades de busca e apreensão para os autores e editores das publicações. Além de não poderem mais vender o material, os exemplares já impressos e distribuídos em pontos de venda eram retirados de circulação e incinerados à custa do próprio autor ou editor, além das multas aplicadas. Periódicos e editoras chegaram à beira da falência por causa do estrangulamento financeiro que tais penalidades, sempre arbitrariamente aplicadas, provocaram. A maioria das empresas desse ramo eram pequenas, com situação financeira já precária e com produção em escala modesta.

23 Nota-se, assim, que o governo pretendeu aliviar a crítica recebida quanto ao controle prévio das publicações, sem, contudo, renunciar à possibilidade de efetuar tal controle caso entendesse necessário fazê-lo. Trata-se de uma tentativa de sinalizar um recuo, mas sem efetivamente cassar a prerrogativa do ministro de apreender previamente obras consideradas potencialmente subversivas.

24 Esse fato, como se verá, chegou a incomodar até mesmo censores. Diante da necessidade de atualização da legislação em razão dos desafios para dar conta do controle da cultura, em abril de 1974 o ministro Armando Falcão chegou a criar, por "portaria reservada", uma comissão encarregada dessa tarefa. A referida comissão era

integrada por um de seus assessores especiais, por um professor catedrático da Faculdade de Direito da Universidade Federal de Pernambuco e por Rogério Nunes, então diretor da DCDP. A composição se altera depois de três anos, permanecendo apenas este último incumbido de apresentar uma minuta de anteprojeto. Apesar da urgência requerida pelo ministro, somente em 1979, nas últimas semanas do governo Geisel, é que o trabalho foi apresentado em caráter sigiloso, mas não teve seguimento. Para uma análise detida deste anteprojeto e as possíveis causas de sua paralisação na estrutura administrativa, ver: Douglas Attila Marcelino, *Subversivos e pornográficos*, op. cit., p. 34.

25 Zuenir Ventura, *1968: O ano que não terminou*. Rio de Janeiro: Nova Fronteira, 1988, p. 285. Estes números podem estar subestimados. Deonísio da Silva, por exemplo, apresenta cifras significativamente maiores, afirmando que apenas Armando Falcão, ministro da Justiça de Geisel, "passou à história como o maior censor do Brasil em todos os tempos: mais de 500 livros proibidos, além de centenas — e às vezes milhares — de filmes, peças de teatro, músicas, cartazes, jingles e diversas outras produções, entendidas como artísticas e culturais, censuradas entre 1974 e 1978 (Deonísio da Silva, *Nos bastidores da censura: Sexualidade, literatura e repressão pós-64*. São Paulo: Estação Liberdade, 1989, p. 15). Importante registrar que não trataremos das artes visuais no presente livro, pois não identificamos um acervo relevante de material para análise.

26 Rita Colaço, "De Denner a Chrysóstomo, a repressão invisibilizada: As homossexualidades na ditadura (1972 a 1983)". In: James N. Green e Renan Quinalha (Orgs.), *Ditadura e homossexualidades*, op. cit. p. 210.

27 BR_DFANBSB_NS_AGR_COF_CSO_0014_D.

28 Luiz Mott, "A tribo dos rapazes de peito". *Folha de S.Paulo*, 16 jun. 1996. Disponível em: <http://www1.folha.uol.com.br/fsp/1996/6/16/mais!/3.html>. Acesso em: 13 maio 2021.

29 "Deputado confirma proibição". *Folha de S.Paulo*, 28 abr. 1972, p. 12.

30 "Veto ao trejeito". *Veja*, n. 190, 26 abr. 1972, p. 80.

31 Depois de sua vitória contra Dener, Anael, que se autointitulava "defensor inconstitucional [sic] da família, da moral, da disciplina e dos costumes", foi acompanhado pela *Veja* ao pagar sua promessa de uma peregrinação de mais de quatro horas a pé: "Se o santo acabasse com o Dener e os outros tipos iguais a ele na TV, eu vinha a pé a Rocas Grandes agradecer e rezar pelo nosso presidente da República ("As normas da boa conduta". *Veja*, n. 193, 17 maio 1972, p. 86).

32 "Veto ao trejeito", op. cit.

33 "As normas da boa conduta", *Veja*, n. 193, 17 maio de 1972, p. 85.

34 Ibid.

35 Rita Colaço, "De Denner a Chrysóstomo, a repressão invisibilizada: As homossexualidades na ditadura (1972 a 1983)". In: James N. Green e Renan Quinalha (Orgs.). *Ditadura e homossexualidades*, op. cit. pp. 214, 201-44.

36 Arquivo Nacional: DSI/MJ. Informação C. n. 013121, 13 abr. 1972, Caixa 1.

37 "Agildo anima 'Discoteca' e confirma rompimento do Chacrinha com TV Globo". *Jornal do Brasil*, 7 dez. 1972, p. 16.

38 Ibid.

39 BR_DFANBSB_NS_AGR_COF_CSO_0158_D.

40 Como era o termo mais utilizado à época, optamos por preservar a palavra.

41 José Antônio Mascarenhas, "Opinião pública na TV". *Lampião da Esquina*, n. 2, p. 9, jun./jul. 1978.

42 BR_AN_BSB_NS_AGR_COF_MSC_272.

43 De fato, a presença das travestis acabou sendo atenuada a partir de então. Ver <http://memoriaglobo.globo.com/programas/entretenimento/novelas/um-sonho--a-mais/bastidores>. Acesso em: 23 jun. 2021.

44 BR_AN_BSB_NS_AGR_COF_MSC_272.

45 BR_AN_BSB_NS_AGR_COF_MSC_279.

46 Ibid.

47 Ibid.

48 "Manifestação artística não terá mais censura por motivos políticos". *Jornal do Brasil*, 30 abr. 1985, p. 16.

49 Ibid.

50 "Tesoura em 'Vale Tudo': Censura não deixa ir ao ar a cena da novela sobre homossexualismo". *Jornal do Brasil*, Caderno B, 19 jul. 1988, p. 6.

51 Ibid.

52 É importante notar a legitimação que as medidas censórias dessa natureza encontravam em setores da sociedade brasileira que já demonstravam nostalgia dos períodos mais duros da ditadura. Uma correspondência enviada por um advogado de Carangola (MG) chamado Sérgio Nassar Guimarães ao diretor da censura, logo após as declarações citadas acima, revela o apelo popular do veto da cena que continha demonstração de amor entre mulheres: "Comungo com este censor o mesmo pensamento e irrestrito apoio à vossa atitude, pois, a homossexualidade é uma aberração advinda de desvios de personalidade, e como tal, deve ser abordado [sic] não publicamente". BR_AN_BSB_NS_AGR_COF_MSC_349.

53 Em 1985, após uma vitoriosa campanha capitaneada pelo Grupo Gay da Bahia desde 1981, que se materializou em um abaixo-assinado com adesão de milhares de pessoas por todo o Brasil, o Conselho Federal de Medicina retirou o código 302.0 da Classificação Internacional de Doenças (CID), da OMS, adotado pelo (Instituto Nacional de Assistência Médica da Previdência Social (Inamps) no Brasil.

54 BR_AN_BSB_NS_AGR_COF_MSC_270.

55 Ver capítulo 5.

56 "Censura ameaça Hebe Camargo". *Folha de S.Paulo*, 29 maio 1985, p. 37.

57 Ibid.

58 BR_AN_BSB_NS_AGR_COF_MSC_270.

59 BR_DFANBSB_ZD_0_0_0046A_0019_D0001DE0001.

60 Ibid.

61 Para assegurar que os textos não fossem alterados nas exibições após a certifica-

ção censória, a lei nº 5536 de 1968 prescrevia claramente a vedação das mudanças: "As peças teatrais, após aprovadas pela censura, não poderão ter os seus textos modificados ou acrescidos, inclusive na representação" (Art. 11). Em caso de descumprimento da norma, o espetáculo poderia ser suspenso por 3 a 20 dias, além de incidir a pena pecuniária de pagamento de multa.

62 A percepção de que as convicções pessoais e outros atributos de personalidade dos censores era o fator determinante nos vetos e liberações era razoavelmente difundida à época. Uma carta de 18 de setembro de 1972, escrita pelo curitibano Adyr Gabrilo Carli e encaminhada ao presidente da República, Emílio G. Médici, clama por mais censura e recomenda "que os membros da Censura [fossem] substituídos de tempos em tempos, visto que de tanto lidar com imoralidades, seus corações [iam] aos poucos se empedernindo, e o que para outra pessoa mais afastada seria imoral, para eles [era] coisa normal, face a lida diária". BR_AN_BSB_NS_AGR_COF_ MSC_029.

63 BR_AN_BSB_VAZ_080_0077.

64 Ibid.

65 Ibid.

66 Ibid.

67 Ibid.

68 Deonísio da Silva, *Nos bastidores da censura*, op. cit., p. 136.

69 A pressão sobre o Judiciário e a colaboração direta deste Poder com o Executivo são uma constante durante todo o período da ditadura. Exemplo disso é que, mesmo com a tendência de os tribunais endossarem a censura de livros, o diretor--geral do DPF em exercício, Raul Lopes Munhoz, enviou o ofício 391/68-SCDP ao secretário do Conselho de Segurança Nacional, em 9 de outubro de 1968, queixando--se da excessiva liberalidade dos juízes, os quais permitiam que peças teatrais vetadas fossem exibidas. Afirmava ele: "Solicito a digna atenção de Vossa Excelência no sentido de que esse órgão possa interferir junto aos [sic] órgãos competentes a fim de que as decisões do Departamento de Polícia Federal, no tocante às proibições de espetáculos pornográficos e subversivos, não sejam sustadas com a concessão de liminares por parte daqueles magistrados. Tal solicitação prende-se ao fato de que dezenas de peças teatrais proibidas pelo Serviço de Censura de Diversões Públicas estão sendo liberadas, sumariamente, através de recursos impetrados à Justiça". (Ibid., p. 138). Seria preciso apurar melhor empiricamente a reclamação do diretor do DPF, mas pode-se notar que, de modo geral, a postura mais recorrente do Judiciário foi de avalizar com base em questões formais e não de contestar os atos de exceção.

70 BR_AN_BSB_NS_AGR_CDO_006. As palavras riscadas no texto da peça, tais como "merda", "puta", "porra", "michê", "viado", desvelavam-se sintomáticas da visão moral restritiva da censura contra um diretor que produzia espetáculos reconhecidos por escancarar aspectos da existência humana. Mas a censura foi implacável contra essa peça: escrita em 1969, ela somente seria apresentada nos palcos onze

anos depois, em 1980, quando foi alçada a um símbolo da luta da classe teatral contra a censura.

71 Darcy Penteado, "Nas rodas da engrenagem". *Lampião da Esquina*, n. 1, p. 11, 1978

72 Ibid.

73 BR_AN_RIO_TT_0_MCP_PRO_1334.

74 Ibid.

75 Ibid.

76 Ibid.

77 Ibid.

78 Ibid.

79 Ibid.

80 BR_AN_RIO_TT_0_MCP_PRO_1869.

81 Ibid.

82 Ibid.

83 Paulo Cesar de Araújo, *Eu não sou cachorro, não: Música popular cafona e ditadura militar*. Rio de Janeiro: Record, 2015, p. 140. Um livro que retoma essa expressão como mote para traçar as representações LGBTs na canção brasileira é o de Renato Gonçalves, *Nós duas: As representações LGBTs na canção brasileira*. São Paulo: Lápis Roxo, 2016.

84 Renato Ortiz, "Revisitando o tempo dos militares". In: Daniel Aarão Reis; Marcelo Ridenti e Rodrigo P. Sá Motta (Orgs.), *A ditadura que mudou o Brasil: 50 anos do golpe de 1964*. Rio de Janeiro: Zahar, 2014, p. 119.

85 *Folha de S.Paulo*, 21 mar. 1972, p. 44.

86 Segundo Kushnir, Canepa, que dirigiu o DPF no final do governo Médici, enquanto Buzaid era ministro da Justiça, demonstrou-se "truculento" no comando das questões censórias. Kushnir, p. 125.

87 BR_AN_BSB_NS_AGR_COF_MSC_035.

88 Ibid.

89 *Christian Crusade Weekly*, 31 dez. 1972, pp. 3-4. A tradução de todos os textos do inglês para o português foi feita por Coriolano de L. C. Fagundes, técnico de censura dos mais atuantes e preparados no período e, mais tarde, diretor do DCDP.

90 Sergio Augusto, *Este mundo é um pandeiro: A chanchada de Getúlio a JK*. São Paulo: Companhia das Letras, 1989.

91 Rodrigo Gerace, *Cinema explícito: Representações cinematográficas do sexo*. São Paulo: Sesc/ Perspectiva, 2015, p. 145.

92 BR_DFANBSB_ZD_0_0_0037A_0016_D0008

93 Ibid.

94 Ibid.

95 Ibid.

96 Ibid.

97 Ibid.

98 BR_DFANBSB_ZD_0_0_0029B_0096_D0011.

99 Ibid.

100 Ibid.

101 Ibid.

102 Ibid.

103 Ibid.

104 BR_DFANBSB_ZD_0_0_0029B_0096_D0005

105 Ibid.

106 Ibid.

107 Ibid.

108 Ibid.

109 Ibid.

110 Ibid.

111 BR_RJANRIO_TT_0_MCP_AVU_0311.

112 Zuza Homem de Mello, *A era dos festivais: Uma parábola*. São Paulo: Ed. 34, 2003.

113 Outras músicas chamaram a atenção pela suposta "malícia". A canção "Samba de roda" de Caetano Veloso e Maria Bethânia, teve a expressão "lero-lero" grifada pela censura, que registrou "não aprovada por considerá-la maliciosíssima a expressão grifada" (BR AN RIO TN CPR LMU 1649). Outra música que recebeu o veto de uma censora após esta ler a letra e ouvir a gravação foi "Acabou chorare", dos Novos Baianos. Segundo a censora Eugênia, que assina um parecer contrário à liberação datado de 1972, "ouvida a gravação, nota-se perfeitamente a malícia. Não aprovo" (BR AN RIO TN CPR LMU 3236). Curioso que a música, na verdade, é inspirada em uma história infantil de João Gilberto com sua filha, então bebê, Bebel Gilberto, nada tendo da malícia alegada pela censora. De qualquer modo, a música acabou liberada e deu nome ao disco homônimo dos Novos Baianos.

114 Na verdade, o referido decreto-lei, abordado no primeiro capítulo, é de 1946. O art. 77 desse diploma normativo proibia "a irradiação de trechos musicais cantados em linguagem imprópria à boa educação do povo, anedotas ou palavras nas mesmas condições".

115 Cf. <http://memoriasdaditadura.org.br/movimentosnegros/>. Acesso em: 23 jun. 2021. Nessa mesma linha de preocupações com a luta por visibilidade e cidadania das pessoas negras, a música "Um índio" recebeu um veto por "apresentar em seu conteúdo conotação para o levante do Poder Negro através da força", por mencionar "impávido que nem Mohamede Ali [sic]", conforme consta no parecer censório assinado por Joel Paulo da Silva em 18 de junho de 1976. BR AN RIO TN CPR.LMU 7330.

116 BR DF AN BSB NS CPR MUI LMU 6332, p. 2.

117 Sobre *Galeria do amor*, ver capítulo 3.

118 Paulo Cesar de Araújo, *Eu não sou cachorro, não*, op. cit., pp. 141-2.

119 Ibid., p. 144. Na obra, o autor menciona outros cantores "cafonas" que desafiaram os padrões morais estreitos da época cantando a homossexualidade, como Nelson Ned com "Meu jeito de amar", Paulo Adriano, com "Preconceito", e Odair José, com "Desespero".

120 Ibid., p. 141.

121 Rita Lee, *Uma autobiografia*. Rio de Janeiro: Globo, 2016.

122 BR DF AN BSB NS CPR MUI LMU 36916, p. 10.

123 João Silvério Trevisan, *Devassos no Paraíso*, op. cit., p. 291.

124 Disponível em: <http://www.documentosrevelados.com.br/wp-content/uploads/2015/06/image-261.jpg>. Acesso em: 23 jun. 2021.

125 Mas pouco tempo depois, em 1990, sem mais censura, essa mesma música alcançaria grande sucesso na voz da cantora lésbica Cássia Eller. Menciona-se outra música do grupo proibida pela mesma razão, chamada "Império dos sentidos", que conta a história de um homem traído pela mulher que acaba morando junto dela e do seu amante em um triângulo amoroso. E o jornalista da *Folha* critica que "o estilete da 'censura democrática' não poupou nem machões nem delicados. Atinge cobras e veados". Matinas Suzuki Jr., "Cobras e veados". *Folha de S.Paulo*, 14 set. 1986, p. 62.

126 BR_AN_BSB_NS_AGR_COF_MSC_324.

127 Ibid.

128 BR_AN_BSB_NS_AGR_COF_MSC_331.

129 Ibid.

130 Renato Ortiz, "Revisitando o tempo dos militares". In: Daniel Aarão Reis; Marcelo Ridenti e Rodrigo P. Sá Motta (Orgs.), *A ditadura que mudou o Brasil*, op. cit., p. 119.

131 Sandra Reimão, *Repressão e resistência: Censura a livros na ditadura militar*. São Paulo: Edusp, 2011, p. 31.

132 Douglas Attila Marcelino, *Subversivos e pornográficos*, op. cit. p. 131.

133 Um estudo sobre essas relações, comparando Argentina, Brasil e Chile, pode ser encontrado em Anthony Pereira, *Ditadura e repressão: O autoritarismo e o estado de direito no Brasil, no Chile e na Argentina*. São Paulo: Paz e Terra, 2010.

134 Deonísio da Silva, *Nos bastidores da censura: Sexualidade, literatura e repressão pós-64*. São Paulo: Estação Liberdade, 1989.

135 A CGIPM havia sido criada e instituída pelo decreto-lei nº 459, de 10 de fevereiro de 1969, por sugestão do secretário-geral do Conselho de Segurança Nacional, estando vinculada à presidência da República. Ela durou até 6 de fevereiro de 1970, quando foi extinta por ordem do então recém-empossado presidente Emílio Garrastazu Médici. Formada por representantes das três Forças Armadas e presidida por um general de divisão, as atribuições da CGIPM consistiam, basicamente, em "cooperar para assegurar a tranquilidade do país no campo da Segurança Nacional". O "combate à subversão" travado por essa Comissão ia desde a fase preparatória, da busca de informações, até a conclusão da ação e acompanhamento na Justiça, passando também pela fase propriamente repressiva, que culminava com os inquéritos. A CGIPM detinha diversas prerrogativas, como solicitar aos órgãos de informações — Serviço Nacional de Informações (SNI); Centro de Informações do Exército (CIE); Centro de Informações da Marinha (Cenimar); Núcleo do Centro de Informações de Segurança da Aeronáutica (N-CISA); Divisões de Segurança e Informações; Departamentos de Ordem Política e Social; Polícia Federal — a investigação de atos subversivos e contrarrevolucionários. Além disso, podia, também, realizar, com seus próprios meios, as diligências policiais. Para mais informações

sobre a cgipm, consultar: <http://atom.ippdh.mercosur.int/index.php/comissao--geral-de-inquerito-policial-militar-cgipm>. Acesso em: 23 jun. 2021.

136 BR_DFANBSB_AAJ_IPM_0527_D.

137 Ibid.

138 Ibid.

139 Ibid.

140 Ibid.

141 Ibid.

142 Ibid.

143 Ibid.

144 BR_AN_BSB_PA_001_010.

145 Ibid.

146 Ibid.

147 Ibid.

148 Uma análise literária da obra de Cassandra se encontra em: Ramayana Lira, "Meta(na)morfoses lésbicas em Cassandra Rios". *Estudos Feministas*, Florianópolis, v. 21, n. 1, pp. 129-41, jan./abr. 2003.

149 "Cassandra Rios", *Realidade*, n. 48, p. 116, 1970.

150 Marisa Fernandes, "Lésbicas e a ditadura militar: Uma luta contra a opressão e por liberdade". In: James N. Green e Renan Quinalha (Orgs.). *Ditadura e homossexualidades*, op. cit. p. 127.

151 "Cassandra Rios ainda resiste: Com 36 livros proibidos, ela só pensa em escrever". *Lampião da Esquina*, n. 5, p. 10, out. 1978.

152 O parecer é citado por Marcelino. O autor, em importante estudo sobre a censura de livros, aponta que, no caso de Cassandra, "havia não apenas o agravante do tom incisivo de suas narrativas, mas o fato de tratarem, sobretudo, do homossexualismo feminino, fartamente exaltado pela autora, exasperando os técnicos de censura encarregados da avaliação de suas obras". (Douglas Attila Marcelino, *Subversivos e pornográficos*, op. cit. pp. 152-3).

153 Sandra Reimão, *Repressão e resistência: Censura a livros na ditadura militar*. São Paulo: Edusp, 2011, p. 150.

154 Ibid., p. 152

155 Lúcia Sacco, *Cassandra Rios: A Safo de Perdizes* (filme de 2013, realizado por Hanna Korich), 62 min.

156 Douglas Attila Marcelino, *Subversivos e pornográficos*, op. cit., p. 151.

157 BR_DFANBSB_NS_AGR_COF_ISI_0088_D.

158 Ibid.

159 Ibid.

160 Ibid.

161 Ibid.

162 Ibid.

163 Ibid.

164 Ibid.

165 Ibid.

166 Ibid.

167 Sandra Reimão, *Repressão e resistência*, op. cit., p. 156.

168 BR_AN_BSB_VAZ_064A_0088.

169 BR_DFANBSB_NS_AGR_COF_ISI_0091_D.

170 Ibid.

171 Essa versão, no entanto, foi perdendo força por conta das pesquisas posteriores e mais profundas sobre as diferentes formas de atuação e racionalidades específicas do processo censório. Ainda que não se negue a existência de casos particulares de equívocos, enganos e despreparos de alguns censores, eles não se mostram em número suficiente a ponto de justificar a generalização do argumento.

172 BR_DFANBSB_Z4_REX_IBR_0049.

173 BR_DFANBSB_ZD_0_0_0037A_0004_D0001DE0001.

174 Deonísio da Silva, *Nos bastidores da censura*, op. cit., p. 43. Deonísio da Silva, tomando como ponto de partida a proibição imposta ao livro de contos *Feliz ano novo*, lançado em 1975 pelo escritor Rubem Fonseca, analisa um discurso censório bastante fundado na sexualidade como "um tema inconveniente, sobretudo por mesclar-se em sexualidades tidas por ilegítimas, recobertas de erotismos patológicos e permeadas por uma violência descomunal". Dentre os temas, vale destacar a homossexualidade, que aparece, por exemplo, no conto "Dia dos namorados", que descreve um "pederasta que finge ser uma jovem", ou, ainda, "74 degraus", em que um casal de lésbicas comete um assassinato. Em 15 de dezembro de 1975, depois de mais de 30 mil exemplares comercializados e de semanas na lista dos livros mais vendidos, a obra foi proibida e apreendida por ordem do ministro da Justiça. O diferencial do caso de Fonseca e que o tornou um dos mais polêmicos é que, além de mexer com a intelectualidade, que se levantou contra a proibição, ele provocou judicialmente a própria censura, em razão de, pela primeira vez, obrigar os poderes censórios a declinarem os motivos da proibição de um livro. Isso porque, geralmente, as proibições de livros apareciam publicamente apenas fundamentadas em despachos sumários e sucintos do ministro da Justiça, com teor do tipo: "Exteriorização de matéria contrária à moral e aos bons costumes", reproduzindo expressão lacônica constante, por exemplo do art. 153, parágrafo 8º da Constituição.

175 BR_AN_RIO_TT_0_MCP_PRO_1738.

176 BR_RJANRIO_TT_0_MCP_AVU_0485.

177 Sobre a censura moral a tais publicações eróticas, mesmo com estudos científicos para educação sexual, ver Douglas Attila Marcelino, *Subversivos e pornográficos*, op. cit., pp. 137 ss.

178 BR_RJANRIO_TT_0_MCP_AVU_0485.

179 Ibid.

180 BR_RJANRIO_TT_0_MCP_AVU_0483.

181 Ibid.

182 Ibid.

183 BR_RJANRIO_TT_0_MCP_AVU_0499.

184 Ibid.

185 Ibid.

186 BR_RJANRIO_TT_0_MCP_AVU_0505.

187 BR_RJANRIO_TT_0_MCP_AVU_0584.

188 BR_RJANRIO_TT_0_MCP_AVU_0595.

189 Ibid.

190 BR_RJANRIO_TT_0_MCP_AVU_0016_D001.

191 BR_RJANRIO_TT_0_MCP_AVU_0015_D001.

192 BR_RJANRIO_TT_0_MCP_AVU_0303.

193 Ibid.

194 BR_RJANRIO_TT_0_MCP_AVU_0527.

195 O atentado do Riocentro foi um ataque a bomba perpetrado por setores do Exército contra a população que celebrava, em 30 de abril de 1980, o Dia do Trabalhador no Centro de Convenções do Riocentro.

196 BR_RJANRIO_TT_0_MCP_AVU_0527.

197 Ibid.

198 Ibid.

199 BR_RJANRIO_TT_0_MCP_AVU_0528.

200 BR_AN_RIO_TT_0_MCP_PRO_1030.

201 "Censura temia que erotismo derrubasse ditadura militar". *Gazeta Mercantil*, 3 ago. 2001. Disponível em: <http://www.terra.com.br/diversao/2001/08/03/016. htm>. Acesso em: 23 jun. 2021. A matéria registra, ainda, o caso da revista *Nova*, n. 3, dez. 1973, que teve diversos artigos cortados integralmente pela censura, entre eles o intitulado "Mulheres que vivem cercadas de homossexuais", que foi proibido de circular.

202 BR_DFANBSB_NS_AGR_COF_CSO_0233_D.

203 Ibid.

204 BR_AN_RIO_TT_0_MCP_PRO_1641.

205 Id. ibid.

206 Ibid.

207 BR_AN_RIO_TT_0_MCP_PRO_1839.

208 Ibid.

209 Ibid.

210 Ibid.

211 "'Snob', 'Le Femme'... Os bons tempos da imprensa guei". *Lampião da Esquina*, n. 28, p. 7, set. 1980.

212 Curi vivia na Alemanha e havia regressado ao Brasil apenas para resolver um problema com seu passaporte, quando foi convidado por Samuel Wainer, diretor do jornal que acabara de conhecer, para escrever a seção de Cultura. "Três anos depois tive a ideia de criar a coluna porque o Plínio Marcos escrevia uma coluna extremamente machista; havia outra, escrita por uma mulher sobre feminismo... Então fui falar com o Samuel, dizendo que eu queria escrever uma coluna falando

de homossexualidade. O Samuel reagiu espantado: 'Você vai me matar! Os Frias vão ficar loucos! Ninguém vai querer'". A coluna só começou depois da saída de Samuel, em fevereiro de 1976 (Lucy Dias, *Anos 70: Enquanto corria a barca*. São Paulo: Senac, 2004, p. 301).

213 João Silvério Trevisan, "Demissão, processo, perseguições. Mas qual é o crime de Celso Curi?". *Lampião da Esquina*, n. 0, p. 6, abr. 1978.

214 Ibid.

215 "Art. 17. Ofender a moral pública e os bons costumes: Pena: Detenção, de 3 (três) meses a 1 (um) ano, e multa de 1 (um) a 20 (vinte) salários-mínimos da região." Segundo depoimento de Curi no documentário sobre o *Lampião da Esquina*, o promotor considerou um atentado à moral e aos bons costumes até mesmo a expressão "Cidade Maravilhooooosa" que aparecia na coluna. *Lampião da Esquina*. Lívia Perez. São Paulo: Doctela, 2016. 82 min, altura do 3º min.

216 João Silvério Trevisan, "Demissão, processo, perseguições", op. cit.

217 Rita Colaço, "De Denner a Chrysóstomo, a repressão invisibilizada: As homossexualidades na ditadura (1972 a 1983)". In: James N. Green e Renan Quinalha (Orgs.), *Ditadura e homossexualidades*, op. cit., p. 223.

218 João Silvério Trevisan, "Justiça inocenta Celso Curi". *Lampião da Esquina*, n. 11, p. 3, abr. 1979.

219 Id., *Devassos no Paraíso*, op. cit., p. 324.

220 "O poder homossexual". *IstoÉ*, 28 dez. 1977, p. 8.

221 Ibid.

222 João Silvério Trevisan, "Demissão, processo, perseguições", op. cit.

223 *Lampião da Esquina*, n. 2, p. 5, jul. 1978.

224 "O poder homossexual". *Isto É*, op. cit., p. 9.

225 João Silvério Trevisan, "Um produto novo na praça". *Lampião da Esquina*, n. 2, p. 5, jul. 1978.

226 BR_AN_RIO_TT_0_MCP_PRO_1219.

227 Ibid.

228 Ibid.

229 Ibid.

230 Rita Colaço, "De Denner a Chrysóstomo, a repressão invisibilizada: As homossexualidades na ditadura (1972 a 1983)". In: James N. Green e Renan Quinalha (Orgs.), *Ditadura e homossexualidades*, op. cit., p. 224.

231 "Decadência do Municipal". *Folha de S.Paulo*, 6 mar. 1973, p. 6. BR_AN_RIO_TT_0_MCP_PRO_0690.

232 *O Globo*, 14 jan. 1975, p. 12.

233 James N. Green, *Além do Carnaval: A homossexualidade masculina no Brasil do século XX*. São Paulo: Editora Unesp, 2000, p. 369.

234 BR_DFANBSB_ZD_0_0_0038A_0043_D0002.

235 Mencionava-se o projeto de lei nº 55 (PL 55/1979), de autoria do deputado Álvaro Valle (PSD/RJ), que extinguia a censura ao livro e às obras teatrais, revogando o decreto-lei nº 1077, de 26 de janeiro de 1970, e alterando a lei nº 5536, de 21 de no-

vembro de 1968. Tal PL foi apresentado na 3ª Sessão Extraordinária do Conselho Superior de Censura, realizada em 27 de março de 1980, pelo próprio autor da proposta legislativa. Conforme consta da ata da referida reunião, "o dr. Otaviano Nogueira deu a palavra ao deputado Álvaro Valle, que agradeceu o convite para comparecer à reunião, lendo sua exposição a respeito da censura política e moral, explicando seu projeto de lei 55-A". BR_DFANBSB_ZD_0_0_0038A_0043_D0002.

236 BR_DFANBSB_ZD_0_0_0038A_0043_D0002.

237 Ibid.

238 BR_RJANRIO_LC_0_TXT_002_D0001DE0001.

239 BR_DFANBSB_ZD_0_0_0038A_0043_D0002.

240 Ibid.

241 Ibid.

242 Ibid.

243 Ibid.

244 Ibid.

245 Ibid.

246 Ibid.

247 BR_AN_BSB_VAZ_046A_0062

248 BR_DFANBSB_HE_0_IVT_0067.

249 Ibid.

250 Ibid.

251 Ibid.

252 Ibid.

253 Ibid.

254 Ibid.

255 Ibid.

256 Ibid.

257 Ibid.

258 Ibid.

CONSIDERAÇÕES FINAIS [PP. 275-83]

1 Pela primeira vez no país, uma mostra se propôs a fazer uma leitura das artes plásticas brasileiras a partir de uma perspectiva LGBTQ, ou seja, mostrando as diferentes formas como as diversidades sexual e de gênero vêm sendo retratadas e representadas na nossa história. Para se ter uma ideia da dimensão da empreitada, a mostra, segundo o curador, começou a ser pensada em 2010 e contava com quase 270 trabalhos de 85 artistas consagrados dentro e fora do país. Volpi, Portinari, Adriana Varejão, Lygia Clark, Leonilson e Flávio de Carvalho eram alguns desses nomes mundialmente conhecidos e admirados. A exposição ficou aberta apenas de 15 de agosto a 10 de setembro de 2017.

2 Meses depois, o Santander Cultural assinaria um termo de ajuste de conduta com

o Ministério Público Federal se comprometendo a abordar temáticas de gênero e sexualidade, além de a exposição *Queermuseu* ter sido reaberta no Parque Lage, no Rio de Janeiro. No entanto, como nos demais casos em que houve disputa, o maior estrago, que é a estigmatização pública da obra cultural e de seus autores, já estava consumado.

3   Ele foi além, sustentando que "não se pode produzir uma peça teatral de um nível tão agressivo. [...] o que não pode ser tolerado é o desrespeito a uma crença, a uma religião, enfim, a uma figura venerada no mundo inteiro. Nessa esteira, levando-se em conta que a liberdade de expressão não se confunde com agressão e falta de respeito [...] não se pode admitir a exibição de uma peça com um baixíssimo nível intelectual que chega até mesmo a invadir a existência do senso comum". Disponível em: <https://www.conjur.com.br/dl/juiz-proibe-peca-representa-jesus.pdf>. Acesso em: 13 maio 2021.

4   Havia também problemas burocráticos com o uso do espaço, mas o prefeito fez questão de anunciar a censura moral como se fosse decisão exclusiva e pessoal dele. Ver "Crivella diz que espetáculo com Jesus travesti ofende 'consciência dos cristãos'", G1 Rio de Janeiro, 6 jun. 2018. Disponível em: <https://g1.globo.com/rj/rio-de-janeiro/noticia/crivella-diz-que-espetaculo-com-jesus-travesti-ofende-consciencia-dos-cristaos.ghtml>. Acesso em: 23 jun. 2021.

5   Ver texto de Eliane Brum com entrevista com o artista: "Fui morto na internet como se fosse um zumbi da série *The Walking Dead*", *El País*, 12 fev. 2018. Disponível em: <https://brasil.elpais.com/brasil/2018/02/12/opinion/1518444964_080093.html>. Acesso em: 23 jun. 2021.

6   Bruno Molinero e Ivan Finotti, "Fiscais vão à Bienal do Livro após críticas de Crivella a beijo gay em quadrinhos". *Folha de S.Paulo*, 6 set. 2019. Disponível em: <https://www1.folha.uol.com.br/ilustrada/2019/09/fiscais-vao-a-bienal-do-livro-apos-criticas-de-crivella-a-beijo-gay-em-hq.shtml>. Acesso em: 23 jun. 2021.

7   "Governo Bolsonaro suspende edital com séries de temas LGBT, após críticas do presidente". G1, 21 ago. 2019. Disponível em: <https://g1.globo.com/pop-arte/noticia/2019/08/21/governo-bolsonaro-suspende-edital-com-series-de-temas-lgbt-apos-criticas-do-presidente.ghtml>. Acesso em: 23 jun. 2021.

8   Sérgio Rodas, "MPF move ação contra ministro por censura a projetos LGBT em edital da Ancine". Conjur, 2 out. 2019. Disponível em: <https://www.conjur.com.br/2019-out-02/mpf-move-acao-ministro-censura-projetos-lgbt>. Acesso em: 9 jun. 2021.

9   Jan Niklas, "Séries LGBT atacadas por Bolsonaro perdem edital da TV pública". *O Globo*, 21 jan. 2020. Disponível em: <https://oglobo.globo.com/cultura/series-lgbt-atacadas-por-bolsonaro-perdem-edital-da-tv-publica-24202727>. Acesso em: 23 jun. 2021.

10   Ana Luiza Albuquerque e Anna Virginia Balloussier, "Justiça determina censura de especial de Natal do Porta dos Fundos para 'acalmar ânimos'". *Folha de S.Paulo*, 8 jan. 2020. Disponível em: <https://www1.folha.uol.com.br/ilustrada/2020/01/justica-determina-retirada-do-ar-de-especial-de-natal-do-porta-dos-fundos-para-acalmar-animos.shtml>. Acesso em: 23 jun. 2021.

11 Disponível em: <https://g1.globo.com/politica/noticia/2020/01/17/secretario-nacional-da-cultura-roberto-alvim-faz-discurso-sobre-artes-semelhante-ao-de-ministro-da-propaganda-de-hitler.ghtml>. Acesso em: 23 jun. 2021.

12 O termo "backlash" tem sido utilizado, em diversos campos do conhecimento, para designar movimentos reacionários a mudanças culturais e de valores, sobretudo a partir das lutas das mulheres, das pessoas negras e LGBTs. O trabalho seminal que lança o conceito é o da jornalista Susan Faludi, intitulado *Backlash: O contra-ataque na guerra não declarada contra as mulheres*, publicado no Brasil pela editora Rocco.

13 Aprofundei essa leitura da realidade, ainda no calor dos acontecimentos e antes da posse de Jair Bolsonaro, sobre as perspectivas para a população LGBT no artigo "Desafios para a comunidade e o movimento LGBT no governo Bolsonaro". In: *Democracia em risco? 22 ensaios sobre o Brasil hoje*. São Paulo: Companhia das Letras, 2019, pp. 256-73.

14 Vitória Régia da Silva, "Casamentos homoafetivos explodem entre eleição e posse de Bolsonaro". *Gênero e Número*, 6 dez. 2019. Disponível em: <http://www.generonumero.media/casamentos-homoafetivos-saltam-entre-eleicao-e-posse-de-bolsonaro/>. Acesso em: 23 jun. 2021.

REFERÊNCIAS BIBLIOGRÁFICAS

ALMEIDA, São José. *Homossexuais no Estado Novo*. Porto: Sextante, 2010.

AQUINO, Maria Aparecida de. *Censura, imprensa e Estado autoritário (1968-1978): O exercício cotidiano da dominação e da resistência: O estado de São Paulo e Movimento*. Bauru: Edusc, 1999.

ARAÚJO, Paulo Cesar de. *Eu não sou cachorro, não: Música popular cafona e ditadura militar*. Rio de Janeiro: Record, 2015.

AUGUSTO, Sergio. *Este mundo é um pandeiro: A chanchada de Getúlio a JK*. São Paulo: Companhia das Letras, 1989.

BAHIA, Alexandre Gustavo Melo; SANTOS, Daniel Moraes. "O longo caminho contra a discriminação por orientação sexual no Brasil no constitucionalismo pós-88: Igualdade e liberdade religiosa". *Libertas*, Ouro Preto, v. 1, n. 1, jan./jun. 2013.

BENADUSI, Lorenzo. *The Enemy of the New Man: Homosexuality in Fascist Italy*. Wisconsin: The University of Wisconsin Press, 2012.

BRASIL. Comissão Nacional da Verdade. Relatório Final. Brasília: CNV, 2014. BRASIL. Ministério das Relações Exteriores. *Mundo afora: Políticas de combate à violência e à discriminação contra pessoas LGBT*, Brasília, n. 2, 2015.

BRAZDA, Rudolf; SCHWAB, Jean-Luc. *Triângulo rosa: Um homossexual no campo de concentração nazista*. São Paulo: Mescla, 2012.

BUZAID, Alfredo. *Em defesa da moral e dos bons costumes*. Brasília: Ministério da Justiça, 1970.

CÂMARA, Cristina. *Cidadania e orientação sexual: A trajetória do grupo Triângulo Rosa*. Rio de Janeiro: Academia Avançada, 2002.

CANADAY, Margot. *The Straight State: Sexuality and Citizenship in Twentieth-Century America*. Princeton: Princeton University Press, 2009.

CARNEIRO, Maria Luiza Tucci. *Livros proibidos, ideias malditas: O Deops e as minorias silenciadas*. São Paulo: Estação Liberdade; Arquivo do Estado-SEC, 1997.

_____. *Minorias silenciadas: História da censura no Brasil*. São Paulo: Edusp; Imprensa Oficial; Fapesp, 2002.

COLAÇO, Rita. *Uma conversa informal sobre homossexualismo*. Rio de Janeiro: Edição da Autora, 1984.

_____. *De Daniele a Chrysóstomo: Quando travestis, bonecas e homossexuais entram em cena*. Tese de doutorado em história. Niterói: Instituto de Ciências Humanas e Filosofia da Universidade Federal Fluminense, 2012.

_____. "De Denner a Chrysóstomo, a repressão invisibilizada: As homossexualidades na ditadura (1972 a 1983)". In: GREEN, James N.; QUINALHA, Renan (Orgs.). *Ditadura e homossexualidades: Repressão, resistência e a busca da verdade*. São Carlos: EduFSCar, 2014. pp. 201-44.

COMISSÃO NACIONAL DA VERDADE: <http://www.cnv.gov.br/index.php?option=com_content&view=article&id=571>.

COSTA, Cristina. *Censura em cena: Teatro e censura no Brasil*. São Paulo: Edusp, Fapesp; Imprensa Oficial, 2006.

COWAN, Benjamin. "A Passive Homosexual Element: Digitized Archives and the Policing of Homosex in Cold War Brazil". *Radical History Review*, Durham, n. 120, pp. 183-203, out. 2014.

_____. *Securing Sex: Morality and Repression in the Making of Cold War Brazil*. Chapel Hill: University of North Carolina Press, 2016.

CRUZ, Rodrigo Rodrigues da. *Do protesto às urnas: O movimento homossexual na transição política (1978-1982)*. Guarulhos, Escola de Filosofia, Letras e Ciências Humanas, Universidade Federal de São Paulo, 2015. Dissertação de mestrado em ciências sociais.

DANIEL, Herbert. *Passagem para o próximo sonho: Um possível romance autocrítico*. Rio de Janeiro: Codecri, 1982.

D'ARAUJO, M. C. et al. (Orgs.). *Visões do golpe: A memória militar sobre 1964*. Rio de Janeiro: Relume-Dumará, 1994.

FACCHINI, Regina. *Sopa de letrinhas?: Movimento homossexual e produção de identidades coletivas nos anos 90*. Rio de Janeiro: Garamond, 2005.

FAGUNDES, Coriolano de Loyola Cabral. *Censura & liberdade de expressão.* São Paulo: Taika, 1974.

FERNANDES, Marisa. "Lésbicas e a ditadura militar: Uma luta contra a opressão e por liberdade". In: GREEN, James N.; QUINALHA, Renan (Orgs.). *Ditadura e homossexualidades: Repressão, resistência e a busca da verdade.* São Carlos: EduFSCar, 2014. pp. 125-48.

FICO, Carlos. *Prezada Censura: Cartas ao regime militar. Topoi,* Rio de Janeiro, v. 3, n. 5, pp. 251-86 , dez. 2002.

_____. *Além do golpe: Versões e controvérsias sobre 1964 e a ditadura militar.* Rio de Janeiro: Record, 2004.

_____. "A pluralidade das censuras e das propagandas da ditadura". In: REIS, Daniel; RIDENTI, Marcelo; MOTTA, Rodrigo Patto Sá (Orgs.). *O golpe e a ditadura militar: 40 anos depois (1964-2004).* Bauru: Edusc, 2004. pp. 265-76.

_____. "Espionagem, polícia política, censura e propaganda: Os pilares básicos da repressão". In: FERREIRA, Jorge; DELGADO, Lucília de Almeida Neves (Orgs.). *O Brasil Republicano: O tempo da ditadura: Regime militar e movimentos sociais em fins do século XX.* Rio de Janeiro: Civilização Brasileira, 2009.

_____. "Censura, ditadura e 'utopia autoritária'". In: COSTA, Cristina. *Seminários sobre censura.* São Paulo: Balão; Fapesp, 2012. pp. 65-76.

FOUCAULT, Michel. *História da sexualidade I: A vontade de saber.* Rio de Janeiro: Graal, 1985.

FRY, Peter. "Da hierarquia à igualdade: A construção histórica da homossexualidade no Brasil". In: FRY, Peter (Org.). *Para inglês ver: Identidade política na cultura brasileira.* Rio de Janeiro: Zahar, 1982. pp. 87-115.

GALEANO, Javier Fernández. "Is He a 'Social Danger'?: The Franco Regime's Judicial Prosecution of Homosexuality". In: Malaga under the Ley de Vagos y Maleantes. *Journal of the History of Sexuality,* Chicago, v. 25, n. 1, jan. 2016.

GARCIA, Miliandre. *"Ou vocês mudam ou acabam": Teatro e censura na ditadura militar (1964-1988).* Tese de doutorado em história. Rio de Janeiro: Instituto de Filosofia e Ciências Sociais, Universidade Federal do Rio de Janeiro, 2008.

GERACE, Rodrigo. *Cinema explícito: Representações cinematográficas do sexo.* São Paulo: Sesc; Perspectiva, 2015.

GOLDBERG, Anitta. *Feminismo e autoritarismo: A metamorfose de uma utopia de liberação em ideologia liberalizante.* Rio de Janeiro, Universidade Federal do Rio de Janeiro, 1987. Dissertação de mestrado em história.

GONÇALVES, Renato. *Nós duas: As representações LGBTs na canção brasileira.* São Paulo: Lápis Roxo, 2016.

GREEN, James N. "'More Love and More Desire': The Building of the Brazilian Movement". In: ADAM, Barry D.; DUYVENDAK, Jan Willem; KROUWEL, André Krouwel (Orgs.). *The Global Emergence of Gay and Lesbian Politics: National Imprints of a Worldwide Movement.* Filadélfia: Temple University Press, 1999. pp. 91-109.

_____. *Além do Carnaval: A homossexualidade masculina no Brasil do século XX.* São Paulo: Editora Unesp, 2000.

_____. *Revolucionário e gay: A vida extraordinária de Herbert Daniel.* Rio de Janeiro: Civilização Brasileira, 2018.

_____. "The Emergence of the Brazilian Gay Liberation Movement, 1977-1981". *Latin American Perspectives,* Riverside, v. 21, n. 1, pp. 38-55, 1994.

_____. "Quem é o macho que quer me matar?: Homossexualidade masculina, masculinidade revolucionária e luta armada brasileira dos anos 1960 e 1970". *Anistia Política e Justiça de Transição,* Brasília, Ministério da Justiça, n. 8, 2012.

_____. "'Abaixo a repressão, mais amor e mais tesão': Uma memória sobre a ditadura e o movimento de gays e lésbicas de São Paulo na época da 'abertura'. *Acervo,* Rio de Janeiro, v. 27, n. 1, pp. 53-82, abr. 2014.

_____. "O grupo Somos, a esquerda e a resistência à ditadura". In: GREEN, James N.; QUINALHA, Renan (Orgs.). *Ditadura e homossexualidades: Repressão, resistência e a busca da verdade.* São Carlos: EdUFScar, 2014. pp. 177-200.

GREEN, James N; TRINDADE, Ronaldo (Orgs.). *Homossexualismo em São Paulo e outros escritos.* São Paulo: Editora Unesp, 2005.

_____. *Ditadura e homossexualidades: Repressão resistência e a busca da verdade.* São Carlos; EdUFScar, 2014.

GUERRA, Lillian. "Gender Policing, Homosexuality and the New Patriarchy of the Cuban Revolution, 1965-1970". *Social History,* Toronto, v. 35, n. 3, pp. 268-89, ago. 2010.

HEALEY, Dan. *Homosexual Desire in Revolutionary Russia: The Regulation of Sexual and Gender Dissent.* Chicago: The University of Chicago Press, 2001.

HOLLANDA, Heloisa Buarque de; GONÇALVES, Marcos Augusto. *Cultura e participação nos anos 60.* São Paulo: Brasiliense, 1982.

HUARD, Geoffroy. *Los Antisociales: Historia de la homosexualidad en Barcelona y París (1945-1975).* Madri: Marcial Pons, 2014.

INSAUSTI, Santiago Joaquín. "Los cuatrocientos homosexuales desaparecidos: Memorias de la represión estatal a las sexualidades disidentes en Argentina". In: D'ANTONIO, Débora (Org.). *Deseo y represión: Sexualidad, género y Estado en la historia reciente argentina*. Buenos Aires: Imago Mundi, 2015. pp. 62-82.

JAREMTCHUK, Dária. "Um certo Brasil em Washington: A criação do Brazilian--American Cultural Institute (1964-2007)". Florianópolis: XXVIII Simpósio Nacional de História, 2015.

JÁUREGUI, Carlos Luis. *La homosexualidad en la Argentina*. Buenos Aires: Tarso, 1987.

KUCINSKI, Bernardo. *Jornalistas e revolucionários: Nos tempos da imprensa alternativa*. São Paulo: Edusp, 2001.

KUSHNIR, Beatriz. *Cães de guarda: Jornalistas e censores do AI-5 à Constituição de 1988*. São Paulo: Boitempo, 2004.

LEE, Rita. *Uma autobiografia*. Rio de Janeiro: Globo, 2016.

LEITE, Gabriela Silva. *Eu, mulher da vida*. Rio de Janeiro: Rosa dos Tempos, 1992.

LIRA, Ramayana. "Meta(na)morfoses lésbicas em Cassandra Rios". *Estudos Feministas*, Florianópolis, v. 21, n. 1, pp. 129-41, jan./abr. 2013.

LOPES, Fábio Henrique. "Travestilidades e ditadura civil-militar brasileira: Apontamentos de uma pesquisa". *Esboços*, Florianópolis, v. 23, n. 35, pp. 145-67, set. 2016.

MACRAE, Edward. *A construção da igualdade: Identidade sexual e política no Brasil da "abertura"*. Campinas: Editora da Unicamp, 1990.

_____. "Em defesa do gueto". In: GREEN, James; TRINDADE, Ronaldo (Orgs.). *Homossexualismo em São Paulo e outros escritos*. São Paulo: Editora Unesp, 2005. pp. 51-66.

MARCELINO, Douglas Attila. *Subversivos e pornográficos: Censura de livros e diversões públicas nos anos 1970*. Rio de Janeiro: Arquivo Nacional, 2011.

MARCONI, Paolo. *A censura política na imprensa brasileira (1968-1978)*. 2. ed. São Paulo: Global, 1980.

MARTINS, William de Souza Nunes. *Produzindo no escuro: Políticas para a indústria cinematográfica brasileira e o papel da censura (1964-1988)*. Tese de doutorado em história. Rio de Janeiro: Instituto de Filosofia e Ciências Sociais, Universidade Federal do Rio de Janeiro, 2009.

MELLO, Zuza Homem de. *A era dos festivais: Uma parábola*. São Paulo: Ed. 34, 2003.

MORANDO, Luiz. "Por baixo dos panos: Repressão a gays e travestis em Belo Horizonte". In: GREEN, James N.; QUINALHA, Renan (Orgs.). *Ditadura e homossexualidades: Repressão, resistência e a busca da verdade*. São Carlos: EdUFSCar, 2014. pp. 53-82.

MOUTTA DE FARIA, Marcos. "Partido Socialista ou Partido dos Trabalhadores?: Contribuição à história do trotskismo no Brasil: A experiência da Convergência Socialista". *Diálogos*, Revista do Departamento de História e do Programa de Pós-Graduação em História [on-line], Maringá, v. 9, n. 2, pp. 239-45, 2005.

OCANHA, Rafael Freitas. *"Amor, feijão, abaixo camburão": Imprensa, violência e trottoir em São Paulo (1979-1983)*. São Paulo, PUC, 2014. Dissertação de mestrado em História.

_____. "As rondas policiais de combate à homossexualidade na cidade de São Paulo (1976-1982)". In: GREEN, James N.; QUINALHA, Renan (Orgs.). *Ditadura e homossexualidades: Repressão, resistência e a busca da verdade*. São Carlos: EdUFSCar, 2014. pp. 149-76.

OKITA, Hiro. *Homossexualismo: Da opressão à libertação*. São Paulo: Proposta, 1981.

ORTIZ, Renato. "Revisitando o tempo dos militares". In: REIS, Daniel Aarão; RIDENTI, Marcelo; MOTTA, Rodrigo P. Sá (Orgs.). *A ditadura que mudou o Brasil: 50 anos do golpe de 1964*. Rio de Janeiro: Zahar, 2014. pp. 112-27.

PEREIRA, Anthony. *Ditadura e repressão: O autoritarismo e o estado de direito no Brasil, no Chile e na Argentina*. São Paulo: Paz e Terra, 2010.

PÉRET, Flávia. *Imprensa gay no Brasil*. São Paulo: Publifolha, 2011.

PERLONGHER, Néstor. "O desaparecimento da homossexualidade". In: LANCETTI, Antônio et al. *SaúdeLoucura 3*. São Paulo: Hucitec, 1993. pp. 39-45.

_____. "Territórios marginais". In: GREEN, James; TRINDADE, Ronaldo. *Homossexualismo em São Paulo*. São Paulo: Editora Unesp, 2005. pp. 263-90.

_____. *O negócio do michê: A prostituição viril em São Paulo*. São Paulo: Fundação Perseu Abramo, 2008.

PIERUCCI, Antônio Flávio. "As bases da nova direita". *Novos Estudos*, São Paulo, n. 19, pp. 26-45, dez. 1987.

PRESOT, Aline. "Celebrando a 'Revolução': As marchas da família com Deus pela liberdade e o golpe de 1964". In: ROLLEMBERG, Denise; QUADRAT, Samantha Viz. (Orgs.). *A construção social dos regimes autoritários: Legitimidade, con-*

senso e consentimento no século XX — Brasil e América Latina. Rio de Janeiro: Civilização Brasileira, 2010. pp. 71-96.

QUINALHA, Renan. *Contra a moral e os bons costumes: A política sexual da ditadura brasileira (1964-1988)*. Tese de doutorado em Relações Internacionais. São Paulo: Instituto de Relações Internacionais, Universidade de São Paulo, 2017.

_____. "Desafios para a comunidade e o movimento LGBT no governo Bolsonaro". In: *Democracia em risco?: 22 ensaios sobre o Brasil hoje*. São Paulo: Companhia das Letras, 2019. pp. 256-73.

_____. "O mito fundador de Stonewall". *Cult*, n. 246, jun. 2019.

_____. "Marxismo e sexualidade no Brasil: Recompondo um histórico". *Margem Esquerda*, São Paulo, Boitempo, n. 33, pp. 25-31, 2019.

_____. "Censura moral na ditadura brasileira: Entre o direito e a política". *Direito e Práxis*, Rio de Janeiro, v. 11, n. 3, pp. 1728-55, dez. 2019.

_____. "*Lampião da Esquina* na mira da ditadura hetero-militar de 1964". *Cadernos Pagu*, n. 61, mar./abr. 2021.

RAPISARDI, Flavio; MODARELLI, Alejandro. *Fiestas, baños y exilios: Los gays porteños en la última dictadura*. Buenos Aires: Sudamericana, 2001.

REIMÃO, Sandra. *Repressão e resistência: Censura a livros na ditadura militar*. São Paulo: Edusp, 2011.

RIBEIRO, Renato Janine. "A política dos costumes". In: NOVAES, Adauto (Org.). *Muito além do espetáculo*. São Paulo: Senac, 2005. pp. 128-43.

RODRIGUES, Jorge Caê. "Impressões de identidade: Os caminhos da imprensa gay nacional". In: COSTA, Horácio et al. (Orgs.). *Retratos do Brasil homossexual: Fronteiras, subjetividades e desejos*. São Paulo: Edusp; Imprensa Oficial, 2010. pp. 499-508.

_____. "Um Lampião iluminando esquinas escuras da Ditadura". In: GREEN, James N.; QUINALHA, Renan (Orgs.). *Ditadura e homossexualidades: Repressão, resistência e a busca da verdade*. São Carlos: EdUFSCar, 2014. pp. 83-124.

SANTOS, Gustavo Gomes da Costa. "Mobilizações homossexuais e estado no Brasil: São Paulo (1978-2004)". *Revista Brasileira de Ciências Sociais*, São Paulo, v. 22, n. 63, pp. 121-35, fev. 2007.

SANTOS, Pilar Lago. *Eu (também) engoli Brasília: Poesia e utopia na obra de Nicolas Behr*. São Paulo, PUC, 2010. Dissertação de mestrado.

SANTOS, Wanderley Guilherme dos. "Estratégias de descompressão política". In:

Poder & política: Crônica do autoritarismo brasileiro. Rio de Janeiro: Forense Universitária, 1978. pp. 143-211.

SCHWARCZ, Roberto. "Cultura e política, 1964-1969". In: _____. *O pai de família e outros estudos*. Rio de Janeiro: Paz e Terra, 1978. pp. 61-92.

SILVA, Claudio Roberto da. *Reinventando o sonho: História oral de vida política e homossexualidade no Brasil contemporâneo*. São Paulo, FFLCH-USP, 1998. Dissertação de mestrado.

SILVA, Deonísio da. *Nos bastidores da censura: Sexualidade, literatura e repressão pós-64*. São Paulo: Estação Liberdade, 1989.

SIMÕES, Inimá. *Roteiro da intolerância: A censura cinematográfica no Brasil*. São Paulo: Senac, 1999.

SIMÕES, Júlio; FACCHINI, Regina. *Na trilha do arco-íris: Do movimento homossexual ao LGBT*. São Paulo: Fundação Perseu Abramo, 2009.

SIMÕES JÚNIOR, Almerindo Cardoso. *E havia um lampião na esquina: Memórias, identidades e discursos homossexuais*. Rio de Janeiro, Unirio, Programa de Pós-Graduação em Memória Social, 2006. Dissertação de mestrado em história social.

SIMÕES, Solange de Deus. *Deus, pátria e família: As mulheres no golpe de 1964*. Petrópolis: Vozes, 1985.

SOARES, Glaucio Ary Dillon. "A censura durante o regime autoritário". *Revista Brasileira de Ciências Sociais*, São Paulo, v. 4, n. 10, pp. 21-43, jun. 1989. Disponível em: <http://www.anpocs.com/images/stories/RBCS/10/rbcs10_02.pdf>. Acesso em: 13 maio 2021.

SOUTO MAIOR JR., Paulo Roberto. "Escrever para inscrever-se: Epistolografia homossexual nas páginas do *Lampião da Esquina* (1978-1981)". *Tempo e Argumento*, Florianópolis, v. 8, n. 19, pp. 254-82, set./dez. 2016.

SOUZA, Rafael de. *Saindo do gueto: O Movimento Homossexual no Brasil da abertura, 1978-1982*. São Paulo, USP, 2013. Dissertação de mestrado.

STEPHANOU, Alexandre Ayub. *Censura no regime militar e militarização das artes*. Porto Alegre: PUC, 2001.

TELES, Janaína de Almeida. "Ditadura e repressão: Paralelos e distinções entre Brasil e Argentina". *Taller (Segunda Época). Revista de Sociedad, Cultura y Política en América Latina*, v. 3, n. 4, 2014.

TREVISAN, João Silvério. *Devassos no Paraíso: A homossexualidade no Brasil, da colônia à atualidade*. 4 ed. rev., atual. e amp. Rio de Janeiro: Objetiva, 2018.

VENTURA, Zuenir. *1968: O ano que não terminou.* Rio de Janeiro: Nova Fronteira, 1988.

VERAS, Elias Ferreira. *Travestis: Carne, tinta e papel.* Curitiba: Prismas, 2017.

VIEIRA, Nayara da Silva. *Entre o imoral e o subversivo: A Divisão de Censura de Diversões Públicas (DCDP) no regime militar (1968-1979).* Brasília, Instituto de Ciências Humanas, Universidade de Brasília, 2011. Dissertação de mestrado.

YOUNG, Allen. *Los gays bajo la Revolución Cubana.* Madri: Playor, 1984.

ZANATTA, Eliane Marques. "Documento e identidade: O movimento homossexual no Brasil na década de 80". *Cadernos AEL*, Campinas, n. 5/6, pp. 193-220, 1996-7.

1, 2
Registros da vida noturna
na Boate Medieval, uma das
mais tradicionais de São
Paulo, na década de 1970.

3
Prisão em massa detém
quatrocentas pessoas
para averiguação em
operação conduzida
pelo Departamento de
Investigações de São Paulo,
atual Deic, em maio de 1964.

4
Andréa de Mayo como Geni
na peça *Ópera do malandro*,
década de 1980.

5
Operação Bonecas é
deflagrada para a apreensão
de homossexuais na cidade
do Rio de Janeiro,
em novembro de 1970.

6

6
Retratos de pessoas detidas
e fichadas pela Polícia Civil
de São Paulo.

7

7, 8
Blitz policial contra as
bonecas da Cinelândia.
Rio de Janeiro, julho de 1969.

9

9
Ação policial do 3º DP
na Boca do Lixo. São Paulo,
27 de janeiro de 1969.

Fls. _____

SECRETARIA DA SEGURANÇA PÚBLICA

DELEGACIA :— 4º DISTRITO POLICIAL. —

TERMO DE DECLARAÇÕES

Aos —quatro— dias do mês de julho — — — — de mil novecentos e setenta e sete , nesta cidade de S. Paulo - Capital — — — — — na Delegacia de Polícia de S. Paulo/4º D.P. — — onde se achava o Doutor — GUIDO FONSECA. — — — — — — — — — — — — — — — — —, Delegado respectivo, comigo escr ivão de seu cargo, ao final assinado, compareceu — FLAVIO VICENTE DE PINA — filho de Emilio de Pina e Immaculada Concetta Sarlo de Pina. com 18 anos (13.10.58) anos de idade, de cor branca — — — — — — — estado civil solteiro — — — — — de nacionalidade brasileira — — — natural de São Paulo - Capital — — — — — — — — — — — — de profissão estudante — — — — — — — —residente à Rua Fradique Coutinho — — — — — — — — — — — —número 372 — — casa 1 — — — Pinheiros. — — — — — — — sabendo ler e escrever e declarou: que declarante é homosexual, digr homosexual, porem não é travesti; que é homosexual desde os sete anos aproximadamente; qua/
dezesete
o dec arante não usa apelidos, sendo o que ficou consignado - não é verdade; que o declarante se posta na avenida Ipiran- aliciando fregueses, porem esclarece que não mais retornaré;- que o declarante não tem qualquer vantagem pecuniaria em seus encontros amorosos, saindo apenas por simpatia, assim como não paga para manter relações sexuais ; que o declarante esclarece que não tem rendas pois não vive da prostituição masculina, - sendo que é sustentado por sua mãe;que o único documento que / possuo é uma carteira de estudante de um curso pre-vestibular que está fazendo no Curso Objetivo; que vive com sua mãe e não paga aluguel; que o de larante não usa roupas femininas e não tem qualquer gasto com tais indumentárias; que o o declarante há algum tempo tomava hormonios porem já fazem quatro meses / que não faz uso de tais medicamentos, porem o hormonio que to- marava era Lindiol um a noite antes de dormir. Nada mais dis-

10
Termo de declarações colhido pelo delegado Guido Fonseca para seu estudo sobre a "prostituição travesti" em São Paulo. Os termos foram produzidos pela polícia com base na Portaria 390, de 1976, da Delegacia Seccional Centro, que autorizava a prisão de travestis para averiguação.

11
Manifestação nas escadarias do Theatro Municipal contra os rondões do delegado José Wilson Richetti. São Paulo, 13 de junho de 1980.

Coluna do Meio

Celso Curi

"Ser mulher, não é só vestir saia, não" (Mirabeau)

MARCHA ALEGRE, MAS NEM TANTO.

Numa tarde de sábado, Londres teve a oportunidade de presenciar uma bela passeata. Milhares de pessoas, em sua maioria jovens, carregando imensos cartazes e faixas. Não era nenhum movimento político, e sim uma marcha dos homossexuais ingleses — de ambos os sexos — para o reconhecimento dos seus direitos e mudança imediata das leis.

Em 67, um Ato do Parlamento considerou o homossexualismo livre, mas somente para maiores de 21 anos. Descontentes, eles saíram a rua para ampliar essa lei. Além de pretenderem abaixar a idade para 16 anos — como é na lei heterossexual — eles querem ampliar os direitos para a Escócia, Irlanda e principalmente para o Exército Inglês — que ainda são reprimidos. E ainda, lutam para poder mostrar afeto em público.

Quando a Rainha Vitória liberou o homossexualismo masculino, depois de ter recebido manifesto assinado por milhares de pessoas, inclusive Oscar Wilde, foi consultada a respeito do lesbianismo. Sua resposta: "Não é necessário uma lei igual para as mulheres. Lesbianismo é uma lenda, não existe." Indignadas com as atitudes de menosprezo, as mulheres também saíram às ruas.

Os ingleses e americanos, por mais liberados e apoiados na lei que estejam ainda tem muito para reclamar. E, quanto a América do Sul? Até quando o homossexualismo vai ser considerado pecado, por uns, e doença por outros?

Liberdade para os homossexuais — homens e mulheres — para mostrar afeto em público.

Segundo a Rainha Vitória, lesbianismo não existe. É lenda.

Chega de Sensacionalismo!

Os crimes passionais, quando acontecem no mundo homossexual, tomam um corpo inacreditável. Logo chamam os protagonistas de anormais. E, nunca por causa do crime, e sim, por suas atitudes sexuais.

Matérias sensacionalistas e destaques sempre na primeira página, nos fazem crer que, hoje em dia, a classe gay está sendo muito explorada por aí.

Quando é que vão encarar as coisas como elas, realmente, são? E, tem mais: anormal é quem come macarrão com arroz, e acha supimpa.

Entrega Rápida

• Os campineiros, em honra ao título que carregam, estão preparando o famoso Baile das Bonecas, que no ano passado teve repercussão nacional. Com medo da repressão estão fazendo tudo por baixo do pano, deixando a divulgação para alguns dias antes do acontecimento. A Miss Boneca, campineira, de 75, "Mirtz Helena" garante que ninguém vai lhe tomar o cetro.

• Comentário de um espectador sobre o travesti Vicky, uma das estrelas do show do Medieval: "Ela é um músculo".

• Valéria esteve, na sexta-feira passada, fazendo um show na Churrascaria Chicote, em Santos. Um pouco nervosa, a moça não queria entrar em cena, mas depois que pisou no palco foi um luxo só. Na platéia: a nata da confraria da baixada santista comandada por Tony Fernandes.

• Mario Campello está com a bolsa pronta pra ir ao Rio. O carnaval está chegando.

• O show da Elis Regina anda lotado até não poder mais. Quem quer ver a moçoila é obrigado a comprar ingressos no câmbio negro — descarado — à porta do Teatro Bandeirantes. Apesar das penas e pés feios a Pimentinha é ídolo das sapatas. Que falta de bom gosto, meu Deus.

• Marina Montini está nua na revista Homem. Atenção garotas.

LAMPIÃO
da esquina

Ano 1 - N° 9 - Fevereiro de 1979 - Cr$ 18,00 • Leitura para maiores de 18 anos

MORAL E BONS COSTUMES?

(LAMPIÃO põe o assunto na berlinda. Leia as opiniões de
**FRANCO MONTORO,
BRUNA LOMBARDI, ELICE MUNERATO,
FERNANDA MONTENEGRO, HÉLIO FERNANDES,
ROBERTO MOURA, HELENA SANGIRARDI,
JOSÉ CARLOS AVELAR, MACKSEN LUIZ,
SÔNIA COUTINHO**, e donas de casa, bancários,
operários da construção civil, etc., etc., etc...)

"Abaixo o preconceito!"
•
(É a mãe de um homossexual
quem escreve)

Copacabana nua
•
(Atenção, gueis do Brasil:
o Rio não é mais aquele)

Neste número
• JOSÉ LOUZEIRO • JOÃO ANTÔNIO
• AGUINALDO SILVA • ANTÔNIO CHRYSÓSTOMO
• PETER FRY • JOÃO SILVÉRIO TREVISAN
• E o visual de Marisa Caveira

Lampião da Esquina,
n. 9, fev. 1979.

14
Panfleto da Facção Homossexual da Convergência Socialista, uma das tendências políticas que atuavam dentro do grupo Somos, publicado em junho de 1981.

15
Rosely Roth, uma das principais lideranças lésbicas dos anos 1980, lendo o boletim *ChanacomChana*. A publicação era produzida e distribuída pelas militantes do Grupo de Ação Lésbica Feminista (Galf).

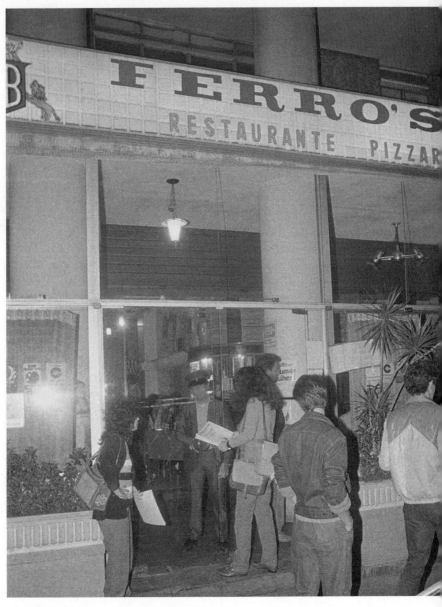

16
Fachada do Ferro's Bar, importante espaço de socialização lésbica localizado na rua Martinho Prado, em São Paulo. Fotografia do dia 19 de agosto de 1983, quando ocorreu o "pequeno Stonewall brasileiro", uma ocupação do local por lésbicas, que vinham sofrendo discriminação do estabelecimento.

17
Lésbicas com a faixa do
grupo Somos à frente do ato
contra a violência policial,
especialmente as operações
comandadas pelo delegado
José Wilson Richettil,
em 13 de junho de 1980.

18
Ato do Movimento Negro
Unificado (MNU) realizado
em 20 de novembro de
1979, com a participação
do grupo Somos, contra
a discriminação racial
e a violência da polícia.

Só Falta Você!

I.º ENCONTRO BRASILEIRO DE HOMOSSEXUAIS

DIA 6 DE ABRIL DE 1980

Horário: 14,00 horas

Local: TEATRO RUTH ESCOBAR
RUA DOS INGLESES, 209.

19
Cartaz do I Encontro
Brasileiro de Homossexuais,
que foi realizado em conjunto
com o I Encontro de Grupos
Homossexuais Organizados,
nas dependências do Centro
Acadêmico da Faculdade de
Medicina da USP.

CRÉDITOS DAS IMAGENS

Todos os esforços foram feitos para reconhecer os direitos autorais das imagens. No entanto, como a sexualidade constituía uma dimensão sensível da vida das pessoas retratadas, sobretudo por conta da repressão e das violências que impunham um anonimato forçado, o processo de identificação, passado já tanto tempo, torna-se mais difícil. A editora agradece qualquer informação relativa à autoria, titularidade e/ou outros dados, se comprometendo a incluí-los em edições futuras.

1, 2: Vânia Toledo
3, 5, 6, 7, 8, 9, 10, 11: Arquivo Público do Estado de São Paulo
4: João Silvério Trevisan, *Devassos no Paraíso: A homossexualidade no Brasil, da colônia à atualidade*. 4 ed. rev., atual. e amp. Rio de Janeiro: Objetiva, 2018
12, 15, 16: Folhapress
13: Acervo Grupo Dignidade
14: Acervo Bajubá
17, 18: Acervo James Green
19: Acervo Museu da Diversidade Sexual/ doação Acervo Bajubá

ÍNDICE REMISSIVO

I Congresso do Homossexual Brasileiro (MAM-Rio de Janeiro, 1976), 11

I Encontro Brasileiro de Homossexuais (I EBHO, São Paulo, 1980), 79, 119-20

I Encontro de Grupos Homossexuais Organizados (I EGHO, São Paulo, 1980), 118, 120, 123, 128, 130, 137

I Encontro dos Grupos Homossexuais Organizados do Nordeste (Recife, 1981), 138

I Encontro Paulista de Grupos Homossexuais Organizados (São Paulo, 1981), 138

II Congresso da Mulher Paulista (PUC-SP, 1980), 123-4

"74 degraus" (Rubem Fonseca), 331

Abajur lilás, O (Plínio Marcos), 202-3

ABC Paulista, 73, 124, 133, 250, 308

Abelha, Vera (atriz travesti), 206

ABGLT (Associação Brasileira de Lésbicas, Gays, Bissexuais, Travestis, Transexuais e Intersexos), 289

Abi-Ackel, Ibrahim, 210, 216, 245, 250, 266-9

Abicair, Benedicto, 279

"abraço de tamanduá" (para roubo de carteiras), 90

Abreu, Dener Pamplona de, 189-91, 198, 260, 324

abusos sexuais, 62

"Acabou chorare" (canção), 328

Ação Lésbico-Feminista, 82, 135, 137, 249, 270, 302, 307

Acioly Sobrinho, João Batista, 46

Acosta, Adão, 143, 153, 162

adoção por casais homoafetivos (2015), 275

Afinal (jornal catarinense), 95

Afram, Silvana, 249

AI-1 (Ato Institucional n⁰ 1, 1964), 24-5

AI-2 (Ato Institucional n⁰ 2, 1965), 25

AI-3 (Ato Institucional n⁰ 3, 1966), 25

AI-4 (Ato Institucional n⁰ 4, 1966), 25

AI-5 (Ato Institucional n⁰ 5, 1968), 25, 30-1, 38, 41, 44, 183, 187, 257, 298, 321, 323

aids, 83, 139

Albuquerque e Melo, Jorge de, 166

Alegria Alegria (coletivo homossexual), 137-8, 311

Alemanha nazista, 157, 185

Alley, Robert, 229

Almanaque Biotônico Vitalidade, 150

Almeida, São José, 19, 289

Alvim, Roberto, 279

Amado, Jorge, 236

América Latina, 13, 103, 111, 143, 212, 291, 294

Ana Carolina (cineasta), 271

Ancine (Agência Nacional do Cinema), 278

Andrade, José Gomes de, 54

Andrade, Zuleika Santos, 224

androginia, 24, 204-5

Anistia, Lei de (1979), 32, 77

anticomunismo, 24, 111, 179-81, 220, 279, 305, 320

Antiguidade clássica, 205

Antonio Carlos (ativista gay), 118

Antônio Carlos (cabeleireiro), 189

Antônio Pedro (ator), 194

"apologia ao homossexualismo", 27, 164, 192, 195, 199, 207, 279

Araújo, Luís Celso Soares de, 165

Araújo, Paulo César, 295

Arena (Aliança Renovadora Nacional), 65

Arena (companhia teatral), 24

Argentina, 19, 103, 111, 157, 290, 303, 321, 329

Aristides (ativista gay), 118

Arouche, largo do (São Paulo), 32, 81, 84, 300

Arsan, Emmanuelle, 243

Ashbee, Henry Spencer, 231

assassinatos, 40, 42, 46, 65-7, 82, 97, 122, 156, 172, 202, 214, 246, 282, 331

Assembleia Legislativa de São Paulo (Alesp), 76-7, 85, 88, 189, 301

Associação Brasileira de Imprensa Gay (Abig), 150, 257

Associação Comercial e Industrial da Zona Sul (Rio de Janeiro), 54

Atalla, José Wolney, 169

ativismo LGBT, 15, 82, 104, 115, 125, 129, 172-4, 302, 310, 319; ver também movimento homossexual

Auê (grupo homossexual), 118, 121, 137, 174, 307-8, 311

automutilação em travestis (cortes nos braços), 47, 50-2, 61

autoritarismo, 22, 34, 80, 148, 185, 267, 276, 280-1

Ayrão, Luiz, 221

Bacco, Manuel Messias, 259

"backlash", 282, 336

Bahia, 51-2

Bandido da luz vermelha, O (filme), 15

"Bárbara" (canção), 210

Barbosa, Abelardo ver Chacrinha

Barbosa, José Carlos, 216

Barcelona, 19, 289

Bargas, Lenora, 259

Barros, Ademar de, 84

Barth, William, 162

batidas policiais, 41, 43-4, 49, 54

Beatles, 224

Bebê a bordo (telenovela), 197

Beijo Livre (grupo de Brasília), 119, 121, 307, 311

Beirão, Nirlando, 259

Belo Horizonte (MG), 44, 190

Bengell, Norma, 156

Bernardet, Jean-Claude, 143, 163

Berry, Chuck, 225

Bête, La (performance de Wagner Schwartz), 277-8

Bianchi, Ninuccia, 156

Bíblia, 228

bichas, 43, 53, 56, 59, 63, 74, 79, 91, 95-7, 114-5, 125, 147, 152, 260-1

Bichos (instalação de Lygia Clark), 277

Bijou, Brigitte, 233, 243

Biscoitos Finos (jornal), 150

bissexualidade, 32, 34, 91, 98, 204-5

Bittencourt, Francisco, 143, 162, 173, 307

Black Emmanuelle (filme), 267

"Black" (agente policial), 53

Bloch Editores, 252

Boa Viagem (Recife), 46

Boca do Lixo (São Paulo), 15, 56, 67, 69, 71, 84, 216, 246, 298, 300

Boca do Luxo (São Paulo), 69, 71, 74, 82, 300

bolcheviques, 309

Bolsonaro, Jair, 276, 278-9, 281, 336

Boncristiano, Paulo, 68-9, 298

Boni (José Bonifácio de Oliveira Sobrinho), 192, 195

Bornay, Clóvis, 189-91

Braga, Terezinha de Jesus, 219

Brandão, Ignácio de Loyola, 199

Brandão, Leci, 154, 156, 223

Brant, Vinícius Caldeira, 76-7
Breda, João Batista, 140, 299
Brigadas Moralistas, 319
Brossard, Paulo, 228
Bruno, Nicette, 171
Bryant, Anita, 172
Buarque, Chico, 24, 210, 229
burguesia, 23, 109-10, 114
Burlamaqui, D., 217
Buzaid, Alfredo, 7, 177, 180, 184-6, 190, 241, 322

Cachação (bar lésbico de São Paulo), 91, 93
Caê, Jorge, 316
Calabar (peça teatral), 210
Calmon, Antônio, 156
Camargo, Hebe, 199
Campos Júnior, Luiz Antonio de, 277
canções, censura a, 221-3, 225, 227-8
Candido, Antonio, 171
Canepa, Nilo, 212-3
Cardoso, Fernando Henrique, 171
Cardoso, Irede, 74, 93
Cardoso, Joaquim Otávio, 89
Cardoso, Ruth, 171
Carli, Adyr Gabrilo, 326
Carminha (travesti), 53
Carnaval, 100
Carneiro, João, 118
Carpeaux, Otto Maria, 230
Carraro, Adelaide, 237, 243
Carvalho, Edyr, 164
Carvalho, Renata, 277
casamento civil homoafetivo, 14, 275
Castro, Fidel, 20, 157
católicos *ver* Igreja católica
"caubóis", 47-8; *ver também* michês
Cavalcanti, Flávio, 189-91
Cavalcanti, Severino, 191
Cavallieri, Alírio, 188
Cebrap (Centro Brasileiro de Análise e Planejamento), 76, 113, 294
censura, 20, 27, 29, 36-41, 100, 149, 157, 160-

2, 165, 168, 177-9, 181-88, 190-1, 193, 195-7, 199-214, 216-27, 229-31, 233-44, 249-54, 257, 264-74, 276, 278-81, 283, 290, 292, 319-21, 323, 325-35
Centro da Mulher Brasileira, 121
Centro de Informações da Marinha (Cenimar), 207, 263, 329
Centro de Informações de Segurança da Aeronáutica (Cisa), 159, 202, 207, 263, 329
Centro de Informações do Exército (CIE), 38, 168, 207, 238-9, 263, 329
Centro de Informações do Exterior (CIEX), 37
Chacrinha (Abelardo Barbosa), 189, 191-2
ChanacomChana (boletim), 93, 136, 249, 302
Chaves, João Carlos Muller, 224
Chico e Caetano (programa de TV), 228
Chile, 329
China, 109
Chrysóstomo, Antônio, 47, 51-2, 143, 162, 176, 288
Cinelândia (Rio de Janeiro), 47, 51, 55-6, 248
cinema novo, 24
cinema, censura ao, 201, 211-3, 220, 267-8
cisgêneros, 77, 79, 304
Clark, Lygia, 277
classe média, 22-3, 32, 61, 94, 116, 303
classe operária, 88, 110, 123-5, 135
Classificação Internacional de Doenças (CID), 325
Clodovil *ver* Hernandez, Clodovil
Cobra, Zulaiê, 78
Código Criminal do Império (1830), 21
Código Penal, 18, 60, 290, 297, 317
Coelho, Dráusio Dornelles, 199
Coelho, Moacir, 168-9, 210, 251
coito anal, 218, 225, 253
Colaço, Rita, 118, 188, 288, 307, 333
Coletivo de Mulheres, 118
Coletivo Lésbico-Feminista (LF), 116, 302
Comando Aéreo Regional (Comar), 123, 125, 240, 270
Comando de Caça aos Comunistas, 235, 319

Comissão Nacional da Verdade (2011), 15-7, 22, 288-90, 293-4

Comissão Permanente de Luta pela Liberdade de Expressão, 171

Comissões da Verdade, 15-6, 18, 38

comunismo, 20, 109, 125, 130, 180, 263, 322; *ver também* Partido Comunista Brasileiro (PCB); Partido Comunista do Brasil (PCdoB)

Confete, Rubem, 154

Congresso dos Estados Unidos, 143

Conselho Federal de Medicina, 198, 312, 325

Conselho Superior de Censura, 183, 216, 265-7, 270, 334

conservadorismo, 13, 34, 158, 181, 206, 266, 276, 279

Constituição brasileira (1967), 182-4

Constituição brasileira (1988), 140-1, 196, 228

contracultura, 20, 23, 100, 101, 104, 150

controle legal das homossexualidades, 34, 43

Convergência Socialista, 108, 111-2, 126, 128, 130-1, 133, 171, 306, 311; *ver também* Facção Homossexual da Convergência Socialista

Copacabana (Rio de Janeiro), 47, 54, 118, 151, 246

Corção, Gustavo, 322

Corrêa, José Celso Martinez, 171

Correia Lima, Maria Urania Leite, 225

Correio Braziliense (jornal), 265

Corsetti, Higino, 190

Costa, Sérgio Ribeiro da, 172

Couto e Silva, Golbery do, 102

Cowan, Benjamin, 288-9, 292

crimes de ódio, 40

criminalidade, 65, 69, 73, 82-3, 147, 161

criminalização da LGBTfobia (2019), 14, 141, 275

Crivella, Marcelo, 277-8, 335

Cruz, Rodrigo, 140

Cuba, 20, 109, 157, 163

Cunha, Alcides, 226

cunilíngua, 218-9, 253

Curi, Celso, 102, 143-4, 151, 163, 170, 178, 257-60, 318

Dahl, Maria Lúcia, 199

Dale, Lennie, 156, 261

Damata, Gasparino, 143

Damiano, Gerard, 217

Daniel, Herbert, 110, 140, 305

"Daniel" (membro do Somos), 108

Dantas, Audálio, 75

Dantas, Vera, 259

Das tripas coração (filme), 271

"De leve" (canção), 224

Degenerados, Os (Ruston), 238

Deic (Departamento Estadual de Investigações Criminais), 59, 63, 67-8, 81

Delaney, Shelagh, 192

democracia, 18, 25, 109, 115, 138, 198, 221, 280, 283

"democracia racial", 154, 221

Dener É um Luxo (programa de TV), 190

Dener *ver* Abreu, Dener Pamplona de

Deops (Departamento Estadual de Ordem Política e Social), 15, 300

"desbunde", 20, 109, 305

"Desespero" (canção), 223, 328

Di Paula, Waldeiton, 151

Dia do Homossexual, 11-2

Dia do Trabalho, 125

"Dia dos namorados" (Rubem Fonseca), 331

Dia, O (jornal), 147

Dias, Erasmo, 65

direito de ir e vir, 55, 88-9

direitos humanos, 15-7, 32, 35, 41, 76, 85, 87, 148, 172, 283, 288, 294, 299, 303

direitos LGBT, 46, 102, 158, 275

discriminação institucionalizada, 58, 194

discriminações proibidas pela Constituição brasileira, 141

discursos LGBTfóbicos, 94; *ver também* homofobia

Ditadura e homossexualidades: Repressão, resistência e a busca da verdade (org. Green e Quinalha), 289

diversidade sexual, 14, 18, 20, 278, 283, 295

diversões públicas, 20, 40, 177, 183, 187, 254, 264, 273, 320-1

Divisão de Censura de Diversões Públicas (DCDP), 40, 177, 192, 194-6, 198, 200, 207, 209-10, 213, 217, 227-8, 239-40, 252-4, 270-2, 320, 324, 327; *ver também* Serviço de Censura de Diversões Públicas (SCDP)

doação de sangue por gays, fim da restrição à (2020), 275

doenças venéreas, 83-4, 157, 246

DOI-Codi (Destacamento de Operações de Informações — Centro de Operações de Defesa Interna), 38, 122

Dolores (ativista gay), 118

Dops (Departamento de Ordem Política e Social), 67, 81, 120, 160-2, 164-6, 169, 210, 230-3

Doutrina de Segurança Nacional, 22, 26, 37, 111, 179, 230

Duarte, Marina de A. Brum, 161, 204

Duke, Bernis, 212-3

Dzi Croquettes, 24, 156, 261

Edifício Holiday (Recife), 46, 295

Editora Abril, 252

Editora Três, 252

efeminados, 27, 189-90, 195

Ele e Ela (revista), 234, 245, 252, 273

elites, 24, 36, 229

Em Tempo (jornal), 149, 166, 171, 249

Embrafilme, 211

emenda constitucional de 1969, 183-4

Engrenagem do meio, A (peça teatral), 205-6

enrustidos, 32, 50, 102, 205, 303

"entendidos", 47-8, 102, 154, 191, 303

Era de Ouro do rádio (1930-50), 220

erotismo, 7, 28, 38, 48, 88, 186, 190, 204, 217, 219, 221, 230, 254, 291, 322, 332

Escobar, Ruth, 74, 86

Escola Superior de Guerra (ESG), 180

Espanha, 18, 45

espionagem, 20, 36-8, 41, 131, 158, 296, 305

Esquadrão da Morte (grupo paramilitar paulista), 63, 67, 213

"esquadrão mata-bicha" (Rio de Janeiro), 94

esquerda(s), 86, 101, 104, 107-12, 114-5, 123-4, 126-32, 135, 138, 149-50, 166, 174, 201, 263, 299, 303-5, 307-9, 313, 318

Esquina Editora de Livros, Jornais e Revistas Ltda., 146

Estado de S. Paulo, O (jornal), 66-7, 168, 170, 323

Estado Novo (1937-45), 320

Estados Unidos, 23, 100, 102, 111, 128, 134-5, 142-3, 157, 172, 212, 261, 295, 303-4

estalinismo, 109, 111, 305

estratificação social dos espaços de sociabilidade homossexual, 92

"Eu pecador" (canção), 223

"Eu só sei ser mulher" (canção), 222

Eugênia (censora), 328

Europa, 303

Eva, o princípio do sexo (filme), 216-20

Evangelho segundo Jesus, rainha do céu, O (peça teatral), 276-7

evangélicos, 276, 278

existencialismo, 23, 150

extrema direita, 19, 94, 234, 276

Facção Homossexual da Convergência Socialista, 82, 128, 130, 137, 174

Facchini, Regina, 99, 289, 310

Facco, Lúcia, 237

Fagundes, Coriolano de Loyola Cabral, 195-7, 227-8, 253, 327

fake news, 278, 282

Falange Pátria Nova, 319

Falcão, Armando, 168, 172, 206, 239, 241, 251, 254, 323-4

Faludi, Susan, 336

"família tradicional", 34, 38, 44, 56, 96
Fantástico (programa de TV), 193
Farah, Anuar, 150, 257
Farias, Jeanete de Oliveira, 218
Farias, Roberto, 271
fascismo, 18, 185
Febem (Fundação Estadual para o Bem Estar do Menor), 74
felação, 214-9
Feliz ano novo (Rubem Fonseca), 331
feminismo/feministas, 23, 57, 76, 82, 93, 102, 106, 115-6, 121-4, 131-2, 135-6, 139, 145, 150, 153, 155, 157, 175, 249, 282, 288, 302, 307-8, 313, 332
Fernandes, Luiz Carlos Horta, 224
Fernandes, Marisa, 116, 125, 288, 301-2
Ferreira, Bibi, 246
Ferreira, Idália Cristina (Paraguaia), 75, 299
Ferro's Bar (São Paulo), 91, 93, 301
Fico, Carlos, 37, 290, 293
Fidelis, Gaudêncio, 276
Figueiredo, João Batista, 95, 208, 210
filmes censurados ver cinema, censura ao
Filosofia na alcova ou Escola de libertinagem (Marquês de Sade), 231
Flagrante Livre (tabloide), 49
Flávia (travesti paulista), 57, 59-62, 156
Fleury, Sérgio Paranhos, 63, 67
Flor do Mal (jornal), 150
Flora, Leda, 144
Florianópolis (SC), 95-6
Fluminense, O (jornal), 267-8
Folha de S.Paulo (jornal), 71-2, 75, 77, 81, 87, 142-3, 148, 170, 175, 189, 212, 227, 264, 291, 298
Fonseca, Aézio da Silva, 65
Fonseca, Guido, 53, 64
Fonseca, Rubem, 229, 243, 331
França, 45, 157
Francinet, 255
Franco, Francisco, 18-9
Frankenstein (Shelley), 204
Freitas, Rafael, 288, 297, 301

Frente de Liberación Homosexual (FLH, Argentina), 103, 139
Frente de Mulheres Feministas, 74
Freyre, Gilberto, 154
Fry, Peter, 143, 163, 250
Furtado, Cid, 26

G Pop, Dr., 239
Gabeira, Fernando, 130-1, 149, 156
Gabriela, Marília, 199
Gadvs (Grupo de Advogados pela Diversidade Sexual), 289
Galeria Alaska (Rio de Janeiro), 47
"Galeria Alaska" (canção), 223
"Galeria do amor, A" (canção), 48
Galeria Metrópole (São Paulo), 298
Galli, Ítalo, 89
Gama e Silva, Luís Antônio da, 231, 234
Garganta profunda (filme), 215, 217
Garoto Zona Sul (concurso de 1981), 246-7
Garrido, José Jurandir (travesti Garrida), 12-3
Gaspar, Júlio Dias, 249
Gay Fantasy (espetáculo), 246
Gay News (jornal paulista), 151
Gay Sunshine (jornal norte-americano), 128, 142, 156
Gay Sunshine Press (editora), 143
gays, 12, 15, 23, 34, 45, 47, 55, 91, 94, 98, 100-1, 106, 115, 123, 127, 135, 142-3, 146, 151-2, 154-6, 158, 257, 259, 260-1, 288-90, 303-4, 309
Geisel, Ernesto, 102, 121, 324
gênero, identidade de, 17, 21, 27, 34, 43, 55, 74, 149, 155, 205, 255, 275, 296
gênero, papéis de, 23-4, 55, 100, 224
Gerard, Jerry, 217
"Get Back" (canção), 224
Giannotti, José Arthur, 171
Gil, Gilberto, 224-5, 228
Gilberto, Bebel, 328
Gilberto, João, 328
gírias LGBT, 47, 61

372

Globo, O (jornal), 58, 170, 231, 234, 265, 268

Globo, Rede, 160, 190-3, 195-6, 228, 250, 255, 269

Goebbels, Joseph, 279

golpe civil-militar (1964), 14, 22, 27, 35, 37, 44, 100, 182, 257, 291-2, 305, 320

Gonçalves, Marcos Augusto, 22, 291

gonorreia, 84

Gonzaga Jr., Otávio, 71, 73, 85

Gosto de mel, Um (peça e filme), 192

Goulart, João, 14, 22-3

Grafipar, 252

Grats, Deraldo José, 71

Grécia Antiga, 205

Green, James N., 45, 100-1, 104, 106, 115, 123, 129-34, 144, 288-9, 304, 308, 313

greves, 123, 201

Grupo de Ação Lésbica-Feminista (Galf), 93, 135-6, 139, 174, 302, 311

Grupo de Atuação e Afirmação Gay (GAAG), 117, 119, 121, 307

Grupo Gay da Bahia (GGB), 51, 140, 174, 198, 227, 308, 311-2, 325

Grupo Lésbicas Brasileiras, 121

Grupo Negro André Rebouças, 118

grupos homossexuais no Brasil, formação de, 118-9

Gueifieira Palace (Rio de Janeiro), 94

Guerra Fria, 111, 180

Guerra, Ruy, 210, 229

guerrilheiros, 23, 111

Guevara, Che, 230

Guimarães, Agildo, 150-1, 257

gulags, 20

Hart, Harvey, 212

hermafroditismo, 205

Hernandes, Solange Maria Teixeira, 199, 253, 271

Hernandez, Clodovil, 156, 189, 190, 222

Herzog, Vladimir, 122, 178

heteronormatividade, 13, 23, 28, 110, 280

Hipódromo, presídio do (São Paulo), 62, 69

hippies, 23

Hitler, Adolf, 172, 279

HIV/aids, 83, 139

Hollanda, Heloisa Buarque de, 22, 291

Hollander, Xaviera, 243

"homens que fazem sexo com outros homens", 139, 275

homicídios *ver* assassinatos

homoerotismo, 101, 179, 192, 210, 230

homofobia/LGBTfobia, 14, 16, 21, 40, 46, 54, 88, 95, 109-11, 115, 124, 132, 141, 147, 172, 191, 193, 221-2, 228, 263-4, 275, 280-1, 283; *ver também* transfobia

"Homossexual" (canção), 222

Hotel do Carlinhos (São Paulo), 71

Huard, Geoffroy, 19

Igreja católica, 29, 99, 109, 322

Igreja Universal do Reino de Deus (IURD), 277

Império do Brasil, 21

Império português, 34

imprensa "marrom", 243

imprensa gay, 27, 40, 149-51, 154, 168, 176, 314

"imprensa nanica", 154, 168, 314

imprensa negra, 150

Inamps (Instituto Nacional de Assistência Médica e Previdência Social), 140, 325

incineração de livros proibidos, 240-1

Inglaterra, 142, 172, 204

Insausti, Santiago Joaquín, 19, 290

intersexualidade, 205

IstoÉ (revista), 144, 259, 261-3, 318

Itália, 45

Itália fascista, 18, 185, 322

"Jeito de mané" (canção), 225

Jesus Cristo, 279

João Paulo II, papa, 70

"Johnny B. Goode" (canção), 225

"Johnny pirou" (canção), 225-6

"Jojô" (canção), 224

Jorge Ben Jor, 221

Jornal da Tarde, 323
Jornal do Brasil, 196, 231, 234, 268, 325
Jornal do Comércio, 269
Jornal do Gay (periódico paulista), 151, 235, 287
Jovem Guarda, 221-2
Juizados de Menores, 88
Jundiaí (SP), 277
Jung, Carl Gustav, 204

Kátia (prostituta), 90
Kioko (travesti), 55
kit anti-homofobia, 281
Kleidy, Anne, 248
Koltai, Caterina, 140
Kotscho, Ricardo, 71, 298
Kubrick, Stanley, 212
Kucinski, Bernardo, 149, 316
Kushnir, Beatriz, 323

Lambert, Pierre, 309
Lampião da Esquina (jornal), 40, 46-7, 51-2, 55, 57, 62-3, 66, 69-70, 74, 81, 91, 94, 103, 106, 108, 112-3, 115-8, 122, 128, 130, 133-4, 136-7, 145-54, 156-63, 165-76, 193, 205, 236, 256-8, 260, 264, 292, 295-6, 301-2, 307, 309, 311, 313, 315-6, 318-9, 333
Laranja mecânica (filme), 212
Latorraca, Ney, 194
Lavender, James (pseudônimo de James Green), 129, 144
Lee, Rita, 224-5, 328
Lehman, Stan, 261, 264
Lei das Contravenções Penais, 60, 68
Lei de Anistia (1979), 32, 77
Lei de Imprensa, 122, 162-4, 172, 182, 186, 254, 256, 258
Lei de Segurança Nacional, 77, 309
Leite integral ou O humor de Carlos Leite (peça humorística), 209
Leite, Carlos, 209-10
Lênin, Vladímir, 322
Lennon, John, 224

lenocínio, 72-3
lesbiandade, 210, 222
lesbianismo, 197, 199, 216-7, 222, 225, 237
lésbicas, 12, 15, 34, 45, 55, 59, 63, 81, 90-3, 98, 100-1, 106, 114-6, 121, 123-4, 132, 136, 146, 153, 245, 249, 262, 288, 301-4, 308-9, 311, 331
Leyland, Winston, 128, 134, 142, 156
LF (Coletivo Lésbico-Feminista), 116, 302
LGBTfobia *ver* homofobia/LGBTfobia
LGBTs pobres, 32
Liberatori, Rubens, 71, 73, 76-8, 80, 298
liberdade sexual, 21, 111
Libertos (grupo de Guarulhos), 117, 119, 121, 133, 307, 311
Liga das Senhoras Católicas, 190
Liga Operária, 112
Lima, Baiardo de Andrade, 46, 158, 316
"limpeza" social, 54, 77-8
linchamentos contra homossexuais, 94
Lindenberg, Adolpho, 169
"linha dura" da ditadura, 37-8, 180
Lins, Ivan, 171
Lins, Marcelo Rodrigues, 94
Lira Gouvêa, Silas de Aquino, 237
literatura universal, 173
livros, censura a, 230-43, 330-1, 333
Londres, 204
Lopes, Mauro Borja, 192
Lopes, Tim, 259
Louco, O (Dr. G Pop), 239-40
Ludgero, Ciro, 199
Lui (revista), 252, 273
Lula da Silva, Luiz Inácio, 156, 250
Luta (jornal), 246-8
luta armada, 29, 31, 33, 110
Luta Democrática (jornal), 245

Machado, Kátia Jacques Bueno, 87
Machado, Mauro, 87
Machado, Sílvio Pereira, 120
machismo, 88, 95, 100, 105, 109, 120, 122-4, 134-5, 143, 145, 147, 153, 155, 228, 290, 332

maconha, 57, 156, 224, 301

MacRae, Edward, 45, 79, 105-6, 139, 144, 288, 299, 304-5, 316, 318

Madeira, José Vieira, 192, 270

Maggiore, Giuseppe, 322

Maluf, Paulo, 86

Manchete (revista), 318

Mantelli Neto, Januário, 189-90

Manual de sexomobilismo (Skriepel), 242

Manzini, Vincenzo, 322

"Marchas da Família com Deus pela Liberdade" (anos 1960), 22

Maria Bethânia, 328

"maricas", 19

Marques, Clóvis, 143, 162

Martinez, Caruso, 86

marxismo, 111, 130, 149, 185, 235, 305, 322

Mascarenhas, João Antônio, 142-3, 193, 198

masturbação, 156, 218-9, 239, 250

Matogrosso, Ney, 156, 170, 226, 248, 260, 262

Mattoso, Glauco, 59, 101, 113, 147, 176

Mauro, Roberto, 213

McCartney, Paul, 224

Medeiros, Otávio Aguiar de, 245

Médici, Emílio Garrastazu, 54, 184, 212, 326, 329

Meira Matos, José Carlos Silva de, 206

Melo, Humberto de Sousa, 231-2

Melo, Paulo Fernando Vieira de, 228

Memorial da Resistência (São Paulo), 15

Mendes, Miguel de Lacerda, 164

Meneses, Rafael de, 191

"Menina mulher da pele preta" (canção), 221

Menino Jesus de Praga (creche), 78

mercado de consumo, 32, 45, 155, 211, 221

mercado de trabalho, 32, 55

Mesquita, Raimundo, 197

"Meu jeito de amar" (canção), 328

México, 102, 111, 157, 303

Míccolis, Leila, 119, 150

Michelangelo, 173

michês, 47, 56, 139, 297

Midnight Cowboy (filme), 48

Miguel, José Aparecido, 259

"milagre econômico" (1968-73), 31

Milk, Harvey, 134

Milla (travesti), 90

Miller, Henry Valentine, 230, 233

Miller, Herman, 230, 234

Minas Gerais, 44, 131

Minha vida, meus amores (Ashbee), 231

Ministério da Justiça, 49, 158, 165, 216, 231, 239-40, 247-8, 254, 266

Ministério da Saúde, 139

Ministério Público Federal, 335

minorias, 32, 40, 66, 81, 86, 99, 109, 112-3, 117, 119, 121, 123, 126, 146, 148, 153, 159, 169, 174, 270, 280, 282, 288, 301

Miranda, Carmen, 157

misoginia, 155, 193

mobilizações operárias, 123

"modelo igualitário-moderno" das relações sexuais e afetivas, 105

modernização do Brasil, 23

Molina Artaloytia, Francisco, 18

Mônica Valéria (travesti), 52-3, 156

Monique (travesti), 50

Monteiro, Wilma, 249

Morais, Fernando, 75, 171, 299

Morando, Luiz, 44

Morel, Edmar, 251

Moreno, Fernando, 151

Moreno, Nahuel, 111, 308

Morgani, Thula, 150

Mott, Luiz, 51, 227

Motta, José da Silva, 166, 169

Motta, Zezé, 154, 156

Moura, Clóvis, 154, 156

Movimento (jornal), 144, 149

Movimento Brasil Livre (MBL), 276

movimento estudantil, 105

movimento homossexual/movimento LGBT, 14-5, 17, 39-40, 46, 79, 81-2, 93, 98-101, 103-5, 111, 115, 121-3, 125-42, 151, 154-5,

174-6, 198, 250, 260, 282, 288, 292, 295, 304, 307-10, 315
Movimento Homossexual Autônomo (MHA), 133
Movimento Negro Unificado, 118, 121-2
MPB, 221
mudança de nome e gênero pelas pessoas trans (2018), 275
mudança de prenome e sexo nos registros de pessoas trans (2018), 275
Mundo erótico de Isabela Dugan, O (Miller), 234
Munhoz, Raul Lopes, 326
Museu de Arte Moderna de São Paulo (MAM-SP), 277
Museu de Arte Moderna do Rio de Janeiro (MAM-RJ), 11-2
Mutantes, Os (banda), 24

Nanini, Marco, 194
Nascimento, Abdias do, 154, 156, 159
Nascimento, Osvaldo Farias do, 55
National Endowment for the Arts (órgão norte-americano), 143
nazismo, 18, 157, 185, 279
Ned, Nelson, 328
Neves, Geraldo Francisco, 193
Noticias Populares (jornal), 147, 318
Nova (revista), 273, 332
"nova direita", 294
Nova Esquerda, 129
Nova York, 45, 48, 93, 295
Novembrada (protesto em Florianópolis, 1980), 95
"novo homem", 18-20
Novos Baianos, 328
nu artístico, 277-8
Núcleo de Ação pelos Direitos dos Homossexuais, 103
Nuestro Mundo (grupo argentino), 103
Nunes, Rogério, 252, 270

O'Brien, Richard, 204
Odair José, 223, 328

Oficina (companhia teatral), 24
Oliveira, José Antônio Rodrigues de, 222
Oliveira, Olivaldo de, 82
Oliveira, Sergio Roldan de, 214, 219
"Ombro amigo" (canção), 223
OMS (Organização Mundial de Saúde), 325
Operação Bandeirante (Oban), 38
Operação Bicha (polícia carioca), 53
Operação Cidade (polícia paulista), 71
Operação Limpeza (polícia mineira), 44, 71
Operação Pelourinho (campanha do Grupo Gay da Bahia), 51
Operação Rondão (polícia paulista), 71, 73, 84-5, 89
Operação Salto-Alto (polícia carioca), 12
Operação Sapatão (polícia paulista), 90-3
Opinião (jornal), 144, 149
opinião, pesquisa de (sobre "homossexualismo"), 193
Ordem dos Advogados do Brasil (OAB), 76, 78, 88, 256
Ordenações do Império português, 34
Organização Socialista Internacionalista (OSI), 126
orgasmo, 149, 155, 196, 218-9
Outra Coisa — Ação Homossexualista (grupo), 132-3, 139

Pacheco, Anael, 190, 324
pacifismo, 101
Padilha, Deraldo, 54
Paixão, Dalmo, 239
Palácios, Sidney Gimenez, 68
"paneleiros", 19
papéis de gênero, 23-4, 55, 100, 224
Parada do Orgulho LGBT de São Paulo, 14, 275
Paradas do Orgulho LGBT, 14
Paranoica, A (Cassandra Rios), 237
Paris, 19, 172, 248
Partido Bolchevique, 309

Partido Comunista Brasileiro (PCB), 110-1, 303

Partido Comunista do Brasil (PCdoB), 111, 128

Partido dos Trabalhadores (PT), 86, 112, 128, 306, 309

Partido Socialista dos Trabalhadores Unificado (PSTU), 112

Pasquim, O (jornal), 149-50

Passarinho, Jarbas, 190

Passoni, Irma, 75, 299

patologização das homossexualidades, 83, 84

Paulete (travesti), 51

peças teatrais censuradas *ver* teatro, censura ao

pederastia, 18, 26, 202, 214, 290-1, 331

pedofilia, 157, 176, 213, 276, 278

Peixe, Marcelo Alencar, 298

Pelé (dona do Cachação), 93

Penteado, Darcy, 58, 69, 74, 79, 81, 86, 113, 143, 148, 158, 163, 205-6, 298

"Perdido na noite" (canção), 223

Perdidos na noite (filme), 48

Pereira, Glorinha, 151

Perlongher, Néstor, 97, 139, 296-8

Pernambuco, 46, 158, 191, 324

"perversões", 28-9, 83, 208, 238, 253, 281

Picasso, Pablo, 241

Pierucci, Antônio Flávio, 294

pílula anticoncepcional, 23

Pinhati, Maria das Graças, 215, 219

Pinheiro, Maria Christina, 259

Pinheiro, Paulo Sérgio, 87

Piva, Roberto, 101, 113

Playboy (revista), 245, 273

Plínio Marcos, 171, 202, 229, 332

pobres, LGBTS, 32

Polícia Civil, 44, 76, 87

Polícia Federal, 125, 162, 164, 166, 169, 173, 177, 186, 193, 200, 207, 209, 242, 252, 266, 270, 326, 329

Polícia Militar, 50, 53, 56, 58, 68, 71, 77, 94, 97, 125

Pope, Gerald S., 212

pornochanchadas, 156, 193, 213

pornografia, 28, 38, 157, 179, 186, 203-4, 213, 217-20, 230, 237, 238-41, 243-4, 246, 250, 273, 291, 294, 316, 318, 320, 322, 324, 326

"porões da ditadura", 35

Porta dos Fundos (grupo humorístico), 279

Portela, Petrônio, 168, 172, 268, 270, 272

Porto Alegre (RS), 126, 269, 276-7

Porto Rico, 303

Portugal, 18-9

Povo, O (jornal), 53, 94, 255

Pra frente Brasil (filme), 271

"Preconceito" (canção), 328

Premeditando o Breque ("Premê", grupo musical), 226

Primeira tentação de Cristo, A (especial de Natal do Porta dos Fundos), 279

primeiro protesto público de gays no Brasil (São Paulo, 1979), 122-3

prisão cautelar, 65-6, 301

Procópio, Cândido, 113, 171

programas televisivos, censura de, 188-91

"projeto repressivo global", 20, 36

Prokófiev, Serguei, 241

prostituição, 15, 31, 43, 45, 47, 49, 51, 55, 60-1, 63, 70, 72, 90, 155, 157, 244, 296

prostitutas, 27, 31, 40-1, 43, 45, 49, 53-62, 67, 69-70, 72-5, 77, 79-91, 94, 96, 119, 126, 193, 202, 246, 291, 298-301

Quadrilátero do Pecado (São Paulo), 15

Quarta Internacional, 111, 305, 309

Queermuseu: Cartografias da diferença na arte brasileira (exposição em Porto Alegre, 2017), 276, 335

Quintino, Telma Laudicélia, 75

racismo, 122-3, 141, 153, 157, 176

Ramos, José Batista, 246

Recife (PE), 46, 126, 138, 159, 295, 308, 311

Rede de Informação Um Outro Olhar (ONG), 139

Refavela (banda), 225
Reformas de Base, 23
Reimão, Sandra, 229
Reis, Teresa Cristina dos, 240
religiões afro-brasileiras, 157
repressão moral e sexual, 18-20, 30, 55, 65, 118, 178, 283, 322
Resende, Maria Angélica R. de, 219
revistas eróticas e pornográficas, 88, 174
Revolta de Stonewall (Nova York, 1969), 45, 93, 295
Revolução Cubana (1959), 20
Revolução Russa (1917), 19, 309
revolução sexual, 19, 30, 110, 180
Ribeiro, Márcio, 203
Richetti, José Wilson, 32, 58, 61, 70-93, 296, 298-9, 301
Rio de Janeiro, 11-2, 40, 47, 49, 52, 54-5, 65, 94, 117-9, 121, 128, 137, 140, 142, 150, 162-3, 166, 171, 173, 175, 217, 221-2, 241, 248, 253, 255, 261, 264, 270, 277, 279, 291, 301, 335
Rio Grande do Sul, 203
Riocentro, atentado do (1980), 250, 332
Rios, Cassandra, 101, 156, 235-6, 243
Roberto Carlos, 222
Rocha, Ariosto de Resende, 162, 173
Rocha, Glauber, 24
Rocky Horror Show, The (espetáculo londrino), 204
Rodrigo (michê carioca), 156
Rodrigues, Jorge Caê, 152, 316
Rodrigues, Nelson, 231
Rogéria, 246
Romeu e Julieta (balé de Prokófiev), 241
Roosevelt, praça (São Paulo), 300
Roth, Rosely, 93, 199
Rousseff, Dilma, 17, 281
"Rubens" (canção), 226-7
Rússia ver União Soviética
Ruston, Oliver, 238-9

Saboia, Hélio, 256
Sade, Marquês de, 231

Sala, Manoel, 86-7
Salazar, António, 18-9
Salvador (BA), 51, 126-7, 142, 151, 277
"Samba de roda" (canção), 328
San Francisco (Califórnia), 102, 134, 142, 304
Sandoval, Fernando, 259
"saneamento" da sociedade, 35
Santa Casa de Misericórdia de São Paulo, 75
Santa Catarina, 95-6
Santander Cultural (Porto Alegre), 276, 334
Santos (SP), 70, 72, 235, 298
Santos, Gustavo, 139
Santos, Silvio, 189-91
Santos, Wanderley Guilherme dos, 314
São Bernardo do Campo (SP), 124
São João, avenida (São Paulo), 47, 81
São Paulo, 12, 14, 32, 38, 40, 45-7, 53, 55-6, 58-9, 61, 63-5, 67-8, 70-2, 76-82, 84-6, 89-95, 102, 117, 119-20, 122, 124-6, 128, 131, 137, 139, 142, 144, 151, 156, 163, 171, 175, 184, 237, 250, 259, 270, 275, 277, 288, 291, 294, 300, 306, 309
Schlesinger, John, 48
Schwartz, Jorge, 59
Schwartz, Wagner, 277-8
Secos & Molhados (grupo musical), 24, 226
Secretaria de Segurança Pública de São Paulo, 63
Secretaria de Segurança Pública do Rio de Janeiro, 54
Segunda Guerra Mundial, 19, 23
segurança nacional, 24, 26-7, 34, 38, 41, 125-6, 179, 183, 186, 212, 214, 220, 239, 277, 291, 305, 321-3
Semana do Movimento de Convergência Socialista (São Paulo, 1978), 112
sensacionalismo, 45, 50, 53, 70, 83-4, 96, 147-8, 175, 199, 243-8, 255, 257, 296, 316, 318-9
Serviço de Censura de Diversões Públicas (SCDP), 35, 40, 177, 180, 182, 188, 203, 209,

240, 320, 326; *ver também* Divisão de Censura de Diversões Públicas (DCDP)

Serviço Nacional de Informações (SNI), 37, 82, 125, 159, 206-7, 245-6, 249, 255-6, 263, 329

sexo anal, 218, 225, 253

sexualidades dissidentes, 13, 16, 18, 21, 29, 33, 36, 45, 83, 97, 99, 111, 147, 179, 243, 280, 290

Sganzerla, Rogério, 15

Shakespeare, William, 173

Shelley, Mary, 204

Sidney (cabeleireiro catarinense), 96

Silva, Aguinaldo, 56, 94, 101, 143-4, 158, 160-2, 170, 173-5, 260, 310, 319

Silva, Almerindo da, 248

Silva, Carlos Alberto da, 248

Silva, Deonísio da, 331

Silva, Joel Paulo da, 328

Silva, Luiz da, 58

Silva, Maria Marciana da (Anona), 78, 82

Silva, Paulo César Júlio da, 246

Sindicato dos Bancários de São Paulo, 171

Sindicato dos Jornalistas de São Paulo, 171

Sindicato dos Metalúrgicos do ABC, 250

Siqueira, Geraldo, 299

Skriepel, Friedrich, 242

Snob, O (jornal), 150-1, 257

Soares, Alice, 59-60, 63, 121

Soares, Gláucio, 37

Sob o teto do diabo (filme), 212

socialismo, 112, 157

Socialist Workers Party (organização trotskista dos EUA), 129

Sociedade Brasileira para o Progresso da Ciência (SBPC), 126-7

sodomia, 19, 34, 212, 214-6, 219, 239, 260, 291

Solnik, Alex, 259

Somos (grupo homossexual), 14, 79, 82, 103, 105-8, 113, 115-9, 121-5, 128-39, 152, 171, 174, 249-50, 270, 303-4, 307, 310-1, 318-9

Sonho a mais, Um (telenovela), 193, 195

Sousa, Aloísio Muhlethaler de, 188

Sousa Brasil, Roberto Pompeu de, 216-7

Souto, Ernani Magalhães, 254

Souza, Rafael de, 101, 303

Spiegel, Der (revista alemã), 241

Stálin, Ióssif, 19, 109, 111, 305

Status (revista), 245, 252, 273

Stonewall, Revolta de (Nova York, 1969), 45, 93, 295

"subversivos", elementos, 25, 35, 41-3, 125-6, 165, 186, 202, 229, 280, 305, 326, 329

Suplicy, Eduardo, 75, 77, 85-6, 171, 299

Suplicy, Marta, 156, 250

Supremo Tribunal Federal (STF), 89, 141, 275, 278-9, 282, 290

Talli, Renato Laércio, 89

Tatiana (travesti carioca), 50

Tatiana (travesti paulista), 57-61, 74, 156

Tavares, Milton, 71

Tavares, Ulisses, 84

Teatro Bolshoi (balé russo), 241

Teatro Ruth Escobar (São Paulo), 57, 75, 120-1, 269

teatro, censura ao, 200-1, 205-6, 209, 319, 321, 333

Teka (militante do Somos), 119, 152

Teles, Amelinha, 62

televisão, popularização da, 30

temática LGBT no cinema, 278

Terceira Internacional, 109, 305

Terra Maria (grupo lésbico), 137, 249, 311

Teruo, Pedro (Kioko, travesti), 55

"Teses para a libertação homossexual II" (texto da Facção Homossexual da Convergência Socialista), 130, 174

Theatro Municipal de São Paulo, 80, 122

Theatro Municipal do Rio de Janeiro, 264

Timóteo, Agnaldo, 48, 222-3

tortura, 19, 27, 36, 41-3, 61, 74-5, 127, 202, 213, 250

trabalho forçado, 20, 62

Traças, As (Cassandra Rios), 237

transfobia, 21, 54, 83, 95; *ver também* homofobia/LGBTfobia

transgeneridades, 28, 38, 179

travestis, 11-2, 15, 26, 29, 31-2, 34, 40-1, 43, 45, 47, 49-74, 77, 79-95, 98, 100, 121, 145-6, 152, 155-7, 194-5, 204, 206, 213-4, 243, 246-7, 261, 265, 277, 288, 291, 294, 296-8, 319

travestismo na tipificação criminal, 69

"trejeitos", censura aos, 27, 190

Trevisan, João Silvério, 55, 59, 78, 102-3, 112, 114-5, 125, 129, 133-4, 143-4, 148, 163, 175, 258-9, 262, 304, 306, 313, 318

Triângulo Rosa (grupo carioca), 140, 198, 199

Tribuna da Imprensa (jornal), 165, 170

Tribuna do Paraná (jornal), 254

triolismo, 218-9

Tropicália, 24, 221

Trótski, Leon, 305

trotskistas, 111, 126, 129, 131, 135, 146, 303, 306, 308-9

trottoir de prostitutas e travestis, 44, 51, 83, 89-90

Tulsa Tribune, The (jornal), 212

Tupy, Dulce, 259

Última Hora (jornal), 12, 151, 170, 178, 257, 287

Último tango em Paris, O (filme), 267

União do Homossexual Brasileiro (UHB), 11-2

união estável, 14, 275

União Soviética, 19, 111, 185

Unidades Militares de Ajuda à Produção (Umaps, Cuba), 20, 290

United Press International, 261

Universidade Católica de Pernambuco, 191

Universidade de São Paulo, 91-3

"utopia autoritária", 26, 33, 35, 37, 39

vadiagem, 21, 34, 52, 55, 60, 62, 67-9, 71, 85-6, 89, 297

Valadão, Jece, 213

Vale Tudo (programa de TV), 197

Valle, Álvaro, 266, 333-4

Vargas, Getúlio, 35, 181

Vasconcelos, José Mauro de, 236

Veja (revista), 190, 324

Veloso, Caetano, 228, 328

Vento Novo (coletivo), 113

Ventura, Zuenir, 187

Versus (revista), 112, 144, 149, 165, 171, 312-3

Viagem ao céu da boca (filme), 213-5

Vida erótica de Isadora, A (Miller), 230, 232

Vieira de Carvalho, avenida (São Paulo), 32

Vieira, Ana Kátia, 237

Vieira, Liszt, 140

Vietnã, Guerra do, 142

Vingadores. A cruzada das crianças (história em quadrinhos), 278

violência contra a população LGBT, índices de, 40

violência policial, 39-40, 49, 51, 76, 78, 80, 88, 93, 155, 288

violência sexual, 62

violência urbana, 83

Wainer, Samuel, 332-3

White, Dan, 134

Wilde, Oscar, 260

Zezinho (militante gaúcho), 140

1ª EDIÇÃO [2021] 1 reimpressão

ESTA OBRA FOI COMPOSTA PELA SPRESS EM ABRIL TEXT E IMPRESSA PELA
LIS GRÁFICA EM OFSETE SOBRE PAPEL PÓLEN SOFT DA SUZANO S.A.
PARA A EDITORA SCHWARCZ EM NOVEMBRO DE 2021

A marca FSC® é a garantia de que a madeira utilizada na fabricação do papel deste livro provém de florestas que foram gerenciadas de maneira ambientalmente correta, socialmente justa e economicamente viável, além de outras fontes de origem controlada.